Vorlesungen von Heinz Hirdina Band 2

Theorie und Geschichte des Designs 1
Einführung/Italien und Japan

Herausgegeben für die Stiftung Bauhaus Dessau von Achim Trebeß

Spector Books

Inhaltsverzeichnis

Vorwort

Als Designtheoretiker und -historiker war Heinz Hirdina stets auf der Suche nach einem ästhetischen Gestaltungskonzept, das unter Einbeziehung der neuesten Errungenschaften von Wissenschaft und Technik nicht nur das Konstruktive, das Ergonomische, das Informative und Kommunikative berücksichtigen sollte, sondern ebenso die materiellen wie sozialen Bedingungen und Auswirkungen der Herstellung, des Gebrauchs und der Entsorgung der gestalteten Dinge unseres Alltags. Für diese prozesshafte Auffassung einer funktionalen Ästhetik aus der Perspektive aktueller Gestaltungsprobleme fand er Vorbilder in der Designgeschichte, auch im Bauhaus, von der „Wesensforschung" Walter Gropius' bis zum Funktionalismus Hannes Meyers.

Es liegt somit auf der Hand, dass die Stiftung Bauhaus Dessau, die laut Satzung die Aufgabe hat, „das Erbe des historischen Bauhauses zu bewahren sowie der Öffentlichkeit zugänglich zu machen und zu vermitteln", und dabei „Beiträge zu den Problemen der Gestaltung der heutigen Lebensumwelt" leisten soll, ein großes Interesse an der Auseinandersetzung mit den theoretischen Ansätzen und erhellenden historischen Studien Heinz Hirdinas hat. Hirdina war der Stiftung Bauhaus Dessau und ihren Vorläuferinstitutionen auf verschiedene Weise verbunden. Zusammen mit seiner Frau, der Kultur- und Literaturwissenschaftlerin Karin Hirdina, gehörte er zu jenen Wissenschaftlern in der DDR, die sich seit den späten 1960er-Jahren mit der Moderne und insbesondere mit dem Bauhaus auseinandersetzten und Konzepte einer ästhetischen Tradition entwickelten, die mit bis dato dominierenden staatlichen Auffassungen von Kunst, Architektur und Design kollidierten und gewichtige Argumente in die Debatten der internationalen Fachwelt einbrachten. Nicht zuletzt prägte Karin Hirdina im Jahre 1976 – zum Zeitpunkt der Gründung des Wissenschaftlich-Kulturellen Zentrums, dem ersten Vorläufer der Stiftung Bauhaus Dessau – den Begriff vom „Bauhausfunktionalismus".

Heinz Hirdina war regelmäßig Gast am Bauhaus Dessau. Er nutzte das Archiv, er tauschte sich mit den wissenschaftlichen Mitarbeitern aus, und von 1987 bis 2003, in seinen Jahren als Hochschullehrer, führte er auch immer wieder seine Studierenden zu den Bauhausbauten und Ausstellungen nach Dessau. Auch hier erwies sich Heinz Hirdina als jemand, der nicht am rein Dokumentarischen, am Vermitteln von scheinbar festen Gewissheiten interessiert war, sondern der sich offen und neugierig mit Ausstellungen auseinandersetzte, die den Prozesscharakter eines Designentwurfs herausarbeiteten, aus heutigen Problemperspektiven auf Bauhausobjekte blickten oder aber auf solche Objekte, die unterschiedliche und widersprüchliche Ansätze von am Bauhaus entwickelten Gestaltungen aufzeigten. Als 1986 mit der Gründung des Bauhauses Dessau eine Projektarbeit begann, die sich zeitgenössischen Problemstellungen widmete – geleistet von einem Kern fester Mitarbeiter, zumeist im Team mit eingeladenen Architekten und Designern –, wurde Heinz Hirdina zum kritischen Begleiter dieser Aktivitäten. In seinem 1988 erschienenen Buch *Gestalten für die Serie*, bis heute ein Standardwerk zur ostdeutschen Designgeschichte, widmete er diesem neuen Bauhaus ein ganzes Kapitel.

Heinz Hirdina blieb auch nach der Gründung der Stiftung Bauhaus Dessau im Jahre 1994 deren Arbeit kritisch verbunden. Er begrüßte es, dass sich die Stiftung dem Thema der ostdeutschen Rezeptions- und Wirkungsgeschichte des Bauhauses zuwandte. Mit Nachlässen wie denen von Franz Ehrlich oder Carl Fieger besitzt die Stiftung Bauhaus Dessau Bestände, die eine Basis für solche Forschungen bieten. Bei ersten Forschungsprojekten, die seit Mitte der 1990er-Jahre zu Ausstellungen und Publikationen führten, wurde klar, dass die besonderen, ideologisch komplexen Bedingungen des Verständnisses von Design und Architektur in der DDR ohne Kenntnisse der theoretischen Debatten als deren Fundament lediglich unzureichend erklärbar sind. Es gibt nur wenige Archive mit diesbezüglichen Dokumenten der theoretischen Auseinandersetzung mit dem Bauhaus. Die Stiftung Bauhaus Dessau als Ort des Wirkens des Bauhauses von 1925 bis 1932 wie als wichtiger Ort einer darauf bezogenen späteren Rezeptions- und Gestaltungsarbeit ist dafür prädestiniert.

So nahm die Stiftung Bauhaus Dessau die Möglichkeit wahr, als ihr 2010 der Vorlass von Heinz Hirdina und der Nachlass seiner 2009 verstorbenen Ehefrau Karin angeboten wurden. Der damalige Bauhausdirektor Philipp Oswalt setzte sich mit den Mitarbeitern des Archivs der Stiftung Bauhaus Dessau dafür ein, dass die Manuskripte, Arbeitsmaterialien, der Schriftwechsel sowie eine umfangreiche

Bibliothek nach Dessau kamen und mithilfe von Dieter Nehls, einem Mitstreiter von Heinz Hirdina, bis 2011 archiviert wurden. Die Nachlässe von Heinz und Karin Hirdina bilden seitdem eine wertvolle Grundlage zur Erforschung der Design- und Kulturgeschichte seit dem 19. Jahrhundert, worunter die Wirkungsgeschichte des Bauhauses in Ostdeutschland zwischen 1945 und 1989 – bis heute noch weitgehend wissenschaftliches Neuland – ein wichtiges Zentrum bildet.

Seit 2011 arbeitete Achim Trebeß, langjähriger Mitarbeiter von Heinz Hirdina, für die Stiftung Bauhaus Dessau an der Edition der Vorlesungen zur Theorie und Geschichte des Designs, die Heinz Hirdina von 1990 bis 2004 an der Kunsthochschule Berlin-Weißensee hielt. Der erste Band des auf drei Teile konzipierten Werkes liegt bereits vor – und gibt Einblicke in das Denken, Forschen und Arbeiten des Hochschullehrers Hirdina. Eine Besonderheit der drei Bände liegt darin, dass der sprachliche Gestus der Vorlesungen – unterstützt durch die dichte Bebilderung – beibehalten wurde. Heinz Hirdina hat seine Vorlesungen zum Teil mehrfach wörtlich ausgearbeitet; Achim Trebeß brachte die verschiedenen Varianten zusammen mit den ebenfalls vorhandenen Notizen und Textteilen zur nötigen Konsistenz. Die Überarbeitung der meisten Vorlesungstexte geschah noch zu Lebzeiten Heinz Hirdinas.

Wenn Heinz Hirdina die großen Linien und Zusammenhänge der Designgeschichte im vorliegenden Band auch mit Blick auf zentrale Persönlichkeiten der Designgeschichte entwickelt, so fällt heute auf, dass sich darunter nur wenige Frauen befinden. Das hat dieses Buch mit anderen Architektur- und Designgeschichten von Nikolaus Pevsner über Sigfried Gideon, Julius Posener bis zu Gert Selle gemeinsam – auch die Historiografie der Moderne wurde lange von Männern dominiert. Und das hat natürlich Gründe, die mit der Emanzipationsgeschichte der Frauen zu tun haben, die sich zumeist erst nach 1900 die Möglichkeiten zum Studium und zur beruflichen Entfaltung erkämpfen mussten – auch am Bauhaus war es Frauen erst Ende der 1920er-Jahre gelungen, in Männerdomänen wie Metallwerkstatt und Architektur vorzudringen. Unter den Gestalterinnen, zu denen Heinz Hirdina forschte und denen viele seiner Texte gewidmet sind, befindet sich Marianne Brandt. Erst seit den 1990er-Jahren ist der hohe Anteil herausgearbeitet worden, den die Partnerinnen und Studentinnen der Bauhausmeister an deren Werken hatten.

Die schon zuvor erwähnte Karin Hirdina lebte mit Heinz Hirdina nicht nur eine Ehe, sondern auch eine im besten Sinne gleichberechtigte Forschungs- und auch Lehrgemeinschaft, in die die Kultur- und

Literaturwissenschaftlerin Karin Hirdina Impulse zum Beispiel aus ihrem jahrelangen Austausch mit Autorinnen wie Christa Wolf einbrachte.

Auch in vielen weiteren Aspekten unterscheidet sich dieser Band von bereits existierenden Publikationen zum Design des 20. Jahrhunderts. Hirdina fragt und argumentiert konsequent aus der zum Zeitpunkt seines Schreibens aktuellen Sicht. Theorie und Historie werden nicht getrennt behandelt, notwendige Begriffe aus der Betrachtung konkreter historischer Entwicklungen herausgearbeitet. „Design ist und bleibt ein Prozess, es ist nicht fertig, es gibt nicht das Modell und die Haltung, der man sich nun anschließen kann – sondern es gibt ständige Versuche, Probleme zu erkennen und gestalterisch zu lösen. So, wie die Probleme und Gestaltungsaufgaben sich unterscheiden, unterscheiden sich die Haltungen und die Lösungen“, wie Achim Trebeß in der nachfolgenden Einleitung konstatiert.

Die Stiftung Bauhaus Dessau dankt neben Achim Trebeß und Dieter Nehls vor allem Jürgen Marten, einem langjährigen Freund Heinz Hirdinas, sowie dem Bauhaus Dessau e.V., dessen Mitglied Heinz Hirdina war, für die großzügige Unterstützung dieses Projekts.

Wolfgang Thöner
Leiter der Sammlung Stiftung Bauhaus Dessau

Theorie und Geschichte des Designs. Die Vorlesungen von Heinz Hirdina

Achim Trebeß

Heinz Hirdina lehrte seit 1987 als Professor an der Kunsthochschule Berlin-Weißensee, wo er Vorlesungen zur Geschichte und Theorie des Designs vom 19. Jahrhundert bis in die Gegenwart hielt. Bei den Studenten waren diese Vorlesungen sehr beliebt, da sie in vielen Punkten weit über das hinausgehen, was in den Publikationen zur Designgeschichte, die auf dem deutschen Buchmarkt vorhanden sind, zu erfahren ist. Die Stiftung Bauhaus Dessau, die den Vor- beziehungsweise Nachlass Heinz Hirdinas 2010 erwarb, hat sich aus diesem Grund entschlossen, einige Vorlesungen in drei Bänden zu publizieren.

Die in den Vorlesungen von Heinz Hirdina vorgestellte geschichtliche Bewegung folgt einem Denken in Bewegung. Einmal erarbeitetes Material erweiterte Hirdina immer wieder, er ergänzte, korrigierte, überarbeitete, und er kombinierte und konfrontierte es mit neuem Material. Die Vorlesungen waren für Hirdina immer auch Experimentierfelder: In ihnen probierte er bestimmte Haltungen, Ideen, Zusammenfassungen, Systematisierungen und vieles andere aus. Was in der vorliegenden Publikation als fixierter Stand erscheinen muss, ist es so nie gewesen. Hirdina war nicht nur Theoretiker und Designhistoriker, sondern als solcher ein Flaneur im Benjamin'schen Sinne. Die Resultate solchen Flanierens flossen in die Vorlesungen ein, die ihre Aktualität nicht zuletzt dadurch bewahren, dass Hirdina nicht nur Bücherleser, nicht nur Designbenutzer und Ausstellungsbesucher war, sondern auch jemand, der seine Umgebung ständig auf Zeichen befragte, die Aufschlussreiches über das Design und damit über die Zeit, in der es stattfindet, zu enthüllen vermögen. Das kann man vor allem in seinen Kolumnen für den *Design Report* nachlesen, aber man spürt es ebenso in seinen Vorlesungen. Hirdina las Dinge und Räume jedoch nicht alleine als Zeichen, sondern er benutzte, was sich benutzen ließ, betrat, umrundete und betastete, er verglich, redete mit

Designern und hörte ihnen zu. All diese Bewegungen sind nun für die Publikation eingefroren, aber die Texte der Vorlesungen lassen die Bewegung noch erkennen.

Die Vorlesungsreihe zur „Theorie und Geschichte des Designs“ ist in rekonstruierter Fassung Gegenstand des zweiten und dritten Bandes der Publikation von Vorlesungen Heinz Hirdinas. Dass die Vorlesungen dieser beiden Bände (Edition Bauhaus 41 und 42) zu einer Reihe gehören, bildet sich außerdem darin ab, dass die Kapitel innerhalb der Bücher fortlaufend nummeriert sind: In *Theorie und Geschichte des Designs 1. Einführung/Italien und Japan* sind die Teile I und II enthalten, in *Theorie und Geschichte des Designs 2. Reaktionen auf die Moderne* Teil III der Vorlesungsreihe. Begonnen hat die dreiteilige Publikation mit den Vorlesungen zu „Figur und Grund“ – einer Vorlesungsreihe, die einem anderen methodischen Vorgehen folgt, das gut geeignet ist, sich mit dem Denken Hirdinas vertraut zu machen. Denn am Ende seiner Lehrtätigkeit setzte Hirdina noch einmal neu an und wollte die Geschichte des Designs anders erzählen, nämlich ausgehend von den Designern und von Designerschulen oder -gruppen. Diese Vorlesungen hielt er 2003 und 2004 unter dem Titel „Figur und Grund“ beziehungsweise „Grund und Figur“. Vorlesungen aus dieser Reihe gingen in den seit Sommer 2020 vorliegenden Band ein. Zu dem von Hirdina geplanten weiteren Ausbau der Reihe kam es nicht mehr, sodass diese Vorlesungsreihe nicht „fertig“ ist (siehe die „Editorischen Bemerkungen“ am Ende des Bandes). Da diese Vorlesungsreihe allerdings, anders als die zur „Theorie und Geschichte des Designs“, einem additiven Prinzip folgt, war es möglich, die bereits existierenden Vorlesungen in diesem Band zu veröffentlichen. Gleichwohl wird hier nicht einfach nur addiert. Dieser Zugang zur Designgeschichte folgt ganz anderen Motiven.

Den Titel dieser Vorlesungsreihe erklärte Hirdina so: „Mit Figuren meine ich in der Designgeschichte herausragende Gestalter. Gemeinsam ist den Figuren, dass ihr Name mit einer bestimmten Entwurfshaltung, mit einer bestimmten Institution, einer bestimmten Richtung in der Geschichte oder mit einem Anfang von etwas verbunden ist. [...] Mit Grund meine ich nicht so sehr Biografisches. Worauf es mir ankommt, ist das Verstehen. Mir geht es darum, selbst zu verstehen, warum jemand gerade so und nicht anders entworfen hat, was ihn dazu getrieben hat, worauf er damit reagiert hat, welche Vorstellungen von Zukunft dem zugrunde liegen, und welche Art von Leuten er meint, wenn er für sie entwirft. An diesem Prozess des Verstehens, der mein eigenes Verstehen meint, will ich Sie mit den

Vorlesungen beteiligen." Entstehen kann dabei das: „Bei den Figuren selbst kam es mir darauf an, die Spanne zwischen den einzelnen möglichst groß zu halten, damit Sie am Ende vielleicht so etwas wie einen Rahmen und darin ein Koordinatensystem haben, in dem Sie dann die anderen Figuren unterbringen können, die Sie schon kennen und noch kennenlernen werden." So kann eine Geschichte des Designs beginnen, die nach vorne offen ist.

Theorie und Geschichte

> „Das Gestalten am Bauhaus ist unsichtbar, denn es sollte das Leben gestaltet werden. Das Leben kann man aber nicht ansehen und nicht anfassen. Das ist das Problem jeder funktionalen Ästhetik oder das Problem des Funktionalismus."

Dieses Zitat aus einer Vorlesung von Heinz Hirdina zum Bauhaus, die im dritten Band zu lesen sein wird, trifft das Zentrum seines Denkens. Er ist auf der Suche nach dem, was Funktionalismus sein könnte, und danach, warum er als Gestaltungshaltung anderen Haltungen vorzuziehen sei – denn entwickelt wurde er nicht alleine am Bauhaus, sondern schon weit früher, und auch die Gegenwart braucht diese Gestaltungshaltung. Wenn vom Bauhaus die Rede ist, geht es nicht um eine rückwärtsgewandte Designgeschichte, sondern um die Suche nach den Gestaltungsaufgaben und Widersprüchen der Designentwicklung in der Gegenwart. Die Gegenwart des Designs ist Anlass und ständiger Bezugspunkt dieser designgeschichtlichen Vorlesungen Hirdinas. Zugleich geht es darum, im geschichtlichen Prozess zu verstehen, was Design ist – denn das lässt sich nicht abstrakt definieren, es lässt sich nur in der geschichtlichen Bewegung erfahren, aus der auch die Kriterien für die Bewertung von Entwürfen, Produkten und Gestaltungsaufgaben aller Art gewonnen werden. Also differenziert Hirdina die Begriffe, mit denen Design untersucht werden soll, in seinen Vorlesungen aus, und sagt den Hörern immer klar, zugleich konzentriert und eingängig, was mit den Begriffen gemeint ist, was sie leisten können. Es gibt hier keine Trennung von Designgeschichte und Theorie, nicht bei den Themen der Vorlesungen und auch in den Vorlesungen selbst nicht. Man soll verstehen, warum Hirdina es für nötig hält, beispielsweise zwischen Mode, modisch und modern zu unterscheiden, zwischen funktional, funktionell und funktionalistisch – damit Zusammenhänge klar werden wie Unterschiede, nicht um in Begriffen zu schwelgen. Es geht immer um die Instrumente, die gebraucht werden, damit etwas sichtbar werden kann, was die Gegenstände ohne diese Instrumente alleine nicht zu erkennen geben, damit etwas verstanden und angemessen beurteilt werden kann. Dazu eine Kostprobe aus einer der Vorlesungen: „Jemand hat im Seminar im Vortrag über die Bauhausbücher von Funktionalem und Ästhetischem gesprochen. Es wurde mit dem Maßstab des Funktionalen das Ästhetische der Bauhausbücher kritisiert. Das aber ist ein Verständnis von Ästhetik, das formal ist, bei dem die Form das Ästhetische ist. Ein solches Ästhetikverständnis ist zwar verbreitet, es sollte Ihnen aber suspekt werden. Denn der Unterschied liegt nicht zwischen dem Funktionalen und dem Ästhetischen, sondern zwischen dem Funktionalen und dem Formalen. Mit anderen Worten: Das Ästhetische einer funktionalen Ästhetik existiert nicht neben dem Praktischen, Informativen, Kommunikativen, neben dem Ergonomischen oder Konstruktiven, sondern in ihnen. Praktisches, Informatives, Kommunikatives, Ergonomisches und Konstruktives erreichen also dann eine ästhetische Dimension, wenn sie zu einer Gestalt werden und wenn zu dieser Gestalt eine ästhetische Beziehung möglich wird. Und schließlich ist es im funktionalen Gestalten die Gestalt des Gebrauchs, die eine ästhetische Beziehung erlauben soll. Die Gestalt des Gebrauchs ist aber eine Zeitgestalt, ein Verlauf, ein Prozess, eine Handlung, eine Tätigkeit. Allerdings bedarf dieser Gebrauch in der Regel eines stofflichen Trägers. Die Gestalt des Trägers ist räumlich bestimmt. So ist also die ästhetische Dimension funktionalen Gestaltens raum-zeitlich bestimmt.“ Auf dieser Grundlage kann dann Hirdina die Bauhäusler selbst kritisieren, weil sie ebenso Formales und Ästhetisches verwechseln, und selbst noch Otl Aicher in Ulm ist nicht frei davon.

Nicht nur der Geist wird so geschärft, sondern auch das Auge. Wer Design begreifen will, muss genau hingucken können, doch er oder sie braucht auch Kriterien, um das Gesehene zu bewerten. Material hierfür stellt die Geschichte des Designs reichlich zur Verfügung. Design ist und bleibt ein Prozess, es ist nicht fertig, es existiert nicht *das* Modell und *die* Haltung, der man sich nun anschließen kann, sondern es gibt ständige Versuche, Probleme zu erkennen und gestalterisch zu lösen. So wie die Probleme und Gestaltungsaufgaben sich unterscheiden, unterscheiden sich die Haltungen und die Lösungen. Die für alles „richtige“ Lösung gibt es nicht, wohl aber die Möglichkeit, jede Haltung, jeden Entwurf, jeden Lösungsversuch nach transparenten Kriterien zu bewerten.

Solche Geschichte des Designs kann nicht auf das Produktdesign beschränkt bleiben, sie muss auch Kommunikationsdesign, Architektur und Innenarchitektur und vieles andere berühren, so Mode, Konstruktionsformen, Zeichengebrauch oder das Wohnen, denn das

Koordinatensystem, in das Hirdina die Geschichte des Designs stellt, sind Raum und Zeit – nicht das Bauhaus als feste Größe, obwohl er für das Bauhaus zeigt, dass dessen Zentrum nicht die Gestaltung von Gebäuden und Dingen ist, sondern die des Raumes und damit – wie oben zitiert – des Lebens. Daraus geht nicht nur eine bemerkenswert neue Sicht auch auf das Bauhaus hervor, sondern mit diesem Koordinatensystem ist zugleich einer der wichtigsten Besonderheiten und Vorzüge dieser Designgeschichte benannt.

Aus dieser Haltung zur Geschichte des Designs entspringt ebenso wenig eine Zentrierung des Designs auf den Funktionalismus, sondern vielmehr ein Verständnis des Designs als einer Bewegung in Widersprüchen, die bisher sehr viele konkrete Ausprägungen gefunden hat und von der kein Ende abzusehen ist. Die designgeschichtlichen Vorlesungen Hirdinas folgen dieser Bewegung unter dem Blickwinkel der Gestaltungsaufgaben, die er für die Gegenwart sieht, und mit Blick auf die Fragen, die sich aus der gegenwärtigen Krise des Designs stellen, einer Krise, in der alles Design werden könnte und damit gar nichts mehr oder als Design nur das gilt, das sich durch den „künstlerischen“ Stil eines Gestalters auszeichnet, für den man teuer zu bezahlen hat.

In einer seiner Vorlesungen zieht Hirdina ein Fazit dieser Bewegung, das hier zitiert sein soll, weil niemand besser den Gestus dieser Vorlesungen sichtbar machen kann als er selbst: „Bei allem, was sich da mischt und was sich da differenziert, kann man es am Ende auf zwei große Tendenzen reduzieren, also tatsächlich auf Tendenzen und nicht auf einfache Polaritäten. Denn seit es Design gibt, stehen einander zwei Tendenzen gegenüber: Die eine Tendenz geht eher zur Form hin, die andere eher zur Funktion, die eine geht damit eher zur Kunst, die andere in den Alltag. Wenn das Design zur Kunst tendiert, wird es in der Regel opulenter, seine Formen werden in der Regel expressiver und immer differenzierter, der individuelle Ausdruck in den Formen wird immer bedeutsamer, es kommt auf die Handschrift an. Solcherart Design inszeniert die Formen im Gesamtkunstwerk eines Raumes oder im Gesamtkunstwerk eines Ereignisses, betont ist dabei das Inszenatorische. Wenn das Design zum Alltag tendiert, wird es in der Regel immer unauffälliger, es wird anonymer und schließlich wird es auf eine besondere Weise unsichtbar, als reine Funktion, die keine Form mehr hat. […] Verallgemeinernd kann man so sagen: In Gestaltungskonzepten für soziale Gruppen, für Orte und für Situationen, wo es auf die Minute ankommt, auf jedes Gramm Material und auf die Einsparung jeglicher Form von Energie, dominiert die Funktion die Form oder, wie Louis Sullivan gesagt hat, die Form folgt der Funktion. In Gestaltungskonzepten für soziale Gruppen, für Orte und für Situationen, wo es nicht auf die Minute ankommt, in denen Materialökonomie keine Rolle spielt und Verausgabung menschlicher und künstlicher Energie kein Problem ist, dominiert die Form die Funktion."

Gleichgültig, welcher Tendenz man zuneigen mag, in diesen Vorlesungen werden sie alle gewürdigt – als je widersprüchliche Versuche in einem insgesamt widersprüchlichen Bewegungsprozess der Entwicklung des Designs. Als Anhänger des Funktionalismus, den er nicht als einen Stil oder einen Kanon, sondern als nach vorne offenes und immer neu zu formulierendes soziales Programm begreift, ist Heinz Hirdina zugleich einer der profundesten Kenner und Interpreten des italienischen postmodernen Designs. Deswegen muss Hirdina nicht verschweigen, dass aus seiner Sicht in der Gegenwart jenes Design, das den behutsamen Umgang mit der Natur sucht, vorzuziehen ist. Natur ist die dritte Größe in dem erwähnten Koordinatensystem – neben Raum und Zeit –, die alle kulturell gestaltet werden durch Design. Aber wie? Und warum so? Warum gerade jetzt? Wie kann man das bewerten, aus dem Kontext heraus und aus der Perspektive der Gegenwart? Das sind einige der Leitfragen Hirdinas.

Im Zentrum dieses Koordinatensystems stehen jedoch nicht abstrakte Größen, sondern die Entwürfe und realisierten Gestaltungen sowie die Gestalter selbst. Die Gegenstände und Gestalter sind nicht Objekte, die durch das Raster einer Theorie gesehen und bewertet werden. Vielmehr wird aus den von Designern gestalteten Gegenständen, aus verfolgten Gestaltungskonzepten und der geschichtlichen Bewegung heraus die Bewertung entwickelt, und es entstehen auf diese Weise die Bausteine und Strukturen einer Designtheorie, die in ihrer geschichtlichen Bewegung ebenfalls Untersuchungsgegenstand dieser Vorlesungen ist. Hier werden nicht Gegenstände, Personen oder Gruppen beziehungsweise Schulen nacheinander abgespult und dazu ein paar mehr oder weniger substanzielle Worte verloren, hier wird auch nicht eine Theorie an der Praxis durchexerziert, sondern hier wird die empirisch fassbare Geschichte der Gestaltung auf ihre philosophischen und designtheoretischen Implikationen und Folgen befragt. Auf höchstem Niveau, aber dvoch so, dass die Zuhörer Hirdinas – angehende Designer – immer folgen können. Für Anschaulichkeit wurde gesorgt durch eine Unmenge von Dias, die in jeder Vorlesung nicht vor allem Belege, sondern Ausgangspunkte des Nachdenkens waren, und durch eine Sprache, die frisch, den Hörern zugewandt und jedem verständlich ist, der sich für die Geschichte des Designs tatsächlich interessiert. Auch der Zeitabstand von der Erarbeitung der Vorlesungen bis zu ihrer hier vorliegenden Publikation hat ihrer Substanz nichts anhaben können.

Dieses Koordinatensystem war nicht von Anfang an fertig, es ist gewachsen und auf weiteres Wachstum angelegt. Je länger Hirdina sich mit Geschichte, Theorie und Gegenwart des Designs beschäftigt, desto mehr ordnet er das Design um diese drei elementaren Kategorien: Raum – Zeit – Natur. Hinzu kommen Ökonomie und natürlich die Beziehung zum Nutzer. Das jeweils entstandene Design wird aus den konkreten Umständen entwickelt, aus Elementen wie Biografie – technologischer Stand – ökonomische Situation – kultureller Kontext. Was Japan und das japanische Design sowie die japanische Architektur betrifft, womit Hirdina sich wie wohl kein anderer in Deutschland beschäftigt hat – Japan war das Ziel vieler seiner Reisen und das dazu vorliegende Material würde einen eigenen Band ergeben –, zählt auch die Geografie dazu. Überhaupt folgen seine Vorlesungen den Wendepunkten des Designs über den ganzen Globus; nicht nur Europa – darin vor allem Deutschland, Italien und die skandinavischen Länder – und Amerika, sondern eben auch Japan markieren Eckpunkte der Geografie seiner Vorlesungen.

Bewegung und Experimentieren, probierendes Fragen: Das wird der Grund gewesen sein, aus dem Heinz Hirdina selbst es immer abgelehnt hat, seine Vorlesungen für die Publikation vorzubereiten. Erst durch seine Erkrankung im Jahr 2004 hat sich diese Haltung geändert. Sie hat sich vor allem geändert, weil Helmut Staubach, Dieter Nehls und ich Heinz Hirdina mit der Publikation des Sammelbandes *Heinz Hirdina: Am Ende ist alles Design. Texte zum Design 1971–2004*, der 2008 im Verlag form+zweck erschien und den wir mithilfe und im Einverständnis mit Heinz Hirdinas Ehefrau, Karin Hirdina, herausgaben, gründlich überrascht hatten. Seitdem, und seit dann das Material der Vorlesungen vorlag, war es möglich, das Einverständnis Hirdinas für die Publikation der Vorlesungen zu bekommen. Heinz Hirdina konnte sie der Krankheit wegen selbst zur Publikation nicht mehr vorbereiten, aber er hat mir gestattet, dies zu tun. Heinz Hirdina ist 2013 verstorben und konnte so das Erscheinen der drei Bände nicht mehr erleben.

Heinz Hirdina
Vorlesungen

Teil I
Einführung

Der Begriff „Design“

Beginnen möchte ich mit einer Bestimmung dessen, was mit Design gemeint ist. Zuerst im Überblick, danach werde ich das 19. Jahrhundert, dann das 20. Jahrhundert und schließlich die Gegenwart des Designs genauer betrachten.

Ein solcher Überblick verlangt eine begriffsgeschichtliche Herangehensweise. Für eine Sache kann es viele Wörter geben, aber nur einen Begriff. Sie können zum Beispiel eine bestimmte Art von umbautem Raum als Haus, als Gebäude, als Bauwerk, als Objekt oder als Bau bezeichnen – es ist immer dasselbe gemeint. Daneben gibt es aber den Begriff „Haus“. Dieser Begriff meint die verallgemeinernde Bezeichnung für einen umbauten Raum, der praktischen oder rituellen Zwecken dient, in dem sich Menschen aufhalten können, in dem Tiere und Gegenstände verwahrt werden. Aber der Begriff „Haus“ ist ein historischer Begriff. Es ist ein Unterschied, ob sein Inhalt an einem Palast oder einer Hütte, am bürgerlichen Wohnhaus oder am proletarischen Mietshaus gebildet worden ist. Wörter also zeigen die Vielfalt von Ausdrucksmöglichkeiten, Begriffe zeigen den Wandel von Bedeutungen.

Das Interessante an einer solchen Begriffsgeschichte beginnt mit der Frage, ob denn ein anderes Wort für einen Begriff etwas anderes oder dasselbe meint, also ob nur ein anderes Wort für dasselbe gewählt wurde oder ob mit einem anderen Wort auch eine andere Bedeutung transportiert wird. Das Design kann man zum Beispiel als Entwerfen, als Gestaltung oder als angewandte Kunst bezeichnen, und das Design von Gebrauchsgegenständen kann man als Formgebung, Formgestaltung, als industrielle Formgestaltung oder als Produktgestaltung bezeichnen.

Zunächst vier Thesen. In diesen möchte ich das benennen, was ich als übergreifende historische Tendenzen bezeichnen würde:

1. Bei den Worten, die das bezeichnen, was heute Industriedesign, Industrial Design, Produktdesign, Produktgestaltung oder einfach Design genannt wird, spielen mehrere Faktoren eine wichtige Rolle: die Kunst, die Industrie, die Technik, die Wissenschaft und die Architektur. Die Hauptrolle dabei spielt aber die Kunst. Mit anderen Worten: In der Bedeutung und im Gebrauch verschiedener Wörter zeigen sich Nähe und Ferne zur Kunst, zum Teil sogar eine Identität mit Kunst, im Ganzen aber zeigt sich eine Entfernung von der Kunst. Design wird selbständig, und damit als eine andere Art von Gestaltung begriffen als die Kunst. Design und Kunst ähneln sich vielleicht in einigen Mitteln, unterscheiden sich allerdings in ihren Zielen und Funktionen.
2. In den Begriffen zeigt sich ein Pendeln zwischen unterschiedlichen Betonungen, zum einen der Betonung von Ausdruck, und zum anderen von Funktion, zum einen von Genuss, zum anderen von Gebrauch. Selten allerdings werden Gebrauch und Genuss, also das Praktische und das Ästhetische, zusammengedacht – in dem Sinne, wie man Bruno Taut verstehen kann, der einmal vom schönen Gebrauch [1] gesprochen hat.
3. In den Begriffen spiegelt sich zwar die Entwicklung gesellschaftlicher Arbeitsteilung, denn Design ist ein Produkt dieser Arbeitsteilung, aber es gibt auch immer Versuche, die Arbeitsteilung zugunsten einer Gestaltung aufzuheben, die sich nicht auf das

1 Vgl. Bruno Taut, *Die neue Baukunst in Europa und Amerika*, Reprint, Stuttgart 1980, S. 7.

industriell herstellbare Objekt beschränkt, sondern mehr sein will, mitunter das gesamte Sein. So hat Otl Aicher einem seiner Bücher den Titel *Die Welt als Entwurf* (Berlin 1991) gegeben, und in der Soziologie ist das Wort Existenzdesign bekannt, mit dem letztlich die gesamte materielle Realität der Lebenswelt als Konstruktionsaufgabe verstanden wird. Aicher betont die Vernunft, das Planerische und das Vordenken, im Existenzdesign wird Design als Konstruktion verstanden, in der alles zueinander passt, weil es exakt berechnet ist. Was hier mit Design oder Entwurf bezeichnet wird, zeigt, wie offen, allgemein und auch vieldeutig solche Begriffe sein können.

4. Entwerfen und Entwurf sind nicht dasselbe wie Design. Man kann zwar alles Mögliche entwerfen, von der Zahnbürste bis zu einer neuen Weltordnung, aber gemeinsam ist allem Entwerfen das Vorläufige. Dem Entwurf fehlt der Rest, der aus dem Vorläufigen etwas Endgültiges, aus dem Flüchtigen das Bleibende werden lässt, dem Entwurf fehlt die Ausführung. Der Entwurf kann im Kopf oder auf dem Papier stecken bleiben. Gegenüber dem Entwurf ist Design vieldeutiger. Es kann dasselbe wie Entwurf oder Entwerfen sein, mit Design wird aber auch das Objekt bezeichnet, in dem eine Designleistung steckt, oder mit Design wird nur die ästhetisch wertbare Gestalt eines Objekts gemeint.

In einem weiteren Bedeutungsstrang ist Design alles, was nicht Architektur ist. Als komplementärer Begriff zur Architektur reicht Design vom Entwerfen zweidimensionaler Botschaften bis zum Entwerfen dreidimensionaler Gebrauchsgegenstände. Design ist so nicht nur gegenüber dem räumlichen Gestalten abgegrenzt, sondern auch gegenüber dem Entwerfen in Handwerk, Technik und Kunst.

In diesem letzten Begriffsstrang zeigt sich also die Ausdifferenzierung von Berufen, im ersten Begriffsstrang dagegen die Ausdehnung des Designbegriffs über das Entwerfen hinaus bis zur Rezeption beziehungsweise zum Gebrauch der designten Objekte.

Soweit also die Thesen, jetzt zur Begriffsgeschichte. Beginnen will ich mit dem Entwerfen.

Zunächst war Entwerfen ein sehr unspezifischer Begriff, der so etwas wie schöpferische Arbeit bezeichnete. Das gilt bis zum 14. Jahrhundert, nachgewiesen ist der Begriff seit dem 13. Jahrhundert. Im 15. Jahrhundert wird der Begriff spezifischer. Entwerfen heißt jetzt, eine Vorlage für etwas zu schaffen, das erst später hergestellt werden soll. Das, was letztendlich hergestellt wird, das Finalprodukt, verlässt die Werkstatt, aber der Entwurf bleibt in der Werkstatt. Daran sind zwei Dinge wichtig: Der Entwurf trennt sich von der Herstellung, und der Entwurf kann deshalb wieder verwendet werden.

Aber von wem? Vielleicht vom Entwerfenden selbst – er wäre dann eine Vorlage für seine eigene Arbeit als Ausführender. Vielleicht aber auch von einem anderen Ausführenden. Der Entwurf wäre dann Vorlage für fremde Arbeit. Vielleicht ist der Entwurf auch verkauft worden. Der Entwurf wäre dann zu einer Ware geworden.

Man hat Skizzenbücher aus dem 14. Jahrhundert gefunden. Sie enthalten Entwurfsskizzen für Stickereien und Pferdegeschirre, die von Florentiner Künstlern stammen. Man weiß allerdings nicht, ob diese Skizzen für die Entwerfer selbst oder für andere Ausführende bestimmt gewesen sind. Aber aus dem

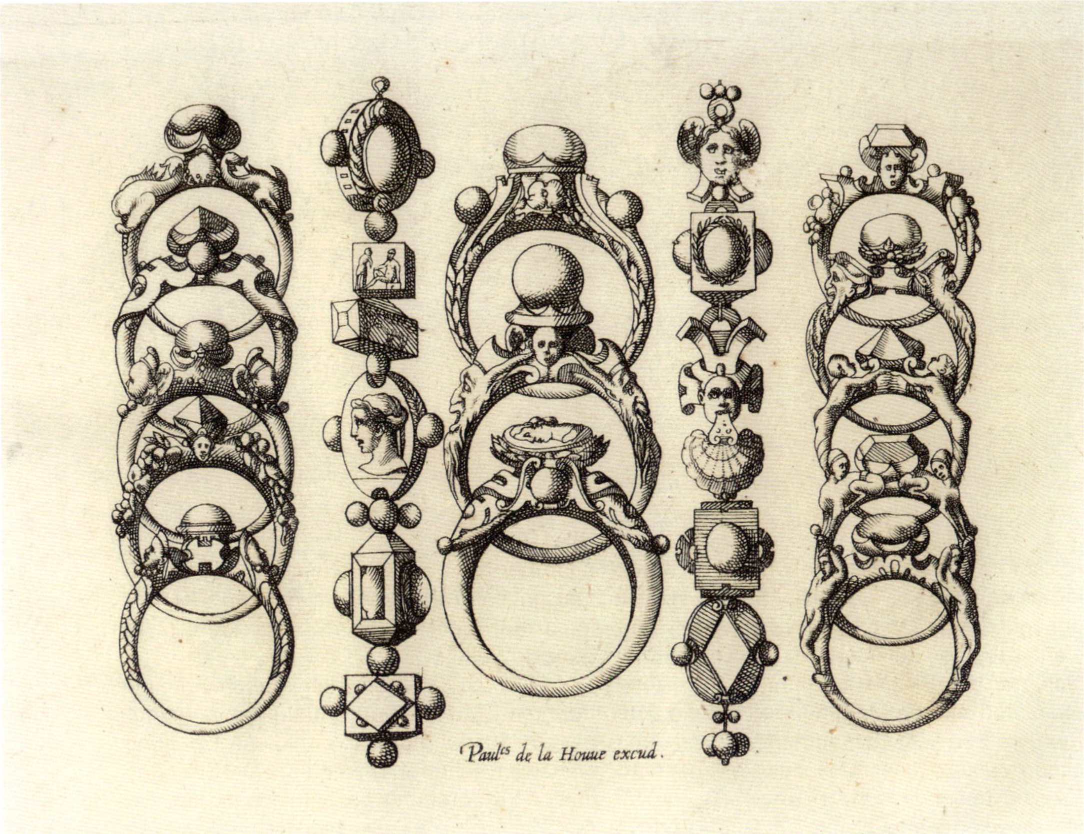

Abb. 1 René Boyvin, Druck aus dem *Livre de Bijouterie*, Stich nach Léonard Thiry und Rosso Fiorentino, herausgegeben von Paul de la Houve, ca. 1570

15. Jahrhundert ist schon bekannt, dass Künstler für Handwerker entworfen haben. Hierfür genügte die Skizze nicht mehr, die das Handwerkszeug des Künstlers ist. Der Entwurf hat sich von der Skizze getrennt, er wird jetzt exakt und enthält Maßangaben für die Ausführung. Seit dem 16. Jahrhundert sind dann schon Musterbücher für Handwerker bekannt. Es sind besonders Maler gewesen, die für Handwerker, zum Beispiel für Gold- und Silberschmiede, entworfen haben. Aber sie werden durch diese Entwurfsarbeiten nicht Designer, sondern bleiben Maler (› Abb. 1).

Wir haben damit den Beginn einer Arbeitsteilung zwischen Entwerfern und Ausführenden vor uns, die sich im 19. Jahrhundert erst vollendet. Aus dem Künstler ist nun der Zeichner, der Musterzeichner oder der Dessinateur geworden. Doch diese so bezeichneten Leute sind das verachtete Fußvolk unter den Entwerfern. Die entwerfende Elite kommt immer mehr aus den Kreisen der Architekten und immer weniger aus den Kreisen der Maler und Bildhauer. Das bleibt so, wenn man es streng nimmt, bis zum Ende des Zweiten Weltkriegs.

Den ersten Designer im heutigen Sinne gibt es jedoch schon im 19. Jahrhundert. Zwischen 1874 und 1876 erscheinen die *Studies of Design*, die Betonung in diesem Buch liegt auf der Inneneinrichtung von privaten Räumen. Der Autor ist Christopher Dresser. Er entwarf für Manufakturen und industrielle Unternehmen der Glas-, Keramik-, Möbel-, Textil-, Metall-, Tapeten- und Linoleumindustrie, und die von ihm entworfenen Serienprodukte sind mit einer Gravur versehen worden, die sich erstmals auf die Designleistung bezieht: „Designed by C.D." oder ähnliches war da zu lesen. Das bleibt aber die Ausnahme. In den USA etablieren sich Designer schon um 1930, und über die USA verbreitet sich der Begriff „Design" dann als amerikanischer Anglizismus nach 1945 nicht nur in Europa, sondern in der ganzen Welt.

Zeitlich ist die Arbeitsteilung schon im getrennten Entwerfen und Ausführen angelegt, aber im 19. Jahrhundert wird diese Trennung allmählich schärfer. Die Gründe hierfür liegen in der Vorbereitung großer industrieller Serien, die auch spezieller Werkzeuge bedürfen. Zwischen Entwurf und Ausführung schiebt sich also die Werkzeugherstellung für die Maschinen oder auch noch für die Hand. Das Herumprobieren in der Werkstatt verliert an Bedeutung, Entwurfs- und Ausführungsphase werden eindeutiger voneinander getrennt.

Der deutsche Begriff „Entwerfen" kommt ursprünglich aus der Bildweberei. Geworfen wird dabei das Weberschiffchen, um Bilder zu erzeugen, oder anders ausgedrückt, der Schussfaden wird zwischen die Kettfäden geworfen. Das Entwerfen hat hier also ursprünglich eine doppelte Bedeutung: Es bezeichnet den technologischen Vorgang des Webens, aber diese Technologie ist von besonderer Funktion, weil sie nicht nur zur Herstellung eines Gewebes, sondern ebenso zu der eines Bildes benutzt wird.

So viel zum Entwerfen, jetzt zum Design. In einem beliebigen Wörterbuch der englischen Sprache findet man für „Design" viele Bedeutungen; dazu gehören: zeichnen, planen, erfinden, skizzieren, gestalten, bestimmen und natürlich auch entwerfen. Doch gleichzeitig steckt jeder dieser Begriffe im anderen. Man kann also, wenn man zum Beispiel vom Entwerfen ausgeht, sagen, dass beim Entwerfen auch geplant, gezeichnet, erfunden und festgelegt wird.

Bemerkenswert dabei ist, dass der heutige internationale Gebrauch des Anglizismus die romanischen Ursprünge des Worts überdeckt. Nach dem *Grand Robert*, dem Wörterbuch der französischen Sprache, ist „Design" ein englisches Wort, das dem französischen „dessin" im 17. Jahrhundert als Plan eines Werkes entspricht; nach der italienischen Enzyklopädie des 20. Jahrhunderts ist das italienische „disegno industriale" eine Übersetzung des angelsächsischen „industrial design". In Italien werden heute beide Begriffe benutzt. Der Duden allerdings verfolgt die Wortgeschichte bis zu ihrem lateinischen Ursprung im Wort „designare", das vorrangig die Bedeutung „bezeichnen" hat. Dieses „designare" verändert sich im Italienischen zu „disegnare", hinzu kommt das Substantiv „disegno", das zunächst nur eine Arbeit bezeichnet, die schöpferisch ist. Das Festlegende und Formierende, das im „Bezeichnen" steckt, hat das Substantiv „disegno" offenbar für die Frage geeignet gemacht, was denn nun festgelegt, bestimmt oder bezeichnet werden soll. Als „disegno" wird der Begriff, wie Wolfgang Kemp 1974 nachgewiesen hat, in der zweiten Hälfte des 16. Jahrhunderts in Florenz zu einem Gegenstand definitorischer Bemühungen. Nach Kemp war nur in diesem halben Jahrhundert und nur an diesem Ort „das Prinzip Disegno" substanzieller Bestandteil der Kunsttheorie.[2]

Unter Kunst hat man dabei Malerei, Plastik und Architektur zu verstehen, bei Benvenuto Cellini kommt die Goldschmiedekunst hinzu. Die Trennung dieser Künste vom Handwerk ist eine Aufwertung, und so wird „disegno" zu einer Bezeichnung des Kreativen, das auf der obersten und allgemeinsten Ebene mit der göttlichen Schöpfung korrespondiert und nun als Plan, als geistige Grundlage zur Voraussetzung menschlichen Tuns überhaupt wird. Darin aber erschöpft sich die Bedeutung von „disegno" nicht. Auf einer Interpretationsebene darunter wird damit das Prinzip der Naturnachahmung bezeichnet und auf einer noch konkreteren Ebene ein formales Prinzip, das den Gebrauch der Linie als Mittel bildlicher Darstellung festlegt. Aufschlussreich ist, dass in einer Nebenbedeutung bereits der Sinn des Ästhetischen als Inszenierung enthalten ist. „Disegno" ist also mit wechselnder Bedeutung eher ein geistiges oder eher ein formales Prinzip; des Entwerfens und das Ausführens, das Prinzip des Erfindens künstlicher Objekte und das der Nachahmung von Natur, der Ursprung von allem und zugleich ein Ideal. Die Dimensionen des Begriffs reichen vom formal Regelhaften bis zum Philosophischen, der Begriff bezeichnet Prinzipien, Ideen, Entwürfe und Ausführungen, und die sprachliche Funktion des „disegno" reicht vom Mittel der Kommunikation zwischen einem Auftraggeber und einem Auftragnehmer in Form einer Zeichnung bis hin zu einem Prinzip von relativer Verbindlichkeit, weil „disegno" auf ein Vordenken gegründet ist, das mit dem Anspruch von Wissenschaftlichkeit verbunden ist. Durch das allgemeine Prinzip „disegno" werden Teile zu einem Ganzen, und als Wissenschaft in Form eines Regelwerks verbindet sich „disegno" mit der Kunst.

Was ich erst später belegen werde, soll zunächst behauptet werden, nämlich dass der Designbegriff heute dorthin zurückkehrt, von

2 Wolfgang Kemp, „Disegno. Beiträge zur Geschichte des Begriffs zwischen 1547 und 1607", in: *Marburger Jahrbuch für Kunstwissenschaft*, Bd. 19, Marburg 1974, S. 240.

wo er ausgegangen ist: zu einer Vieldeutigkeit, die ihn unspezifisch werden lässt.

Historisch gesehen lassen sich nun fünf Phasen der Geschichte des Begriffs „Design" unterscheiden, die ich kurz charakterisieren möchte. Jede dieser Phasen steht für einen Paradigmenwechsel im Design, also für einen Wechsel des Leitbildes, der Orientierung.

Die erste Phase fällt in das 19. Jahrhundert. Eine noch vom Handwerk geprägte Industrie bedient sich jener Formen, die als Stilformen in der Kunst entwickelt worden sind. Begriffe, die dem heutigen Design entsprechen, bildet man fast immer mithilfe des Wortes „Kunst". Das gestalterische Bemühen richtet sich auf den ästhetischen Genuss des Dekorativen.

Die zweite Phase liegt zwischen der Jahrhundertwende und dem Ersten Weltkrieg. Es bleibt noch die Orientierung hin zur Kunst, aber durch die Bevorzugung von Werkkunst und Sachkunst als Worte werden Akzente gesetzt, die sowohl auf Sachlichkeit wie auf die Technologien des Herstellens verweisen, also nicht allein das Entwerfen betonen, sondern auch die Reproduktion des Entwurfs. Das ist aber eine andere Betonung als die der Reproduktion von Kunst im Kunstgewerbe. Neu ist, dass sich das gestalterische Bemühen auf den ästhetischen Genuss von Material, Technologie und Zweck der Gegenstände richtet.

Die dritte Phase liegt zwischen dem Ersten und Zweiten Weltkrieg. Während der 1920er-Jahre vollzieht sich ein Paradigmenwechsel von der Kunst zur Gestaltung, vom Ausdruck zur praktischen Funktion in den Entwurfszielen, von Intuition zu Analyse in den Entwurfsgrundlagen, von der Individualität des Entwerfers zum Dialog und zur Kooperation der Entwerfenden. Das gestalterische Bemühen richtet sich auf die Ökonomie von Raum, Zeit und Energie. Wenn das Individuum von Mühsal und die Räume von Gegenständen entlastet werden sollen, so schafft das keinen ästhetischen Genuss, sondern zunächst die Voraussetzung dafür. Genuss ist Sache der Nutzer, nicht der Gestalter. Damit hat sich ein Paradigmenwechsel von der Moral zur Ökonomie vollzogen – aber nicht nur einer Herstellungsökonomie – und schließlich ein Wechsel vom Credo ehrlichen Gestaltens zum Credo rationellen Gestaltens.

Nach dem Zweiten Weltkrieg beginnt eine vierte Phase. Zunächst bietet sich wieder Kunst als Leitbild an, und zwar die nichtfigurative. Aber schon in den 1950er-Jahren führt die Faszination von der damals so genannten wissenschaftlich-technischen Revolution zu einem Paradigmenwechsel. Neu aufkommende Wissenschaften wie Kybernetik, Semiotik, Konstruktionswissenschaft und von den älteren die Soziologie und in ihr die Statistik werden zu Grundlagen des Entwerfens. Das Entwerfen wird wieder als Gestaltung bezeichnet, und darin ist die Produktgestaltung integriert. Man kann diese Phase institutionell an die Hochschule für Gestaltung Ulm und ihre internationale Wirkung binden. Der Gestus des Gestaltens ist aufklärerisch.

Eine fünfte und bisher letzte Phase beginnt in den 1970er-Jahren. Je mehr sich das Wort „Design" über die Fachsprache hinaus verbreitet, desto mehr lädt es sich mit verschiedenartigen Bedeutungen auf. Dieser Vielfalt und definitorischen Unschärfe entspricht ein Verlust von allgemeiner Programmatik, aber das gestalterische Bemühen stimmt mit der zunehmenden Ästhetisierung und Künstlichkeit aller Lebenszusammenhänge überein. Es richtet sich auf den Genuss. Der Gestus des Gestaltens wird ästhetizistisch.

Dass in diesem historischen Prozess mit den neuen Phasen die alten Bedeutungen nicht einfach verschwinden, möchte ich an dieser Stelle nur erwähnen.

Während heute die neuen Bedeutungen von Design als Prozess bis zum menschlichen Tun ganz allgemein reichen können, Design also im Begriff „Arbeit“ oder noch mehr im Begriff „Tätigsein“ aufgeht und mit „Design“ auch Gegenstände, etwa Unikate von Kunst oder Handwerk, bezeichnet werden können, ist der Kern, um den sich historisch Bedeutungen angelagert haben das ästhetisch bestimmte Entwerfen von praktischen, das heißt für den praktischen Gebrauch geeigneten Gegenständen, von Gegenständen, die mehr oder weniger auch mit Blick auf ihren potenziell symbolischen Konsum entworfen werden.

So viel als kurzer Überblick. In der nächsten Vorlesung dann etwas detaillierter: Zuerst noch einmal zum Ursprung des Designs, dann vor allem zum 19. Jahrhundert.

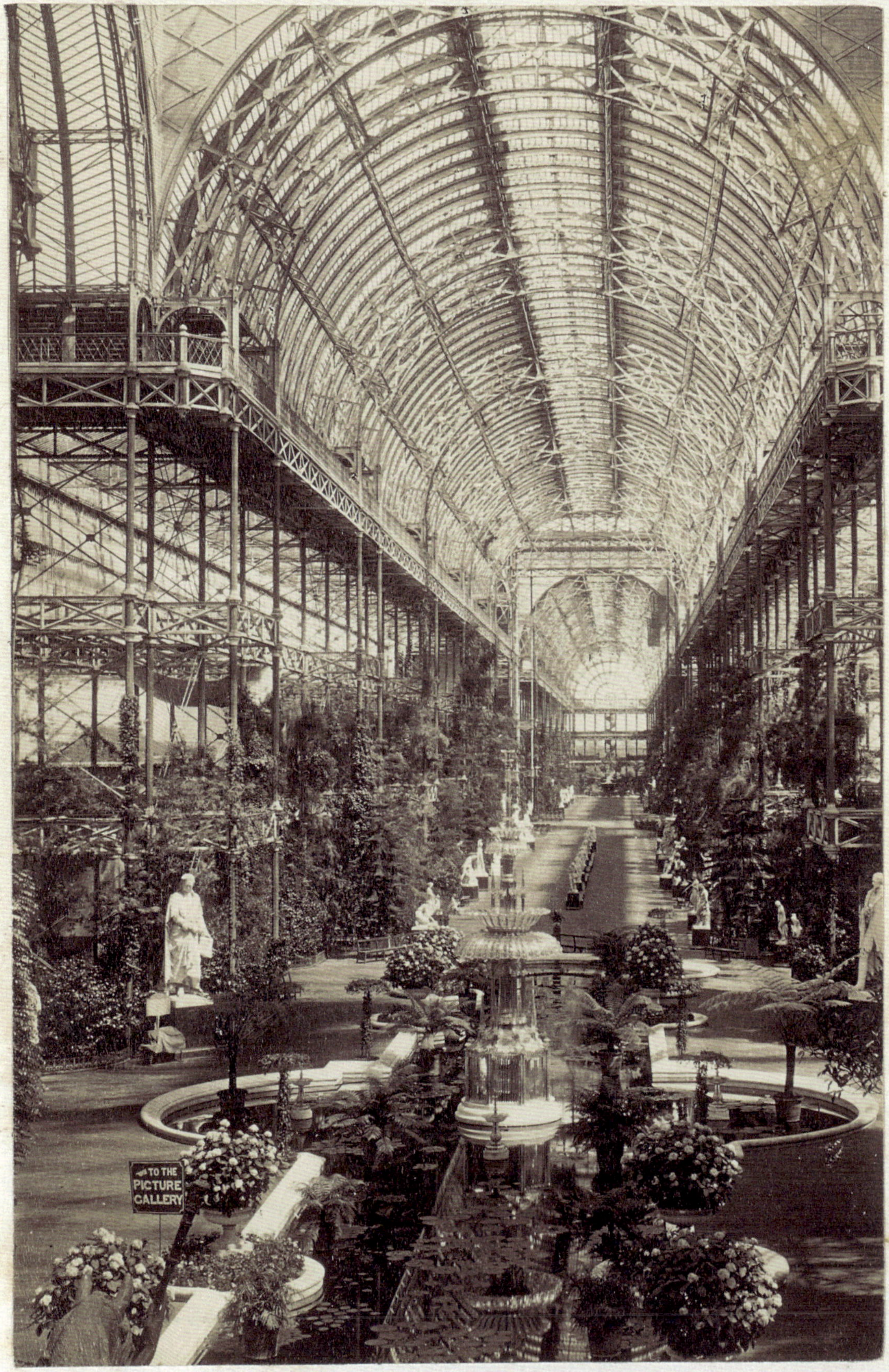

Innenraum des Kristallpalasts während der Weltausstellung, 1851

Design als Kunst: Der Beginn. Das 19. Jahrhundert

Wenn Sie gefragt werden, was Sie studieren und Sie antworten „Design an einer Kunsthochschule“, werden Sie wahrscheinlich so verstanden, dass Sie künftig für die auffallenden Dinge verantwortlich sind, die teuer sind, die in besonderen Geschäften, in Boutiquen und Galerien angeboten werden und die sich sehr gut als Distinktionsmittel eignen. Sie werden so verstanden, wie auch Künstler verstanden werden, und Sie studieren ja auch an einer Kunsthochschule. Was Sie vielleicht in den Augen der ahnungslos Fragenden zu einem besonderen Künstler macht, ist, dass Ihr Beruf mit solchen Gegenständen assoziiert wird, deren Anblick erfreulich ist, die sich auf der Höhe des besonderen Geschmacks befinden und die in Lifestylemedien zu finden sind, im Design dieser Medien selbst und in dem, was dort beworben, besprochen und empfohlen wird; Dinge, die schön sind, praktisch nicht immer, notwendig eher selten.

Andere Fragende werden vielleicht eher an Modelle oder Entwurfszeichnungen, an das Entwerfen oder den Entwurf überhaupt denken oder an andere englische Übersetzungen von „Design“ wie Muster, Zeichnung, Plan, Gestaltung oder Formgebung. Diese anderen sehen also nicht zuerst ein Finalprodukt, dessen äußere Hülle, seine sinnlich wahrnehmbare Erscheinung, sondern eher etwas Vorläufiges, ein Durchgangsstadium, etwas, das nicht zu benutzen, zu konsumieren oder zu rezipieren ist, etwas, das nur zwischen der Idee im Kopf und einem fertigen Objekt existiert.

Damit wären die nachdenklichen Fragesteller nun am Ursprung des Begriffs „Design“ angelangt, in Gestalt des Begriffs „disegno“, also eines romanischen und nicht angelsächsischen Begriffs. Als unter dem Einfluss des Architekten Giorgio Vasari um 1563 in Florenz die Accademia Delle Arti del Disegno gegründet wurde, hatte das mit der Betonung der Kopfarbeit gegenüber Handarbeit zu tun, mit der Betonung der Idee gegenüber der Ausführung des Werks, hatte es mit Originalität und nicht mit handwerklicher Erfahrung, nicht mit Wiederholung des Gleichen, sondern mit Innovation, hatte es mit Kunst gegenüber dem Handwerk, kurz, es hatte mit Entwerfen, mit einem Plan, mit einem Konzept vor dem Ausführen zu tun. Mit dem „disegno“ als Programm einer Akademie lösten sich die Künstler vom Handwerk ab, das ihnen zu profan, zu wenig intellektuell, zu wenig geistig, zu alltagsbezogen war, und sie betonten die Idee, den Gedanken eines Kunstwerkes, die geistige Substanz, sie betonten das Schöpferische, und sie schlichen sich damit an die Göttlichkeit des Schöpferischen heran, an den Anspruch einer Begnadung, die den Künstler in die Nähe des göttlichen Schöpfers rückt. Unter Kunstwerken sind in diesem florentinischen Sinne die Werke von Architekten, Bildhauern, Malern und partiell auch von Gold- und Silberschmieden zu verstehen. Mit der Ablösung der Kunst vom Handwerk, mit „disegno“, gewinnt das Entwerfen Anschluss an die freien Künste, und zu diesen freien Künsten wiederum gehören die Wissenschaften, ganz oben die Mathematik. Freie Kunst ist eine autonome Kunst, die frei ist von unmittelbaren Auftraggebern, die frei ist von unmittelbar praktischen Dienstleistungen, freie Kunst schließt die Freiheit des Denkens, der Idee, des Entwerfens ein. „Disegno“ liegt also der Malerei und der Bildhauerei ebenso zugrunde wie der Architektur und den Arbeiten eines Silberschmieds. Und wenn in den kommenden Jahrhunderten Entwürfe für Gebrauchsgüter, für Möbel, für Kutschen oder Sänften, für Tischgerät oder auch für Waffen entstehen, wenn also vor die handwerkliche Phase des Ausführens eine Phase des Ideensammelns, Planens, Zeichnens und Modellierens tritt, lässt sich das in drei Besonderheiten zusammenfassen:

1. Die Entwerfer bleiben Künstler im traditionellen Sinne eines Malers oder Bildhauers, oder sie sind Architekten. Zu den Künstlern als Entwerfern gehören zum Beispiel Lucas Cranach, Albrecht Dürer oder auch Albrecht Altdorfer. Sie entwerfen quasi nebenbei, es ist nicht ihre Hauptbeschäftigung.
2. Der Entwurf betrifft primär oder ausschließlich die Dekoration des Gegenstands, nicht seinen praktischen, sondern seinen symbolischen Gebrauch. Entworfen werden zum Beispiel Gravuren auf Silberbestecken, die Rahmen von Spiegeln, Thronsessel, der ornamentale Schmuck von Kutschen, Waffen usw. Zu den Ausnahmen, die es immer gibt, würde ich einige Möbeltischler rechnen. Einmal solche, die auf die Bequemlichkeit eines Möbels für das Bürgertum achteten, wie Chippendale in England, oder solche, die sich raffinierte Mechanismen überlegten, durch die Möbel zu Musikautomaten mit Geheimfächern wurden, die schon demontierbar waren und zum Teil standardisiert wie die Möbel von David Roentgen in Neuwied am Rhein, die für die europäischen Höfe angefertigt wurden.
3. Die Entwürfe entstehen nicht für alle, also nicht für einen Massenbedarf und nicht für den Alltag, sondern für den Bedarf der Höfe und des reichen Bürgertums, und da wiederum vor allem für besondere Gelegenheiten, für Hochzeiten und Beerdigungen, für Krönungen und Jubiläen. Noch im Jahr 1902 hat sich der Hamburger Bürgermeister für die Hochzeit seiner Tochter ein Porzellanservice anfertigen lassen, das im doppelten Sinne auffallend ist: einmal dadurch, dass auch die Tassenform nicht rund, sondern sechseckig ist, und dass der Dekor auf wunderbare Weise den Konturen der einzelnen Flächen folgt; zudem ist es dadurch auffallend, dass man daraus nicht trinken kann, es sei denn, man nimmt das Trinken nur als Andeutung, als Ritual und eben nur an diesem einen Hochzeitstag. Der Entwurf für das Service stammte von Peter Behrens. Das sind Besonderheiten, die bis in das Industriezeitalter hineinragen.

Am Anfang stehen also zwei Begriffe im Zentrum des Verständnisses von Design: Das Entwerfen als Bezeichnung einer Tätigkeit, und das Ornament als Bezeichnung des entscheidenden Entwurfsergebnisses. Hier passt aber etwas nicht zusammen. Das Entwerfen meint die ganze Welt der Artefakte, das Ornament meint nur die Oberfläche von Dingen. Es gibt dennoch Gemeinsamkeiten zwischen Entwurfszeichnungen und Modellen unabhängig davon, ob es sich um Entwürfe für handwerkliche oder industrielle Serien handelt – dies wiederum in drei Punkten:

1. Die Entwurfszeichnungen und Modelle sind einerseits konkrete Handlungsanweisungen für die Ausführenden in der Produktion. Andererseits sind sie gegenüber der Sprache die anschaulichen und im Falle der Modelle die anfassbaren Kommunikationsinstrumente zwischen dem Künstler und seinen Auftraggebern. Man hat, wie aus Texten florentinischer Künstler hervorgeht, schon im 17. Jahrhundert auf die Attraktivität und Überzeugungskraft perfekter Modelle gesetzt. Und durch diese Kommunikationsfunktion sind auch die hervorragenden Architekturmodelle aus dieser Zeit

zu erklären, die noch heute existieren und betrachtet werden können.

2. Die Eigenart von Modellen und Entwürfen besteht in ihrer Unabhängigkeit vom fertigen Werk. Sie sind weder an die Ausführenden noch an das auszuführende konkrete Werk gebunden, sie sind transportabel, sie können auch woanders und von anderen Ausführenden und bei Dekorationen auch für andere als die ursprünglichen Schmuckträger als Produktionsanweisung benutzt werden.
3. Das sind die Grundlagen dafür, dass Entwurfszeichnungen und Modelle zu Waren werden: Sie können verkauft, gestohlen, kopiert oder nachgeahmt werden. Und mit diesem Warencharakter und allen seinen Folgen gewinnt der Schutz der Ideen und Entwürfe an Wichtigkeit. In Preußen existiert ab 1837 ein Gesetz zum Schutz des Urheberrechts; das „Gesetz betreffend das Urheberrecht an Mustern und Modellen im Deutschen Reich" (ab 1876) war eine Folge der Reichsgründung von 1871. So viel zu den Eigenarten der Entwürfe als kommunikativ, selbständig und warenförmig.

Was über Jahrhunderte relativ gut gelingt, wird im 19. Jahrhundert zu einem grundsätzlichen Problem: In dem Maße, in dem Künstler und Architekten an Entwurfskompetenz für Designobjekte gewannen oder sie ihnen zugestanden wurde, wurde sie den Handwerkern aberkannt. Der Gebrauch des Wortes „Kunst" im Zusammenhang mit Design ist nicht nur historisch zu erklären, also nicht nur damit, dass bis zum 18. Jahrhundert das Entwerfen von dekorativen Gebrauchsgegenständen unter die Malerei subsumiert wurde. Das Kunsthafte verweist auf einen Widerspruch, und zwar auf den Widerspruch zwischen beginnender industrieller Produktion und den vorindustriellen Normen einer handwerklichen Ästhetik. Mit der Kunst soll dieser Widerspruch überformt werden, oder genauer: Gerade weil mit der Autonomie der Kunst dem Handwerk und später der Industrie der Künstler als Stilbildner abhandengekommen ist, weil damit, so wird geklagt, die Produktion ins Schlepptau der wechselnden Moden geraten sei, wird die Kunst herbeigeredet. Bisher waren die Handwerker einem verbindlichen Stil gefolgt, ohne diesen Stil immer wieder reflektieren zu müssen. Jetzt standen ihnen alle Stile zur Verfügung, und sie mussten wählen.[1] Gewerbefreiheit bedeutete objektiv Wahlfreiheit der Stile, subjektiv bedeutete es Verunsicherung für die Handwerker. Die Archäologie grub unentwegt neue Kulturen aus, und auf der anderen Seite entwickelten sich die Reproduktionstechniken so, dass sich für diese Art von Geschichte ein Medienpublikum herausbilden konnte. Besonders die zahlreichen Ornamentsammlungen und Formenschätze „aller Style und Zeiten" stellten ein Formenrepertoire zur Verfügung, dessen ursprünglicher Gehalt nicht mehr vermittelt werden konnte: Man nahm die ornamentalen Formen, wusste aber nicht, was sie einst bedeutet hatten oder was sie woanders bedeuteten – in Indien oder in Vorderasien beispielsweise. Sichtbar wird dies in der Maß- und Maßstabslosigkeit der Ornamentierung. Um diesem Unwissen und der Unsicherheit im Ornamentgebrauch abzuhelfen, sind in England, Frankreich und Deutschland staatliche

1 Vgl. Helmut Pfeiffer, Hans-Robert Jauß, Françoise Gaillard (Hrsg.), *Art social und art industriel. Funktionen der Kunst im Zeitalter des Industrialismus*, München 1987, dort die Beiträge von Karlheinz Barck (S. 241–268) und Karl Ludwig Pfeiffer (S. 58–77).

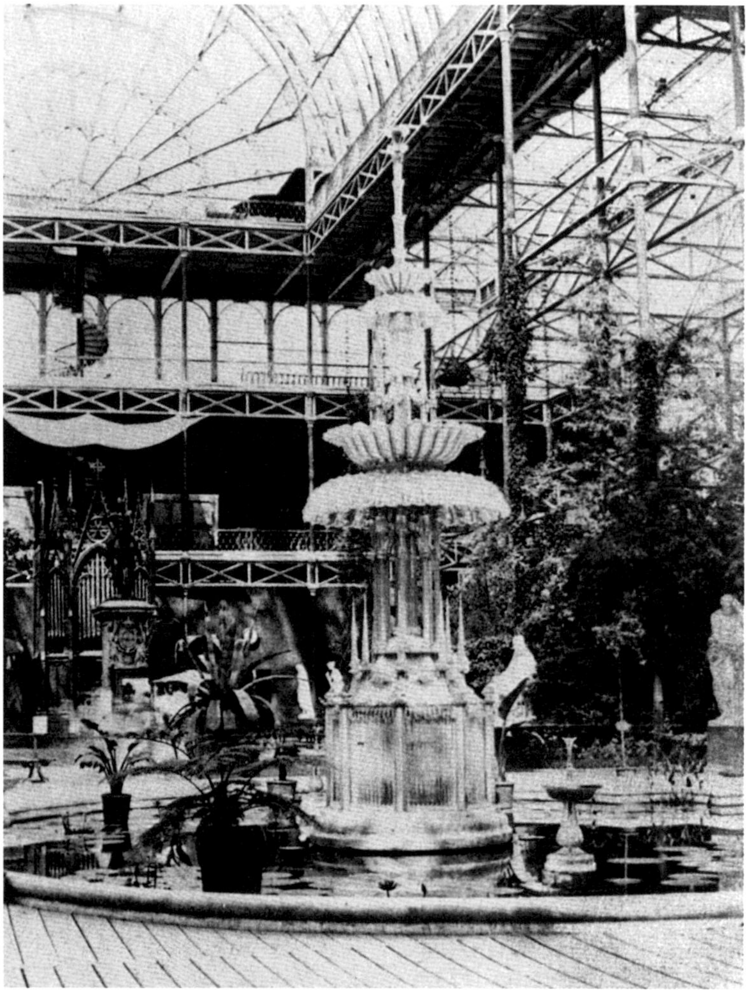

Abb. 1 Der Glasbrunnen im Londoner Kristallpalast, 1851

Kommissionen gebildet worden. Schulen wurden gegründet und es gab Versuche, den Zeichen- oder Kunstgewerbeunterricht in die Berufsbildung einzuführen. Und schließlich publizierte Karl Friedrich Schinkel zwischen 1821 und 1827 Stilvorlagen als Vorbilder für Handwerker und Fabrikanten.

Mit der ersten Weltausstellung von 1851 in London erhalten diese singulären Bestrebungen eine neue Aktualität – und zwar durch die geballte Veranschaulichung babylonischer Stilverwirrung (› Abb. 1). Sie wird als „Chaos und Unordnung" erlebt. Gottfried Sempers Schrift *Wissenschaft, Industrie und Kunst* (Braunschweig 1852) ist ebenfalls eine Reaktion darauf. Im Zentrum dieses Titels steht die Industrie, die auf der einen Seite von der Wissenschaft und auf der anderen von der Kunst flankiert wird. Diese programmatische Schrift war für reformwillige Kräfte in England bestimmt, und Semper schlug darin das vor, was schließlich Gegenstand der kunstgewerblichen Reformbewegung wird: Museen und Schulen zu gründen. Mit ihnen sollte durch Erziehung, Geschmacksbildung und Mustersammlung ein Widerspruch gelöst werden, nämlich der Widerspruch zwischen der Fülle industrieller Möglichkeiten und dem Mangel an subjektivem Vermögen, diese Möglichkeiten zu verarbeiten. Denn, so Semper, die moderne Industrie hatte einen seit Urzeiten wirksamen Zusammenhang zwischen wenigen Urformen und zahlreichen Modifikationen dieser Urformen aufgelöst. Die Urformen bleiben aber nach Semper weiter gültig, weil sich ihr Zweck nicht ändert, die Modifikationen ergeben sich durch regionale Unterschiede in Gestalt von Klima, Materialien, Fertigkeiten und so weiter. Angewandte Kunst nun soll diesen Zusammenhang zwischen den Urformen und ihren Modifikationen wieder herstellen. Vorher aber ist Zerstörungsarbeit zu leisten, und das Kunstgewerbe hat dabei eine historische Aufgabe. Sie besteht in der „*Zersetzung traditioneller Typen durch ihre ornamentale Behandlung*" [Hervorhebung im Original].[2] Die nicht mehr überschaubare Fülle der Stile und Ornamente muss sich nach Semper also erst bis ins Absurde steigern, ehe neue Formen entstehen können.

Als Peter Beuth, der entschiedene Förderer der preußischen Gewerbetreibenden, in den späten 1920er-Jahren ein Vorlagenwerk von Friedrich Schinkel für Eisengießer, Tischler und andere Gewerke mit einem Vorwort versah, warnte er die Handwerker davor, selbst zu entwerfen. Sie sollten sich nach den Vorlagen des Architekten richten, nicht eigene Ideen realisieren und sich fleißig im Nachahmen üben. Wie wird hier also die Entwurfskompetenz von Architekten und Künstlern verstanden? Entwurfskompetenz ist die Kompetenz, in stilistischen Kategorien zu denken. Die Entwürfe von Schinkel sind klassizistisch. Sie fordern dazu auf, der schon zum zweiten Mal aufgewärmten Antike zu folgen.

Ich kenne einen einzigen Architekten, der einerseits den Handwerkern Entwurfskompetenz zugesteht, der ihnen ihr Selbstbewusstsein wieder zurückgeben will, der sie unabhängig von Moden und Stilen machen will und der andererseits den akademisch gebildeten Architekten und Künstlern die Entwurfskompetenz abspricht, der an die Stelle der Stilkunde wieder das Verständnis von Gebrauch und Technologie setzen will. „Lieber herr professor",

2 Gottfried Semper, *Wissenschaft, Industrie und Kunst, und andere Schriften über Architektur, Kunsthandwerk und Kunstunterricht*, hrsg. von Hans M. Wingler, Mainz/Berlin 1966, S. 42.

lässt dieser Architekt den Tischler Josef Veillich sagen, „wenn ich so wenig vom pferd, vom reiten, von der arbeit und vom leder verstünde wie sie, hätte ich auch ihre phantasie."[3] Der Tischler antwortet hier jemandem, der ihm offenbar einen Entwurf geliefert hat, und nicht nur einen Entwurf, sondern einen künstlerischen Entwurf. Der Autor dieser Worte ist Adolf Loos in einem Nachruf von 1929 auf den Tischler, der ihm über Jahrzehnte hinweg seine Möbelentwürfe ausgeführt hat.

Daran ist gleich mehreres interessant, nicht nur, dass der Text klein geschrieben ist: Loos ist kein Handwerker wie Veillich, sondern gehört eher zu denen, über die sich Veillich amüsiert; er ist Architekt, aber nicht Künstler, er begreift sich als Baumeister. Aber wieso hat der Architekt Loos selbst Schränke, Tische, Stühle, Lampen, Gläser, ganze Interieurs und einen Billardtisch entworfen, wenn er meint, nur die Handwerker verstünden etwas vom Gebrauch, hier dem Reiten, vom Material, hier dem Leder, von der Technologie, der Arbeit des Sattlermeisters, der auch Tischler ist, und die anderen hätten zu viel Fantasie, wobei hier Fantasie die Suche nach Form und Dekor meint? Loos kann das sagen, weil er seine eigenen Entwürfe als Wiedergutmachung gegenüber dem Handwerk begreifen will, er will die Handwerker in ihrer Kompetenz für das Praktische, Stoffliche und Technologische bestärken (› Abb. 2). Loos liefert ihnen Entwürfe, die in erster Linie von ihrer Materialästhetik leben und die praktisch sind, weil sie auf archetypische Gebrauchsformen zurückgehen, und Loos zeigt nicht nur gern das Material, sondern, wie beim Holz, auch die Holzverbindungen. Den Professor dagegen, von dem die Rede ist, betrachtet Loos eher als seinen Feind, man kann ihn sich getrost als Vertreter der Wiener Werkstätten, zumindest als Vertreter des Wiener Sezessionsstils vorstellen.

Interessant ist auch, dass Loos das Zitierte 1929 formuliert. Seit zehn Jahren existiert das Bauhaus, seit zweiundzwanzig Jahren der Deutsche Werkbund, beide Institutionen favorisierten den Entwurf für die Industrie. Loos steht immer noch beim Handwerk. Er sieht, zumindest in dieser Beziehung, nach wie vor das 19. Jahrhundert als Feindbild vor sich, jenes Jahrhundert, in dem das Handwerk von der Industrie verdrängt wird, jenes, in dem das Gestalten von Gebrauchsgegenständen als Kunst begriffen wird, und jenes, in dem diese Art von Kunst als Dekoration verstanden wird. Loos fordert deshalb die Handwerker auf, in einer Praxis fortzufahren, die sie jahrhundertelang geübt und von der sie sich im 19. Jahrhundert getrennt hatten: Sie sollten wieder Dinge kopieren oder höchstens modifizieren, sie sollten dagegen nicht mehr länger Formen und Ornamente erfinden. Das klingt wie eine Aufforderung zum Kopieren von Stilen, es war aber genau das Gegenteil. Es sollten nur solche Formen reproduziert werden, die sich seit Jahrhunderten im Gebrauch bewährt hatten, nicht Stilformen, sondern archetypische Gebrauchsformen sollten kopiert oder höchstens modifiziert werden.

Semper hatte von Urformen und zahlreichen Modifikationen gesprochen, Loos dagegen betont zwischen den Urformen und Modifikationen ein Drittes, einen Prozess: Formen, die zu Standardformen durch eine lange Erfahrung wurden, in der sie ausreifen konnten. Das Gegenteil davon sieht er in der Wiener Werkstätte und im Entwerfen von Leuten, die

3 Adolf Loos, „Josef Veillich", in: ders., *Trotzdem. 1900–1930*, Innsbruck 1981, S. 216.

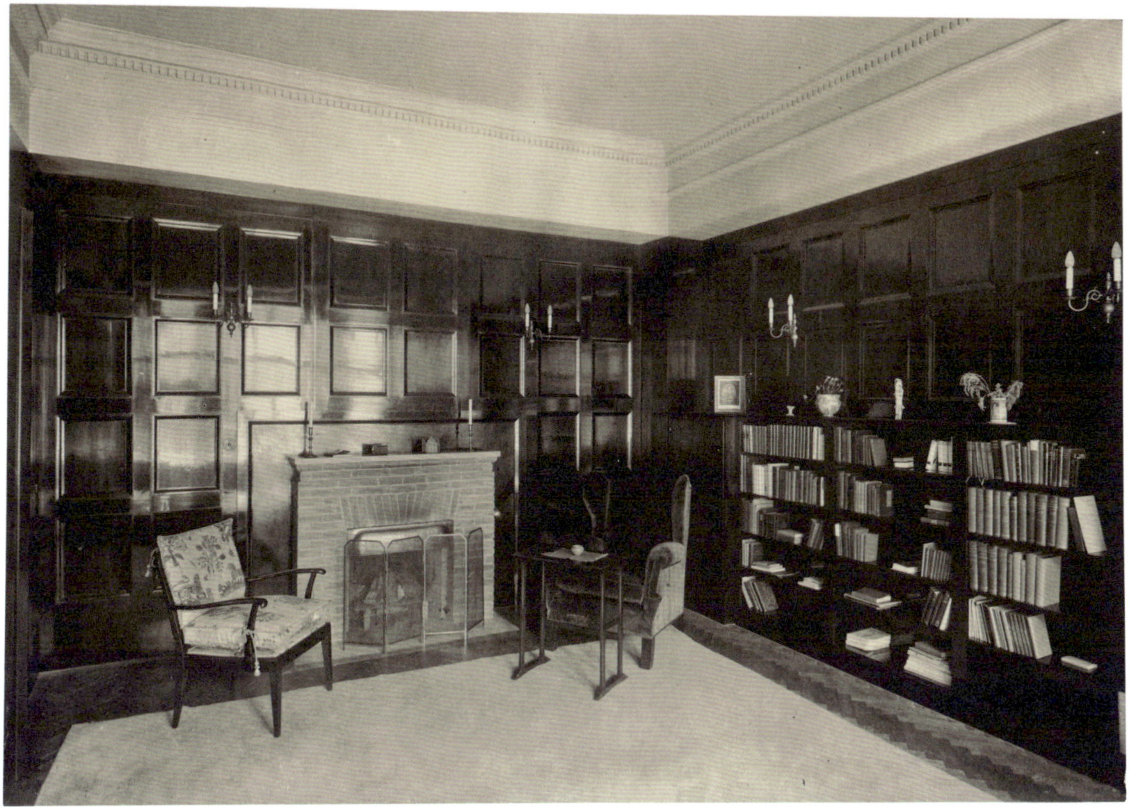

Abb. 2 Fotografie eines Wohnraums mit Wandvertäfelung von Adolf Loos in der Wohnung von Muriel Gardiner, Wien, um 1927

sich Künstler nennen. Die Geschichte ist für Loos kein Schatz an Ornamenten, sondern ein Reservoir (auch vergessener) Archetypen des Gebrauchs. Darin liegt der Unterschied zwischen ihm und beispielsweise William Morris und anderen englischen Reformern. Letztere wollten zurück zur Romanik und zur Gotik, weil es in diesen Zeiten noch keine entfremdende Arbeitsteilung gegeben hatte. Loos dagegen ist an Geschichte anders interessiert, er sieht in der Geschichte eine jahrhundertelange Arbeit an Gebrauchstypen. Diese Arbeit an Gebrauchstypen konnte aber schon im alten Ägypten oder im England des 17. Jahrhunderts oder an einem anderen beliebigen Ort abgeschlossen sein, man brauchte diese Formen nur zu übernehmen. Loos konnte noch nicht sehen, was sich im 20. Jahrhundert durchsetzen würde: Gebrauchsformen auf der Grundlage industrieller Serienproduktion und nicht auf Grundlage des Handwerks.

Kurz: Design im 19. Jahrhundert ist, abgesehen von Loos, identisch mit dem Ornament. Aber es heißt nicht Design, sondern Kunstgewerbe, Gewerbekunst, Industriekunst, Werkkunst, angewandte Kunst und dekorative Kunst. Dem entsprechen identische oder ähnliche Wortbildungen im Französischen und im Englischen, doch es fällt auf, dass mit angewandter, dekorativer Kunst und Kunstgewerbe oder Industriekunst auch verschiedene Akzente gesetzt worden sind. Das möchte ich zeigen.

Mit dem Terminus der angewandten Kunst nun im Sinne des Praktisch- und Alltäglich-Werdens von Kunst wird eher ein demokratischer Akzent gesetzt. Besonders in Frankreich war das mit der Hoffnung verbunden, es könnte eine Kunst in allem und für alle sein, in Deutschland schrieb noch 1907 der Nationalökonom Heinrich Waentig, für einen kurzen Moment habe er geglaubt, die Kunst sei wieder zum Volke hinab gestiegen, und wenn William Morris von Kunst spricht, meint er in der Regel nur jene Kunst, die im Alltag wirkt. Im Begriff „angewandte Kunst" wird also der künstlerische Charakter des Entwurfs betont (Kunst anwenden, Kunst applizieren, Kunst praktisch werden lassen). Gottfried Semper versteht darunter „Kunst in ihrer Anwendung auf das praktische Wissen".[4] Das ist ein ungeheurer Anspruch an die angewandte Kunst, denn sie verbindet sich mit dem praktischen Wissen darum, Rohstoffe in Gebrauchsgegenstände verwandeln zu können. Praktisches Wissen ist für die Keramik das Töpfern, für die Textilien das Flechten, Spinnen und Weben, für den Hausbau mit Holz das Zimmern, mit Stein das Mauern. Worauf Kunst angewandt wird, ist also die Verwandlung von bloßem Wissen in Technologie. Damit wird zusammengedacht, was seit dem Beginn des Jahrhunderts als getrennt reflektiert worden ist: die Kunst und das Erzeugen von Gebrauchsgegenständen für den Alltag.

Mit der dekorativen Kunst als Terminus sind die Akzente anders gesetzt. Hier liegt schon in der Wortverbindung das Programm des Dekorativen. Dekorative Kunst ist das Feld, auf dem die Museumsdirektoren und die Zeitschriften für das Bildungsbürgertum agieren. Betont ist die Wirkung auf den Rezipienten.

Dieser Ausdruck gehört im 19. Jahrhundert zu den meistgebrauchten Worten für das, was wir heute Design nennen. Er meint das für den Gebrauch nicht Notwendige. Es hat verschiedene Orte: den Körper als Ort der Bekleidung

4 Gottfried Semper, *Wissenschaft, Industrie und Kunst, und andere Schriften über Architektur, Kunsthandwerk und Kunstunterricht*, hrsg. von Hans M. Wingler, Mainz/Berlin 1966, S. 66.

und des Schmucks, das Gerät vom Essbesteck über den „beweglichen Hausrat" bis zu Fahrzeugen und Waffen und zum Raum als Ort des Wohnens und der Repräsentation – und seinen Ausdruck findet das Dekorative im Ornament. Das heißt: Nicht der Zusammenhang von Funktion und Gestalt steht im Zentrum der Aufmerksamkeit, sondern der zwischen Gestalt und Ornament. Es ist das Ziel der dekorativen Kunst, das Auge als Organ sinnlichen Genusses zu erfreuen. Damit ist auch klar, was dekorative Kunst nicht sein will, nämlich eine Kunst, die etwas mit Zweck, mit Komfort, mit Bequemlichkeit zu tun hat. Dafür sind die Handwerker zuständig.

In der dekorativen Kunst, so ist es zumindest die Regel, wird das Dekorative als das eigentliche Ziel gesehen. Dem steht eine andere Auffassung gegenüber, in der die dekorative Wirkung als Folge gesehen wird. Das unterscheidet vor allem William Morris von den dekorierenden Architekten oder Musterzeichnern. Bei Morris kann die dekorative Wirkung nur Resultat einer Arbeit sein, die selbstbestimmt geleistet wird, die also nicht in einen Prozess der Profitmaximierung integriert und nicht arbeitsteilig organisiert ist. Die Freude, mit der solche Arbeit getan wird, drückt sich im Dekorativen aus: „Was ist die Dekoration der Gegenstände anderes als der Ausdruck der Freude, die ein Mensch an einer gelungenen Arbeit hat."[5]

Kunstgewerbe und die verwandten Begriffe wie Werkkunst, Industriekunst und so weiter sind dagegen auffällig häufig in der Bezeichnung jener Institutionen zu finden, die sich die Verbindung zur Wirtschaft zum Ziel gesetzt haben, die Förderung des Kunstgewerbes als Wirtschaftsfaktor, als Handelsfaktor, als Welthandelsfaktor. Industriekunst als Praxis des Entwerfens für die Industrie ist als Praxis des Ausführens von Entwürfen verbunden mit der Kunstindustrie (franz. *industrie artiste*). Wenn im Begriff „Industrie" das Ausführen betont ist, muss im 19. Jahrhundert damit noch nicht die maschinelle Herstellung einer Ware gemeint sein, und das einzelne Produkt muss noch nicht Teil einer Serie sein. Der Begriff „Industrie" wird sowohl in seiner herkömmlichen Bedeutung als „Gewerbefleiß" als auch bereits in seiner neuen als „Gewerbetätigkeit" verstanden. Fleiß bezeichnet in diesem Sinne das Erzeugen von Gebrauchsgütern allgemein. Sie können in der sogenannten Hausindustrie für den Eigenbedarf hergestellt worden oder sie können auch für den Verkauf bestimmt sein. In Kunstgewerbe oder Industriekunst wird also die gewerbliche Ausführung eines künstlerischen Entwurfs betont, und es ist auffällig, dass bei den Institutionen das Kunstgewerbe dominiert. Man spricht von Kunstgewerbemuseum, Kunstgewerbeschule oder Kunstgewerbeverein.

Man könnte zu den Akzentuierungen des Demokratischen in der angewandten Kunst, des Schmückens und Veredelns in der dekorativen Kunst und des Wirtschaftlichen im Kunstgewerbe noch antimodische und nationalistische und distinktive Motive hinzufügen, die den Gebrauch des Begriffs „Kunst" begründen (und nicht des Begriffs „Design", den es ja im Romanischen und Angelsächsischen bereits gegeben hat, die sich aber beide nicht durchsetzen konnten, auch im Englischen nicht). Mit distinktivem Gebrauch meine ich, dass den Waren das Wort Kunst angepappt

5 William Morris, „Die geringeren Künste", in: ders., *Kunst und die Schönheit der Erde. Vier Vorträge über Ästhetik*, Berlin 1986, S. 37.

wurde, wie heute den Waren das Wort Design oder Designer in „Designermöbel", „Designeruhren" oder einfach, wie ich im Sommer gelesen habe, in „Designerware, 50 Prozent reduziert". Mit dem vorangestellten Wort Designer wird der Eindruck erweckt, der Designer hätte alles selber gemacht, den Entwurf, die Produktion und schließlich habe er das Produkt als Designerware auch noch auf den Markt gebracht. Und mit dem vorangestellten „Kunst", zum Beispiel in „Kunstmöbel", verhält es sich genauso.

Für den distinktiven Gebrauch kann man zwei Begründungen finden, eine in der Industrie, die andere in der Rolle des Geschmacks, weitere lasse ich hier zunächst weg, weil es jetzt nur um das 19. Jahrhundert geht.

Gottfried Semper hatte damals sinngemäß geschrieben, die Masse der Waren habe die Menge der Bedürfnisse schon weit hinter sich gelassen, die Maschinen produzierten schon viel mehr als gebraucht würde, aus diesem Grund müssten die Waren immer wieder aufs Neue verschönert werden, um einen Kaufanreiz zu schaffen. An dieser Ansicht ist nicht unbedingt interessant, was gesagt wird, sondern dass es schon 1852 gesagt wird, denn das ist für diese Zeit äußerst hellsichtig. Erst vierzig Jahre später hat der Nationalökonom Thorstein Veblen eine erste Theorie der Distinktionsformen in seinem Buch *Theorie der feinen Leute* (1899) vorgelegt, erst 1971 sind die Liebesblicke der Waren, wie Karl Marx das genannt hat, also ihre nicht eingehaltenen Versprechungen, systematisch untersucht worden, nämlich in Wolfgang Fritz Haugs *Kritik der Warenästhetik*, und erst 1979 hat Pierre Bourdieu mit *Die feinen Unterschiede* das Standardwerk zu distinktivem Verhalten und distinktiven Formen veröffentlicht.

Aber ich bin noch im 19. Jahrhundert. Neben dem distinktiven Gebrauch ist der antimodische Gebrauch von Kunst wichtig. Das einzig übrig gebliebene Bollwerk gegen die angebliche Verluderung der Sitten durch Mode ist die Kunst, die Kunst deshalb, weil sie mit dem Anspruch des Ewigen, zumindest des Beständigen auftritt, weil sie mit der Aura der höheren Weihe daherkommt und nicht aus den Niederungen von Dampf, Dreck und Lärm, weil sie wie ein Unikat erscheint und nicht wie Teil der Serie, weil sie originell und nicht standardisiert ist, weil sie veredelt und nicht roh ist, weil sie die höheren Bedürfnisse und nicht die niederen befriedigt, weil sie nicht den Launen der Straße, sondern den großen Stilen folgt.

Aus dem antimodischen Gestus folgt unmittelbar der nationalistische oder ist mit ihm verbunden. Für die Mode steht Frankreich und besonders Paris, und alle Welt macht es Pariser Modelaffen nach. Dagegen hilft nur deutsche Kunst in Deutschland und englische Kunst in England. Erst durch die Kunst kann man sich aus der modischen Abhängigkeit von Frankreich befreien. Diese nationalistischen Töne kippen gelegentlich um, wenn zum Beispiel Friedrich Naumann davon träumt, der deutsche Geschmack im deutschen Werkbund könne dereinst den ganzen Weltmarkt beherrschen. Zunächst bleibt es dabei: Nur wer sich zur Kunst hinaufarbeitet, lässt Paris weit unter oder hinter sich.

Wir haben es hier mit dem Verständnis von Kunst zu tun, wie es im 19. Jahrhundert entwickelt wurde und wie Kunst damals benutzt worden ist. In einer Passage von Werner Sombart, einem weiteren deutschen Nationalökonomen, offenbart sich ein ganz anderes Bild, wenn er sich kurz nach der Jahrhundertwende über die Träger dieses Kunstgewerbes äußert und damit über das Kunstgewerbe im 19. Jahrhundert selbst. Das klingt dann so: „An einer Zentrale sind außer der wirtschaftlichen Leitung eine Reihe von Zeichenbureaus errichtet. In diese liefert der Künstler eine flüchtig hingeworfene Skizze – sage eines Kandelabers oder Teppichs – ein. Die Skizze wird nun von geübten Zeichnern ausgeführt und in dem entsprechend großen Maßstabe als Werkvorlage zugerichtet. Die Zeichner spezialisieren sich tunlichst nach den verschiedenen Künstlern. So gibt es Zeichnerspezialisten für Pankok, für Obrist usw., die sich genau in die Intentionen des Künstlers eingelebt haben, jeden Schnörkel, jede Schattierung in der Originalskizze sofort zu deuten wissen und die außerdem während der Übertragung der Skizze in die größere Vorlage in unausgesetzter persönlicher Fühlung mit dem Künstler selbst bleiben. Dieser bestimmt auch genau das Material: Die Farbe der Hölzer, der Fäden usw. Ist auf solche Weise die Werkvorlage vollendet, so beginnt die mechanische Ausführung, bei der von nun ab keine künstlerische Funktion mehr zu verrichten ist. Worauf es vielmehr ankommt, ist die möglichst subtile, gleichsam sklavische Übertragung der Vorlage in das Material. [...] Die zukünftige Organisation des Kunstgewerbes besteht also in ihrem Grundgedanken darin, dass die Idee der Differenzierung der Fähigkeiten, nunmehr auch auf die schöpferische Leistung in viel radikalerer Weise als bisher zur Anwendung gelangt."[6] Wenn sich der Künstler, wie man bei Sombart sehen kann, aus dem Entwurf zurückgezogen hat, wenn er höchstens noch ein paar Skizzen einliefert, die dann in die Hände der Musterzeichner und Mustermacher geraten, ist selbst der Entwurf von der Arbeitsteilung erfasst worden: Der Entwurf teilt sich in Ideenarbeit, die von außerhalb der Fabrik kommt, zu einem geringeren Teil von Künstlern und zu einem größeren Teil aus den Ornamentwerken und Formenschätzen, die im 19. Jahrhundert reichlich erschienen sind und in der Regel versprachen, die Ornamente aller Völker und Zeiten auszubreiten. Im zweiten Teil des Entwurfs sind solche Ornamente auf die Oberflächen der industriellen Produkte appliziert worden. Das hat alles viel weniger mit Kunst als vielmehr mit Sklavenarbeit zu tun. Man könnte auch sagen, dass ein Widerspruch zwischen der Realität und den Termini existiert, die mit Kunst gebildet worden sind und die die Autonomie des Künstlers und den Ewigkeitswert von Kunst nahelegen. Es gibt also einen Widerspruch zwischen der Sprache, die verdeckt, und der Realität, ein Widerspruch zwischen dem Zeichen und dem Bezeichneten.

Was war also in der Realität geschehen? Etwas sehr Undramatisches: Mehr oder weniger hinter dem Rücken der Interpreten und Medien hatte sich eine Arbeitsteilung entwickelt, die kaum zur Kenntnis genommen wurde. Der große Bedarf an Dekoration konnte nicht mehr durch ein paar Künstler gedeckt werden, denen außerdem das Dekorieren zu profan geworden war. Es mussten also neue

6 Werner Sombart, „Kunstgewerbe und Kultur", in: *Die Kultur. Sammlung illustrierter Einzeldarstellungen*, hrsg. von Cornelius Gurlitt, Bd. 26 und 27, Berlin 1908, S. 107 f. und 112. [Anm. d. Hrsg.: An dieser Stelle fehlte in der Vorlesung nicht nur die Quellenangabe, sondern auch der Text des Zitats selbst. Klar war jedoch, dass es sich um ein Zitat aus einem Text Werner Sombarts kurz nach der Jahrhundertwende handeln musste. Der Kontext ließ zudem auf den Inhalt des Zitats schließen. Die beiden zitierten Stellen wurden jedoch vom Hrsg. eingesetzt.]

Leute her. Infolgedessen entwickelten sich in der zweiten Hälfte des 19. Jahrhunderts die Kunstgewerbeschulen und im Zusammenhang dieser Schulen die Kunstgewerbesammlungen als Vorbildsammlungen, aus denen wiederum die Kunstgewerbemuseen hervorgegangen sind. Das Ganze wurde gestützt durch die zahlreichen Kunstgewerbevereine und deren Zeitschriften und Ausstellungen, und besonders durch den Staat, durch dessen ökonomisches Interesse an kunstgewerblich veredelten Erzeugnissen, die sich auf dem Weltmarkt aus der Masse anonymer Produkte herausheben sollten. Dies wiederum stützten die großen Weltausstellungen, die als Geschmacksbildner in einem globalen Rahmen wirksam wurden. Um nur ein Beispiel zu nennen: Die Modewelle des Japonismus hat ihren Ursprung in der Wiener Weltausstellung des Jahres 1873. Es ist kein Zufall, dass die erste Weltausstellung von 1851 in London einen einmütigen Entsetzensschrei der kulturellen Eliten ausgelöst hat, als sichtbar wurde, wie sich die Stile in einem babylonischen Stilgemisch aufgelöst hatten. Unmittelbar als Folge dieser Erfahrung hat der deutsche Emigrant Gottfried Semper dem englischen Königshaus einen Plan zur Entwicklung des künstlerischen Nachwuchses vorgelegt, die Einrichtung von Schulen, Sammlungen und Museen vorgeschlagen, einen Lehrplan und den Plan eines Museums entwickelt, in dem das Museumsgut nach handwerklichen Gewerken, das heißt nach Materialien und Technologien sortiert sein sollte. Dieser Plan oder die Ideen dieses Plans hat nicht nur in England, sondern auch in Deutschland gewirkt. So geht in London die Gründung des Victoria and Albert Museums auf diesen Plan zurück, in Wien ist das Museum für Kunst und Gewerbe und in Stuttgart die Kunstgewerbeschule mit ihrer Sammlung gegründet worden. Wenn man diese Entwicklung unter dem Aspekt der Arbeitsteilung sieht, hat sie diese bestätigt und gefördert, und zwar in dreifacher Weise: als einen Prozess räumlicher, zeitlicher und personaler Trennung des Entwerfens vom Produzieren. Räumlich meint, dass sich das Entwerfen aus den Werkstätten zurückgezogen hat. Man kann zwar in den Werkstätten des Handwerks entwerfen, aber nicht mehr im Maschinensaal der Fabrik. Für den Entwurf bilden sich eigene Werkstätten heraus. Sie heißen aber nicht mehr Werkstätten, sondern Ateliers und meinen damit zumindest im Deutschen die Werkstätten von Künstlern. Die Nobilitierung des Ateliers zur Künstlerwerkstatt ist eine deutsche Erscheinung, während im Frankreich des 19. Jahrhunderts das Atelier einfach eine Werkstatt ist, sowohl für Handwerker als auch für Künstler. Zeitlich meint, dass die räumliche Trennung eine Folge der zeitlichen ist. Man kann in der Handwerkstatt noch während des Produzierens Entwurfsarbeit leisten, man kann unmittelbar mit der Produktion verbunden experimentieren und ausprobieren. Dagegen braucht die industrielle Produktion von Serien fertige Vorlagen, denn während die Maschinen laufen, kann nicht mehr entworfen werden. Das Entwerfen rückt in den Vorbereitungsprozess der Produktion. Räumliche und zeitliche Distanzierung wiederum sind die Folge einer personalen Trennung. Der Entwerfer ist ein anderer als der Produzierende. Der Ausführende ist Maschinenarbeiter, der Entwerfende ist Musterzeichner, Dessinateur, Modelleur und so weiter. Maschinenarbeit ist als ausführende Arbeit die Realisierung fremder Ideen, sie hat dequalifizierende Wirkung auf den Arbeiter.

Die entscheidende Voraussetzung für die Arbeitsteilung ist die Entwicklung vom Handwerkzeug zum Formwerkzeug als Teil der Werkzeugmaschine. Im Handwerk bestimmt der Entwurf die Führung des Handwerkzeugs, das unmittelbar auf den Arbeitsgegenstand einwirkt, also auf das künftige Produkt. In der industriellen Produktion bestimmt der Entwurf die Ausformung des Formwerkzeugs der Maschine oder deren Einstellung und Steuerung, und es ist die Maschine, die auf den Produktionsgegenstand einwirkt, also wiederum auf das künftige Produkt. Verkürzt gesagt: Die Entwicklung der Werkzeugmaschine, die mit Werkzeugen bestückte Maschine, bringt die Arbeitsteilung hervor. Die Werkzeugmaschine steht aber symbolisch für große Mengen gleichartiger Produkte, sie steht für Präzision, weil ihr Material Eisen und später Stahl ist, ihr Antrieb der Dampf. Wenn die Werkzeugmaschine als harter Kern der industriellen Revolution die Arbeitsteilung hervorbringt, bringt die Arbeitsteilung den Entwerfer zwar nicht hervor, er war schon eher da, aber erst durch sie wird der Entwurf zur Aufgabe einer eigenen Profession.

Design im heutigen Sinne beginnt mit dieser Arbeitsteilung. Den Beginn jenes Designs, wie wir es heute verstehen, binde ich also an die Entwicklung der Arbeitsteilung, und im Musterzeichner des 19. Jahrhunderts sieht man die noch unentwickelte Form des Designers als neue Profession zwischen Kunst, Handwerk und Industrie, letztere aber begriffen als Kunst.

Das ist meine Auffassung vom Beginn des Designs. Natürlich gibt es noch andere Meinungen, die ich Ihnen nicht verschweigen will.

In einer verbreiteten Auffassung beginnt Design mit dem Faustkeil (› Abb. 3). Design ist damit identisch mit der Herstellung von Werkzeugen überhaupt. An dieser Auffassung ist interessant, dass damit die Funktionalität, besonders die Handhabung, betont wird. Die Beziehung von Hand und Gegenstand wird als Grundlage des Entwerfens angesehen. Gegen diese Auffassung wäre einzuwenden, dass Entwurf, Herstellung und Gebrauch hier nicht voneinander zu trennen sind.

In einer anderen Auffassung beginnt Design mit dem „disegno“. Was für diese Interpretation spricht, ist die Betonung des Entwerfens und des Entwurfs als einer selbständigen Phase. Was dagegen spricht, ist, dass sich „disegno“ ebenso auf Bildkunst und Bildhauerei und Architektur bezieht und dass es sich auf Produkte des Handwerks richtet.

Eine dritte Auffassung lässt Design mit Textilgestaltung beginnen. Darauf möchte ich ausführlicher eingehen. Ich meine Gottfried Semper, konkret seinen Text „Textile Kunst“, den er zwischen 1855 und 1859 geschrieben hat. Semper behauptet darin, Architektur beginne mit der textilen Kunst, denn sie beginne mit Flechtwerken, aus denen Zäune, Böden, Decken, besonders aber die Wände gebildet worden seien. Die ersten Elemente des Hauses sind bei Semper die Feuerstelle, die textile Raumbegrenzung, Erdwall und Zaun um die Behausung. Gegenüber dem späteren Mauerwerk und der hölzernen Konstruktion, die die vertikale Matte halten, die als Untergrund oder Konstruktion aber nicht zu sehen sind, ist die Matte selbst sichtbar. Sie bedeckt als Wand die Konstruktion oder die Mauer (› Abb. 4).

Sprachgeschichtlich wird diese Auffassung durch die Geschichte des Wortes Wand gestützt. Wand kommt von winden und führt zum Gewundenen, das durch Flechten entsteht, und aus Flechtwerk waren diese Wände.

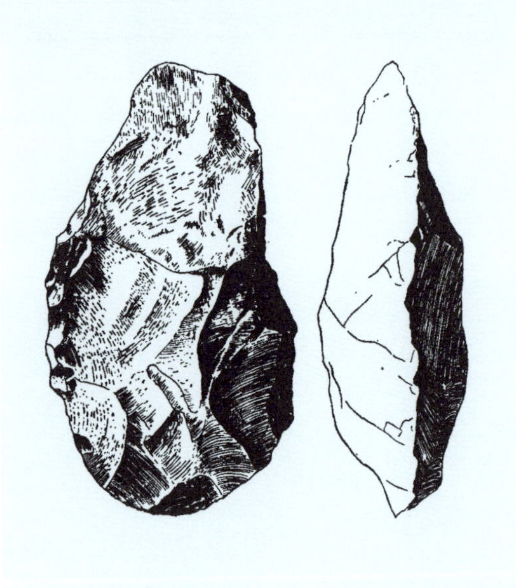

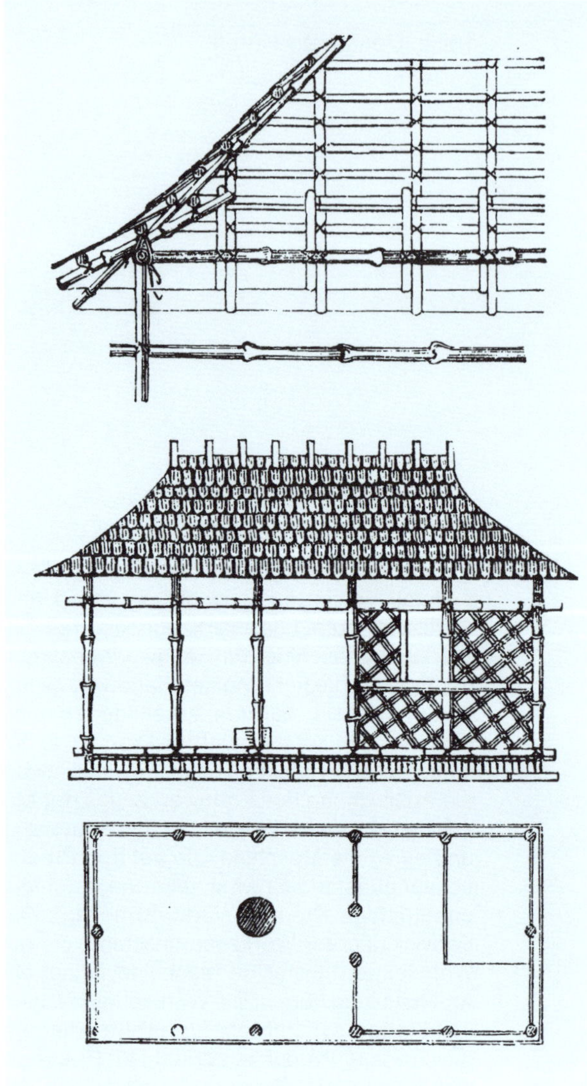

Abb. 3 Spatelförmige Handaxt aus der archäologischen Stätte von San Isidro, Madrid, Spanien, aus: Hugo Obermaier, *El Hombre fósil*, Madrid 1925.

Abb. 4 Gottfried Semper, Urhütte, aus: ders., „Ueber architektonische Symbole“, in: ders., *Kleine Schriften*, Berlin u.a. 1884, S. 294.

Architekten vor Semper hatten auf der Suche nach den Anfängen der Architektur nicht das Flechten, Wirken oder Weben betont, sondern das Aufstellen eines Gerüstes. Die Urhütte, wie man sie sich vorstellte, bestand aus Stämmen oder Stecken, die in die Erde gerammt waren, und Querbalken, mit denen diese vier Träger miteinander verbunden worden sind. Es kamen die Balken für das spitze Dach dazu und die Dachdeckung aus Gras oder Laub. So jedenfalls sah die Vorstellung von der Urhütte aus, wie sie auch in einer Abbildung auftaucht, die im 18. Jahrhundert bei dem französischen Architekturkritiker und -theoretiker Marc-Antoine Laugier veröffentlicht worden ist.

Wenn nun Semper von einem Flächenwerkstoff und nicht mehr von Stabwerk und Mauern ausgeht, ist nicht mehr die Architektur die Mutter der Künste, sondern, nach heutigem Sprachgebrauch, das Design. Design als textile Kunst beginnt also nach Semper mit dem Übergang vom nomadischen Leben zu einem sesshaften Dasein, aber die Materialien kommen noch aus der nomadischen Lebensweise. Was Gewebe, Flechtwerke und Gewirke leisten, kann man unter den Aspekten des Schützens, Begrenzens und Verräumlichens sehen. Gegenüber Klima und natürlichen Feinden schützen sie, zur Natur ziehen sie eine Grenze, scheiden also Natur von Kultur, und das Verräumlichen bedeutet den Übergang von einer nomadischen zu einer sesshaften Lebensweise. Was hinzukommt: Wenn textile Materialien zu Raumgrenzen werden, sind diese Raumgrenzen immer sichtbar, sie stehen dem Auge gegenüber, sie sind Gegenstand des Sehens.

In Bezug auf Semper stellt sich nun die interessante Frage, ob er sich mehr für die Herstellung von Flächenwerkstoffen interessierte, weil sie eine praktische Funktion haben oder weil sie nicht zu übersehen sind und deshalb zur Gestaltung herausfordern, weil sie also eine dekorative Funktion haben und nicht eine praktische? Ich muss hierfür einen kleinen Umweg machen. Semper hat ein Urteil über den Londoner Kristallpalast abgegeben. Er bemängelt dort das Fehlen von Flächen, er sieht nur das Stabwerk der Konstruktion. Wo keine Fläche ist, ist für ihn auch keine Architektur. Ihm fehlen die Flächen, die dem Raum Bedeutung geben, und die Bedeutung geben sie ihm nicht einfach als Flächen, sondern als dekorierte Flächen; Stabwerk aber kann man schlecht dekorieren.

Das Verhältnis zur Fläche ist bei Semper also nicht eindeutig. Wenn er von Schutz und Raumbildung spricht, meint er dichte, feste Materialien. Bei ihnen kommt es also auf das Dichte und auf ihre Dicke an. Nicht die Oberfläche ist entscheidend, sondern die dritte Dimension, das Körperhafte der flächigen Materialien. Wenn er dagegen vom Bekleiden der Wand spricht, meint er die Oberfläche, die Wandflächen, die Semper zum Beispiel in der Dresdner Hofoper als Fläche für Ornamente, Dekorationen und Bilderuntergründe interpretiert hat. Man könnte sagen, wenn er Wände und mit den Wänden die Fassaden und mit beiden zusammen die Oberflächen betont, interessiert ihn das Ausschmücken und mit dem Ausschmücken von Räumen schafft er eine Verbindung zwischen dem Gestalter von Flächen und dem Gestalter von Räumen. Der Flächengestalter wird Raumgestalter, der Raumgestalter wird Flächengestalter. Gestaltet werden architektonische Unikate. Wenn er bei vertikalen Matten oder Teppichen dagegen das Schützen betont, den Schutz des Feuers innen und den Schutz gegenüber der

Natur draußen, verhält er sich eher wie ein Problemlöser, er denkt hier nicht dekorativ, sondern praktisch.

Wenn Semper in diesem Kontext von Kunstindustrie spricht, meint er damit eine Industrie lange vor der Ablösung des Handwerks durch die Industrie. Die Geschichte des Herstellens von nützlichen Dingen beginnt für ihn mit der Kunstindustrie, das heißt bei Semper gehören die Kunstindustrie und die Menschheitsentwicklung zusammen. Die Geschichte beginnt bei ihm also nicht mit architektonischen Formen, sondern sie beginnt mit kunstindustriellen Formen. Diese Formen sind der Herd, die Umzäunung des bewohnten Raums und der Wetterschutz für dessen Bewohner. Die Industriekunst oder Kunstindustrie ermöglicht Sesshaftigkeit durch die Bildung eines bewohnbaren Raums. Der bewohnte Raum entsteht durch das Herdfeuer und durch eine stoffliche Grenzziehung zwischen dem Naturraum und dem bewohnten Raum.

Als Theoretiker neigt Semper eher zu einer praktischen Interpretation von textilen Materialien, die schützen, begrenzen und warm halten, als praktizierender Architekt dachte er eher an die dekorativen Wirkungen von Oberflächen. Das ist nicht nur eine Doppelung von Aspekten, sondern ein Widerspruch zwischen theoretischem Reflektieren und praktischem Bauen bei Semper. Immerhin: Die Ästhetik als Theorie wird bei Semper zum ersten Mal in der Geschichte praktisch, sie wird mit dem Bauen und sie wird mit Technologien verbunden, die wiederum von den Materialien abhängen, die bearbeitet werden.

Vor Semper müsste man Baumgarten, Kant und Hegel erwähnen. Für Baumgarten war das Ästhetische eine Erkenntnisform, wenn auch eine Form niederer Erkenntnis, für Kant war das Ästhetische eine Weise des Urteilens; das Ästhetische war also von den urteilenden Subjekten abhängig. Für Hegel dagegen war das Ästhetische eine Form, in der sich Geschichte darstellte, in der sich Geschichte in den Künsten darstellte, nicht wie bei Kant eine subjektive, sondern eine objektive Ästhetik. Und bei Semper ist Bezugspunkt die hervorzubringende Arbeit. Nach Semper war am Anfang nicht das Bauen, sondern die textile Kunst, nicht die Architektur, sondern das Design. Nach heutigem Sprachgebrauch könnte man sagen: Am Anfang war das Design.

Gegenüber diesen Auffassungen binde ich, wie gesagt, den Beginn des Designs an das 19. Jahrhundert, an die industrielle Produktion und an die Arbeitsteilung. Aber es ist gerade diese Arbeitsteilung, die zu jener Zeit ihre Kritiker findet. Ihre schärfsten Kritiker sind John Ruskin, als Theoretiker und Schriftsteller, und William Morris als Praktiker, der sich selbst als Schüler von Ruskin begreift. Auch Ruskin und Morris reden von Kunst, auch sie meinen mit Kunst das Ornament, aber bei ihnen ist alles anders als im *disgeno* oder bei Semper. Ruskin war der theoretische Begründer eines Handwerks, das wieder so wie vor der Renaissance organisiert und eine Alternative zur industriellen Produktion sein sollte: keine Arbeitsteilung, dafür Freude an der Arbeit als Arbeit an einem Gegenstand vom Entwurf bis zur Fertigstellung. Morris gehört zur englischen Arts-and-Crafts-Bewegung, er war ihr Begründer und ihr Zentrum, er war Designer, Romancier, Lyriker, Unternehmer, Maler, Grafiker und Handwerker. Morris hat viele Vorträge gehalten und mit *Kunde von Nirgendwo* (1890, auf Deutsch 1900 erschienen) einen utopischen Roman geschrieben.

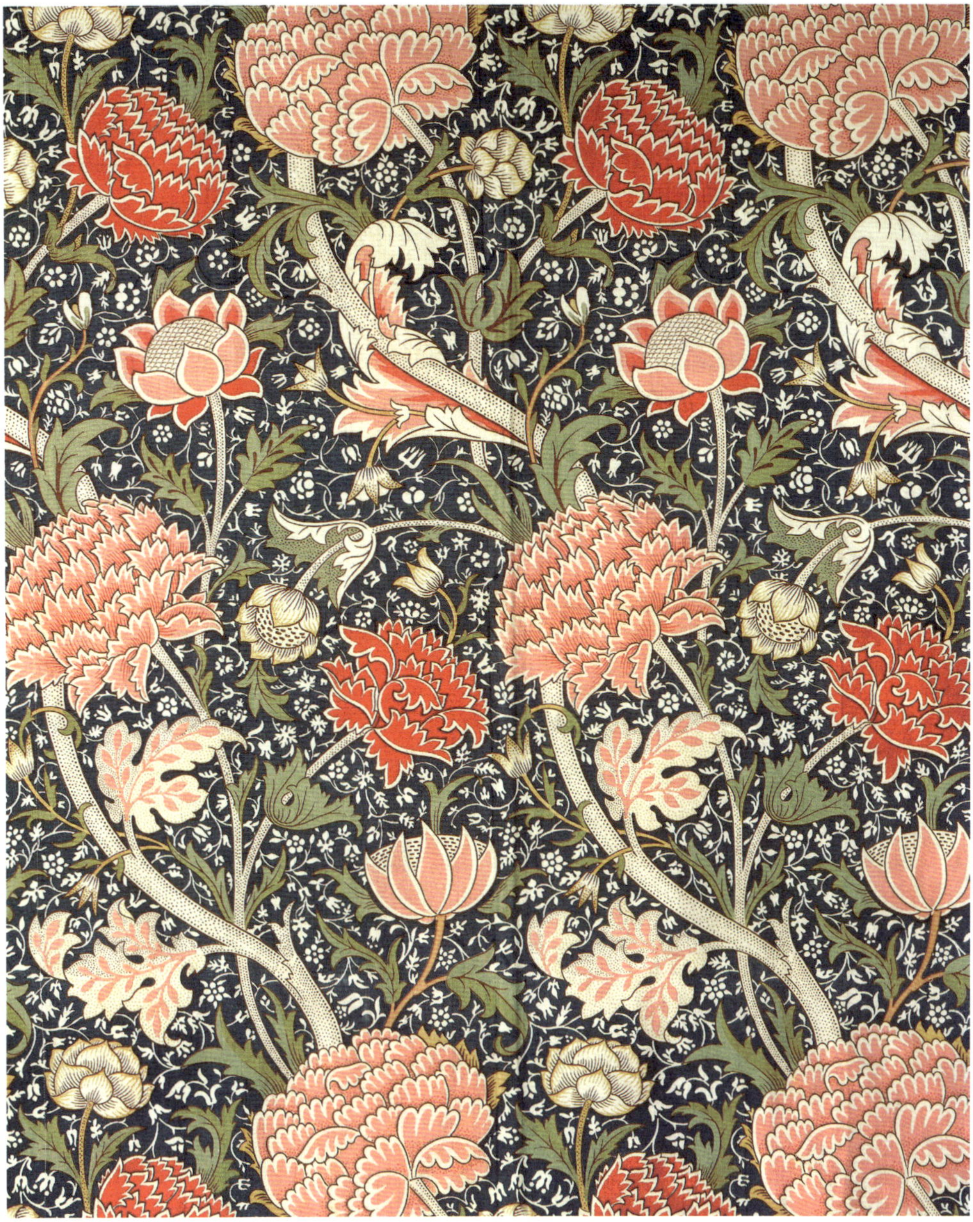

Abb. 5 William Morris, Möbelbezugsstoff mit Blumenmuster, London, Victoria and Albert Museum

Morris war utopischer Sozialist und gleichzeitig ein Reformer auf dem Gebiet des Designs.

Die Ornamentauffassung von Ruskin und Morris kann man von zwei Seiten her betrachten, von der Seite der Produktion und von der Seite des Ornamentausdrucks der Ornamentfunktion (› Abb. 5).

Zunächst zur Produktion von Ornamenten, damit zur Arbeitsteilung und damit wiederum zur Kritik an der eben dargestellten Trennung von Entwurf und Ausführung. In seinem Buch *Die Steine von Venedig*, das Ruskin 1853 beendet hat, gibt es ein Kapitel, das den Titel „Über die Gotik" trägt. Dieses Kapitel enthält das kulturelle Programm von Ruskin; es handelt von den Ornamenten, und Ruskin unterscheidet dort drei Arten von Ornamenten: das sklavische, das konstitutionelle und das revolutionäre Ornament. Ruskin unterscheidet die Ornamente nicht danach, ob sie auf Pflanzen zurückgehen oder auf Geometrie, auf Architektur oder auf Schriftzeichen, sondern er unterscheidet danach, wie sie hervorgebracht werden und welche Art von Arbeit dabei geleistet wird.

Beim sklavischen Ornament ist der ausführende Arbeiter ein Werkzeug des Entwerfers. Der Ausführende hat keine eigenen Intentionen, keine eigenen Ideen. Er unterwirft sich dem Willen seines Meisters, der gleichzeitig der Entwerfer ist. Als Beispiele nimmt er die Ornamentik der griechischen Antike und des alten Ägypten. Das Ziel dieser Ornamente beschreibt er mit Vollkommenheit. Vollkommenheit liegt aber nicht im Leistungspotenzial der Ausführenden, sondern nur in der Entwurfskompetenz des Meisters. Er macht noch einen gewissen Unterschied zwischen Griechenland und Ägypten in der Weise, dass die griechischen Regeln strenger sind. Der Spielraum des Ausführenden ist gleich Null, die Perfektion bis in die Feinform absolut gesetzt. Für die ägyptischen Handwerker sieht er einen gewissen Spielraum, weil es den Meistern auf die Einhaltung der Regeln für die Großform ankomme, im Detail könne man abweichen, solange der gewünschte Ausdruck erhalten bleibt. Aber sowohl in Griechenland als auch in Ägypten hat der Ausführende keine Entwurfskompetenz, er genießt höchstens Toleranz, wenn er nicht ganz perfekt ist. Den Unterschied zwischen Griechenland und dem alten Ägypten, wie ihn Ruskin sieht, kann man auch als Unterschied von Ideal und Standard beschreiben. Der Drang nach dem Ideal reduziert die Formensprache in Griechenland auf geometrische Ornamente, in Ägypten dagegen werden auch hieroglyphische und figürliche Ornamente möglich.

Beim konstitutionellen Ornament sind die Verhältnisse etwas anders. Der Ausführende bleibt zwar noch das Werkzeug des Entwerfers, aber er genießt schon eine gewisse Freiheit. Der Arbeiter hat einen eigenen Willen, doch freiwillig ordnet er sich dem fremden Willen des Meisters unter, weil er in ihm den höheren Willen, den Willen eines Gesamtplans verkörpert sieht, während er ja nur am Detail arbeitet. Der Gehorsam im Ausführen geht auf freiwillige Unterordnung zurück. Beispiele für diese Art von Ornament sind die des christlichen Mittelalters. Es muss und soll keine vollkommene Arbeit geleistet werden, denn nur Gott ist vollkommen. Die Unvollkommenheit des Christenmenschen kann sich auch in seinen Werken ausdrücken. Wir haben es hier also mit einer zweifachen Unvollkommenheit zu tun: Schon die Vorlagen müssen nicht vollkommen sein, und in der Ausführung kann die Unvollkommenheit als Spielraum der Freiheit genommen werden, in der Individuelles, aber Unvollkommenes entsteht. Das Unvollkommene im Detail führt nach Ruskin zu einem Ganzen, das eben nicht vollkommen, aber immer noch stattlich und unanfechtbar, das in seiner Unvollkommenheit vor allem menschlich und nicht göttlich ist. Der Anspruch der Renaissance, es dem göttlichen Schöpfer im „disegno" gleichzutun, ist hier aufgegeben. Nach Ruskin hat die Renaissance gerade wegen dieses Anspruchs jenen Kult der Künstlerpersönlichkeit hervorgebracht, der die Ausführenden zu bloßen Sklaven macht.

Die letzte Gruppe des Schmuckwerks ist die der revolutionären Ornamente. Negativ beruhen sie erst einmal darauf, dass Menschen Fehler machen, dass sie keine Maschinen sind und nicht der Anspruch gestellt werden kann, dass sie gleichartig und präzise und monoton wie Maschinen arbeiten, kurz, dass sie mechanisch arbeiten. Positiv beruhen diese Ornamente darauf, dass der Mensch ein fühlendes und denkendes Wesen ist. Diese Gruppe wird von Ruskin bevorzugt.

Die Ornamente im 19. Jahrhundert, besonders die maschinell produzierten, kehren aus dieser Sicht wieder zu den griechischen Ornamenten zurück, damit zur Sklaverei. Sie sind für Ruskin untrügliche Zeichen von Maschinenarbeit als Sklaverei. Solche sklavischen Ornamente entstehen jetzt jedoch nicht mehr im Verhältnis von Meister und Sklaven, sondern im Verhältnis von Musterzeichnern und Maschinenarbeitern. Unvollkommene, revolutionäre Ornamente zeugen also von Würde, von Freiheit, von Selbstbestimmtheit. Ruskin sagt: „Und es muß heute das erste Ziel ganz Europas sein, dies für seine Kinder wiederzuerlangen."[7] Was wir damit vor uns haben, ist der Kern einer vorindustriellen Ästhetik als Reaktion auf die industrielle Revolution des 18. und 19. Jahrhunderts. Zentrum dieser vorindustriellen oder vormodernen Ästhetik ist die Differenz zwischen den Formen, die Abweichung von einer Norm, das Unvollkommene und das Zufällige. Und es ist damit gleichzeitig das Gegenteil einer industriellen Ästhetik, deren Wesen die Präzision, das Perfekte, das Gleichartige und die Serie ist. Vor dem langsamen Abschied von den Ornamenten blühen sie noch einmal auf.

Walter Benjamin hat achtzig Jahre nach Ruskin vom Sinn für Gleichartigkeit gesprochen, und er wertete diesen Sinn, der sich durch die technische Reproduzierbarkeit entwickelt hatte, als Zeichen eines Prozesses von Demokratisierung.

Wir bewegen uns also mit dem Ornament und mit dem Verständnis von Design als Kunst hier auf einem vorindustriellen Niveau nach der Industrialisierung, mit der Forderung, die Arbeitsteilung zurückzunehmen, zum Handwerk zurückzukehren. Man kann aber auch sagen: die Arbeit wieder menschlich zu machen, so, dass sie mit Würde und mit Freude getan werden kann, so, dass die Schönheit nicht nur im Arbeitsprodukt liegt, sondern in der Arbeit selbst, dass es nicht nur um schöne Dinge, sondern um schönes Arbeiten geht.

Was Ruskin theoretisch gefordert hat, ist in Morris' Werkstätten praktiziert worden: eine Arbeit ohne Hetze und in Würde. Aber als Designer geriet Morris in einen unlösbaren Widerspruch. Was er gefordert und realisiert hat, entwickelt er als schärfster Kritiker einerseits der Renaissance und andererseits der

7 John Ruskin, „Das Wesen der Gotik", in: William Morris, *Rot und Grün. Reden zur Revolution von Kunst und Gesellschaft*, hrsg. von Manfred Pfister, Passau 1987, S. 26.

industriellen Revolution. Mit der Renaissance verband er die Trennung von Kunst und Handwerk, eben genau das, was sich im „disegno" ausdrückt. Mit der industriellen Revolution brachte er die Verwandlung von freier und selbstbestimmter Arbeit des Handwerkers in die fremdbestimmte und mechanische Arbeit von Lohnsklaven in Verbindung. Was die Renaissance und die industrielle Revolution miteinander gemeinsam haben, ist die Entwicklung der Arbeitsteilung, einmal durch die beginnende Autonomie des Künstlers, der nicht mehr einer Gemeinschaft, einem Mäzen oder der Kirche dient, sondern seinen eigenen Ansprüchen folgt, zum anderen durch die Entwicklung der Maschinen.

Die Alternative für Morris: Wer entwirft, soll das Entworfene auch produzieren und nicht nur das von anderen Entworfene sklavisch reproduzieren. Denn, so Morris, nur was mit Freude produziert ist, kann schön sein. Und Freude kann nur entstehen, wenn vom Entwurf bis zur Fertigung, wie beim Handwerker, alles in einer Hand liegt. Damit aber gerät er, wie ich schon sagte, als Designer in einen unlösbaren Widerspruch. Eigentlich hätte Morris auf das Entwerfen verzichten müssen oder er hätte nur als Ausführender das moralische Recht auf den Entwurf gehabt. Die Quellenlage ist aber so, dass man über die konkrete Arbeitsorganisation bei Morris relativ wenig erfährt. Man kann nur aus Kontexten schließen. Es ist bekannt, dass Morris nicht nur Designer, sondern auch ein exzellenter Handwerker gewesen ist, dass er in fast allen Gewerken für Holz, Textilien, Keramik und Druckkunst arbeiten konnte. Es ist relativ wahrscheinlich, dass er sich die meisten Kenntnisse in seinen Werkstätten bei seinen Handwerkern angeeignet hat. Und er hatte das damalige Wissen über die Technologien offenbar verinnerlicht. Hinzu kommt, dass man nicht nur von Entwerfen und Ausführen sprechen kann, denn dabei fehlt, was als Versuch und Irrtum, als Ausprobieren von Farben, Werkstoffen und Technologien dazwischen liegt. Es ist anzunehmen, dass gerade hier die Arbeitsteilung aufgehoben war, das heißt Morris hier so gearbeitet hat, wie auch heute Designer arbeiten, wenn sie die Gelegenheit haben, ihren Entwurf selbst technologisch an die Produktionsbedingungen anzupassen oder diese Bedingungen für ihren Entwurf zu verändern, kurz, wenn sie mit Technologen zusammenarbeiten. Das hebt natürlich die Arbeitsteilung nicht auf, aber Morris hätte auf eine entsprechende Kritik vielleicht so antworten können: „Was sollte ich machen? Seit der Renaissance ist den Handwerkern die Entwurfskompetenz entzogen worden, so lange, bis sie als Arbeiter in den Maschinensälen gelandet sind. Eine neue Gruppe der Handwerker wird Jahrzehnte brauchen, um sich zu entwickeln. Aber sehen Sie mich: Alles was ich entwerfe, kann ich auch selber herstellen." Aber es blieb eben nicht beim Handwerk. Dies hat mit einem weiteren Widerspruch bei Morris zu tun. Die Preise der in seinen Werkstätten handwerklich hergestellten Produkte entsprachen denen von Luxusprodukten. Die Würde des Arbeiters, die Freude an der Arbeit und die Wiederkehr des Handwerks waren also nur um den Preis von Luxusprodukten zu erhalten.

Die Gegensätze zu ihrer Zeit liegen bei Ruskin und Morris jedoch nicht nur auf der Ebene des Entwerfens und Ausführens, sondern auch auf der des Ausdrucks und der Funktion von Ornamenten. Bevor ich dazu komme, scheint es mir nötig, etwas zum Verständnis von Ornament und Ornamentik bis zum Beginn des 20. Jahrhunderts überhaupt zu sagen.

Zunächst ist Ornamentik ein Teil der Dekoration, ihr wesentlicher Teil. Was hinzukommt, wären Profile, die Staffelungen der Profile in der Tiefe und die Monumentalisierung durch Tiefendimensionen überhaupt. Nach der sprachlichen Herkunft kommt der Begriff Ornament, wie Rudolf Arnheim dargestellt hat, vom lateinischen Verb „ornare", was aber nicht nur ausschmücken, sondern auch ausrüsten bedeutet. Man kann zum Beispiel ein Schiff ausrüsten mit allem, was es funktionstüchtig macht, und man kann einen Priester mit einem Ornat ausrüsten, was ihm erst die Autorität eines Priesters gibt. Ausrüsten ist demzufolge die Voraussetzung dafür, dass etwas richtig funktioniert einerseits, und andererseits dafür, dass eine Handlung, eine Rolle autorisiert wird. Von daher hat sich die Bedeutung von Ornament und Ornamentik auf den Teil des Ausschmückens konzentriert und damit auch verengt, aber noch innerhalb dieser Verengung bleibt ein ziemlich großer Bedeutungsspielraum, den ich hier nur an einigen Beispielen andeuten kann.

Eine besondere und frühe Bedeutung des Ornaments findet sich in der Musik. Vor Einführung der Partituren um 1600 war Ornament gleichbedeutend mit Interpretation und meinte die Auslegung eines musikalischen Themas, das Umspielen einer musikalischen Struktur, die in der Notenschrift eher grob aufgezeichnet war. Das Ornament ist hier also eine Art und Weise der individuellen Interpretation. Aber unter Interpretation muss man etwas anderes verstehen als heute. Der Interpret stützte sich auf ein musikalisches Gerüst und füllte das Gerüst mit seinem Spiel aus, das heißt, erst das Spiel machte aus dem Gerüst die Musik. Ornamentieren war also der Weg von der Struktur zur Gestalt, vom inneren Aufbau zur sinnlichen Erlebbarkeit in der Gestalt des Musikstückes. Der Bezug des Ornaments zur Struktur hat in der Geschichte immer wieder eine Rolle gespielt. Ein sehr spätes Beispiel dafür ist das Verständnis des Ornaments bei dem amerikanischen Architekten Frank Lloyd Wright: Das Ornament dient bei ihm nicht dazu, eine Struktur auszufüllen, sondern eine Struktur vorzuführen. Wright spricht vom integrierten Ornament: Ein Ornament verweist auf eine Struktur, die man sonst nicht sehen würde. Während das Ornament hier einen inneren Aufbau zeigt, müsste man in der Musik vor Johann Sebastian Bach wohl eher von einem Umspielen der musikalischen Struktur sprechen.

In den Reflexionen von Gottfried Semper findet man Aussagen zur Funktion des Ornaments in der Warenwirtschaft und beim praktischen Gebrauch. Zur Funktion beim Absatz von Waren hatte ich schon erwähnt, dass Semper meint, die Funktion des Ornaments liege in dem Bestreben, Dinge abzusetzen, die eigentlich überflüssig sind. Eine Beziehung zum praktischen Gebrauch sieht er hingegen in der Kultur der Indianer. Er beschreibt an Mokassins, dass sich die Ornamente dort häufen, wo die Nähte sind. Er interpretiert das so, dass sie dort dem Schutz zu dienen haben; sie sollen also die Abnutzung der besonders gefährdeten und strapazierten Stellen etwas bremsen und der Zerstörung vorbeugen.

Außerdem will ich über jemanden sprechen, bei dem man das Ornament nicht erwarten würde. Ich werde in späteren Vorlesungen noch ausführlicher auf ihn zurückkommen, doch an dieser Stelle geht es nur um sein Verhältnis zum Ornament: Louis Henry Sullivan

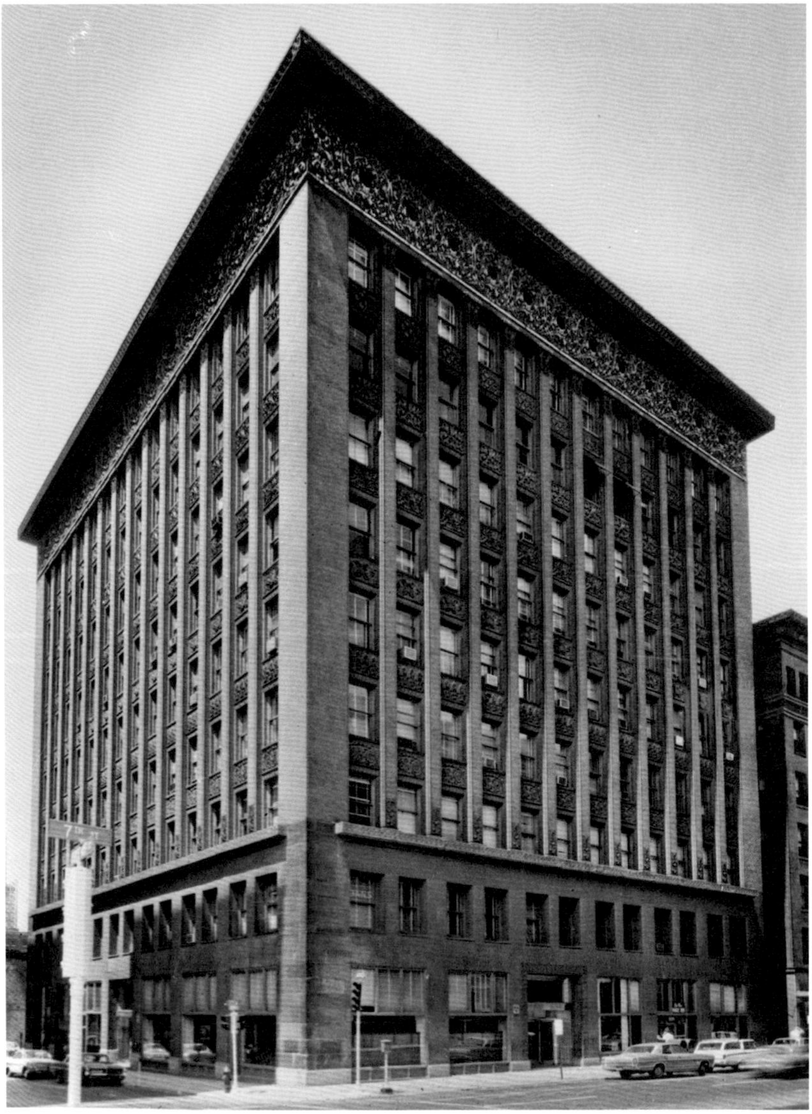

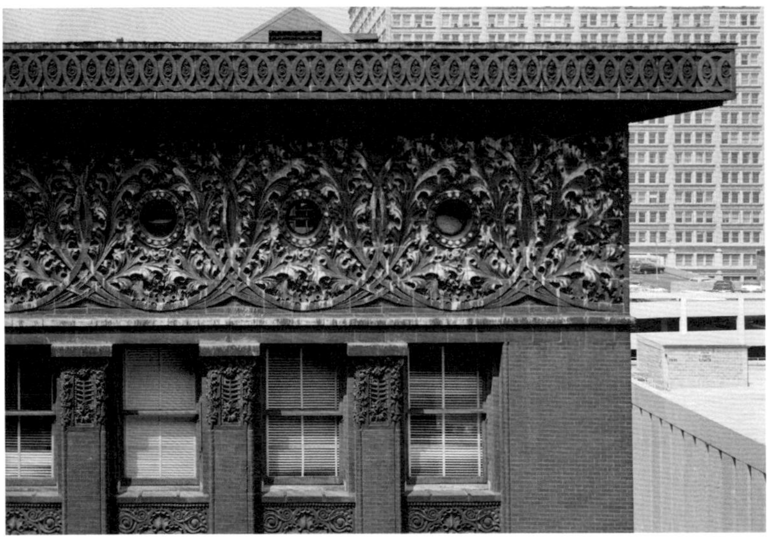

Abb. 6 Louis Sullivan, Wainwright Building in St. Louis, Missouri, 1890/91
Abb. 7 Louis Sullivan, Wainwright Building in St. Louis, Missouri, Detail, 1890/91

hat 1896 seine bekannte Formel „form follows function" entwickelt. Dieser amerikanische Architekt, der die Moderne in den USA mit begründet hat, der ein Verfechter konstruktiven Bauens und ein Vertreter der Chicagoer Schule war, hat nicht nur konstruiert, er hat auch ornamentiert. Und er hat nicht nur ornamentiert, er hat dafür auch ein Programm entwickelt und dieses Programm in sein funktionales Konzept integriert.

Die Form folgt der Funktion, hatte Sullivan gesagt, aber eine der radikalsten Formulierungen zum Verhältnis von Form und Funktion lautet: Die Bestimmung eines Hauses liegt darin, dass es gebaut wurde, um darin zu leben, nicht jedoch, um es zu betrachten. Die Form als Gegenstand der Betrachtung wird hier vollkommen negiert, allein die Funktion als Gegenstand des Gebrauchs bleibt beim Haus übrig. Das hatte 1597 der englische Philosoph Francis Bacon gesagt. Eine solche Aussage hätte Sullivan nie getroffen. Wenn bei Sullivan die Form der Funktion folgt, dann entsteht eine wahre und eine richtige Form, diese wahre und richtige Form ist aber noch nicht schön (› Abb. 6). Die richtige und wahre Form ist ein Resultat von Denkarbeit: Man hat sich die Natur angesehen und ihre Wirkprinzipien zum Vorbild genommen, man hat ein Naturgesetz begriffen. Die schöne Form ist dagegen ein Resultat des Fühlens. Die Arbeit des Kopfes führt bei Sullivan zur konstruktiven Form, zur Konstruktion überhaupt, die Arbeit des Herzens aber führt zum Ornament. Schön wird eine Form erst durch das Ornament. Sie ist am Haus nach außen gerichtet, für das Sehen als Voraussetzung des Fühlens (› Abb. 7).

Den Zusammenhang zwischen der konstruktiven Form, die richtig und praktisch ist, und der schönen Form, die das Gefühl befriedigt, kann Sullivan nur durch einen Dualismus von Verstand und Gefühl herstellen. Dieser Dualismus von Rationalität und Emotionalität, von Kopf und Herz drückt sich unmittelbar in seinen Bauwerken aus, in einigen mehr, in anderen weniger. Die Bauwerke sind geteilt: in ornamentierte Zonen, die dem Auge näher sind, und eine konstruktive Struktur des Hauses, die dem Auge ferner ist. Man kann also sagen, er trennt, was aus der Ratio kommt, räumlich von dem, was aus der Emotion kommt, aber er fügt alles wieder zusammen, und zwar im Erlebnis des ganzen Bauwerks; man könnte das Bauwerk als ein Spannungsgefüge aus Schmuck und Konstruktion, Berechnung und Empfindung, konstruktiven und dekorativen Formen sehen. Das heißt, das Haus ist ein Spannungsgefüge aus dekorativen Oberflächen, die aufeinander und als Gegensatz auf die Konstruktion verweisen, und das Haus ist eine Konstruktion, die auf die Funktionen und gleichfalls auf die Dekorationen als Gegensatz verweist.

Der Verweischarakter macht aus diesen Häusern Texte zum Lesen und aus Häusern zum Wohnen Häuser zum Betrachten. Häuser existieren also doppelt, als Raum und als Text. Was da zu lesen ist, beschreibt Sullivan als eine negative oder eine positive Auskunft über den Architekten. Negativ klingt das so: „Es enthüllt seinen Geist und sein Herz und zeigt genau, was sie wert sind – nicht mehr und nicht weniger; es erzählt offen die Lügen, die jener denkt; mit fast grausamer Offenheit berichtet es von seiner schlimmen Absicht, seinem schwachen, flatterhaften Geist, seiner Unverschämtheit, seinem selbstsüchtigen Egoismus, seiner geistigen Verantwortungslosigkeit, seiner Apathie, seiner Verachtung für reale Dinge.“[8] Und er endet mit dem, was das Haus sagt: „Ich bin so wenig ein wirkliches Gebäude, wie der, der mich errichtete, ein wirklicher Mensch war.“[9] Dem setzt er das positive Beispiel entgegen: „Wenn dem so ist, dann muss es auf der anderen Seite ein Vergnügen und eine Wohltat sein, in einem anderen Bauwerk den ehrlichen Versuch eines ehrlichen Mannes zu sehen, die freundliche Bereitwilligkeit und Offenheit eines ernsthaften Geistes, einfaches, direktes, natürliches Denken zum Ausdruck zu bringen und ein Gebäude hinzustellen, das so wirklich ist, wie der Mann, dem es sein Dasein verdankt. Und ist es nicht schön, in einem anderen Gebäude einen Geist zu erkennen, der vielleicht nicht allzu gut geschult, vielleicht seiner selbst nicht sicher ist, aber dennoch mutig einen Weg sucht? Das Gebäude zeigt, wo der Geist strauchelte und wieder neu begann, wo der Gedanke nicht immanent, nicht klar war, wo er nicht um die eigene Mitte kreiste.“[10] Ein Text von Sullivan aus dem Jahr 1892, betitelt mit „Das Ornament in der Architektur“, gibt Aufschluss darüber. Er beginnt so: „Ich halte es für einleuchtend, daß ein Gebäude ohne jegliche Verzierung allein auf Grund seiner Masse und Proportion ein Gefühl der Erhabenheit vermitteln kann. Nicht einleuchtend erscheint mir, daß die Verzierung wesentlich zur Steigerung dieser elementaren Werte beitragen sollte. Warum also verwenden wir das Ornament? Ist nicht erhabene und einfache Würde ausreichend? Weshalb mehr verlangen?“[11] Sullivan schlägt deshalb vor, für einige Zeit auf das Ornament zu verzichten, die Häuser sollen nur ihrem Zweck folgen, sie sollen dennoch schön und anmutig sein. Danach allerdings sollte man sich wieder den geistigen Luxus der Ornamente leisten. Das Ornament ist Träger des Organischen, damit des Lebendigen, und sein Ausdruck ist poetisch.

Was an dieser Position interessant ist, kann man im Verhältnis von Individuellem und Allgemeinem fassen. Nach Sullivan ist der Architekt niemand, der nur allgemeine Bedürfnisse befriedigt, dessen Arbeit von A bis Z vorbestimmt ist; er ist aber auch niemand, der machen kann, was er will. Nach Sullivan ist das Allgemeine die Grundlage für Architektur, die man zuerst beherrschen muss; auf dieser Grundlage kann die Freiheit des individuellen Ausdrucks erst entstehen, und diese Freiheit drückt sich in Ornamenten aus. Sullivan lehnt zwei Extreme ab: die Sklaverei durch das Vorbestimmte, also das, was Zweck und Statik vorschreiben, und er lehnt ab, was nur Individualismus, Spontaneität, Willkür, das Unbegründete ist. Nach Sullivan muss also erst das Allgemeine erkannt und begriffen sein, ehe man sich den Luxus des Individuellen leisten kann – aber das Individuelle kann er nur als Ornament denken, nicht als individuelle Interpretation von Zweck und Konstruktion.

Der Urheber des Leitsatzes „form follows function“ steht damit zwischen den Jahrhunderten. Mit dem kommenden 20. Jahrhundert ist er verbunden durch seine Formel, tief im 19. Jahrhundert steckt er mit seinem Dualismus von Kopf und Herz, von Pflicht und Freiheit. Er kommt vom Ornament nicht los, und deshalb will er beides, die Konstruktion und

8 Louis Sullivan, „Was ist Architektur? Eine Studie über das amerikanische Volk von heute“, in: Sherman Paul, *Louis H. Sullivan. Ein amerikanischer Architekt und Denker*, Frankfurt am Main/Berlin, 1963, S. 156.
9 Ebd.
10 Ebd.
11 Louis Sullivan, „Das Ornament in der Architektur“, in: ebd., S.130.

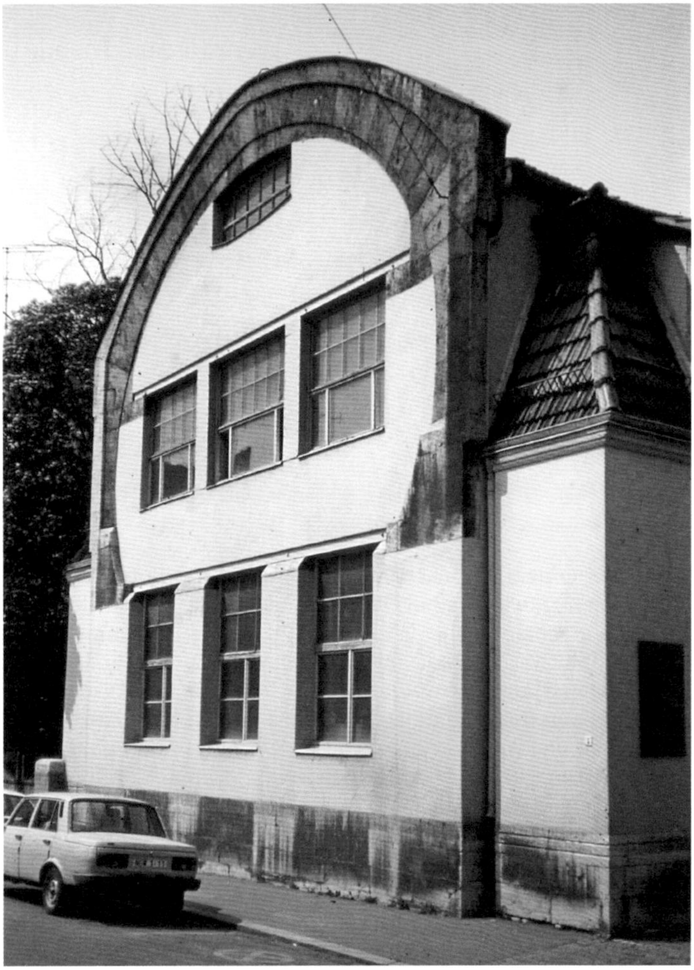

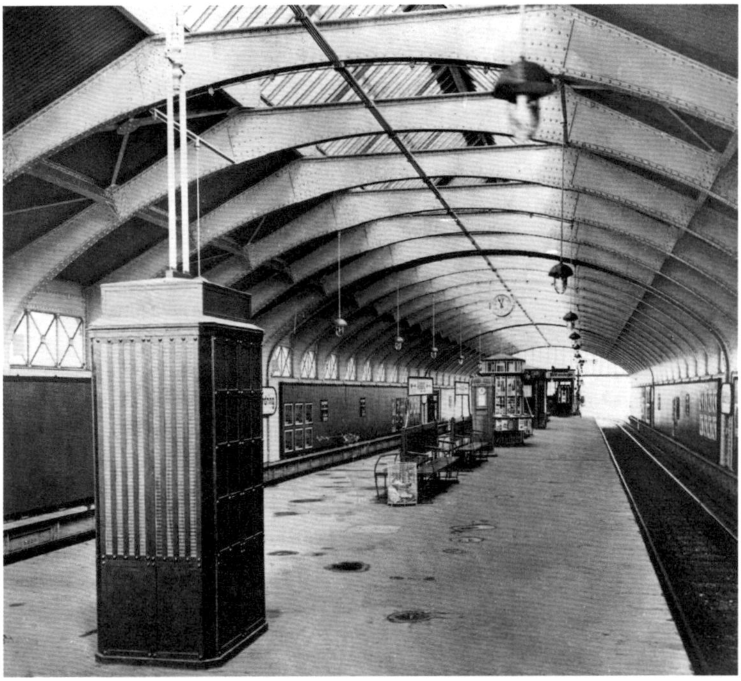

Abb. 8 Henry van de Velde, Kunstgewerbliches Institut der Kunstgewerbeschule Weimar, 1905/06

Abb. 9 Alfred Grenander, Bahnsteig des Hochbahnhofs Nordring (heute: U-Bahnhof Schönhauser Allee), 1911–1913

das Ornament, er bekommt sie aber nicht so zusammen, wie das bei Henry van de Velde zu beobachten ist.

An Morris und Sullivan wird deutlich, wie unterschiedlich man Ruskin lesen konnte. Morris sah besonders das Verhältnis von Ornament und Arbeitsteilung, von Entwurf und Ausführung, Sullivan sah hingegen eine andere Teilung, die Teilung des Entwerfers in ein denkendes und in ein fühlendes Wesen, eine Teilung, die wieder aufgehoben werden soll, die auch ein Produkt von Arbeitsteilung ist, doch von ihr sind nicht nur die Ausführenden, sondern auch die Entwerfer betroffen.

Der Letzte, den ich in diesem Zusammenhang nur nennen will, ist Henry van de Velde. Auch bei ihm gibt es eine Beziehung zur Struktur eines Raums oder Gegenstands. Auch er macht Struktur und Konstruktion durch das Ornament sichtbar, aber er steigert die Funktion des Ornaments indem die Konstruktion selbst zum Ornament wird. Man könnte von einem konstruktiven Ornament oder von einer ornamentalen Konstruktion sprechen, also von etwas, was gegensätzlicher nicht sein kann. Henry van de Velde war der Letzte, der um die Jahrhundertwende noch einmal das Ornament positiv gesehen hat (› Abb. 8). Ein Echo dieser Auffassung findet sich noch bei Alfred Grenander: Seine U-Bahnhöfe und Eingänge und der Magistratsregenschirm in der Schönhauser Allee (› Abb. 9) sind konstruktive Ornamente oder ornamentale Konstruktionen. Dennoch tritt das Ornament als Gegenstand ästhetischen Reflektierens nach van de Velde zurück. An seine Stelle treten das Material und die Mode. Das Material in Gestalt der Materialästhetik, die Mode als Prinzip des Wechsels. Anders ausgedrückt, nicht mehr Qualität oder Herkunft von Ornamenten ist das Entscheidende, sondern die Frequenz, in der sie gewechselt werden. Die zeitliche Dimension des Wechselns wird wichtiger gegenüber den konkreten Qualitäten eines Ornaments.

So viel also hier zum Ornament bis zum 20. Jahrhundert. Nun zurück zu Morris und zur Funktion der Ornamente, zu dem, was sie bei ihm ausdrücken. Bei Morris ist das Ornament die Form überhaupt, folgend der Natur in ihren gesetzmäßigen Erscheinungen und der Geschichte in ihren bedeutenden Ereignissen. Man stößt bei Morris immer wieder auf Reflexionen über Schönheit, über die Form, über die Freude beim Betrachten, um beim genaueren Hinsehen zu bemerken, dass er damit immer Ornamente meint. Er befindet sich damit scheinbar in Übereinstimmung mit seinen Zeitgenossen, die Unterschiede liegen darin, dass er nicht auf die stilistischen Konventionen zurückgreift, sondern die Natur zum Vorbild nimmt. Wie er das macht, ist interessant. Er meint nämlich nicht Naturformen, die nachgeahmt werden sollen, sondern Verfahrensweisen der Natur, die der Künstler interpretieren soll; der Künstler soll der Natur die Technologie abschauen, und wenn er so arbeitet, wird Schönheit entstehen. Natur ist für ihn kein Objekt der Imitation, sondern Naturprozesse sind für ihn Anlass für Interpretationsprozesse.

Seinen ersten öffentlichen Vortrag vor Mitgliedern eines Arbeiterbildungsvereins hielt Morris 1877 über die niederen oder geringeren Künste, „The Lesser Arts". In diesem Vortrag ging es Morris um eine Kunst, von der er sagte: „Diese Kunst wird unsere Straßen so schön werden lassen wie die Wälder und so beschwingt wie die Berghänge."[12] Was diese Kunst so schön und erhaben macht, ist die Verzierung, und die Verzierung wiederum hat nach Morris die Aufgabe, die abgestumpften Sinne zu schärfen, deshalb gibt es „jene Wunder komplizierter Muster [...], jene merkwürdigen Formen [...], an denen sich die Menschen so lange [nämlich bis zum Beginn der Renaissance] erfreut haben, Formen und Muster, die nicht unbedingt die Natur nachahmen, bei denen aber die Hand des Gestalters geführt wird, um wie sie zu arbeiten, bis das Gewebe, der Becher oder das Messer so natürlich, so schön aussehen wie das grüne Feld, das Flußufer oder das Gestein der Berge.“ [13] Dreimal Natur:

- als Vorbild für das Ineinanderschlingen von Formen, die nicht simpel sind; alles ist voneinander abhängig, und das entspricht seinem Bild der idealen Gesellschaft: keine Hierarchien, sondern ein Geflecht von Abhängigkeiten,
- als Vorbild für die Technologien der Handwerker, bei gleichzeitiger Distanz zu unmittelbarer Nachahmung von Natur,
- als Mittel gegen die Abstumpfung der Sinne durch die Inflation beliebiger Ornamente. Dieses Ziel soll dadurch erreicht werden, dass die Ornamente wieder etwas bedeuten, dass sie auf die Natur verweisen.

Natur kommt bei Morris in die Kunst als schönes Bild zurück, aber nicht als schönes Bild durch Imitation, sondern durch die Freude an Formen, die schöner sind als die erfundenen, weil sie unregelmäßiger sind, weil sie vielfältiger sind als die frei entworfenen Formen, kurz: Die Natur kommt als Ornament zurück. Deshalb behauptet Morris: Die Gesetze der Natur sind auch die Gesetze der Kunst. [14]

Wie überhaupt im 19. Jahrhundert, kreist die Gestaltung von Gebrauchsgegenständen auch bei Morris und Ruskin um die Kunst und um das Ornament. Dennoch, was sie darunter verstehen, unterscheidet sich vom allgemeinen Verständnis. Kunst ist für Morris das letzte Reservat nicht entfremdeter Arbeit, nicht abhängig von einem fremden Willen oder von einem industriellen Unternehmer und nicht abhängig von Maschinen. Kunst ist handwerkliche Arbeit unter Gleichen und Gleichgesinnten in einer Werkstatt. Deshalb kann die Arbeit mit Freude getan werden. Diese Freude an der Arbeit ist wiederum die Grundlage für die Schönheit des Geschaffenen, die sich wiederum im Ornament ausdrückt. Das Ornament verweist auf die Natur und auf die Menschheitsgeschichte; auf die Natur, indem es so organisch wächst, wie das Wachstum in der Natur erfolgt, in einer verschwenderischen Fülle und nicht nach mechanischen Regeln; auf die Geschichte verweist das Ornament, indem es an die großen geschichtlichen und mythischen Ereignisse erinnert und diese großen Ereignisse in den Alltag der Gegenwart holt. Das Ornament wäre in diesem Sinne die Poesie einer historischen Erinnerung.

Wie solche Ornamente allerdings konkret aussehen sollten, ist mir bei Morris nicht so recht deutlich geworden, wohl aber diese Bedeutung der Ornamente. Man kann auch sagen: Egal ob die Ornamente auf die Natur oder auf die Geschichte verweisen sollen, sie sollen überhaupt wieder einen Sinn, eine Bedeutung erhalten, also etwas, was gerade durch die Inflation des Ornaments im 19. Jahrhundert verloren gegangen ist.

12 William Morris, „Die geringeren Künste“, in: ders., *Kunst und die Schönheit der Erde. Vier Vorträge über Ästhetik*, Berlin 1986, S. 42.
13 Ebd., S. 9 f.
14 Ebd., S. 24.

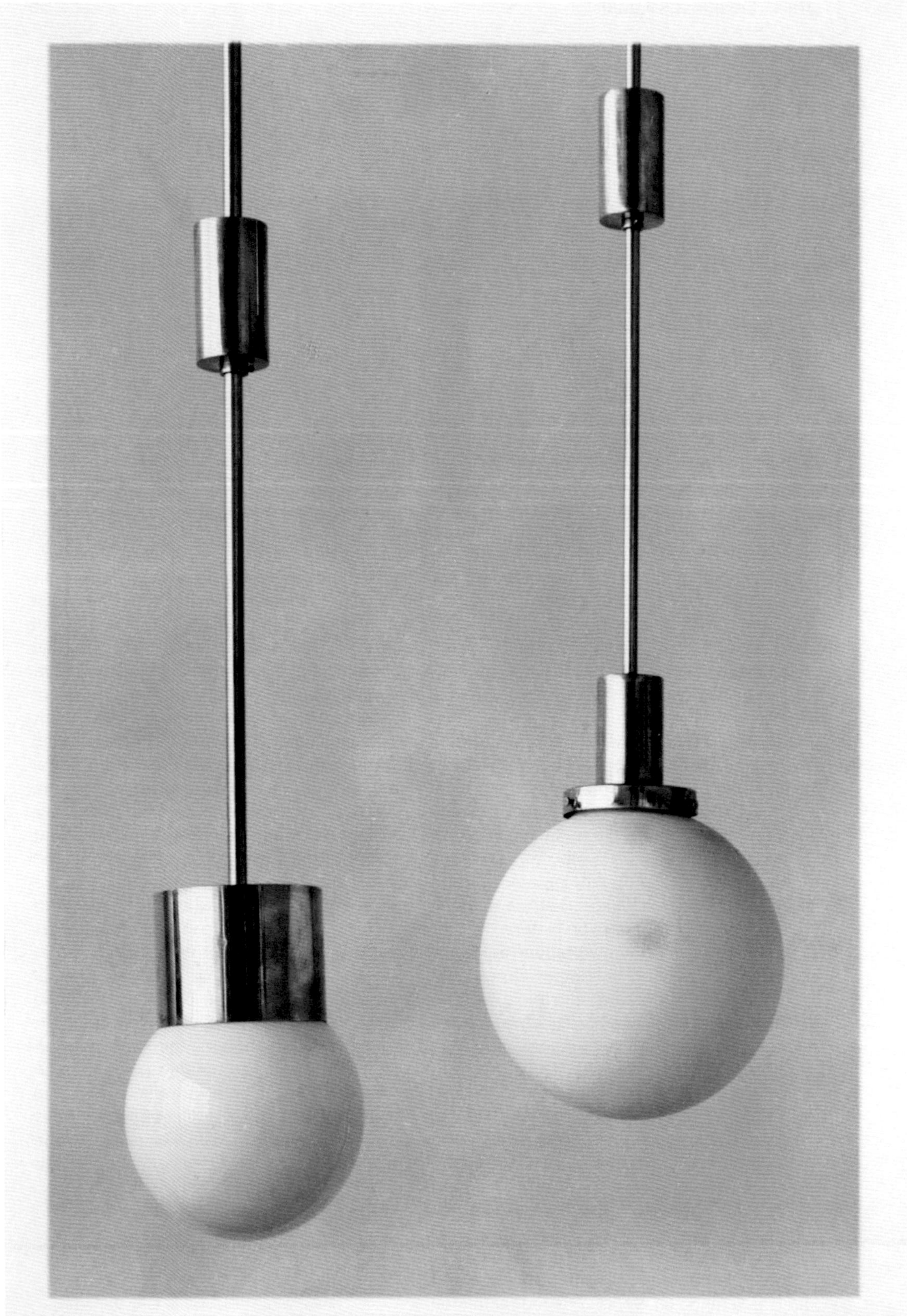

Zwei Lampen von Otto Rittweger für die Firma Goldschmidt & Schwabe, Berlin, 1930/31

Kunst als Design: Das 20. Jahrhundert

Über das 20. Jahrhundert kann man, wenn es um Design als Kunst geht, nicht so reden wie über das 19. Jahrhundert mit seiner Identität von Kunst und Design, mit seiner Reduzierung von Design auf Dekoration, mit seinem Verständnis von Dekoration als Ornamentik, die immer weniger Bedeutungen transportieren kann, je inflationärer sie sich in den Neostilen verbreitet. Im 20. Jahrhundert ist Kunst für das Design manchmal ein Ideal, manchmal ist sie Vorbild im Formalen, manchmal wird sie zum Feindbild, manchmal ist sie Experimentier- und manchmal Spielfeld. Und manchmal ist sie eine Form von Kritik am Design durch Gegenstände, die aussehen wie Design, aber Kunst sind. Und manchmal ist nicht klar, ob es sich beim Design als Kunst um eine Kritik von Design oder bloß um ein amüsantes, aber bedeutungsloses Spiel mit Design handelt.

Zunächst ein paar Beispiele für das Verhältnis von Kunst und Design, wie es im 20. Jahrhundert gesehen worden ist. Der Architekt Hermann Muthesius meint 1902, dass es in der Verbindung von Kunst und Gewerbe zu Kunstgewerbe gelte, die Kunst zu überwinden. Adolf Loos benennt 1909 Gegensätze von Haus und Kunst; an die Stelle von „Haus" könnte man auch „Gebrauchsgegenstand" setzen: „Das haus hat allen zu gefallen. Zum unterschiede vom kunstwerk, das niemandem zu gefallen hat. Das kunstwerk ist eine privatangelegenheit des künstlers. Das haus ist es nicht. Das kunstwerk wird in die welt gesetzt, ohne daß ein bedürfnis dafür vorhanden wäre. Das haus deckt ein bedürfnis. Das kunstwerk ist niemandem verantwortlich, das haus einem jeden. Das kunstwerk will die menschen aus ihrer bequemlichkeit reißen. Das haus hat der bequemlichkeit zu dienen. Das kunstwerk ist revolutionär, das haus konservativ. Das kunstwerk weist der menschheit neue wege und denkt an die zukunft. Das haus denkt an die gegenwart. Der mensch liebt alles, was seiner bequemlichkeit dient. Er haßt alles, was ihn aus seiner gewonnenen und gesicherten position reißen will und belästigt. Und so liebt er das haus und haßt die kunst."[1] Loos kommt zu diesen Gegensätzen, weil er nicht auf die Form sieht, sondern die unterschiedliche Funktion von Haus und Kunst zum Maßstab macht.

Der Philosoph Georg Simmel schreibt 1908: „Auf einem Kunstwerk zu sitzen, mit einem Kunstwerk zu hantieren, ein Kunstwerk für die Bedürfnisse der Praxis zu gebrauchen – das ist wie Menschenfresserei, die Entwürdigung des Herrn zum Sklaven."[2] Simmel benennt nicht nur Gegensätze, sondern das Oben und Unten: Ganz oben steht die Kunst, ganz unten stehen die Gebrauchsgegenstände als Werkzeuge.

Dagegen verteidigte der Belgier Henry van de Velde im Werkbundstreit von 1914 die Kunst und den Künstler, der zum Schöpfer von industriellen Serienerzeugnissen werden solle: „Solange es noch Künstler im Werkbund gibt und solange diese noch einen Einfluss auf dessen Geschick haben werden, werden sie gegen jeden Vorschlag eines Kanons oder einer Typisierung protestieren. Der Künstler ist seiner innersten Essenz nach glühender Individualist, freier spontaner Schöpfer, aus freien Stücken wird er niemals einer Disziplin

1 Adolf Loos, „Architektur", in: ders., *Trotzdem. 1900–1930*, Innsbruck 1931, S. 101.

2 Georg Simmel, „Das Problem des Stiles", in: *Dekorative Kunst. Illustrierte Zeitschrift für Angewandte Kunst*, hrsg. von H. Bruckmann, 11. Jg., Nr. 7 (April 1908), Bd. 16, S. 307–316.

sich unterordnen, die ihm einen Typ, einen Kanon aufzwingt."[3] Van de Velde meint also, nur die Autonomie des Künstlers könne eine gültige Form hervorbringen.

In den 1920er-Jahren schätzte man am Bauhaus Wassily Kandinsky, Paul Klee, Oskar Schlemmer, Lyonel Feininger und Johannes Itten zwar als Lehrer, aber nicht die Kunst als Inspirationsquelle für das Bauen und Gestalten. Gleichzeitig aber ist der Funktionalismus nicht denkbar ohne die Vorarbeiten der konstruktivistischen Kunst (› Abb. 1). „Man saß und schlief auf der farbigen Geometrie der Möbel",[4] schreibt Hannes Meyer über seinen Besuch am Bauhaus, bevor er dort selbst zum Direktor berufen wird. „Man bewohnte die gefärbten Plastiken der Häuser. Auf deren Fußböden lagen als Teppiche die seelischen Komplexe junger Mädchen. Überall erdrosselte die Kunst das Leben."[5] (› Abb. 2)

In den frühen 1950er-Jahren ist das Erbe des Bauhauses in der DDR heftig bekämpft worden, weil man am Bauhaus gerade keine Kunst sah, weil man Kunst in Gestalt realistischer Kunst erwartet hatte und stattdessen, wie es hieß, mit Formalismus konfrontiert wurde. Die Funktionalisten sind also als Formalisten denunziert worden.

1980 nennt der Designer Karl Clauss Dietel einen Vortrag „Funktionalismus entstand und lebt nur mit der Kunst", und er meint damit das Entwerfen überhaupt.

1991 formuliert Kurt Weidemann zehn Gebote für junge Designer, in denen das dritte Gebot von Kunst handelt. Es lautet: „Liebe die Kunst und lerne von ihr. Aber halte nicht den Designberuf dafür. Deine Begabung kann dich zu künstlerischen Qualitäten führen, aber als Beruf ausgeführt, ist sie eine Dienstleistung. Der Künstler macht, was er will, der Designer will, was er macht."[6] Noch deutlicher wird er 1999 im *Design Report*: „Design hat mit Kunst soviel zu tun wie mit Kunsthonig."[7] (› Abb. 3)

Und Helmut Staubach hat kürzlich einen Text mit der Überschrift versehen: „Entwerfen ist keine Kunst."[8] Man kann es so lesen, dass es keine Kunst ist zu entwerfen, und man kann es so lesen, dass Entwerfen mit der Kunst nichts zu tun hat.

Auf der Seite der Kunst haben die Surrealisten anonyme Serienprodukte zu Unikaten gemacht, haben sich die Minimalisten an ökonomischen Prinzipien in Design und Produktion orientiert, haben die Formen und Farben der Pop-Art Anregungen für die Postmoderne gegeben, werden Industrieprodukte, die eigentlich auf den Müll gehören, als Kunst recycelt, kurz, es gibt in der Kunst immer wieder Bezüge zu archetypischen Gebrauchsformen, zur Serie, zur Warenform der Produkte und zur Werbung für Produkte, oder es werden das Vergehen, Verbrauchen oder das Vermüllen in der Kunst vorgeführt.

Man könnte es bei solchen Gegenüberstellungen belassen und in der Beziehung von

3 Herrmann Muthesius / Henry van de Velde, „Werkbund-Thesen und -Gegenthesen", in: Volker Fischer / Anne Hamilton (Hrsg.), *Theorien der Gestaltung. Grundlagentexte zum Design*, Bd. 1, Frankfurt am Main 1999, S. 37.

4 Hannes Meyer, „Mein Hinauswurf aus dem Bauhaus", hier zit. nach: Claude Schnaidt, „Hannes Meyer und das Bauhaus", in: ders., *Umweltbürger und Umweltmacher*, Dresden 1982, S. 253 f.

5 Ebd.

6 Zit. nach: Uta Brandes (Hrsg.), *Kurt Weidemann. Das Nachbild auf der Netzhaut*, Göttingen 1996, S. 147.

7 „Short Cuts zum Relaunch", in: *Design Report*, Februar 1999, S. 154.

8 Vgl. „Entwerfen ist keine Kunst. Heinz Hirdina im fiktiven Gespräch mit einem Designer", in: *Design Report*, 7.8.1999, S. 76f.

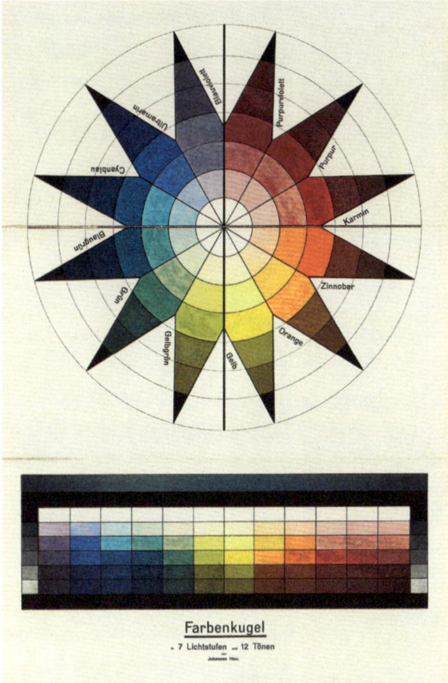

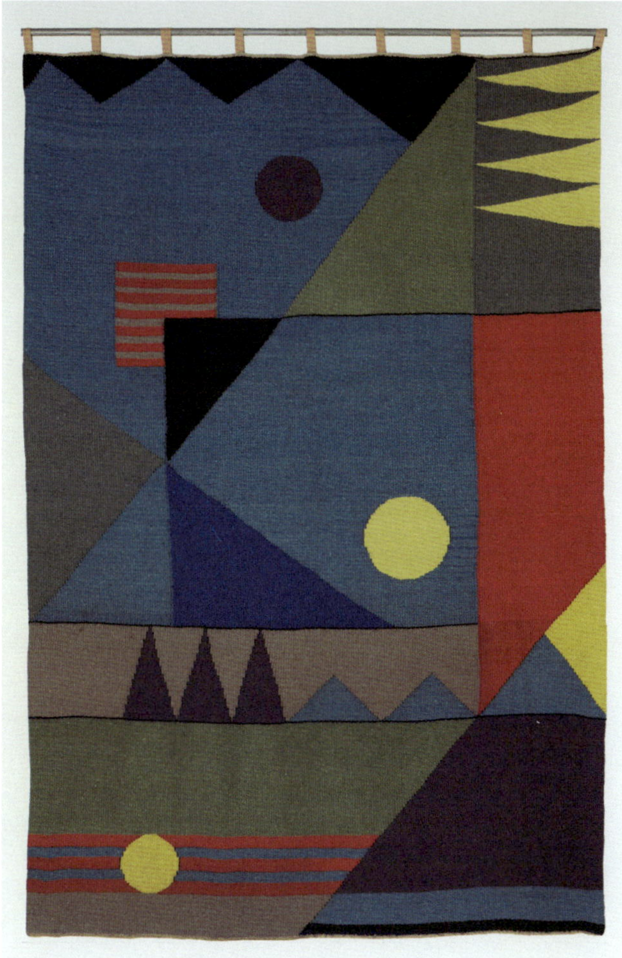

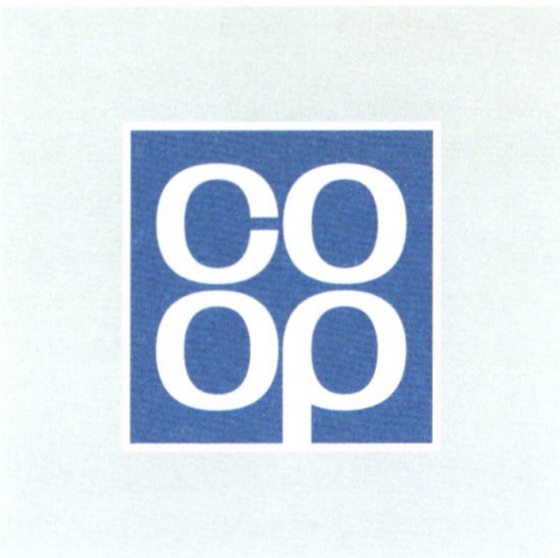

Abb. 1 Johannes Itten, Farbenkugel in 7 Lichtstufen und 12 Tönen, aus: *Utopia. Dokumente der Wirklichkeit*, Weimar, 1921

Abb. 2 Margaretha (Grete) Reichardt, o.T. (Teppich für ein Kinderizmmer), 1929

Abb. 3 Kurt Weidemann, Logo der co op AG

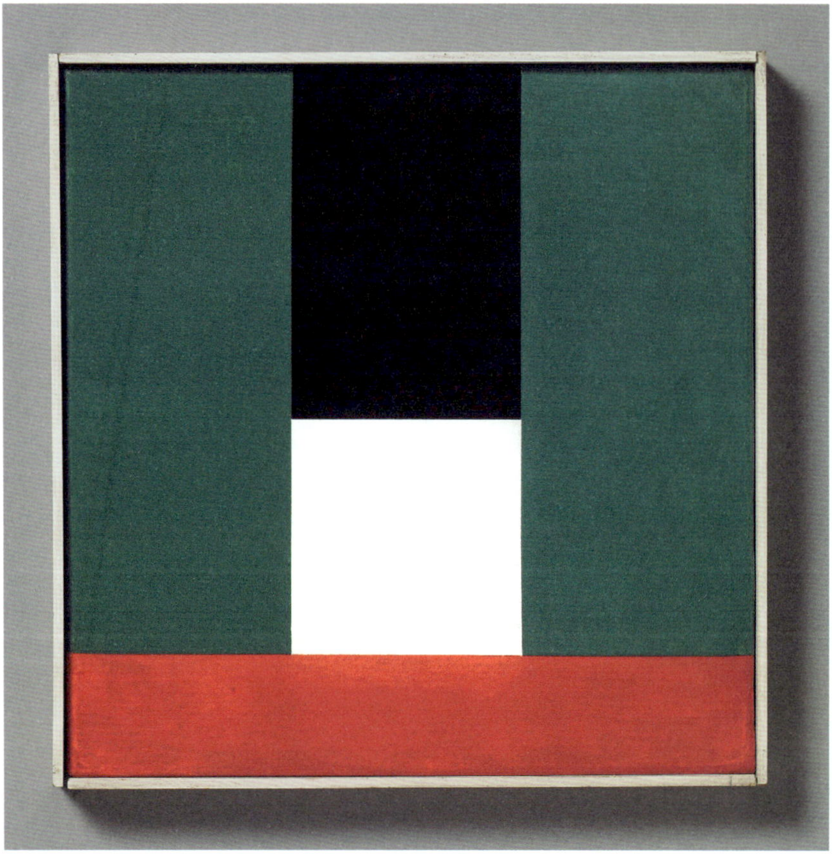

Abb. 4 Max Bill, *rote basis*, 1959, Öl auf Leinwand, 33,5 × 33,5 cm

Kunst und Design von wechselseitiger Anziehung und Abstoßung sprechen. Doch wenn ich das Verständnis von Kunst bei Designern und auch bei Architekten als Designern zu einem Thema mache, habe ich es mit zwei Aspekten zu tun: mit einem historischen und mit einem systematischen Aspekt. Mit systematisch meine ich, dass die Ausgangspunkte verschieden sind: Der eine spricht vom Designer als Künstler oder eben nicht als Künstler, der andere vom Entwerfen als Kunst oder eben nicht als Kunst, ein Dritter vom Gebrauchsgegenstand als Kunst oder eben nicht, ein Vierter vom Gebrauch als Kunsterlebnis oder als praktischem Gebrauch usw. Mit historischen Aspekten meine ich, dass es nicht nur ein Hin und Her zwischen Anziehung und Abstoßung gibt, sondern einen historischen Prozess, in dem sich Veränderungen zeigen.

Man kann drei große Linien unterscheiden: eine Linie der Distanzierung, eine Linie der Vorarbeit und eine fluktuierende Linie. Die erste Linie würde ich als Distanzierung zur und Abweisung von Kunst bezeichnen. Am kräftigsten ist diese Linie in den ersten drei Jahrzehnten des 20. Jahrhunderts ausgebildet. Dass und wie sich Kunst und Design unterscheiden, wird bis zum Ersten Weltkrieg noch heftig diskutiert, danach scheint es klar zu sein, die Trennung von Kunst und Design ist vollzogen, statt Hinwendung zur Kunst findet man Hinwendung zu jenen Gebieten, die von Rationalität in einem doppelten Sinne bestimmt sind: im Sinne des Rationalen in der Wissenschaft und im Sinne der Rationalisierung in der Industrie.

Die zweite Linie, die der Vorarbeit durch Kunst, verläuft genau in die andere Richtung. Die Innovationen in der Kunst werden zum Material für Design und Architektur. Diese Linie ist am kräftigsten in den 1920er-Jahren ausgebildet und verstärkt sich noch einmal in den 1950er-Jahren. Jene Architekten und Designer, die Kunst als akademische Kunst des Abbildens und als Ausdruck von Individualität bekämpfen, sind die gleichen, die sie als Konstruktivismus zum Formenmaterial von Architektur und Design machen; Konstruktivisten wie Funktionalisten sind sich dabei einig im Ziel, die Welt nicht abzubilden, sondern zu gestalten – und zwar neu zu gestalten. Wenn diese Linie der Kunst nach dem Zweiten Weltkrieg noch einmal aufgenommen wird, dann in doppelter Weise: zuerst als eine Mode, in der Joan Miró, Pablo Picasso, Henry Moore und andere Größen der Kunst als Tapetenmuster oder in Handschmeichlern wiederkehren, und zweitens als ein Programm, das vor allem an Max Bill gebunden ist. Bill will noch einmal vom Löffel bis zur Stadt alles gestalten, und er wird darin bis heute falsch interpretiert. Für Bill ist die Kunst nicht Formenmaterial, sondern eine moralische Instanz, denn, so Bill sinngemäß, nur die abstrakte Kunst, die er konkrete Kunst nennt, hat sich vom Faschismus nicht missbrauchen lassen. Diese konkrete Kunst ist für Bill nicht ornamental, sondern strukturell, sie zeigt also ihren Aufbau. Das Strukturelle interessiert ihn deshalb, weil er im Ornament ein Mittel zur Verschleierung von Realität sieht; Ornament ist für Bill etwas, womit etwas anderes, nämlich das Eigentliche, verborgen wird (› Abb. 4). So sieht er auch die Politik mit ihren Sprüchen als Ornament an: Politik als Methode, die eigentlichen Interessen hinter einem Wust schöner Worte zu verbergen.

Nach dem Zweiten Weltkrieg wird deutlich, dass Kunst sich nicht in Gestaltung und im Bauen aufgelöst hat, wie man in den 1920er-Jahren noch glaubte, sondern dass die Kunst als autonome Kunst am Leben geblieben ist, dass aber auch das Design nicht mehr in die Kunst zurückkehrt, sondern jetzt zwei gleichberechtigte Disziplinen existieren, die manchmal nach Verwandtschaften, nach Ähnlichkeiten, nach Beziehungen suchen – oder aber das Trennende betonen. Auch Bill hat Design nicht als Kunst begriffen, wohl aber von ihr gelernt. Und an der gleichen Ulmer Hochschule, deren Gründungsrektor Bill war, gab es Otl Aicher, der zeit seines Lebens nicht müde wurde, die Kunst im Design zu attackieren. Auf jeden Fall gingen die Argumente der Designer vom Standpunkt einer Disziplin aus, die ihr eigenes Profil und mit ihrem eigenen Profil ihr Selbstbewusstsein gefunden hat. Der Austausch zwischen Kunst und Design ist jetzt nicht mehr spontan, sondern Ergebnis bewusster Reflexion über die Unterschiede, selbst dann noch, wenn Künstler Design machen und wenn Designer Kunst machen. Bewusstheit der Unterschiede, Verständigung in Gruppen und die Stabilität einmal gefundener Konzepte könnte man für diese Linie als Kennzeichen nehmen.

Damit komme ich zur dritten, zur fluktuierenden Linie. Ich würde diese Linie in den 1960er-Jahren ganz dünn beginnen lassen. Sie ist seither immer dicker geworden, und damit ist die Situation auch etwas unübersichtlich. Kunst hat für das Design verschiedene Rollen zu spielen. Sie ist Inserat für den Designer, Medienbotschafterin des Designs, spielerische Kritik am Design, Flucht aus dem Design, oder es findet ein ständiger Kostümwechsel zwischen Künstler und Designer statt. Auf dieser Linie findet also sehr viel Bewegung statt, man kann sich diese Bewegung eben als Fluktuieren vorstellen oder vielleicht auch wie das Hin- und Herfahren von Interkontinentalraketen: Sie verändern bekanntlich immer wieder ihren Standort, damit sie als Zielpunkt nicht ausgemacht werden können, damit sie also nicht angreifbar sind. Auch im Design lässt sich niemand gern festlegen und angreifen, oder anders ausgedrückt: Die Standorte scheinen nicht mehr so wichtig, die Fronten scheinen aufgelöst, aber was als Toleranz oder als Entspannung erscheint, ist auch eine Form von Beliebigkeit. Man kann alles machen, keiner regt sich mehr auf, es gibt keine Manifeste mehr und keine Pamphlete. Aus Manifesten wurden individuelle Statements.

Damit will ich den Überblick beenden und nur ein Beispiel wenigstens erwähnen, auf das ich später noch des Öfteren ausführlich zurückkommen werde. Ich meine Ettore Sottsass, der zur letzten Linie gehört und deren berühmtester wie vielleicht charakteristischster Vertreter ist. Mir ist nicht bekannt, dass Ettore Sottsass irgendwann einmal gesagt hätte – und zwar in der Art eines Bekenntnisses – er sei Künstler, Architekt oder Designer. Was er aber immer wieder mehr oder weniger direkt sagt, ist, dass er ein Nomade zwischen den Orten, Standpunkten und Kulturen sei. Das Bemerkenswerte an Sottsass ist noch nicht, wie er Design, Architektur und Kunst miteinander vermischt, das machen neben ihm viele, interessant ist vielmehr, wie dabei Emulsionen entstehen, also Gebilde, in denen sich die Elemente eben gerade nicht vermischt haben, sondern Spannungen zwischen ihnen hervortreten.

Die italienische Designgeschichte, zu der Ettore Sottsass gehört, ist nicht an Institutionen wie Zeitschriften, Verbände oder Schulen gebunden und auch nicht von ein paar Unternehmen geschrieben worden. Die italienische Designgeschichte wird von Persönlichkeiten gemacht, die in der Regel keine Designer sind, sondern Architekten, und insbesondere ist sie von Sottsass mitbestimmt worden. Er ist also einerseits ein Designer, der sich keiner Richtung zuordnen lässt, und andererseits hat er das Design in der Welt seit 1968 wie kein Zweiter beeinflusst. Oder genauer: Man kann zwar sehen, dass er das Design beeinflusst hat, aber nicht alleine der Einfluss ist das Bemerkenswerte, also nicht die Wirkung eines Designers auf die Welt, sondern umgekehrt, die Wirkung der Realität auf Sottsass. Er reagiert wie ein Seismograf auf die Welt; die Zeichen, die er als Erster gesehen hat, haben nach ihm auch andere gesehen – und zwar durch ihn. So wie ihn kann man auch Künstler als Seismografen bezeichnen.

Es sind drei Aspekte, durch die er Einfluss ausübt: erstens durch seine Auffassung vom Raum, zweitens durch sein Verständnis des Gegenstands und drittens durch die Rolle der Rituale bei ihm. Durch das Verständnis des Gegenstands, weil bei ihm nicht die praktische Funktion, sondern die sinnliche Wirkung der Gegenstände im Zentrum steht. Durch seine Auffassung vom Raum, weil sie eine andere ist als die der Moderne. Die Moderne vor ihm betonte den Zusammenhang von Raum und Zeit, das heißt die Bewegung im Raum; das Raumverständnis war von den modernen Naturwissenschaften, vor allem von der Physik und dort von Einstein geprägt. Kurz: Der Raum war relativ zur Zeit und zunächst ein ganz abstrakter Raum. Für Sottsass hingegen ist der Raum konkret, er ist ein Raum für die Sinne und den Körper; so, wie sich Kinder nicht für das Kinderzimmer als Raumtyp interessieren, sondern dafür, dass man in ihm eine Höhle bauen und Massen von Spielsachen unterbringen kann. Dabei zeigt sich Sottsass mit zwei Gesichtern: Das eine ist dem Industriedesign, das andere dem Kunstgewerbe zugewandt, man findet bei ihm Computer und Nippes nebeneinander. Drittens beeinflusst er durch seine Auffassung vom Ritual. Er will die Rituale nicht durchbrechen, sondern er will sie bestätigen und ästhetisch aufwerten. Nun passt aber die Bestätigung von Ritualen schlecht zum seismografischen Aufspüren von kaum wahrnehmbaren Zeichen. Bei Sottsass passt aber vieles nicht zusammen, die Widersprüche sind nicht aufhebbar. Sottsass wechselt immer wieder die Rollen, gerade darin ist er typisch für die Gegenwart und für diese Linie.

Das wird in anderen Vorlesungen noch detailliert gezeigt werden; an dieser Stelle möchte ich mich einem anderen Thema zuwenden, das mit dem Verhältnis von Design und Kunst nicht identisch ist, mit ihm aber viele Schnittmengen aufweist. Nötig ist diese Zuwendung, weil gerade für das 20. Jahrhundert – das zeigt sich auch bei Sottsass – ein Thema wichtig wird, das mit den Begriffen „Kunst“ und „Ornament“ alleine nicht mehr adäquat erfasst werden kann. Es geht um Oberflächen. Auch das allerdings ist ein Thema, das die Designgeschichte von Anfang an begleitet hat. Hier soll es nur um das 20. Jahrhundert gehen, vor allem um dessen zweite Hälfte. Ich möchte das an fünf Beispielen modellhaft beleuchten. Zuerst jedoch einige generelle Bemerkungen.

Wenn ich in der letzten Vorlesung gesagt habe, dass Henry van de Velde der letzte gewesen ist, der an der Wende zum 20. Jahrhundert das Ornament noch einmal zu einem Thema gemacht hat, ist das nur halb richtig. Das Ornament kehrt in den 1970er-Jahren in das Design zurück, aber das Ornament heißt jetzt Dekor, genauer postmodernes Dekor, denn die Moderne lehnte das bloß Dekorative ab. Wenn ich sage, dass das Dekor ins Design zurückkehrte, heißt das nicht, dass es vorher nicht da war. Im Art déco wurde fleißig ornamentiert, und nach dem Zweiten Weltkrieg ist die sogenannte abstrakte Kunst auf Tapeten, Gardinen, Lampenschirmen und Tischplatten gewandert, aber nicht als Konzept, sondern als Mode.

Was Ornament und Dekor voneinander unterscheidet, könnte man vielleicht so fassen: Ornament meint eher etwas Ganzes und etwas Geschlossenes, auch wenn sich die einzelnen Ornamente seriell reihen und überhaupt wiederholen lassen, also zu einer Wiederholung hin öffnen. Aber das Ornament kann auch allein stehen.

Beim Dekor ist eher etwas Offenes und Fragmentiertes gemeint, das können auch Flecken oder Linien sein, und beim Dekor findet man des Öfteren Verfahren, die das Serielle, also die Wiederholung, zu kaschieren versuchen. Als Träger dieser Dekore kommen Glas, Keramik und Kunststoffe, dabei wiederum besonders Laminate vor, also Schichtwerkstoffe aus der chemischen Industrie, die besonders für Möbel verwendet worden sind.

Zu den postmodernen Flächenwerkstoffen gehören auch Textilien, aber was bei den Textilien eine Mode sein könnte, zeigt sich bei dreidimensionalen Gegenständen deutlicher als Konzept, denn die Rückkehr der Dekore ist nicht einfach eine Mode, sondern hat sehr viel mit dem postmodernen Verständnis von Oberflächen zu tun. Frederic Jameson, ein amerikanischer Kritiker der Postmoderne, fasst die Postmoderne als ein Denksystem zusammen, für das mehrere Strukturmerkmale charakteristisch sind. Das von ihm zuerst genannte Strukturmerkmal bezieht sich auf die Oberfläche, aber er spricht nicht von Oberfläche, sondern von Oberflächlichkeit, und er meint damit zwei Erscheinungen: einmal den Verlust an Tiefendimension, was sowohl räumlich als auch geistig gemeint ist, und den Verlust an kritischer Distanz zu den Oberflächen der Erscheinungen. Das Kritiklose, das Distanzlose und das Flache wären danach als Kennzeichen postmodernen Denkens und Gestaltens an der Oberfläche zu nennen.

Was von Jameson als Kritik gemeint ist, ist im postmodernen Selbstverständnis hingegen ein Wert. Nach diesem Selbstverständnis ist alles Existierende überhaupt nur Oberfläche, es gibt nichts darunter, was zu analysieren, zu bewerten und zu gestalten wäre. Damit fallen einige Unterscheidungen weg: die Unterscheidung von Erscheinung und Wesen, weil es hinter der Erscheinung kein Wesen gibt, die Unterscheidung von Haut und Skelett, weil es unter der Haut kein Skelett gibt, und die Unterscheidung von Form und Funktion, weil die Form selbst die Funktion ist.

Deshalb werden die Schichtwerkstoffe interessant, weil sie nicht plastisch verformt werden können und ästhetisch nur als ebene Oberfläche existieren. Aber unter den Oberflächen ist nicht etwa nichts, sondern etwas sehr Besonderes. Unter den Laminaten der Möbel gibt es beispielsweise Holz, in einem Angebotskatalog war sogar von Tropenholz die Rede, oder in einem Armreif aus Plastik befindet sich Gold, das Gold ist aber nicht zu sehen. Es gilt offenbar als ordinär, den Reichtum im Gold vorzuführen, also verweist man mit dem Sichtbaren auf das Unsichtbare, eine besonders raffinierte Form sozialer Unterscheidung, denn nur die Eingeweihten wissen oder ahnen, was sich unter dem billigen Material verbergen könnte; das Billige bezeichnet also das Luxuriöse, das Verschwenderische sowie das ökologisch Bedenkliche, aber es bleibt selbst im Dunkeln.

Diese Favorisierung der Oberfläche, der Erscheinung der Dinge als Gegenstand einer Strategie des Ästhetisierens, hat zwei Folgen: Oberflächen und Dekore von Oberflächen sprechen eine doppelte Sprache. Für diejenigen, die den Code kennen, verweisen sie als Zeichen auf etwas Unsichtbares. Für alle anderen verweisen die postmodernen Oberflächen und Dekore als Zeichen nicht mehr auf etwas anderes, sondern sie verweisen nur auf sich selbst. Dekore verweisen auf Dekore, Oberflächen verweisen auf Oberflächen. Der syntaktische Bezug tritt gegenüber den semantischen und pragmatischen Bezügen in den Vordergrund, der pragmatische Bezug ist aufs Äußerste reduziert, der semantische Bezug, also die Bedeutungen, zeichnen sich nicht durch Eindeutigkeit, sondern durch Mehrdeutigkeit aus.

Dazu das vielleicht berühmteste Beispiel, das Dekor *Bacterio*, das Ettore Sottsass um 1978 entworfen hat (› Abb. 5). Das Dekor verweist, wie schon der Name sagt, auf Bakterien, und Bakterien verweisen auf Verschmutzung, entweder die unseres eigenen Körpers oder unserer Umwelt. *Bacterio* will auf diese Verschmutzung verweisen, es adelt quasi die Bakterien, indem sie als Dekoration erscheinen. Anders gesagt, das Dekor verweist auf sich selbst als Dekoration durch Verschmutzung oder auf Verschmutzung durch Dekoration. Semantisch ist es mehrdeutig, es ist dekorativ, es ist ein Warnsignal, aber es bleibt beim Warnsignal, es ist deshalb weit weniger Warnsignal als vielmehr eine Provokation, es zeigt, was sonst eher ungezeigt bleibt, es zeigt ein Problem, aber es verzichtet auf den geringsten Ansatz zur Lösung des Problems, pragmatisch betrachet ist das Dekor also bedeutungslos.

Zum zweiten ist die Oberfläche nicht nur die alleinige oder zumindest primäre Gestaltungsaufgabe, sondern die Oberfläche ist autonom, sie ist weder von einem Material noch von einer Funktion abhängig, sie kann also beliebig gestaltet werden. Die Autonomie der Oberfläche hat Folgen für das Verständnis von Material und Funktion. Auch das Material wird autonom, auch die Funktion wird autonom, oder anders gesagt: Es gibt in diesem Denken keinen Zusammenhang von Form, Funktion und Material, es gibt also keinen Zusammenhang, der üblicherweise für das Design existiert, sondern mit der Autonomie von Funktion, Material und Form kehrt das Design wieder zur Kunst zurück, aus ihm wird – wie im 19. Jahrhundert – eine dekorative Kunst, aber diese dekorative Kunst ist nicht mehr harmonisch und versöhnend, sondern vielleicht etwas aufstörend, weil sie auch die konventionellen Vorstellungen von Formen, Farben und Materialien attackiert. Die Farben werden schrill, die Formen passen nicht zueinander, es gibt nicht diese etwas müde Harmonie abgestimmter Töne und eleganter Formen, die noch heute durch die Wohnzeitschriften und Angebotskataloge geistert, es gibt also nicht die Zimmer in Blau, in Weiß, in Gelb usw. Die beschriebenen Verhältnisse finden sich konzentriert in den 1970er-Jahren, sie haben Vorläufer in den 1960er- und Nachfolger in den 1980er-Jahren. Die einzelnen Jahrzehnte unterscheiden sich aber. Wenn in den 1960er-Jahren die Autonomie der Oberfläche betont wurde, war das eine Kritik an der Vereinnahmung von Funktionalität durch die Macht des Marktes, die Dinge waren brauchbar, sie funktionierten gut, aber

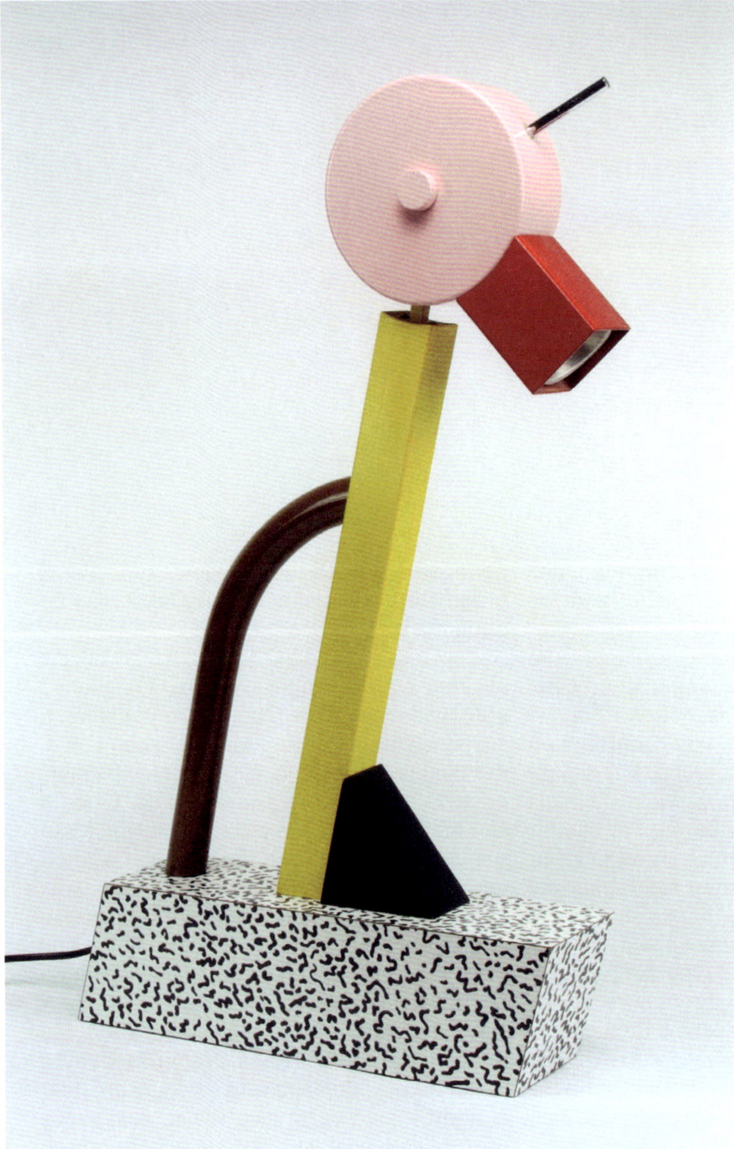

Abb. 5 Ettore Sottsass für Memphis, Lampe *Tahiti*, 1981

sie begannen, das Leben zu dominieren und die Umwelt zu zerstören. Das hatte auch Charles Eames mit seinen Autos, Waschmaschinen und so weiter gemeint. Postmoderne Kritik bedeutete einen Ausstieg aus diesen Herrschaftsverhältnissen der Dinge über die Menschen, die Dinge wurden so gut wie unbrauchbar, Gebrauchsfähigkeit blieb als ein Rest, den man vernachlässigen konnte. In diesem Sinne entwickelte sich das postmoderne Design noch vor 1968 in Florenz und wanderte von dort nach Mailand; oder anders gesagt: Es begann an der Architekturschule Florenz und wanderte von da in die Mailänder Designszene, auf die ich später noch zu sprechen kommen werde.

In den 1970er-Jahren wird dann wild experimentiert, es gibt eine Menge von Designern und Architekten, die sich in Gruppen zusammenschließen, es gibt international beachtete Ausstellungen und Publikationen. Am bekanntesten sind das Studio Alchimia und sein konzeptioneller Kopf Alessandro Mendini.

In den 1980er-Jahren gehen diese Experimente dann weiter, aber das Experimentelle beginnt sich allmählich in den Kommerz zu dienen, man beginnt, an der Kritik und an den Experimenten zu verdienen, die Postmoderne wandert in den Konsum der kulturellen Eliten. Wohl am bekanntesten dafür ist die Gruppe Memphis mit Ettore Sottsass an der Spitze.

In den 1990er-Jahren interessieren sich weder die kulturellen Eliten als Konsumenten noch die meisten der ehemaligen Designer für ihre vergangenen Kritiken und Experimente. Karl Lagerfeld zum Beispiel verkauft Wohninterieur, das von postmodernem Zuschnitt ist. Der Kommerz hat die Experimente nun verbraucht, abgemagert und vervielfältigt, und in der Spaßgesellschaft taugen sie nur noch für Überraschungen im Massenkonsum. Die postmodernen Oberflächen und Dekore gehören heute zum Formenrepertoire der Warenästhetik, wenn sie überhaupt noch auftauchen. Wenn ich bei Oberflächen bleibe, sind in den 1990er-Jahren andere Tendenzen wesentlich. Das Bewusstsein vom Zusammenhang zwischen Material, Funktion und Form ist wieder da, aber das ist keine Rückkehr zu bekannten Positionen wie beispielsweise dem funktional begriffenen Design, sondern dieser Zusammenhang wird neu interpretiert.

Dabei lassen sich fünf Möglichkeiten unterscheiden, in denen die Oberflächen in dieser jüngsten Vergangenheit beziehungsweise auch noch in der Gegenwart gedacht werden. Erstens wird zwischen Oberfläche, Material, Form und Funktion eine Spannung aufgebaut, die aus der Konfrontation von Moderne und Postmoderne kommt. Zweitens ist die Oberfläche ein Kleid, das gewechselt werden kann. Drittens, und das hängt damit zusammen, wird die Oberfläche als ein Mythos verstanden, der allerdings von besonderer Art ist, viertens existiert die Oberfläche als eine zu vervielfältigende Skizze, und fünftens schließlich wird die Oberfläche zur Benutzeroberfläche und damit zur einzigen Art von Oberfläche, die von einer modischen Interpretation weit entfernt ist. Das möchte ich an Beispielen erläutern.

Zunächst zum ersten Beispiel, zur Konfrontation von funktional orientierter Moderne und formal orientierter Postmoderne. Ich nehme als Beispiel die holländische Gruppe Droog Design. Droog Design besteht seit 1993 und ist eine Gruppierung mit wechselnden Mitgliedern. Was Droog Design ausmacht, ist, dass es einen Spagat vollführt, einen Spagat zwischen Kunst und Wissenschaft, oder anders gesagt, es geht um Transformationsprozesse, auf denen die Objekte von Droog Design vorwiegend beruhen. Wenn Schubladen und Gurte zu einem Schubladenschrank verbunden werden, heißt das, die Schubladen aus dem Möbelbau zu nehmen und die Gurte als Material des Bindens und Schnürens aus Zusammenhängen, die etwas mit Verstauen, Reisen oder Umziehen zu tun haben. Wenn aus einem Altkleiderballen ein Sessel wird, heißt das, eine Verpackungs- und Komprimierungstechnologie für das Recyceln mit dem Sitzmöbelbau zu verbinden. Wenn Wandtafelfarbe zu einer Tischoberfläche wird, heißt das, aus der flächenbetonten Wandtafel ein räumlich betontes Möbel zu machen, aus der Tafel eben einen Tisch, von dem die Tafel ein Teil ist. Ähnliche Übergänge von zwei- zu dreidimensional gibt es mit den funktional belegten Fliesen im Bad, wenn sie über den Wandschutz hinausgehen, wenn sie räumlich werden. Schließlich: Wenn aus dem Gestrick zum Warmhalten des Kaffees in der Kanne ein plastisches Dekor wird, bedeutet das die Übertragung des hitzebeständigen Materials in eine dekorative Funktion, die ironisch gemeint ist (› Abb. 6, 7).

Die genannten Beispiele sind gut geeignet, um den designgeschichtlichen Standort von Droog Design zu benennen: Droog Design verarbeitet die Erfahrungen postmodernen Gestaltens auf der einen Seite und orientiert sich andererseits an naturwissenschaftlichen Forschungen. Mit solchen Forschungen meine ich Technologie- und Werkstoffforschung – von Droog Design ist bekannt, dass es deshalb Beziehungen zu einem Universitätsinstitut in Holland gibt.

Mit postmodernen Entwurfsstrategien ist in diesem Zusammenhang dreierlei gemeint: bezogen auf Materialien der Gebrauch solcher Werkstoffe, die bis dahin in einem bestimmten Gestalt- und Gebrauchszusammenhang unüblich gewesen sind; bezogen auf den Entwurf eine Haltung von ironischer Distanz gegenüber der Designaufgabe oder gegenüber dem zu gestaltenden Produkttyp und bezogen auf den Rezipienten oder Nutzer die Erwartung, dass er irritiert und nicht nur erheitert ist, dass die Irritation im besten Fall eine Reflexion auslöst.

Im Ganzen handelt es sich also um eine Art Verfremdung, wie sie aus der Kunst bekannt ist, die das Design eigentlich zu einer dekorativen Kunst macht, was bei Droog Design aber nicht so einfach ist. Denn: Wie in der Postmoderne geraten auch bei Droog Design die Oberflächen und Werkstoffe in unübliche Zusammenhänge, aber innerhalb dieser neuen Zusammenhänge müssen sie etwas leisten, sie haben nicht nur etwas zu bedeuten. Zu ihrer Zeichenfunktion kommt, zumindest ist das die Regel, eine akzentuierte praktische Funktion, und das war in der Postmoderne eher die Ausnahme.

Anders gesagt werden hier Moderne und Postmoderne gleichermaßen relativiert. Die Moderne wird mit ihrem Zusammenhang von Material, Technologie und Zweck relativiert – das gestrickte Dekor hält nicht mehr warm –, und andererseits wird die Postmoderne mit der Auflösung dieses Zusammenhanges relativiert, weil die Dinge einen Zweck haben. Ich will nicht behaupten, dass diese doppelte Relativierung typisch für die 1990er-Jahre ist, aber auf jeden Fall hat Droog Design einen Weg gezeigt, mit der Moderne und gleichzeitig mit der Postmoderne auf eine neue Weise umzugehen.

Zum zweiten Beispiel. Was ich nun unter der Oberfläche als Kleid verstehen will, reicht von der wechselbaren Hülle des Handys bis

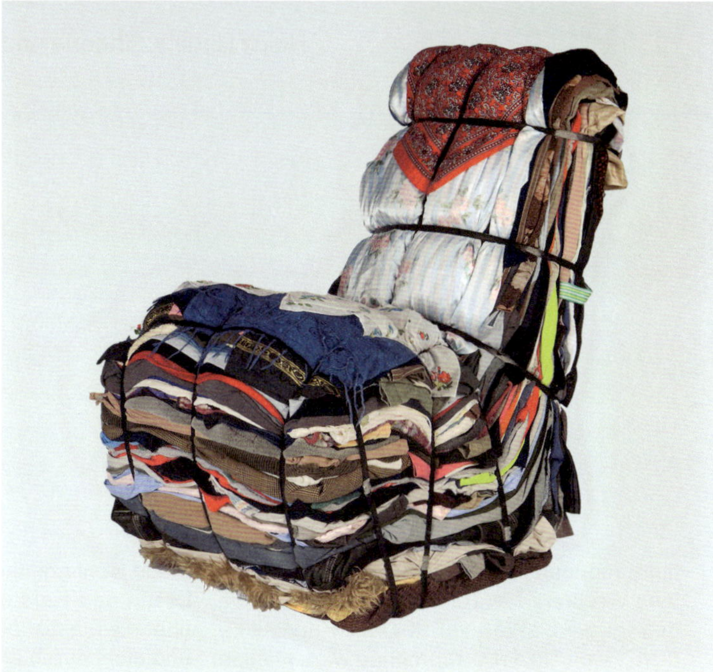

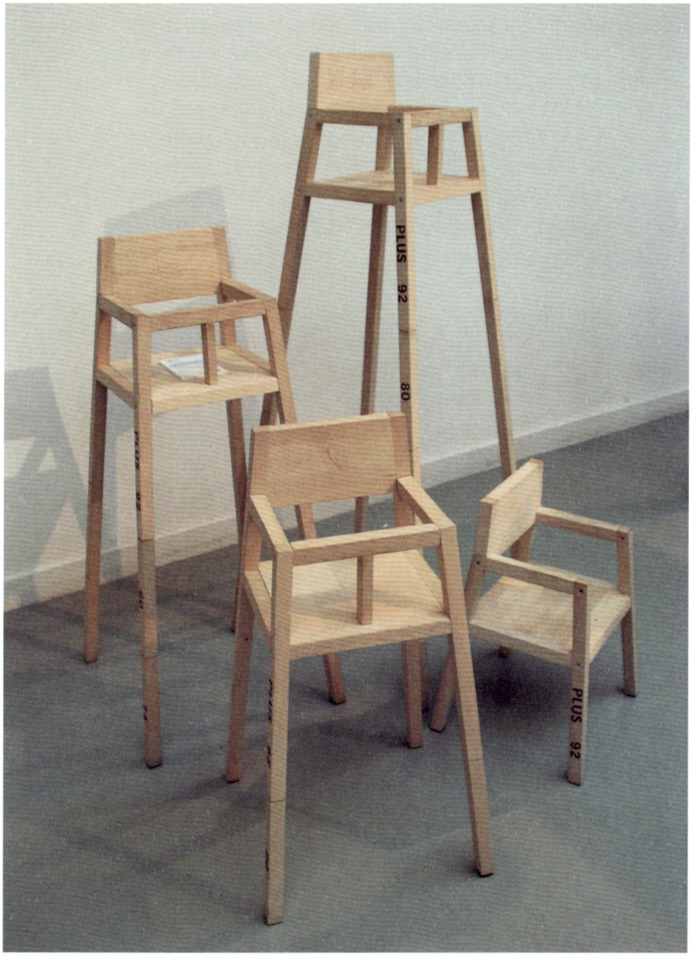

Abb. 6 Tejo Remy für Droog, *Rag Chair*, 1991
Abb. 7 Maartje Steenkamp für Droog, Hochstühle, 2003

hin zum Smart. Gegenwärtig [2001] ist gerade eine Werbung der Telekom zu sehen, in der gefragt wird: „Was verrät Dein Handy über dich?“ – und in der versprochen wird, mit dem Handy alles über sich sagen zu können, man braucht dazu nur die passende Oberfläche, und die gibt es in hundertfünfzig Varianten bei der Telekom. Dass Hüllen als Oberflächen gewechselt werden können, ist traditionell für die Kleidung, für handhabbare Gegenstände ist es neu (› Abb. 8).

Beim Smart ist die Angelegenheit etwas verzwickter. Man kann den Smart als Modell einfacher Montage, Demontage und Reparatur lesen oder als ökologisch belangvolles Modell kontinuierlicher Erneuerung, wenn man nicht das Auto, sondern nur die Haut zu wechseln braucht. Man kann den Smart aber auch als modisches Vehikel lesen, weil der Farbwechsel der Haut den Modellwechsel des Fahrzeugs in seiner Frequenz noch übertrifft. Es spricht im Moment wohl mehr für ein Modeauto und weniger für den Gebrauch des Smart als Modell einer offenen Form, das er auch, zumindest in Ansätzen, werden könnte (› Abb. 9).

Denkt man die Intentionen des Smarts und Handys weiter, folgt die Oberfläche als Kleid aus einer weltweiten Standardisierung von Bauelementen und Baugruppen. Wenn diese Standardisierung des inneren Aufbaus, also der Strukturen, zunimmt, nimmt gleichzeitig die Differenzierung der äußeren Hülle zu: die inneren Strukturen als Ausdruck einer globalisierten Wirtschaft, die verschiedenen Oberflächen hingegen als Ausdruck kultureller Differenzen, die zwischen Nationen, Regionen, Gruppen und Individuen bestehen bleiben.

Gebrauchstechnologisch entspricht dem Verhältnis von Kleid und Körper außerhalb der Mode wohl am ehesten das Klicken, also das Lösen und Herstellen von Verbindungen nur über die Elastizität der Oberflächenwerkstoffe und nicht durch Werkzeuge. Arbeitsteilig ausgedrückt, gestaltet der Designer ein Sortiment von Oberflächen, und der Designer gestaltet gleichzeitig die Rahmenbedingungen für die Oberflächen durch die Gestaltung von Objekten, die ihre Oberflächen wechseln können. Mit den Rahmenbedingungen gestaltet er einen Spielraum für den Benutzer, aber mit den Oberflächen füllt er diesen Spielraum selbst wieder aus, und er setzt die Grenze dieses Spielraums.

Von diesen Erscheinungen her erklärt sich die theoretische Interpretation der Oberfläche als neuer Mythos. Das ist mein drittes Beispiel. 1998 erschien im form-Verlag in Frankfurt am Main ein Buch mit dem programmatischen Titel *Dominanz der Oberfläche. Betrachtungen zu einer neuen Bedeutsamkeit der Gegenstände*. Der Verfasser ist ein gewisser Alex Buck, der mit dieser Schrift an der Universität Hannover promoviert wurde. Zusammengefasst bescheinigt Buck den Designern, dass sie die Gegenwart verschlafen haben, dass sie sich nicht auf der Höhe der Zeit befinden, dass sie immer noch zu viele Dinge und zu wenige Oberflächen zum Wechseln gestalten, dass sie zu viel über Probleme und Funktionen nachdenken und zu wenig über Oberflächen, die Variation von Oberflächen und den Mythos. Dem will er mit seinem Buch abhelfen.

Gleich zu Beginn heißt es zur Funktion von Gegenständen: „‚Selbstdefinition‘ mit Hilfe von Gegenständen tritt als eigenständige Produktfunktion gleichberechtigt neben ‚klassische‘ Funktionen. Die zukünftige Aufgabe der Designer wird, zumindest teilweise, darin bestehen, den Verlust an sozialer Partizipation

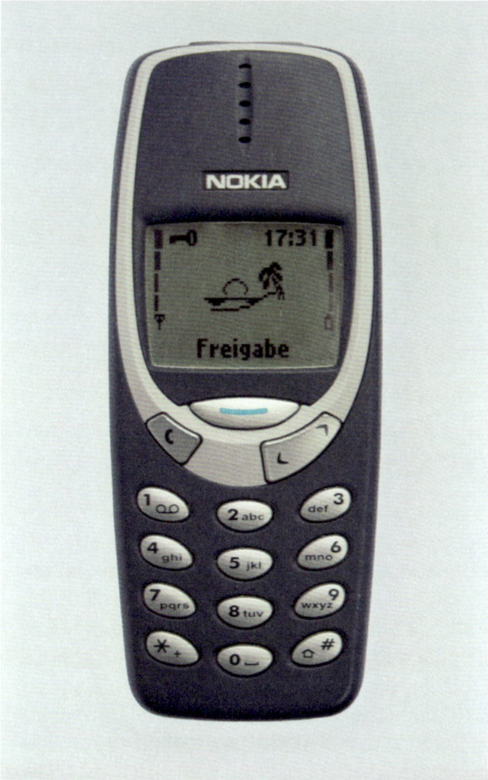

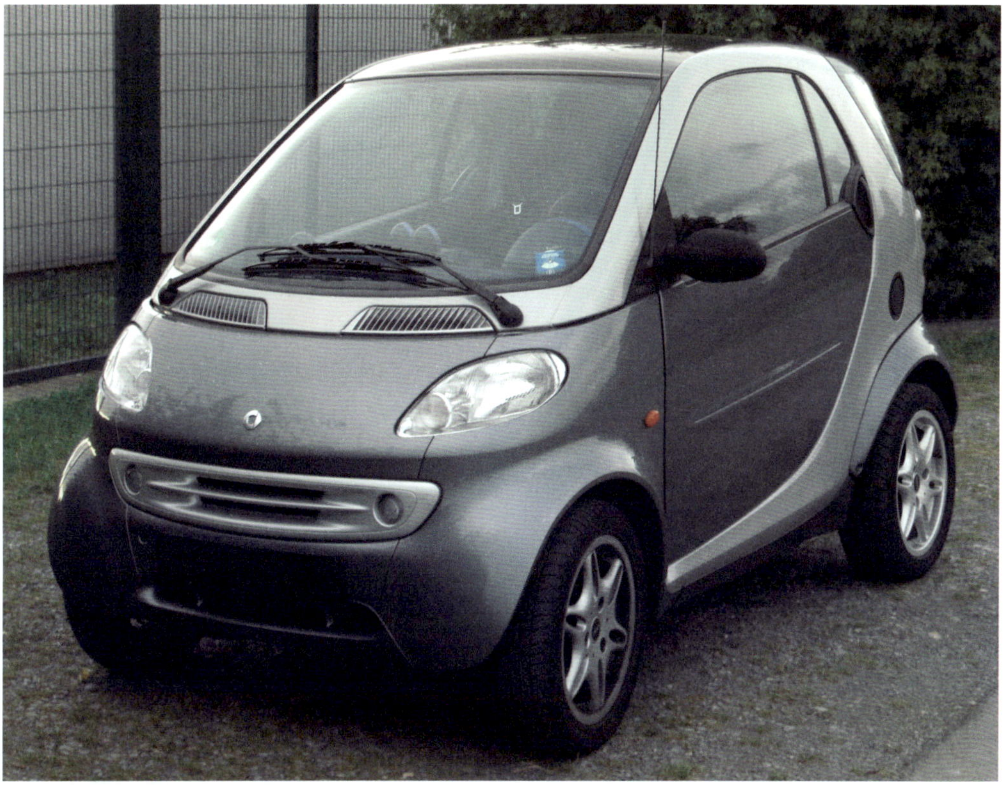

Abb. 8 Blaue Version des Mobiltelefons Nokia 3310 mit deutschem Menü
Abb. 9 Smart Fortwo, 1998–2002

objektgestützt auszugleichen."[9] Damit ist die Katze aus dem Sack. Der Designer soll durch Ästhetik kompensieren, was an sozialen Partizipationsmöglichkeiten verloren geht; soziale Defizite, die das Mitgestalten von politischen, ökonomischen, kulturellen und im Ganzen soziale Strukturen betreffen, sollen durch Gegenstände ausgeglichen werden, aber Gegenstände definieren sich bei Buck über die Differenz ihrer Oberflächen. Wenn man Frust hat, solle man die Oberflächen wechseln, das schaffe Erleichterung.

Was hat das nun mit dem Mythos zu tun? Ursprünglich bestand die soziale Funktion der Mythen darin, den Einzelnen in eine Gemeinschaft zu integrieren: Das übernehmen jetzt Gegenstände, aus einer Gemeinschaft sind viele zersplitterte Gruppen geworden und für die vielen verschiedenen Gruppen gibt es die verschiedensten Oberflächen.

Nichts mehr mit Design, das als Service, als Institution, als sozial und politisch engagiertes begriffen wird, sondern Design als Identifikationsvehikel, wie die Gestaltung der T-Shirts für den Fußball-Club. Auf 129 eng bedruckten Seiten leistet Buck Überzeugungsarbeit, aber sein Buch über die Oberfläche ist so oberflächlich wie das Thema selbst.

Mein viertes Beispiel ist die Oberfläche als gebaute Skizze. Über die gebaute Skizze gibt es einen Bericht im Katalog zu einer Designausstellung, die parallel zur Expo 2000 in Hannover zu sehen war. In der Weltausstellung war die Welt betont, in der Designausstellung war das 20. Jahrhundert betont, Ausstellung und Katalog hießen *Das Jahrhundert des Design*.

Zur gebauten Skizze gehört der Begriff „Prosument". Der Konsument wird hier zum Produzenten oder zum Kooperationspartner des Designers. Der Terminus „gebaute Skizze" bringt etwas zusammen, das eigentlich nicht zusammengehört. Aufseiten der Skizze sehe ich das Spontane, das Transitorische, das Ungenaue, das Individuelle, auf der Seite des Gebauten gerade nicht das Spontane, sondern das Reflektierte, nicht das Transitorische, sondern das Dauerhafte, nicht das Ungenaue, sondern das Exakte, nicht das Individuelle, sondern seit der Industrialisierung das Serielle.

Die Skizze ist zunächst die Handzeichnung eines Menschen, der sich einen Schrank, eine Lautsprecherbox oder etwas Ähnliches wünscht. Ein Wunschzettel, der gebaut werden soll. Gelesen wird die Skizze, um die es hier geht, von einem Computer, der die Daten an ein Fräswerkzeug weitergibt. Das Werkzeug fräst aus dem vollen flächigen Material die Konturen und die Durchbrüche heraus. Die gebaute Skizze hat nicht nur eine Oberfläche, sondern ist Oberfläche, ist die Verwandlung einer Zeichnung in die Oberfläche eines dreidimensionalen Objekts.

Aus theoretischer Perspektive sind hier zwei Punkte interessant: Erstens kann man die gebaute Skizze so interpretieren, dass es völlig unwesentlich ist, vom wem die Skizze stammt: sie kann von einem Designer kommen, vom künftigen Benutzer oder vielleicht von dessen Kind. Gerade das Skizzenhafte, das Provisorische, Spontane und nicht Geometrische sind gewollt und mit diesen Qualitäten können das Einmalige der Skizze und das Unikathafte des künftigen Objektes betont werden. Man kann diese Skizze natürlich

9 Alex Buck, *Dominanz der Oberfläche. Betrachtungen zu einer neuen Bedeutsamkeit der Gegenstände*, Frankfurt am Main 1998, S. 6.

immer wieder vom Computer lesen und nach ihr Serien herstellen lassen, aber ihr entspricht eigentlich nicht die Serie, sondern das Unikat – jetzt nicht mehr auf handwerklicher Basis, sondern auf zeichnerischer und digitaler. Zweitens kann man sagen, es verschwimmen nicht nur die Grenzen zwischen Entwerfer und Benutzer, sondern auch die zwischen Produzenten und Konsumenten. Der Prosument ist jemand, der die Arbeitsteilung zwischen Produzenten und Konsumenten aufhebt, er produziert mit, er ist an der Produktion beteiligt, wie man an der gebauten Skizze sieht: Er ist Entwerfer, er steuert über den Entwurf die Produktionswerkzeuge, und er benutzt das von ihm zum Teil miterzeugte Produkt.

Bis hierher mag das alles positiv klingen, aber entscheidend ist etwas anderes. Was ich an der gebauten Skizze sehe, ist eine grenzenlose Freiheit, aber diese Freiheit bleibt eben an der Oberfläche. Es geht hier um das Dekorative, die Freiheit bezieht sich nicht auf den Eingriff in Strukturen und Funktionen, die Freiheit ist also mehr Illusion als Realität.

In eine ganz andere Richtung weist die Oberfläche in Gestalt der Benutzeroberfläche, meinem letzten Beispiel. Benutzeroberflächen werden wahrgenommen und berührt, Gebrauchsgegenstände und Werkzeuge werden wahrgenommen und gehandhabt. Man könnte natürlich auch sagen, Benutzeroberflächen werden gehandhabt und Gebrauchsgegenstände werden berührt; das kann man zwar sagen und auch tun, es zeigt aber nicht das Charakteristische der Sache, sondern eher das, was sich verändert hat. Aus dem handhabbaren Gegenstand als Ganzem wird in unserem Fall eine Schnittstelle zwischen Mensch und Werkzeug am Rand des Gegenstands, also an seiner Oberfläche, oder noch eingeschränkter, an einem Teil seiner Oberfläche, und aus dem Handhaben als Verausgabung von mehr oder weniger physischer Energie wird das Verausgaben von geistiger Energie, die das Verstehen von und das Reagieren auf Informationen erfordert. Wenn die Fingerspitzen agieren, geht die Verausgabung physischer Energie gegen Null.

Wolfgang Sattler von der Bauhaus-Universität Weimar hat in dem schon erwähnten Katalog zu *Das Jahrhundert des Design* über „computergestützte objektorientierte Schnittstellen zu technischen Systemen"[10] geschrieben, und er hat in diesem Zusammenhang Folgendes betont: „Bestehende Systeme sind oft elektronische Schubläden, sie zwingen dem Benutzer ein hierarchisches Denken auf. Unser Wahrnehmungsapparat und das Denken funktionieren aber assoziativ."[11] Aus dieser Diskrepanz zwischen der assoziativen Organisation unseres Wahrnehmungsapparats und der hierarchischen Organisation technischer Systeme leitet Sattler die, wie er sagt, zentrale Aufgabe des Produktdesigns ab, die er so bestimmt: „Die Umwandlung der Mensch-Maschine-Interaktion weg von abstrakten Mausbewegungen und Tastaturbefehlen hin zu sensibleren, umfassenderen Werkzeugen und Benutzungsqualitäten ist eine zentrale Aufgabe des Produkt-Design."[12] Sattler will also von einer Objektzentrierung der Gegenstände wegkommen, er will die Augen, das Gehör, die Stimme, die Motorik des

10 Wolfgang Sattler, „Blackbox", in: Wolfgang Schepers, Peter Schmitt (Hrsg.), *Das Jahrhundert des Design. Geschichte und Zukunft der Dinge*, Ausst.-Kat. Badisches Landesmuseum Karlsruhe, Frankfurt am Main 2000, S. 270.

11 Ebd.

12 Ebd.

Körpers beteiligen, also das, was im neurophysiologischen Sinn Sensomotorik genannt wird, die Beziehung von Körperbewegung und Sinneswahrnehmung, und was im ästhetischen Sinn Synästhesie bedeutet, also das Zusammenspiel aller Sinne. Das, was in diesem Konzept als Interface, als Schnittstelle, als Benutzeroberfläche erscheint, gewinnt dadurch wieder an Tiefendimension in einem doppelten Sinne:

- an Tiefe durch mehrdimensionale Reaktionen auf wahrgenommene Informationen;
- an Tiefe durch das, was von der Oberfläche geleistet wird, nämlich die Tiefenstaffelung von Funktionen, Strukturen und Informationen zu erschließen, die selbst nicht mehr sichtbar ist.

Sattler spricht nur vom Produktdesign, doch eigentlich geht es um die Beziehungen zwischen Produkt- und Kommunikationsdesign. Nach einem bornierten Verständnis würde der Produktdesigner zu einer Randfigur, weil sein Material nicht Informationen, sondern Gegenstände und Räume sind, in einem nichtbornierten Verständnis fällt ihm die Rolle eines Vermittlers zu, denn die Realität ist immer noch dreidimensional und besteht nicht nur aus Zeichen. Das heißt der Mensch ist immer noch leiblich, und die Zeichen brauchen Zeichenträger und diese Zeichenträger wiederum bilden die uns umgebenden Räume.

Von der anderen Seite gesehen kann auch Kommunikationsdesign eine Form von Vermittlung sein, als kommunikative Vermittlung hin zu praktischen Gegenständen, zu zeitlichen Nutzungsprozessen und eben auch zu Räumen; Informationen bleiben zwar das konstitutive Material des Kommunikationsdesigns, aber welche Informationen zu welchem Zweck, zu welchem Nutzen und in welchem Zusammenhang, das wären die weitergehenden Fragen, die gestellt werden müssten. Ich betone das deshalb, weil ich auch schon gelesen habe, die entscheidende Gestaltungsaufgabe im Kommunikationsdesign sei die Herstellung von Markenidentität und deren Kern sei das Logo.

Damit komme ich am Ende zur These vom Anfang zurück, zur Behauptung also, das Design sei heute wieder an seinem Ausgangspunkt angekommen, bei einem unspezifischen Designbegriff, aber ebenso bei der Kunst beziehungsweise der Gestaltung von Oberflächen. Manches stützt diese These, anderes widerlegt sie. Gestützt wird die These dadurch, dass Oberflächen das sind, was zuerst wahrgenommen wird, dass heute weltweit nicht nur über Preise und Qualitäten, sondern auch über die Differenz von Oberflächen konkurriert wird, dass Oberflächen gleichzeitig Gestaltqualitäten sind, dass das Entwerfen von Gestaltqualitäten letztlich aber Aufgabe des Designs ist.

Die These stimmt auch unter der Voraussetzung, dass der praktische Gebrauch von Gegenständen und Räumen immer mehr durch Zeichenprozesse vermittelt wird, dass Zeichenprozesse an Oberflächen gebunden sind, dass mittels solcher Oberflächen weltweit kommuniziert wird, dass Zeichen auf Oberflächen wiederum und wie seit jeher der sozialen Unterscheidung dienen.

Die These von der Oberfläche als Anfang und auch als vorläufiges Ende des Designs stimmt nicht allgemein, weil zwei Ausprägungen des Designs damit nicht erklärt werden können: Formen der Verzeitlichung des Designs und Formen des ökologischen Designs. Das Servicedesign und andere Formen eines verzeitlichten Designs lassen sich nicht auf

Oberflächen und Zeichen auf diesen Oberflächen reduzieren, und ein ökologisch begründetes Design begnügt sich gerade nicht mit Oberflächen, sondern interessiert sich für Stoffkreisläufe, für alternative Energien und alternative Vorstellungen von Produktion und Gebrauch und so weiter.

Das heißt, ich muss am Ende die These vom Anfang präzisieren und damit auch einschränken: Urteilt man nach den gängigen Vorstellungen von Design, die besonders von den Medien vermittelt werden, reduziert sich Design immer mehr auf Oberflächendesign, oder anders gesagt, auf die unendliche Ausdifferenzierung von Oberflächen, die verbergen, dass es unter ihnen mehr oder weniger ähnlich aussieht. Urteilt man jedoch nach historisch anstehenden Designaufgaben, entscheidet über die Tragfähigkeit von Oberflächen ihr Vermögen zur Vermittlung hin zu Strukturen, zu Funktionen, zu Fragen, zu offenen Problemen und zu Leerstellen. Entscheidend ist also, was man unter Oberflächen verstehen will: ein Zeichensystem, das nur auf sich selbst verweist, oder eben auf anderes unter der Oberfläche. Wenn ich Oberflächen in das theoretische Denken einordne, wie es sich in den letzten Jahren entwickelt hat, gehören sie in einen Prozess, in dem Dinge positiv bewertet werden, die vorher negativ bewertet wurden. Dazu gehört es unter anderem, die uns umgebenden Dinge als Fetische zu begreifen, als Objekte, die der Ersatzbefriedigung dienen und Ausdruck sind von Kompensationen, das aber nicht als entfremdet zu interpretieren, sondern lustvoll damit einverstanden zu sein und darin einen Funktionszuwachs für Objekte und besonders für deren Oberflächen zu sehen. Dazu gehört auch, den Entwurfsprozess gewissermaßen als eine rhetorische Übung und die Formen als Formen für Wirkungen zu betrachten.

Solche Umwertungen vom Negativen ins Positive haben gewiss viele Ursachen, aber sie scheinen eine gemeinsame Struktur zu haben: Globalisierung mit ihrer Tendenz zur Vereinheitlichung hat, so glaube ich, zumindest zur Folge, dass aus dem Denken immer mehr das verdrängt wird, was als Fremdes, als anderes oder gar als Alternative erscheint, und wenn es so ist, gibt es nur wenig, was unter die Haut geht, was unter der Haut liegt, was zu analysieren wäre, was also Gegenstand von Reflexion und Kritik sein könnte. Oder wir haben den anderen Fall, die Differenzen werden nicht verdrängt, sondern bekämpft, und das geht dann schon unter die Haut.

Kurz: Oberflächen im Design implizieren nicht nur eine ästhetische Fragestellung, sondern sie deuten auf Entdifferenzierung von Funktionen und Strukturen und auf eine Kompensation dieser Vereinheitlichung durch die Differenzierung von Oberflächen. Was die Funktionen entdifferenziert, sind natürlich auch die Funktionsträger selbst, die potenziell über ein Funktionsbündel verfügen, das viele Funktionen enthält, von denen jedoch nur einige realisiert oder jeweils aktualisiert werden. Aber das wäre ein anderes Thema.

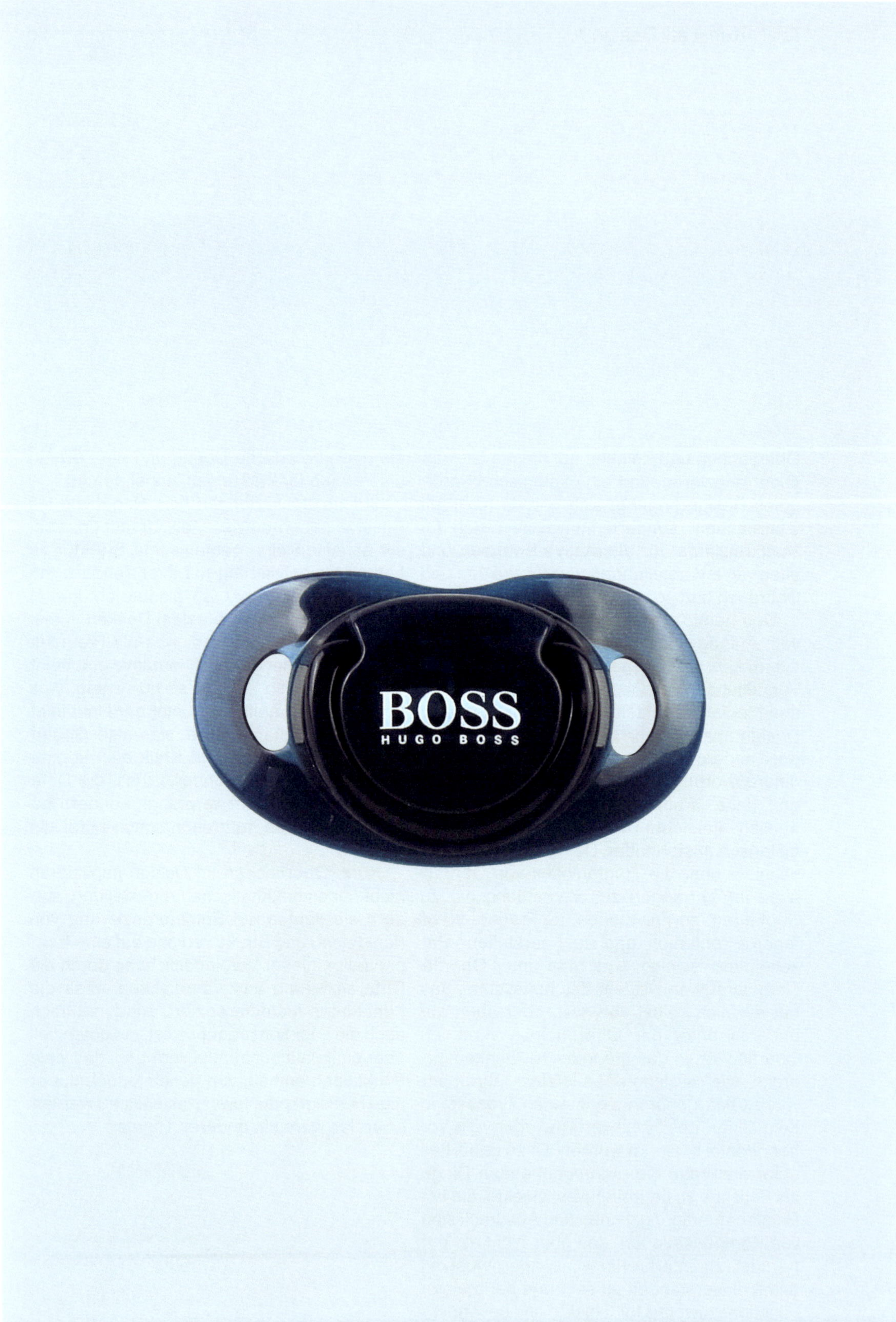

Hugo Boss, Babyschnuller mit Silikonsauger, 100 % Polypropylen

Ist das Design am Ende – oder ist am Ende alles Design? Zum Designverständnis in der Gegenwart

Diese Vorlesung wird sich von den ersten unterscheiden. Ihr Gegenstand ist das Designverständnis der Gegenwart oder die Frage, die zugleich den Titel dieser Vorlesung darstellt: Ist das Design am Ende – oder ist am Ende alles Design? Ihr Material sind meist Beobachtungen im Alltag, wenn ich über die Designpraxis sprechen werde, und zum Alltag in diesem Sinne gehören auch Ausstellungen. Wenn ich über Designtheorie rede, sind es Publikationen der letzten Jahre. Sie sind ausgewählt nach dem Grad ihrer Aktualität. Mir geht es dabei nicht um ein Designverständnis, in dem das Allgemeine, das Dauernde, das geschichtlich Stabile betont sind, sondern das Aktuelle, das auch modisch sein kann, das aber dennoch immer auch Elemente von Allgemeinheit in sich hat und vor allem Elemente möglicher künftiger Entwicklungen. Der Akzent liegt also nicht auf geschichtlicher Kontinuität, sondern auf dem Anspruch von Neuheit, auch wenn er von den untersuchten Angeboten nicht erfüllt werden sollte.

Wenn ich über das Designverständnis in der Gegenwart reden will, kann das anmaßend klingen, denn welches Verständnis von wem könnte da gemeint sein – das heißt: Wer betont was und in welchem Zusammenhang, wenn er Design macht, wenn er über Design redet oder wenn er darüber theoretisch reflektiert? Schon die Medien transportieren ein anderes Verständnis als die Designpraxis zeigt, und die Designpraxis unterscheidet sich wiederum von theoretischen Äußerungen zum Design.

Zunächst zu dieser Unterscheidung von Medien, Theorie und Praxis:

Die Medien folgen in der Regel dem Gesetz der Unterhaltung, unterhaltend sind die Provokation, das Auffällige und das Polemische. Medien selektieren also nach dem Unterhaltungswert. Was nicht anschaulich ist, was alltäglich ist, was in die Funktionen und als Prozess in die Zeit geht, taugt für die Medien wenig. Als historisch erstes Design, das den Gesetzen der Medien folgte, kann die Postmoderne seit Ende der 1960er-Jahre gelten. Ihr Gewinn lag designintern im Experimentieren und andererseits in der Kritik festgefahrener Designpraxis, und extern, also für Außenstehende, hatte die Postmoderne einen hohen Unterhaltungswert. Als Gewinn der Medienpräsenz von Design kann auch der polemische und in der Polemik ironische, manchmal auch kritische Blick von außen gelten, so, wenn zum Beispiel der Medienkritiker Oliver Kalkofe 1999 zum Design bemerkt: „Daß in der modernen Welt die Form über den Inhalt siegt, wissen wir nicht erst seit Verona Feldbusch. Design ist der Sieg des Schönen über die Nützlichkeit […].“ Und weiter über die Bedeutung von prominenten Modedesignern für die soziale Rolle des Designs überhaupt: „Der Armani-Zahnstocher, das Versace-Toilettenpapier, die Boss-Butterdose oder ein Joop-Tampon: All das muß man nicht haben – doch der Alltag macht damit einfach ein bißchen mehr Spaß. Und es steigert das Selbstwertgefühl: Wenn die Fremdsprachensekretärin zum Mittagstisch ihre Unox-Suppe mit dem Calvin-Klein-Dosenöffner aufmacht, dann zeigt sie ihren Kolleginnen damit, daß sie es eigentlich nicht nötig hätte, diese billige Fertigsuppe zu fressen – wenn sie nicht das halbe Gehalt für den teuren Dosenöffner ausgegeben hätte.“[1]

1 Oliver Kalkofe, „Irgendwie bescheuert“, in: *Design Report*, Heft 10/1999, S. 29.

Also könnte man auch so sagen: Medien reduzieren Design einerseits auf den Unterhaltungswert, andererseits produzieren sie eine ironische, mitunter sogar kritische Distanz gegenüber dem Design, wie es nicht nur entworfen, sondern auch benutzt wird. Und drittens schließlich inflationieren sie den Designbegriff. Folgt man ihnen, ist am Ende alles Design. Es gibt immer weniger in unserer Umwelt, das noch nicht als Design firmiert, es gibt nicht nur Designtheorie, sondern auch Theoriedesign, was heißt, dass die Menge und das Chaos der Fakten in eine Form gebracht werden muss. Design ist hier also identisch mit Form, und es gibt nicht nur Designpolitik, sondern auch Politikdesign, was im konkreten Fall eine Politik voller Kompromisse meinte, und in der Soziologie gibt es das Existenzdesign, das ich schon erwähnt hatte, „worunter“, so in einem Text von 1988, „letztlich die gesamte materiale Realität der Lebenswelt als Konstruktionsaufgabe“[2] zu verstehen ist. Design ist hier also soziale Konstruktion.

An den Worten Form, Kompromiss, Konstruktion sieht man schon die Auflösung des Designbegriffs in anderen Begriffen.

Das Verhältnis von Theorie und Praxis des Designs stellt sich anders dar als das von Medien und Design. In der Theoriebildung findet man, bis auf wenige Ausnahmen, kaum die Praxis wieder, oder konkreter und umgekehrt gesagt, die Praxis wirklicher Räume, Gegenstände und Zeichen wird relativ selten zum Gegenstand theoretischen Reflektierens. Die Theorie hat sich weit gehend aus der Interpretation und Analyse von Praxis zurückgezogen und gegenüber einem früheren kritischen kultur- und sozialwissenschaftlichen Denken dominiert heute ein kunst- oder geisteswissenschaftliches Denken. Symptom dafür ist die Häufigkeit, mit der von Stil, Form und von Design als Rhetorik gesprochen wird. Der programmatische Fachvortrag zur 5. Internationalen Designkonferenz *Typo* im April 2000 wurde von Bazon Brock gehalten und trägt den barocken Titel „Stil und Stilwandel als Kulturtechnik, Kampfprinzip, Lebensform und Systemstrategie in Werbung, Design, Architektur und Mode.“ Bazon Brock ist bekannt dafür, dass er den aktuellen geistigen Strömungen unmittelbar folgt, deshalb ist es interessant, wenn er dort Stilisierung als Kern des Ästhetischen bezeichnete.

Praxis und Theorie sind also getrennt und laufen im Grunde parallel nebeneinander her, über Ausnahmen werde ich sprechen. Fehlt noch die Designpraxis der Gegenwart selbst, mein Thema heute. Designpraxis lässt sich natürlich nicht auf einen Begriff bringen, deshalb zuerst der Versuch, diese Praxis in drei Spannungen zu beschreiben: in der Spannung von Mangel und Überfluss, in der Spannung von Stofflichkeit und Zeitlichkeit und schließlich in der Spannung von Integration und Auflösung.

Für Mangel und Überfluss betrachte ich den Typus einer Bar und den Flaschenverschluss *PINO*, für Stofflichkeit und Zeitlichkeit das Service-Design, eine bestimmte Art von Projekten im Kommunikationsdesign und Textilien, für Integration und Auflösung das japanische Markenkonzept WiLL und den Geld automaten.

Ich beginne mit einer Beobachtung, komme von da zu einer These und möchte schließlich die These belegen.

2 Hansfried Kellner/Frank Heuberger, „Zur Rationalität der ‚Postmoderne‘ und ihrer Träger“, in: Hans-Georg Soeffner (Hrsg.), *Kultur und Alltag*, Göttingen 1988, S. 334.

Zunächst scheint die Designpraxis zu bestätigen, was Kalkofe mit dem Sieg des Schönen über das Nützliche meint: Ich sitze am Tresen einer Bar und rede mit dem Barkeeper. Die Bar ist eine Wasserbar und befindet sich im Stilwerk in der Kantstraße in Berlin. Die Eröffnung war 1999. Es ist heller Tag, um mich herum Mineralwasserflaschen, eine Wasserbox, Wasserkühler zum Kaufen oder Ausleihen, besonders für das Büro, weil das gerade angesagt sein soll. Die Flaschen hatten alle eigene Formen, auch sehr unterschiedliche Farben und natürlich eigene Etiketten, es gab tropfenförmige Flaschen, Flaschen wie abgelutschte Eiszapfen oder wie Medizinflaschen.

Ich interessierte mich mehr für den Nitratgehalt des Wassers, es gab Wasser aus den österreichischen Alpen und aus einem niederländischen Naturschutzgebiet, aber der geringste Nitratgehalt war mehr als doppelt so hoch als in einem Mineralwasser, das ich beim Händler nebenan kaufen kann, das aus dem Fläming kommt, maximal 0,3 Milligramm Nitrat pro Liter enthält und eine Mark kostet. Die Flaschen an der Wasserbar kosteten ungefähr zwischen zwei und fünf Mark. An dieser Bar trank ich namenloses Wasser aus einer Box, das, wie sich herausstellte, kostenlos war. Das Glas hatte eine Kegelform und steckte in einem kreisrunden Loch in der Tresenplatte. Wenn man sich über das Glas beugte, konnte man bis auf den Fußboden sehen. Der Raum unter dem Tresen war beleuchtet, an der Klarheit und Reinheit des durchleuchteten Wassers konnte kein Zweifel bestehen.

Mein Mineralwasser aus dem Fläming im Kopf, fragte ich den Mann an der Bar, warum er kein Wasser aus der Umgebung verkaufe. Das sei ja gerade das Besondere, meinte er, sie würden eines Tages Wasser aus aller Welt verkaufen, die regionalen Wasser könne man ja überall kaufen. Damit hatte er Recht.

Das gibt mir Anlass zu meiner ersten These: Es existiert eine Art von Design, die am Natürlichen ansetzt, aber nicht einfach wegen der Natürlichkeit, sondern seiner schleichenden Verknappung und Wertsteigerung wegen. Design bereitet auf diese Verknappung vor, indem es Wasser als Kostbarkeit vorführt, besser noch inszeniert, denn der Raumtyp Bar, das Licht, die kristallinen Formen verbinden sich in der Regel nicht mit Wasser, sondern mit Hochprozentigem, mit Nachtleben, mit erotisch aufgeladener Atmosphäre, mit Exklusivität – und hier gibt es nur Wasser. Zusammengefasst also: Design ist Nobilitierung. Und mit der Nobilitierung geht die Umkehrung eines gesundheitlichen Risikos – des Nitratgehaltes – in einen Lustgewinn einher, und zwar durch Differenzierung des Geschmacks im doppelten Sinne: Geschmacksdifferenzen werden ähnlich wie beim Wein beschrieben und auf diese Differenzen verweisen die Differenzen in den Verpackungen.

Man könnte das Mineralwasserflaschenbeispiel auch als Paradoxon formulieren: als Annäherung an natürliche und lebensnotwendige Substanzen und gleichzeitig als Entfernung von der Natur durch ihre Inszenierung. Nicht irgendein Inhalt, nicht irgendeine Struktur, nicht irgendeine praktische Funktion wird hier zur Gestaltungsaufgabe, sondern eine dreifache Verpackung: die Verpackung des Wassers in der Flasche, an der Bar und im Designkaufhaus.

Nobilitierung durch Differenzierung setzt aber nicht nur bei Mangel und Wertsteigerung an, sondern auch bei Exklusivität und Überfluss. Seit den frühen 1990er-Jahren bietet der Marlboro-Design-Shop einen Wein- und Sektflaschenverschluss an (› Abb. 1). Er heißt *PINO*. *PINO* ist ein Körper aus Edelstahl, an dem man zwei Formen erkennen kann: einen schlanken Kegelstumpf, der im Gebrauch in den Flaschenhals hineinragt und in einer Kugel endet, eine zweite und größere Kugel sitzt auf der anderen Seite. Diese Kugel und ein blauer Silikonring verschließen die Flaschenöffnung. Im Begleittext des Marlboro-Katalogs werden drei Dinge hervorgehoben:

- *PINO* ist das Original von *PINO* und nicht eins der vielen Plagiate.
- *PINO* hat Designpreise erhalten.
- *PINO* funktioniert wie ein Teelöffel, den man in den Flaschenhals steckt, damit die Kohlensäure, die im Sekt gelöst ist, nicht entweichen kann.

Warum aber *PINO*, wenn es ein Teelöffel auch tut? Der Löffel kann vielfach gebraucht werden – zum Essen, zum Portionieren, zum Schneiden, wenn man die Kante nimmt, zum Signalisieren, wenn man gegen ein Glas schlägt. *PINO* dagegen hat nur eine Flasche zu verschließen. Es ist damit eine Ausdifferenzierung von Gegenständlichkeit erfolgt – oder anders gesagt: Analog zur gesellschaftlichen Arbeitsteilung entwickelt sich die Funktionsteilung der Gegenstände. Je spezialisierter die Funktion eines Gegenstandes, desto mehr Gegenstände werden gebraucht; im Schweizer Offiziersmesser mit Korkenzieher, Schraubendreher, Schere und so weiter sieht man den umgekehrten Fall.

Für *PINO* gibt es zwei Gründe: Er passt besser zur Sektflasche als ein Löffel, denn er ist vorzeigbar, und er entlastet den Benutzer, dieser muss nicht mehr überlegen, was er mit der offenen Sektflasche macht; aus dem Polytechniker wird ein Konsument, er muss nicht mehr pfiffig sein, sondern er muss über Kaufkraft verfügen.

Wenn *PINO* wie ein Teelöffel, nur schöner, funktioniert, ist noch nicht die Frage nach der Eignung von Teelöffeln als Sperre für Kohlensäure gestellt. Spätestens seit einem Experiment, das in Frankreich durchgeführt worden ist, weiß man, dass Kohlensäure nur dann nicht entweicht, wenn die Sektflasche fest verschlossen ist. Ein Teelöffel hat deshalb die gleiche Wirkung wie ein offener Flaschenhals – nämlich überhaupt keine[3]. So entpuppt sich schließlich das Ausdifferenzieren von Funktionen am Ende nur als ein Variieren von Formen.

Was *PINO* wirklich will, zeigt sein Name. Man könnte ihn zunächst als Anspielung auf vino lesen, aber wahrscheinlicher ist die gewollte Verwandtschaft zu Pinocchio. Mit dem frechen Knaben, der gern lügt, hat *PINO* gemeinsam, dass er nicht hält, was er verspricht. Mit *PINO* kann man aber auch auf das Designverständnis eines Zigarettenherstellers und auf das Design überhaupt kommen, oder man kann *PINO* als zwiespältiges Zeichen lesen: Wie wohlhabend muss ein Gastgeber sein, wenn er sich *PINO* leistet, und wie arm muss er sein, wenn 0,7 Liter Sekt über Stunden oder Tage reichen müssen? Das passt wieder dazu, was Kalkofe zu Dosenöffner, Unox-Suppe und Sekretärin gesagt hat. Im Marlboro-Versandkatalog wird übrigens noch mitgeteilt, dass *PINO* patentiert ist und dass der Designer Cornelius van den Hövel heißt.

Die Bedingungen für die Ausdifferenzierung von Gebrauchsgegenständen durch Design will ich am Ende noch einmal zusammenfassen: Ökonomisch liegen sie im Widerspruch

3 Vgl. *Öko Test*, Heft 9/1995, S. 99.

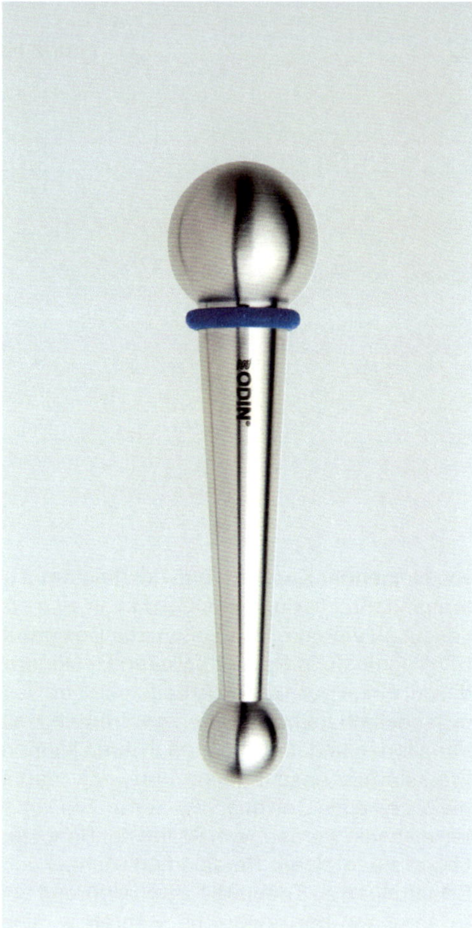

Abb. 1 Cornelius van den Hövel für AKANTUS, Champagnerverschluss *PINO*, 1990er-Jahre

von steigender Kaufkraft und gesättigtem Gütermarkt: Frei verfügbares Geld kann also abgeschöpft werden. Von Seiten des Designberufs liegen sie in frei verfügbaren Designern, die auf einen gesättigten Arbeitsmarkt treffen, sich deshalb mehr oder weniger freiwillig mit Variationen und Innovationen in ihren kleinen Werkstätten beschäftigen und sich damit gleichzeitig als Designer inserieren. Sie könnten entdeckt werden. Von Seiten der Benutzer liegen sie in einem Paradigmenwechsel von Erfahrungen zu Erlebnissen, und während bei Erfahrungen der praktische Gebrauch, also die Funktion der Dinge dominiert, dominiert bei Erlebnissen die Form der Dinge, ihre Erscheinung, ihre Oberfläche. Erfahrungen gewinnt man im Umgang mit Objekten, man lernt sie besser beherrschen, mit der Zeit geht alles schneller, aber Erfahrungen macht man quasi nebenbei. Erlebnisse dagegen sind unmittelbare Entwurfsziele.

Wenn die Ziele von Design nicht mehr als praktischer oder kommunikativer Gebrauch beschrieben werden, sondern als Erlebnis, dann hat ein Paradigmenwechsel stattgefunden. Dieser Paradigmenwechsel ist als Verhältnis zwischen Bedürfnis und Begehren beschrieben worden. Der Theologe Gonsalv K. Mainberger schreibt dazu 1999: „Die Ästhetisierungstechnik war und ist Teil der universalen Heils*techniken,* weltweit angewandt in der Absicht, möglichst wirkungsvoll an die Verschwendungsgesellschaft und mithin an das ins Grenzenlose zielende Begehren (Himmelsfreuden einst, Ferienparadies, Erlebnispark, Romreise heute) der ‚Gläubigen' zu appellieren, Mit überschwenglichen, auf Glanz und Schein bedachten Designaufwand war und ist intendiert, das an den Verschwendungsakt der ‚Gläubigen' geknüpfte Versprechen samt dessen institutionell garantierter Einlösung zu besiegeln. Heilstechniken erzeugen mit Erfolg ökonomisch-religiöse Mentalität und Praktik. Religiös kodiert, zählen sie darauf, dass je höher der Aufwand an Zeit, Gebet und Geld sei, umso höher dann der damit verbundene Lohn, wie etwa Heilung oder Reinigung, Seelenstärkung oder gar Himmelsfreuden. Ein durch und durch ökonomisch programmierter Tauschwertvorgang *und* zugleich eine wertästhetisch kodierte Versprechenstechnik."[4] Ich möchte daran zwei Dinge hervorheben: das Verhältnis von Bedürfnis und Begehren, das hier für Design reflektiert wird, und das Versprechen, das besonders als Aufgabe des Kommunikationsdesigns erscheint.

Der Unterschied von Bedürfnis und Begehren besteht bei Mainberger zwischen der Begrenztheit von Bedürfnissen und der Unbegrenztheit des Begehrens. Bedürfnisse sind, so kann man Mainberger verstehen, an die irdische, leibliche Existenz des Menschen gebunden, er braucht etwas zu essen, er braucht etwas zum Anziehen und ein Dach über dem Kopf. Wenn er genug davon hat, könnte er eigentlich zufrieden sein, so jedenfalls die Konstruktion von Mainberger, aber da kommen dem Menschen die Wünsche dazwischen, die tendenziell unendlich sind, es gibt immer noch das bessere Essen, den anderen Flaschenöffner, das schönere Haus und den leichteren Mantel. Das ist aber jetzt zweitrangig, wichtiger ist, dass nicht mehr Not und Bedürftigkeit die Dinge hervorbringt, sondern die Vorstellungen, die Fantasie, die Träume, kurz:

4 Gonsalv K. Mainberger, „Design plündert rhetorische Technik", in: Matthias Götz (Hrsg.), *Der TABASCO-Effekt. Wirkung der Form, Formen der Wirkung. Beiträge zum Design des Design*, Basel/Halle 1999, S. 204 f.

Die Unendlichkeit des Begehrens ist nach Mainberger jener Stoff, aus dem heute Design gemacht ist. Mainberger geht aber noch weiter, Design bringt nach ihm das Begehren überhaupt erst hervor, Design produziert die Wünsche und Träume, man könnte auch sagen, wie Venus als Inbegriff der Schönheit aus der Meeresmuschel steigt, steigt Design als Inbegriff des Begehrens aus den Träumen.

Mainberger schreibt: „Die für eine erfolgreiche Einwirkung auf das Begehren notwendige Entgrenzung der bekanntlich nicht-geistigen, eben materiellen Güter übernimmt das Design.“[5] Design richtet sich hier also nicht auf Objekte, auf Stoffliches, sondern auf die Zurichtung der Subjekte, schon gar nicht auf etwas Objektives, sondern Design richtet sich auf die Konditionierung des Empfängers für etwas, das im Design dann auch erscheint. Was damit gemeint sein könnte, zeigt fast jedes Werbeplakat im Straßenbild. Auch dort dominieren nicht zuerst Waren, sondern Situationen: Die Freiheit der Marlboro-Raucher ist keine reale Freiheit, der versprochene Charme der Gauloise-Raucher weist dummerweise auf die Differenz zwischen Werbung und Realität, wenn der Raucher nicht charmant ist, wer das Herz des Löwen isst, wird eben nicht stark davon – Werbung ist offenbar eine moderne Form des uralten Animismus.

Mainberger spricht von einem durch und durch ökonomisch programmierten Tauschwertvorgang und gleichzeitig von einer wertästhetisch kodierten Versprechenstechnik. So ähnlich hat auch ein anderer Autor formuliert. Von Wolfgang Fritz Haug ist 1971 die *Kritik der Warenästhetik* erschienen, sie gehörte lange Zeit zur Lektüre kritischer Entwerfer. Von ihm stammt der Begriff „Warenästhetik“. Warenästhetik meint nun nicht einfach die Gestalt warenförmiger Dinge, also von Dingen, die als Waren gehandelt werden, sondern Warenästhetik meint ein Versprechen, das nicht eingelöst wird. Das Versprechen ist bei Haug eine Strategie der Zirkulation von Waren, eine Strategie des Verkaufens. Was nun aber beim Kaufen und vor dem Kaufen in der Werbung versprochen wird, wird im Gebrauch, also in der Konsumtion, nicht eingelöst. Man bekommt nicht den Tiger in den Tank, sondern nur Benzin. Warenästhetik als Begriff meint also nicht einfach das Aussehen von Waren, sondern die Differenz von Versprechen und Einlösung.

Als Haug seine Kritik schrieb – es gab bereits Vorläufer in den USA –, ging er noch von der Regel aus, dass *Gebrauchswerte* versprochen werden, dass ein Staubsauger ordentlich Staub saugen wird, dass in einer Cremedose soundsoviel Creme enthalten ist und so weiter. Inzwischen sind solche Versprechungen banal, und wenn so etwas versprochen wird, wird es wohl auch eingehalten. Heutige Versprechen richten sich nicht primär auf Gebrauchswerte, sondern auf Lebensstile. Das ist der Grund, aus dem jedes Unternehmen eine Philosophie braucht, was den Begriff der Philosophie auf das Niveau von Werbesprüchen bringt und dazu führt, dass jedes bessere Designobjekt nicht einfach ein Objekt ist, sondern eine Geschichte erzählen soll, eine Geschichte wie aus *Tausendundeiner Nacht*. „Die Kollektion ist meine Geschichte. Ob sie jemand versteht oder nicht, soll nicht mein Problem sein“,[6] sagte Wolfgang Joop 1999 in einem Interview. Die Geschichte bei Joop heißt Stilbruch und umfasst Bauhaus wie Barock in seinem eigenen privaten Interieur;

5 Ebd.

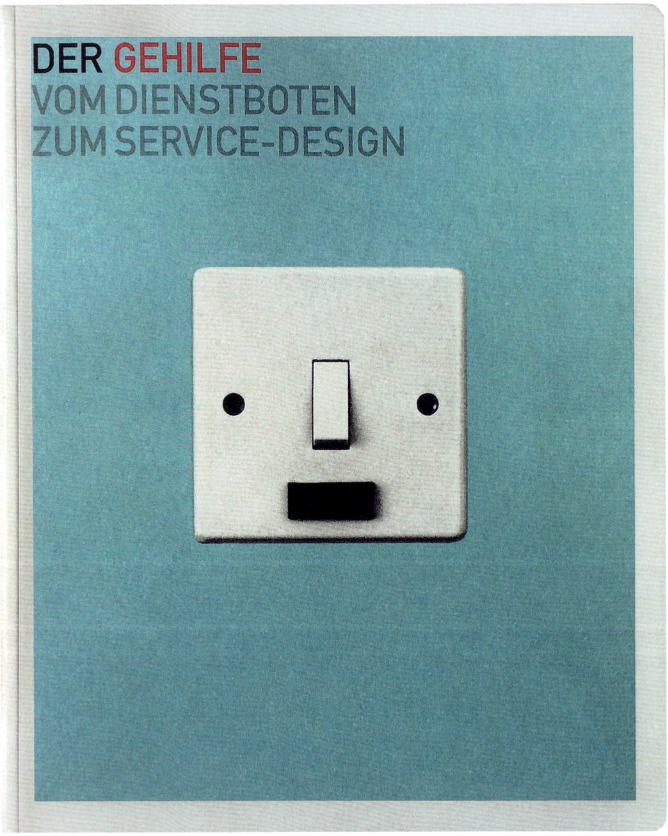

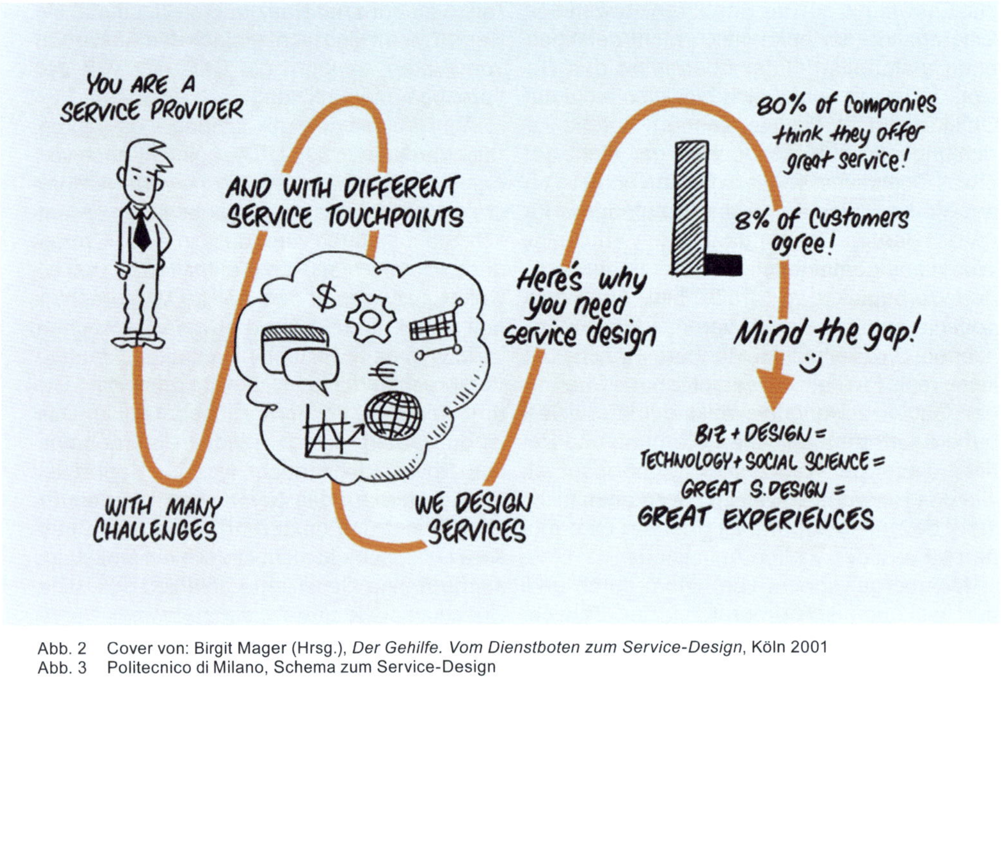

Abb. 2 Cover von: Birgit Mager (Hrsg.), *Der Gehilfe. Vom Dienstboten zum Service-Design*, Köln 2001
Abb. 3 Politecnico di Milano, Schema zum Service-Design

seine Leute vom Management übersetzen das in die Kollektion „Joop! Living" und machen so aus der Geschichte, was sie immer schon war, eine Geschäftsidee, denn, so die Begründung: „Die Kompetenz des Designers" – also von Joop höchstpersönlich – „ist nicht zuletzt in Tonnen von Berichten über seinen Lebensstil dokumentiert."[7] Daraus, so die Manager, muss man nun endlich Kapital schlagen, man muss Joops Privatsphäre als Geschichte verkaufen. Aber die Geschichte besteht nicht aus Erlebnissen, Erfahrungen und Abenteuern, sondern aus Stühlen, Hockern, Trinkgläsern, Tischen und Vasen, Schalen für Snacks und für Kaviar und aus Baumwollbettwäsche.

Sie finden dieses Designverständnis in der Praxis, auch in der Theorie, vor allem aber in den Massenmedien. Die Gesellschaft, die diesem Verständnis zugrunde liegt, kann man mit einem Buchtitel von 1992 als *Erlebnisgesellschaft* bezeichnen.[8] Aus dem Design als Erlebnis und der Gesellschaft als Erlebnisgesellschaft ergeben sich zwei Probleme: Das Fassungsvermögen des Raums ist endlich, und das Erlebnisvermögen stumpft ab. Oder man sagt: Aufmerksamkeit ist eine knappe Ressource, es existieren zu viele Angebote. Denn es gibt in der Erlebnisgesellschaft die Leerstellen des Notwendigen, Praktischen und Sozialen, denn Erlebnisse sind individuelle Erlebnisse.

Es gibt mehrere Ansätze, diese Leerstellen des Sozialen, Notwendigen und Praktischen auszufüllen, einer davon ist das so genannte Service-Design, dann das sogenannte engagierte Grafikdesign, und weitere sind verbunden mit dem Wort Interaktivität. Ich komme zum Verhältnis von Stofflichkeit und Zeitlichkeit und damit zum zweiten Spannungsbogen, zuerst zum Service-Designer, der mir zur Beschreibung der gegenwärtigen Situation im Design dienen soll.

In Zürich gab es 1999 im Museum für Gestaltung die Ausstellung *Der Gehilfe. Vom Dienstboten zum Service-Design* (› Abb. 2). Gezeigt wurde eine Geschichte, die beim Dienstpersonal beginnt, beim Hausdiener und beim Dienstmädchen, die über die stummen Diener bis zum Roboter führt und bei Dienstleistungen endet, die als Service-Design bezeichnet werden. Service-Design ist keine Angelegenheit von Objekten, sondern von Personen. Als Denkmöglichkeit wurde zum Beispiel ein Mensch vorgestellt, der morgens zu Hause bleibt, wenn die anderen Bewohner des Mehrfamilienhauses weggehen, und der tagsüber die Rolle eines Sekretärs, eines Concierge, eines Hausmeisters, vielleicht einer Pflegeperson übernimmt. Dieser Mensch erledigt Aufträge oder gibt sie weiter, seine Qualifikation besteht, wie formuliert wurde, in sozialer Kompetenz (› Abb. 3). Designaufgabe ist hier nicht ein Objekt und auch nicht nur das Lösen eines Problems, sondern dieses Lösen wird in der Literatur bereits als Design bezeichnet.

Neu zum Thema Service-Design war die Ausstellung, das Thema selbst war nicht neu, denn nach Lucius Burckhardt ist Design unsichtbar. Burckhardt bezeichnete mit dem Begriff „unsichtbares Design" vor zwanzig Jahren Design, mit dem ein Problem gelöst wird,

6 Birgit Müller, „Der hysterische Stilbruch von Wolfgang Joop", in: *Design Report*, Heft 10/1990, Leinfelden-Echterdingen, S. 21 und 24.
7 Ebd., S. 21.
8 Vgl. Gerhard Schulze, *Erlebnisgesellschaft. Kultursoziologie der Gegenwart*, Frankfurt am Main/New York 1992.

zum Beispiel das Problem einer alten Frau mit zwei Einkaufstaschen, die im Winter an einer Schweizer Straßenbahnhaltestelle mit klammen Fingern einen Fahrschein kaufen muss. Designaufgaben sind bei Burckhardt keine Objekte, sondern Situationen, also zeitlich, räumlich und personal bestimmt. Das Ziel bestünde hier darin, aus einer hilflosen Person eine souveräne alte Dame zu machen, die mit Vergnügen die Straßenbahn benutzt.

Zusammengefasst: Wenn im Design die zeitliche Dimension betont ist, verlagert sich das Genusspotenzial von Objekt- auf Beziehungsqualitäten, von der Betrachtung zur Aktion, vom exklusiv Verfügbaren zum allgemein Verfügbaren. Was hieran mit Design zu bezeichnen wäre, sehe ich in zwei Richtungen: Einmal brauchen auch Beziehungen harte Objekte, an denen sie sich festmachen können, zum anderen sehe ich mehr Möglichkeiten, den Raum zu genießen, wenn er von Gegenständen entlastet ist, und Raum ist natürlich vor allem ein Raum, in dem sich Beziehungen entfalten und ästhetisch gestalten lassen – Beziehungen also als ästhetisches Genusspotenzial.

Wenn diesem Design ein Gesellschaftsprogramm zugrunde liegt, könnte man die gemeinte Gesellschaft als eine solidarische Dienstleistungsgesellschaft bezeichnen. Die Probleme dabei: Service-Design schafft Beziehungen, die zugleich Abhängigkeiten sind. Die Abhängigkeit von Designobjekten wird zu einer Abhängigkeit von Service-Designern, also von Subjekten. Service-Design setzt Zuverlässigkeit bei den Anbietern und Vertrauen bei den Kunden voraus, oder anders formuliert: Moralische Qualitäten dominieren gegenüber ästhetischen Qualitäten, und ästhetische Qualitäten konzentrieren sich auf das, was als Service-Interface, als Gestaltungsaufgabe einer Mensch-Service-Schnittstelle bezeichnet worden ist.

Interface ist neben Service der andere Weg, der von stofflichen zu zeitlichen Dimensionen des Designs führt. Später werde ich den Interface-Begriff von Gui Bonsiepe interpretieren, den er 1992 entwickelt hat (› Abb. 4). Hier geht es mir zunächst um Interaktivität als Folge und Ziel von Interfacegestaltung, um Interaktivität als Form von Verzeitlichung.

Der Direktor des holländischen Instituts für Formgestaltung hat 1995 Interaktivität als „größte Designherausforderung seit der Industrialisierung“[9] bezeichnet. Der Unterschied zwischen Service-Design und Interaktivität liegt in der Automatisierung eines Kommunikationsverhältnisses: Das, was eigentlich Kommunikation ausmacht, ein soziales Handeln zu sein, wird auf Technik übertragen. Im Service-Design reagiert der Service-Designer auf die Wünsche eines Kunden, der Kunde wiederum reagiert auf die Angebote des Designers. Das geschieht in personaler Kommunikation, zwei Subjekte stehen einander gegenüber. Bei der Interaktivität gibt es im Unterschied dazu auf der einen Seite ein elektronisches System, auf der anderen Seite einen Beobachter dieses Systems.

In dem Band *Cyberspace*, 1993 herausgegeben von Florian Rötzer und Peter Weibel, sind sich die Autoren darin einig, dass am Cyberspace weder Künstlichkeit noch Simulation oder Virtualität das Entscheidende ist, sondern Interaktivität. Weibel schreibt: „Die

9 John Thackara, zit. nach Beate Lakotta, „Ankl, Rückruf, Aufsch. Erst Interface-Design macht Elektronikprodukte bedienerfreundlich“, in: *Spiegel-Special: Das Jahrhundert des Design*, Heft 6/1995, 176–179, hier S. 179.

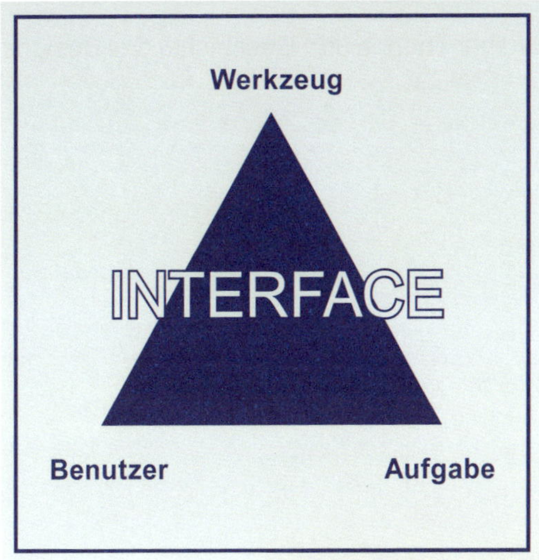

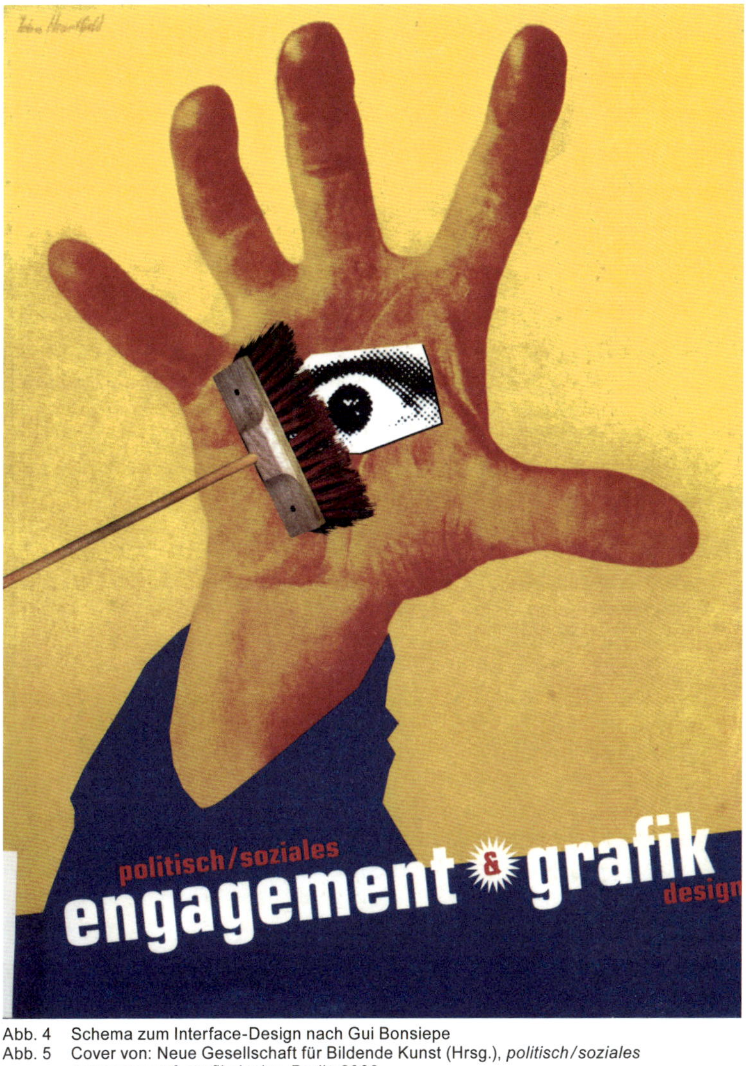

Abb. 4 Schema zum Interface-Design nach Gui Bonsiepe
Abb. 5 Cover von: Neue Gesellschaft für Bildende Kunst (Hrsg.), *politisch/soziales engagement & grafik design*, Berlin 2000

virtuelle Welt verändert sich mit dem Beobachter als Teil des Systems in Echtzeit, sowohl autonom wie relativ. Es ist beobachterzentriert."[10] Das betrifft alles zwischen Videospiel und Flugsimulator, also zwischen den Polen, in denen die Entwicklung des Cyberspace bisher am weitesten gediehen ist. Es ist interessant, dass Weibel von einem Beobachter spricht und nicht mehr von einem Handelnden. Interaktion meint also hier ein Interagieren mit Folgen für das System und den Beobachter: Beide verändern sich – zumindest für die Zeit des Interagierens, denn die Veränderung ist nur scheinhaft, nur virtuell, nicht wirklich. Der Beobachter ist das Objekt des Designers, der ein Programm zumindest mitgestaltet hat, er ist Subjekt des Designs, weil es nur als Interface existiert, das er durch Interaktivität verändern kann.

Die Gesellschaft, die diesem Verständnis von interaktivem Design zugrunde liegt, könnte man mit dem Begriff Informationsgesellschaft bezeichnen. Dann ist aber noch lange nicht klar, ob Informationen als Grundlage für Wissen, für Macht, für soziale Kommunikation, für technische Steuerungsprozesse, für Kaufentscheidungen gemeint sind oder für alles zusammen. Es lohnt sich also immer zu fragen: welche Informationen wozu und für wen? Warum also sollen Toaster sprechen können?

Als dritte Form von Verzeitlichung hatte ich das sogenannte engagierte Grafikdesign erwähnt. Im Frühsommer 2000 veranstaltete die Berliner Neue Gesellschaft für Bildende Kunst eine Ausstellung, die den etwas umständlichen Titel *politisch/soziales engagement & grafik design* trug (› Abb. 5). Gezeigt wurden grafische Werke in Gestalt von Plakaten, Zeichnungen oder Symbolen und dokumentiert waren Projekte mit Kindern, Jugendlichen und Arbeitslosen, zumeist in den Pariser Vorstädten. Die Dokumentation von Prozess und Ergebnis bestach nicht durch grafische Perfektion, sondern durch Authentizität. Der Prozess, die Aktionen, die ausgelösten Kommunikationsprozesse waren gleich wichtig oder noch wichtiger als die grafischen Resultate.

Das eigentlich Neue ist hier das zugrunde liegende Verständnis von Kommunikationsdesign: nicht etwas zu visualisieren, sondern denen zu einer Stimme in der öffentlichen Kommunikation zu verhelfen, die sonst in der Öffentlichkeit keine Stimme haben, die über keine Lobby, kein Geld und keine Institutionen verfügen, die eben sprachlos sind und die, wenn sie in der Öffentlichkeit doch erscheinen, mit Zeitungsüberschriften bedacht werden wie „Neues Straßengesetz: Wer illegal kleben läßt, muß zahlen". Mit anderen Worten: Weder die Selbstverwirklichung des Designers in grafischen Arbeiten als Form ist betont noch seine Funktion als Übersetzer von Informationen in gut strukturierte, anschauliche und verständliche Informationen, sondern vielmehr die soziale und politische Funktion von Kommunikation. Unter diesen Umständen verschieben sich die Akzente des Designs von Zeichen auf Wirkungen außerhalb des Designs.

Im Verhältnis von Stofflichkeit und Zeitlichkeit habe ich bisher den Akzent auf Verzeitlichung gelegt. Am Ende dieses Themas komme ich zur Verstofflichung des Zeitlichen in den Stoffen, das heißt hier: direkt in den Textilien. Was ich damit meine, ist kürzlich für eine Kunstaktion beschrieben worden. In dem

10 Florian Rötzer, Peter Weibel (Hrsg.), *Cyberspace. Zum medialen Gesamtkunstwerk*, München 1993, S. 25.

Band *Das textile Medium*, der 1999 erschienen ist, werden die Reichstagsverhüllung im Jahr 1995 und die Rolle von Textilien bei Christo und Jeanne-Claude analysiert (› Abb. 6). Heidi Helmhold spricht von einer nomadischen Strategie. Mit dem Nomadischen meint die Autorin das Temporäre, das Flüchtige, das Kurzfristige, das Spurenlose, das auf die Geschichte vor dem Sesshaftwerden zurückgeht und sich heute noch in der Rolle von Textilien ausdrückt, die sie bei nomadischen Völkern spielen: Textilien sind leicht, sie lassen sich gut verstauen und transportieren, sie brauchen keine Fundamente, sie lassen nichts zurück; Textilien sind die Bedingung für nomadische Mobilität. In der weiteren Geschichte wurden sie durch schwere, stabile Materialien ersetzt, an denen die Zeit mehr oder weniger abprallt; Holz ist noch am anfälligsten für Zeit, weniger Metalle, noch weniger Stein, Glas und Beton, Materialien von Dauer also, keine des Flüchtigen.

Christo meint in diesem Sinne zu den Werken traditioneller Künstler: „Andere Künstler haben fünftausend Jahre lang die Welt mit ihrem Kram vollgestellt. Wir räumen alles weg."[11] Nach der Lektüre dieser Analyse habe ich mich gefragt, wo im Textildesign eine ähnliche Haltung zu finden wäre. Ich bin auf keine spezielle gekommen, weil im Textildesign die Zeitlichkeit selbst schon angelegt ist: die Husse über dem Sessel, die leicht wechselbaren Möbelbezüge, die farbig verschiedenen Lautsprecherabdeckungen, die man mitbekommt; Textilien versehen also dauerhafte Objekte mit temporären Oberflächen, und ebenso leben Räume von der zeitlichen Stofflichkeit oder stofflichen Zeitlichkeit von Textilien. Aus dem bereits erwähnten Band habe ich erfahren, dass die Quelle für Stuckverzierungen in der textilen Ausschmückung von barocken Festräumen liegt, das heißt, hier ist eine temporäre Qualität von Textilem im dauerhaften Stuck erstarrt, und umgekehrt gibt es wohl kaum Ausstellungen, Messen, Festveranstaltungen und andere Events, die nicht Unmengen von Stoff verbrauchen. Es ist interessant, dass die Architektur nach den Zeichen des Flüchtigen auch im Dauerhaften sucht, im Stofflichen die Zeitlichkeit erscheint. Man kann das sehr schön am Motiv des Segels sehen, an den geschichteten Dächern des Sydney Opera House, die als geblähte Segel lesbar sind, am Segel von Josef Paul Kleihues am Kant-Dreieck in der Nähe des Bahnhofs Zoo, das als starre Form Veränderbarkeit assoziiert, und an den Segeln von Helmut Jahn im Sony Center, die wirklich beweglich sind. Und am Tauentzien weht seit zwei oder drei Jahren eine gläserne Fassade über den Bürgersteig – die Fassade in der Gestalt eines textilen Vorhangs, wenn er im Wind weht.

Das bemerkenswerteste Beispiel für die Verzeitlichung eines Raums durch Textilien stammt jedoch aus der jüngsten japanischen Architektur. Shigeru Ban hat in Tokio ein Haus ohne Wände gebaut, das heißt mit einer Vorhangfassade, die zum ersten Mal wirklich eine Vorhangfassade ist und nicht eine Vorhangfassade aus Glas und Stahl (› Abb. 7, 8). An die Stelle der Wände sind dort Vorhänge aus einem schweren textilen Material getreten. Die Vorhänge leben von der Veränderung in der Zeit: Sie wehen im Wind, sie sind nachts

11 Zit. nach Heidi Helmhold, „Territorien, Grenzen, textile Medien. Von nomadischer Strategie und Bekleidungskunst – Christo und Jeanne-Claude", in: Heide Nixdorff (Hrsg.), *Das textile Medium als Phänomen der Grenze, Begrenzung, Entgrenzung*, Berlin 1999, S. 190.

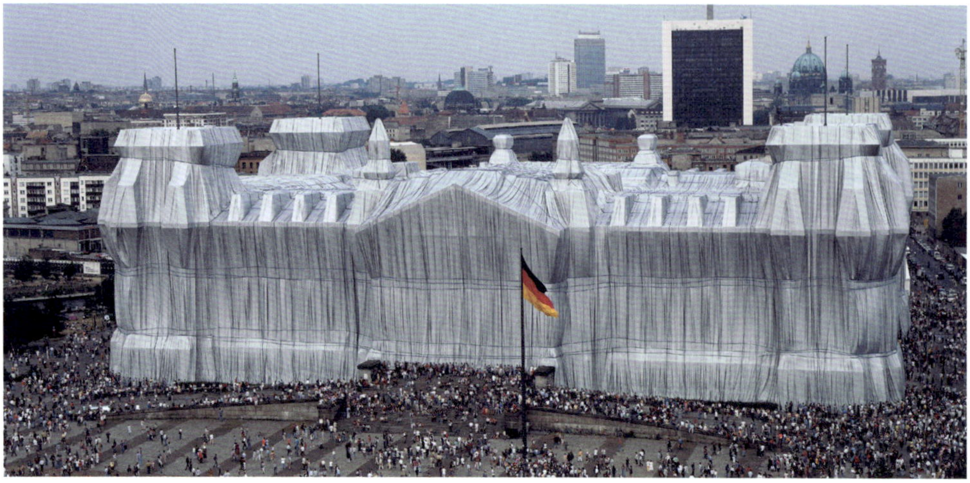

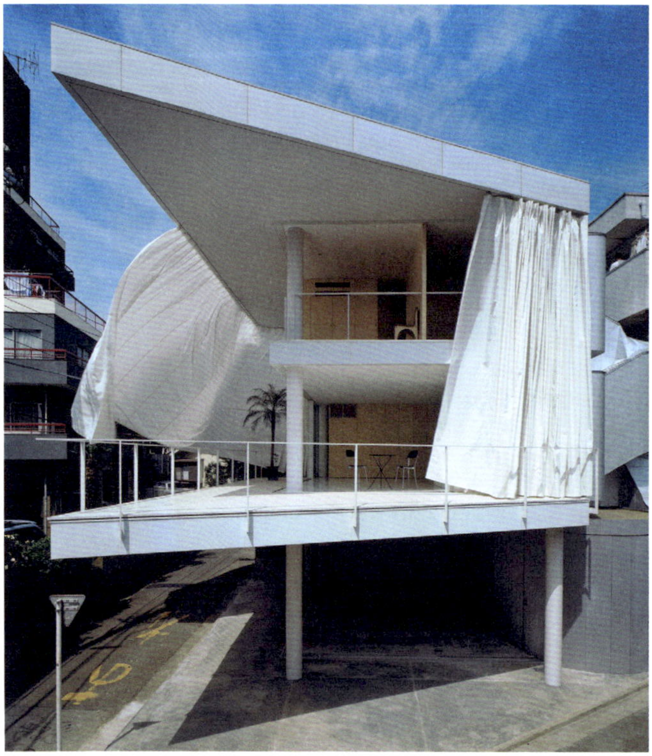

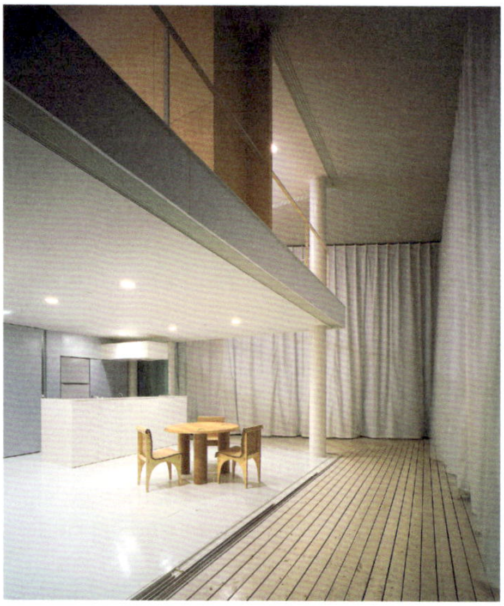

Abb. 6 Christo und Jeanne-Claude, Verhüllung des Reichstagsgebäudes, Berlin, 1971–1995
Abb. 7 Shigeru Ban Architects, Curtain Wall House, Tokio, 1995
Abb. 8 Shigeru Ban Architects, Curtain Wall House, Innenraum, Tokio, 1995

durchscheinend, am Tage blickdicht, sie lassen sich öffnen und schließen. Textilien, so könnte man auch sagen, gestalten hier das Verhältnis von Veröffentlichung und Privatheit, sie gestatten einen Wechsel von Privatheit zu Offenheit und von Offenheit zu Privatheit, wie er sonst nicht möglich ist. Die Grenzen zwischen innen und außen sind weggefallen, oder besser, aus festen Grenzen sind temporäre geworden. Shigeru Ban, der Architekt des japanischen Expo-Pavillons in Hannover, hat also ein nomadisches Material für ein Haus, das für Sesshaftigkeit und private Abschließung steht, verwendet.

Die eigentlichen Designobjekte, die seit mehr als hundert Jahren mit der Zeit verknüpft werden, sind die zu Haute Couture verarbeiteten Textilien der Modemacher und die konfektionierten Textilien der Modeindustrie. Ich will aber nicht allgemein über Mode reden, sondern über einen aktuellen Befund von Barbara Vinken. Dieser Befund gehört hierher, weil Vinken eng an den Trägern von Mode bleibt, den Subkulturen und den Modedesignern, weil sie dabei einerseits nicht in theoretische Konstrukte entschwebt und andererseits nicht einfach Geschichten von Kollektionen erzählt. Sie analysiert also. Von ihr stammt die bekannte Formulierung von der „Mode nach der Mode", mit der sie eine Entwicklung der letzten zwanzig Jahre kennzeichnet. Ich greife hier nur das Thema Zeit heraus für den Paradigmenwechsel, den sie benennt. „Die hundertjährige Mode", so Barbara Vinken, „ist definiert als Triumph über die Zeit als Vergänglichkeit, ein Triumph letzten Endes über den Tod. Vergänglichkeit wird in ihr immer wieder ausgelöscht. Der Prozess des Älterwerdens ist in ihr aufgehoben – er zeigt gerade das, was démode, das Gegenteil von Mode ist. Ihre Funktion besteht darin, Vergänglichkeit im Moment blendend zu verleugnen. Der schnelle Wechsel der Moden, ihre Flüchtigkeit, ist vielleicht durch das Andrängen der Vergänglichkeit zu erklären, die schnell wieder in Neuem überspielt werden muß. Mode war immer ein Entrinnen von der Zeit, die alt macht, der Zeit, die verbraucht und abnutzt."[12] Daher „die Tendenz der hundertjährigen Mode, aus der alltäglichen Jetztzeit zu entfliehen in die Idylle, in der die Zeit stillsteht, oder sich in andere Zeiten, und andere Zeitstrukturen, in eine Zeit außerhalb der Zeit, zu versetzen."[13]

Dazu gegensätzlich bestimmt sie die Mode nach der Mode: „Sie sucht Zeit", so wiederum Vinken, „und das heißt Vergänglichkeit zu zeichnen. Die Mode nach der Mode wird zu einer neuen ‚Gedächtniskunst'."[14] Als Beleg dafür nimmt sie japanische Modeentwürfe. So beispielsweise von Yohji Yamamoto, der verfärbte, ausgewaschene Stoffe und solche mit Spuren von Arbeit benutzt, oder von Comme des Garçons, also von Rei Kawakubo, die fadenscheinige Flicken in ihre Kleider einsetzt, bei der Pullover so etwas wie Mottenlöcher vorführen oder auseinandergeschnittene Kinderkleidung auf die Abfolge von Generationen hinweist (› Abb. 9). Vinken ergänzt das durch Beispiele aus Europa, mit Sakkos, die Risse und Brandlöcher haben, mit Decken vom Flohmarkt, aus denen Röcke gemacht sind, mit Seidenstoffen, die aus den Resten eines alten Handwerks kommen, und analysiert schließlich: „Das Motto des ökologischen Recycling, aus pragmatisch-ethischen Gründen neu aus alt zu machen, trifft die Sache

12 Barbara Vinken, „Mode. Spiel mit Grenzen", in: ebd., S. 107.
13 Ebd., S. 108.
14 Ebd., S. 110.

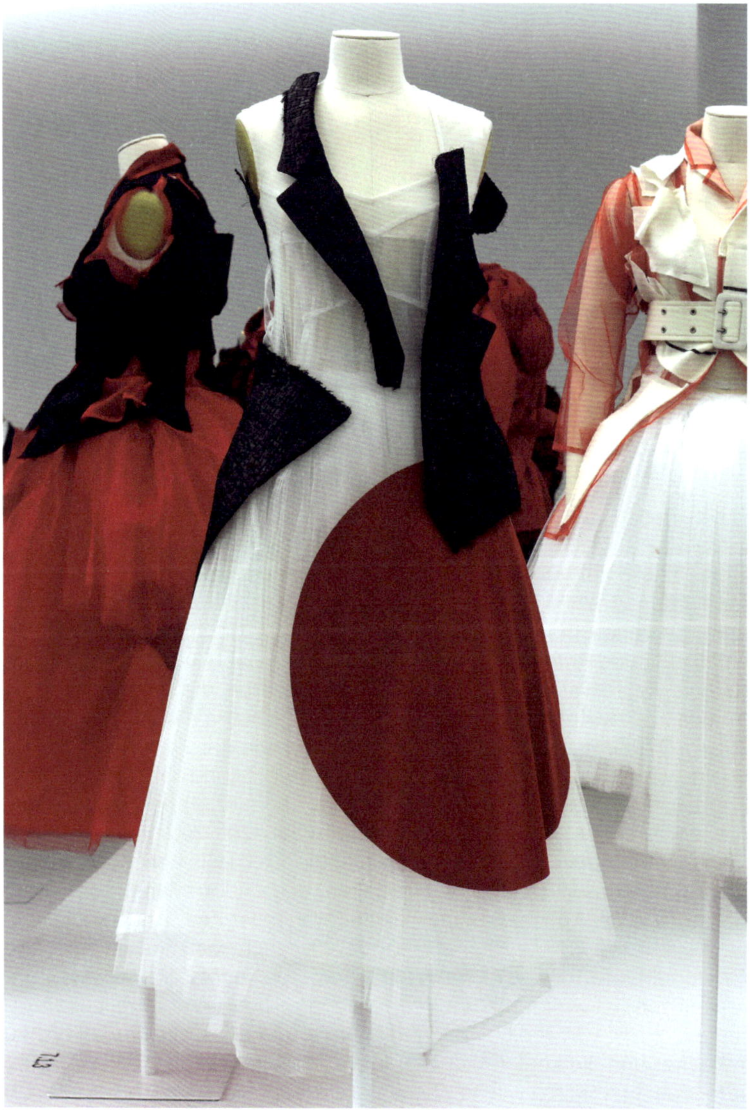

Abb. 9 Rei Kawakubo, Kleider, präsentiert im Metropolitan Museum of Art, New York, 2017

nicht. Es geht im Gegenteil darum, das Alte als Altes zu zeigen – ein ganz und gar ästhetisches Manöver.“[15]

Man könnte auch sagen, was hier als Biografie, als Gedächtnis, als Dauer, als Vergänglichkeit vorgeführt wird, ist nicht individuelles Leben und individuelle Vergänglichkeit, sondern ein Bild für die Vergänglichkeit alles Irdischen. Nicht klar ist mir dabei, wie sich in den japanischen Strategien die Kulturen mischen, die moderne Subkultur der Punks mit ihrem Protest gegen das Neue, Reiche, Saubere, Gepflegte und Perfekte, und die Kultur des vormodernen Japan mit der ästhetischen Wertschätzung von Spuren des Alterns durch Gebrauch und des Alters einfach dadurch, dass Zeit vergeht.

Zusammengefasst kann man in den Tendenzen einer Verzeitlichung des Stofflichen mehrere Intentionen und mehrere Wirkungen unterscheiden, aber alle Verzeitlichungen laufen auf eine Relativierung des Stofflichen nicht einfach zugunsten des Zeitlichen, sondern zugunsten der Träger zeitlicher Prozesse hinaus, also der Subjekte, die – wie in Paris – als Bürger begriffen sind, in der Schweizer Ausstellung als Leute, die über Dienstleistungen Sozialität herstellen und auch genießen, die – wie im Cyberspace – eine reale Welt durch eine virtuelle zwar nicht ersetzen, aber zumindest ergänzen, die – wie bei Shigeru Ban – zwischen der Rolle des Hausbesitzers und des Stadtbewohners wechseln, ohne aus dem Haus zu gehen, oder die – wie bei Barbara Vinken – auf die Vergänglichkeit alles Irdischen verwiesen werden.

Das letzte Widerspruchspaar für die und in der Designpraxis, über das ich reden will, hatte ich mit Integration und Auflösung bezeichnet. Über die Sache, die ich mit Integration und Auflösung bezeichnen will, bin ich mir sicher, ob es die besten Begriffe für das Gemeinte sind, darüber bin ich mir nicht sicher, ich möchte eher von Suchworten sprechen, und vielleicht fällt Ihnen etwas Besseres ein. Das Problem liegt darin, dass Integration und Auflösung eigentlich nicht solche Polaritäten wie Mangel und Überfluss oder Stoff und Zeit sind, sondern dass sie vielmehr aufeinander angewiesen sind. Nicht immer, aber oft ist Integration die Folge von Auflösung, wie umgekehrt Auflösung die Folge von Integration sein kann. Auflösung meint hier auf jeden Fall den Verlust von Eindeutigkeiten zugunsten von Mehrdeutigkeit, wenn es darum geht zu sagen, was ein Ding eigentlich ist, was seine Funktion ist und wie man denjenigen bezeichnen kann, der es benutzt, oder worin die Benutzung eigentlich besteht. Integration dagegen meint hier eine ästhetische Strategie, die auf eine neue Art zusammenfasst, was sich auf eine andere Art aufgelöst hat.

Ich will dies konkreter machen und zunächst zur Integration kommen. Herkömmliche Formen der Integration existieren nur am Rande oder sind lächerlich geworden, dazu gehört der Herrenausstatter samt der ausgestatteten Herren, die Innenarchitektur, die im Ruf des bloßen Dekorierens steht, und das Gesamtkunstwerk, an dem die Zeit zu nagen beginnt, sobald es fertig ist. Aber der Drang zur Integration erscheint immer wieder und in immer neuen Formen, die von zwei Seiten her gestützt werden: von den Produzenten, die gerade mit Markenbildung oder Markenpflege beschäftigt sind und über die Marke integrieren, was sonst auseinanderfallen würde; von den Konsumenten wiederum wird Integration

15 Ebd., S. 112.

gestützt, weil ein bedeutender Anteil von ihnen nicht einfach Dinge als Gebrauchswerte haben will, sondern Gegenstände, die Ausdruck von Stil – also von Lifestyle – sind. Mit dem Lifestyle ist das Gesamtkunstwerk als räumliches Gebilde in die Zeitlichkeit einer Lebensform gerückt.

Ein Porsche-Fahrer mit Porsche-Brille in seinem Büro an seiner Porsche-Lampe, eine Joop-Kundin mit Joop-Möbeln, die in Joop-Bettwäsche schläft. Für die Gesellschaft, die hier gemeint ist, trifft wiederum „Erlebnisgesellschaft" als Terminus zu.

Ich habe Porsche und Joop bewusst gewählt, weil es sich um verschiedene Varianten von Luxuskonsum handelt: Bei Porsche beruht er auf dem Erwerb hochgezüchteter Leistungen technischer Funktionalität, bei Joop auf stilistischen Kriterien, anders gesagt: Auf der einen Seite werden Mode- und Produktdesign integriert, Joop suggeriert mit seiner Living-Kollektion modische Aktualität im Stilbruch, Porsche dagegen suggeriert Langlebigkeit bis Zeitlosigkeit, Eleganz und Zurückhaltung mit edlen und dauerhaften Materialien bei Brillen, Lampen, Uhren und so weiter.

Für die Verbindung von Modedesign und Produktdesign kann ich auch Armani nehmen, der gerade seine Home-Kollektion aufbaut, (› Abb. 10) oder Gucci mit aufblasbaren Badeutensilien für den Pool, mit Kissen oder mit Zigarrenhülsen, die mit Krokodilleder umhüllt sind, oder auch Donna Karan mit ihren Vasen, Glasschalen und Salatbestecken. Von der anderen Seite nähern sich Architekten und Fahrzeugproduzenten den kleineren handhabbaren Gegenständen: Das Logo von Harley Davidson findet sich auch auf Schreibgeräten, und im Architekturbüro von Norman Foster gibt es eine kleine Designabteilung, die hoch technisiertes Interieur für Büros entwickelt.

Zur Mode gibt es noch mehr Beispiele, zur Annäherung von Technik und von Architektur müsste man schon länger suchen; aber insgesamt sind es die schon üblichen ästhetischen Strategien zur Integration: ein Produktdesign mit Tendenzen zur Mode und zum Stil, ein anderes mit Tendenzen zu suggerierter Zeitlosigkeit und Technizität.

Ungewöhnlich ist jedoch die Bildung eigener Marken in Japan. Hinter der Marke WiLL, die Ende 1999 auf dem Markt erschienen ist, steckt kein einzelnes Unternehmen, sondern eine Kooperation von Firmen, die jeweils eigene Marken repräsentieren und sich hier zu einer gemeinsamen Marke zusammengeschlossen haben. Die Initiative ging von dem Autoproduzenten Toyota aus, ihm gefolgt sind Panasonic als Produzent von Unterhaltungselektronik, die Brauerei Asahi, das Büromittelunternehmen Kokuyo, die Kosmetikfirma Kao und das Reiseunternehmen Kinko Nippon Tourist. Sie alle hatten es auf eine Käuferschicht abgesehen, die sich zersplitterte und ihnen verloren ging, denen zum Beispiel Sony besser gefiel als Panasonic und französische Autos besser als japanische. Das Konzept ist aufgegangen, die heute Fünfundzwanzig- bis Dreißigjährigen erfreuen sich an der neuen Marke, und die Markenträger erfreuen sich an ihren wieder gewonnenen Kunden, bleiben aber ästhetisch extrem im Hintergrund.

Denn der ästhetische Ausdruck der Marke ist simpel: ein orangefarbenes Quadrat mit dem Logo WiLL am unteren Rand (› Abb. 11). Mit der auffälligen Farbigkeit und mit der Klarheit und Einfachheit der Form scheint die Zurückhaltung des Kontexts zu korrespondieren: kühle Grautöne, sonst nur Schrift wie beim

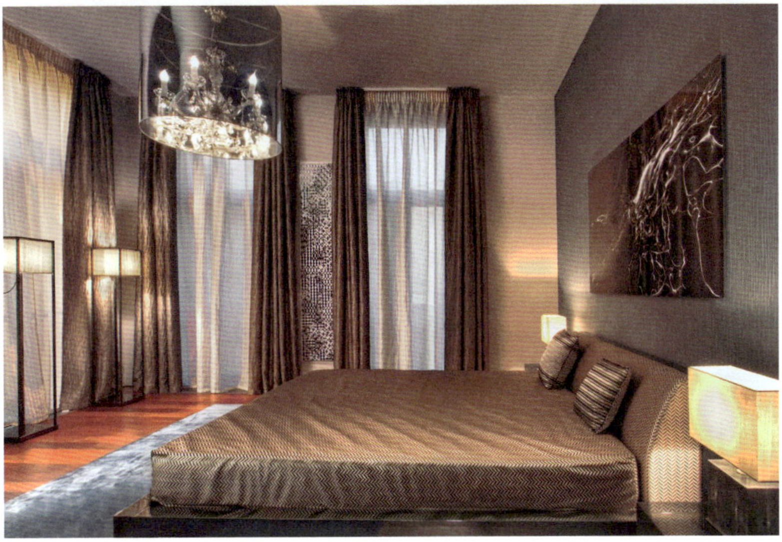

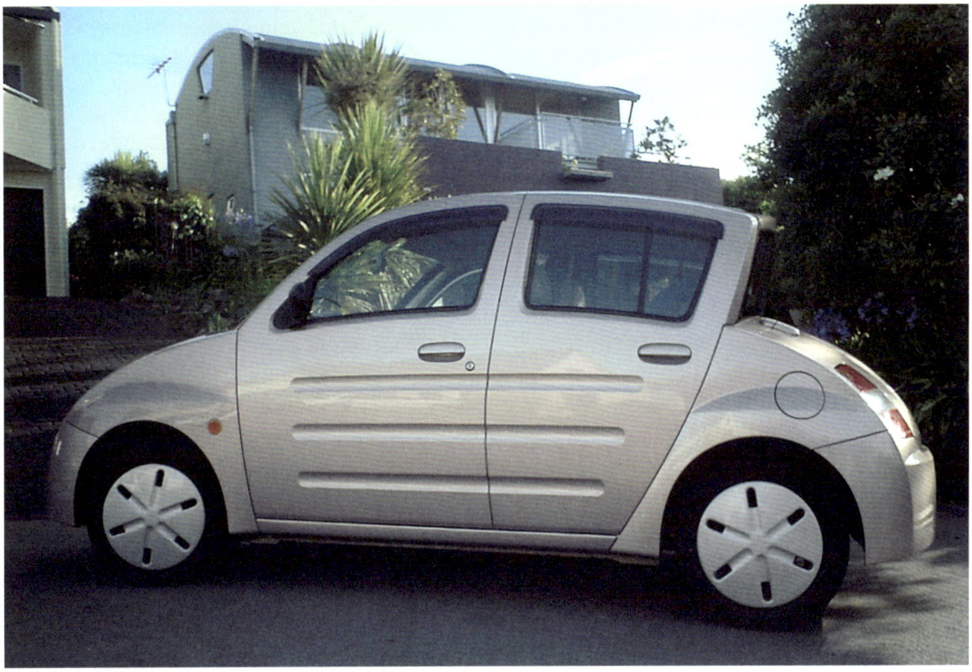

Abb. 10 Schlafzimmer aus der Armani/Casa-Kollektion
Abb. 11 WiLL, Markenlogo
Abb. 12 Toyota WiLL Vi, 2000/01

Bier, konglomerierte Formen wie beim Auto WiLL Vi von Toyota (› Abb. 12). Oder anders gesagt: Wenn die Markenbildung auf einer Kooperation großer Unternehmen basiert, die im Hintergrund bleiben, geht die Marke auf ein gemeinsames ästhetisches Konzept zurück, das heißt offenbar auch auf eine Kooperation der Designabteilungen der beteiligten Firmen. Objekt der Zusammenarbeit ist aber weder ein Gesamtkunstwerk als Ausdruck von Tradition noch ein Umweltkonzept als Ausdruck ökologischen Problembewusstseins, sondern eine Marke als Ausdruck von Lifestyle.

Unter Auflösung hatte ich als Gegensatz von Integration den Verlust von Eindeutigkeiten bezeichnet, wenn es um Funktionsbestimmungen von Gebilden geht. Was ist zum Beispiel ein Mobiltelefon, mit dem man fernsehen, E-Mails verschicken und im Internet surfen kann: interessanterweise ein Handy, was nicht mehr eine Funktion bezeichnet, sondern einen Gerätetyp, der handlich geworden ist. Der Terminus Handy für ein Mobiltelefon hat hier vorweggenommen, was mit Handlichkeit als allgemeiner Eigenschaft bleibt, wenn immer neue Funktionen hinzukommen. Nicht mehr Funktionen sind benannt, sondern die Form der Nutzung als handhabbares Gerät. Bei Goethes *Zauberlehrling* konnte man noch sagen, worum es sich beim Werkzeug handelt, doch glaube ich, dass sich heutige Werkzeuge gerade dadurch auszeichnen, dass sie zu einer Unbestimmtheit tendieren, die es schwer macht zu sagen, was sie eigentlich sind, bei denen auch nicht mehr eindeutig ist, was der Benutzer ist. Er wechselt vom privaten Nutzer zum Angestellten, vom Gesprächspartner zum Surfer, vom Absender zum Empfänger und so weiter.

Beim Handy hält sich die zunehmende Unbestimmtheit noch in Grenzen, allerdings kann man beim Geldautomaten schon fragen: Ist er eigentlich noch ein Gegenstand oder eine Benutzeroberfläche oder ein Medium oder ein Knoten im Netzwerk, ist er eine Situation oder eine Institution? Nach einer Definition aus den 1980er-Jahren war der „Geldautomat [...] eine Selbstbedienungseinrichtung, an der Sie mit der Geldkarte ohne die Mitwirkung unserer Mitarbeiter Bargeld erhalten können". Dem ersten Anschein nach ist er ein Gegenstand, von dem man nur die Frontseite sieht, er muss ja schließlich dreidimensional sein, denn er braucht Hohlräume für die Kabel und das Geld, und damit braucht er auch Wände, ziemlich dicke vermutlich. Aber dass ein Geldautomat dreidimensional ist, ist eigentlich nicht wesentlich. Man könnte ihn vielleicht zweidimensional als Display, Benutzeroberfläche oder als Bild interpretieren, in dem sich Prozesse auf dem Bildschirm abbilden.

Vielleicht füllt sich beim Geldautomaten der Ausdruck Benutzeroberfläche am deutlichsten mit Inhalt, und zwar nicht in dem Sinne, dass der Benutzer nicht mehr im Raum, sondern auf der Fläche agiert, sondern in dem Sinne, dass er zwar eine Oberfläche benutzt, aber dass die Benutzung der Oberfläche einen Prozess auslöst, der nicht mehr an der Oberfläche, nicht nur im Gegenstand und nicht nur im Raum verläuft, sondern auch in den Netzen, zu denen der Geldautomat als Knoten im Netzwerk gehört.

Was hier als Interface von Auge und Hand gesteuert wird, ist ein Prozess des Sendens und Empfangens von Zeichen, und letztendlich ist das Geld selbst ein Zeichen für Werte, nur dass die Zeichen als Geldscheine noch einen Rest stofflicher Gestalt haben. In diesem Sinne wäre der Geldautomat ein Gerät zur Kommunikation über Zeichen, das heißt, hier wäre der Automat zeitlich interpretiert, als ein Vehikel zum Auslösen von Prozessen, die digital ablaufen und mit Plus und Minus auskommen. Vielleicht ist der Geldautomat dann ein Medium, das über Signale Daten transportiert, die zum Teil als Informationen auf dem Bildschirm erscheinen. Man könnte den Geldautomaten auch räumlich interpretieren, als eine Bank, aber eine sehr kleine Bank. Doch während die reale Bank einen Raum für Mitarbeiter, Kunden, Bürotische, Tresen und Aktenschränke braucht, benötigt der Geldautomat nur den kleinen Raum eines unwirtlichen Wartezimmers, in dem er selbst ein zweiter, noch kleinerer Raum ist. Was ihn von der Bank als Raum, Raumfolge oder Haus darüber hinaus unterscheidet, ist der Wechsel von einem dominant realen zu einem dominant virtuellen Raum in den weltweiten Netzen. Der Geldautomat verkörpert räumliche Virtualität.

Inzwischen beginnt sich der Geldautomat den dreidimensionalen Raum mit anderen Geräten zu teilen, mit dem Kontoauszugdrucker, mit dem Gerät zum automatischen Abwickeln von Bankgeschäften, mit einem Gerät zum Aufladen der Geldkarte. Vermutlich wird die Entwicklung wie beim Handy weitergehen, und irgendwann wird das alles von einem Gebilde erledigt, zentriert um Bildschirm und Tastatur wie beim Handy. Dann ist der Geldautomat bei der Bank als Institution angekommen, die nicht nur Geld auszahlt, sondern auch transferiert und wechselt. Ich wäre dann wirklich der Bankkunde, bei dem sich mancher Geldautomat heute schon für seinen Besuch bedankt.

Wie man den Geldautomaten auch betrachtet, er hat etwas von Raum, von Gegenstand, von Medium, von der Institution einer Bank und von Benutzeroberflächen. Auf jeden Fall geht das Handeln gegen ein Minimum und das Empfangen und Senden von Zeichen gegen ein Maximum. Das beginnt beim Öffnen der Tür und endet mit der Information zum Kontostand. Man kann auch sagen: Handeln im realen Raum ist die Voraussetzung für Prozesse im virtuellen Raum. Das Verhältnis zwischen Handlungen und Prozessen hat sich zugunsten der Prozesse verschoben, und zwar durch Kommunikation über Zeichen als Auslöser von Prozessen.

Das wären mögliche Lesarten des Geldautomaten. Entscheidend scheint mir aber dennoch etwas anderes zu sein – etwas, das der Designhistoriker Hans Wichmann einmal als den wichtigsten Wandel in der Gegenstandswelt vom 19. zum 20. Jahrhundert bezeichnet hat: Die Dinge haben ihre Selbstständigkeit verloren, sie sind abhängig geworden, zu Teilen eines Systems, eines Funktionskomplexes, eines Prozesses und so weiter geworden.

Das unterscheidet auch den autonomen Wasserträger im *Zauberlehrling* vom Geldautomaten in der Bank. Der Geldautomat ist Teil von Transferprozessen mit seinen Knotenpunkten, Wechselkursen, Zinsen, Dispokrediten, mit Geldkarte, Kreditkarte, Datenströmen und Bildschirmen. Unter diesen Umständen verlieren die einzelnen Faktoren an Bedeutung gegenüber den Zusammenhängen, die zwischen ihnen bestehen; es gibt also eine relative Entwertung von Gegenständlichkeit zugunsten einer Aufwertung von Relationen zwischen Dingen, Räumen, Medien, Zeichen und so weiter.

Als Charakteristikum von Gesellschaften, die als modern bezeichnet werden, gilt die Fähigkeit zur ständigen Auflösung gegebener Zusammenhänge, aus deren Elementen sich dann wieder neue Zusammenhänge bilden.

Wenn ich vor diesem Hintergrund nach dem Wert von Zeichen, Gegenständen und Räumen frage, liegt der Unterschied nicht einfach zwischen ihnen, sondern in ihrer Fähigkeit zur Transformation, das heißt im Verhältnis von Tiefe und Breite von Transformationen. Transformierbarkeit zugrunde gelegt, ist das Gestalten transformierbarer Zeichen eine Sache hoher Intensität und Schnelligkeit; bei Gegenständen geht es schon langsamer und die Intensität ist geringer, Räume haben die größte Trägheit, sie transformierbar zu machen, ist wahrscheinlich die größte Herausforderung.

Anders gesagt, ich bin weder der Meinung, dass man zu den dauernden Strukturen des Architektonischen zurück muss noch dass man die Flüchtigkeit der Zeichen favorisieren muss. Ich meine dagegen, dass die Spannung zwischen dem Trägen und dem Flüchtigen größer wird und dass es darum geht, aus dieser Spannung auch ästhetischen Gewinn zu schlagen.

Ehe ich zum Stand der gegenwärtigen Designtheorie komme, will ich noch einmal thesenartig zusammenfassen, in welchen drei Widersprüchen für mich die Arbeitsfelder von Design liegen: im Widerspruch quantitativ unbegrenzter Mengen an Objekten bei gleichzeitig begrenztem Raum, in der tendenziell unendlichen Menge von Informationen bei begrenzter Zeit für ihre Verarbeitung, also in der knappen Ressource Aufmerksamkeit, und in der Möglichkeit globaler Mobilität bei wiederum begrenzter Zeit des neuen Nomaden für diese Mobilität.

1. Zum Widerspruch zwischen unbegrenzten Dingen und begrenztem Raum.
   Er hat mehrere Folgen. „Small is beautiful" ist einer der bekanntesten japanischen Werbeslogans, was man als ästhetische Aufwertung des Minimierten, Kompakten und Leistungsstarken bezeichnen kann.

Dann haben Dinge, die die Räume verstellen, Verfallsdaten, die immer näher an die Gegenwart heranrücken. Damit ist weniger ihr physischer Verfall als vielmehr ihr sogenannter moralischer Verschleiß gemeint, also die Zeitspanne, nach der sie wie von gestern aussehen und bevor sie zum Gegenstand von Retromoden werden.

Schließlich differenzieren sich Gegenstände, die weniger die Räume vollstellen und vielmehr zu den sogenannten hochpreisigen Dingen zählen, immer mehr in Haut und Kern, wobei der Kern erhalten bleibt und die Kleiderhaut wechselt, also die Handyhülle passend zum jeweiligen Kleid, die Lautsprecherabdeckung und die Husse passend zum Ambiente, der Smart passend zur Farbe der Saison, zumindest potenziell. Hier wird der Schein des Alterslosen durch kosmetische Prozeduren erzeugt, die sich nur auf die Haut richten, aber Wandlungsfähigkeit suggerieren. Im gleichen Preissektor liegen die Produkte mit Basiskomponente und Funktionskomponenten der verschiedenen Art: bei Fotoapparaten ein Korpus mit auswechselbaren Objektiven usw., bei Gartengeräten ein sperriger Stiel für verschiedene Geräte zum Graben, Hacken, Harken usw.

Vom Raum her gedacht kommt zum Verstellen und Verwandeln von Raum durch Gegenstände die Entlastung des Raums von Gegenständen. Das Genusspotenzial verlagert sich auf den immateriellen Wechsel des Lichts und auf die Raumbegrenzungen als Oberflächen mit und ohne Bild. Räume werden zu leer gefegten Bühnen, auf denen die Auftritte stattfinden können.

Noch einmal gedreht, lässt das Genusspotenzial nicht nur die Gegenständlichkeit, sondern auch die Räumlichkeit hinter sich und macht sich an Bewegung, ihren Trägern und an dem fest, worin sie eingehüllt sind und was sich mehr oder weniger mit ihnen bewegt. Nicht räumliche, sondern zeitliche Gestaltqualitäten werden zu Genusspotenzial und Gestaltungsaufgabe.

2. Ich hatte von dem Widerspruch gesprochen, dass für immer mehr Information immer weniger Zeit zu ihrer Verarbeitung zur Verfügung steht. So verschiebt sich das Schwergewicht von der linearen Rezeption sprachlicher Zeichen zur komplexen Rezeption von Bildern und Symbolen, oder anders gesagt: von einer relativen Eindeutigkeit sprachlicher Zeichen zu einer Mehrdeutigkeit der Bilder und Symbole. Fülle, Chaos und Mehrdeutigkeit führen, wenn sie begrenzt werden sollen, in mehrere Richtungen: in das Strukturieren von Informationen, also in das, was Gui Bonsiepe als Kern von Mediendesign ansieht – man kann darunter vielleicht das Hierarchisieren und das Vereinfachen von Informationen verstehen. Design gerät hier jedoch an Grenzen, die nur mit anderen Disziplinen zusammen oder gar nicht überschreitbar sind, die Menge der Informationen nimmt durch Strukturieren nicht ab, was nichts anderes heißt, als den Adressaten zum Auswählen, zum Navigieren und nicht nur zum Surfen, zu Kritik und Alternativen zu befähigen. Ich erinnere an das Beispiel aus den Pariser Vorstädten. Das sind aber jene Fähigkeiten von Subjekten, für deren Ausbildung der Designer nicht allein verantwortlich ist.
3. Schließlich findet die Möglichkeit globaler Mobilität ihre Grenzen an Prozessen, die Zeit rauben, also das Unterwegssein, die Umstellung von der Heimat auf die Fremde usw. Eine Antwort darauf ist das Verbleiben am Ort bei globaler Information durch Fernsehen oder globale Kommunikationsmittel zum Beispiel durch Videokonferenzen. Darauf will ich aber nicht hinaus, sondern auf die Ebene darunter, auf das Beschleunigen, auf „Verheimatung" und Folklorisierung.

Mit Beschleunigung meine ich den Abbau von Diskontinuität, ein Beispiel ist ein Flughafenprojekt, das vor zwei Jahren an unserer Hochschule beim Produktdesign gelaufen ist. Das gestellte Problem: Wie könnte man die Fluggäste vom privaten Auto in einen Zubringer vom Zentrum zum Flughafen locken? Die vorgeschlagene Lösung war, die Abfertigung von Fahrgast und Gepäck in den Zubringer zu verlagern und ihn nicht nur als Raum, sondern auch als Prozess zu gestalten. Ergebnis: keine leeren Zeiten, weniger Verkehr zum Flugplatz, weniger Parkplatzbedarf am Flugplatz, zugleich Beschleunigung, das heißt höhere Kontinuität beim Reisen.

Mit „Verheimatung" bezeichne ich hier die Herausbildung von Standardqualitäten für Flughäfen, Hotels, kommunale Verkehrs- und Kommunikationsmittel überall auf der Welt. Anders gesagt: Wenn der Reisende im Hotel alles wie gewohnt vorfindet, fällt das Eingewöhnen weg, er fühlt sich wie zu Hause. Die Kehrseite davon: Die nationalen, regionalen und lokalen Differenzen werden als Oberfläche für den Fremden inszeniert, sie werden also zu folkloristischen Inszenierungen.

Wenn ich hier von Designaufgaben rede, verstehe ich darunter das Erhöhen von Kontinuität im oben genannten Sinne, nur

> mit großen Einschränkungen das Herausbilden von Standardqualitäten, weil sie Differenzen einebnen und alles Fremde nach den Normen der einen herrschenden Kultur reguliert wird, und schon gar nicht verstehe ich darunter Folklorisierung als Gestalten von Oberflächen.
>
> Wenn ich nach dem Neuheitsgrad solcher Designaufgaben frage, sind sie bei näherer Betrachtung nicht unbedingt neu, aber dennoch typisch für die Gegenwart. Beschleunigung ist ein Phänomen der Moderne generell, und man lässt sie gewöhnlich im 19. Jahrhundert beginnen. Neu ist gegenwärtig die elektronische und nicht mehr nur mechanische Basis der Beschleunigung. Die Entlastung des Raums gehörte ganz wesentlich jedoch bereits zum Programm der Avantgarde seit den 1920er-Jahren, und die Faszination durch Mobilität hat ihre Spuren vor siebzig Jahren schon in immobilen Objekten hinterlassen, zum Beispiel in Dampferformen von Häusern, in der Stromlinienform von Staubsaugern und Ähnlichem. Funkelnagelneu ist also wenig.

So viel zur Zusammenfassung. Diese Zusammenfassung ist gleichzeitig das Muster für die Frage nach Entwicklungen in der Designtheorie: Reagiert Theorie überhaupt, und wenn ja, wie reagiert sie auf die dargestellten Widersprüche, also auf den zwischen Mangel an Raum und Überfluss an Gegenständen, auf den zwischen Stofflichkeit von Designobjekten und Zeitlichkeit von Dienstleistungen und auf den zwischen Integration und Auflösung von Artefakten?

Ich hatte schon gesagt, dass es eigentlich eine unstatthafte Verkürzung ist, von Designtheorie zu reden, da eine Theorie des Designs nicht existiert, es gibt nur einige wenige Texte, Autoren und Standpunkte, und zwischen ihnen findet kein Dialog statt, es gibt keine Schule, keine Medien, die es bisher geschafft hätten, einen Designdiskurs zu stiften. Ich werde mich deshalb im Folgenden auf Bestimmungen von Design konzentrieren, die in der neuesten Literatur vorkommen, und nach dem Denken fragen, das ihnen zugrunde liegt.

Ich habe versucht, ein paar Verben zu finden, mit denen sich benennen lässt, wie das Design und seine Funktionen in der Literatur beschrieben werden. Ich bin auf vier gekommen, auf differenzieren, wirken, entlasten und vermitteln.

Was ist damit gemeint?

Wenn ich von „differenzieren" rede, meine ich Äußerungen, in denen Formen eine Hauptrolle spielen. Formen sind Gegenstand des Ausdifferenzierens durch Design.

Wenn ich von „wirken" rede, meine ich Denkmuster, in denen Zeichen eine Hauptrolle spielen: das Design als Zeichenkomplex, mit dem Wirkungen erzielt werden sollen. Deshalb wird die Rhetorik für das Design entdeckt.

Mit „entlasten" meine ich eine Denkrichtung, in der Überfülle und Chaos eine Rolle spielen, die alle ein Problem darstellen und als Problem gelöst werden sollen.

Mit „vermitteln" meine ich eine Denkrichtung, in der Beziehungen eine Hauptrolle spielen, in der zwischen Gegenstand und Raum, Raum und Zeit, Absender und Empfänger von Botschaften oder zwischen Ökologie und Ökonomie vermittelt werden soll.

Zuerst zum Thema „differenzieren": Wenn ich lese, dass es die Form der Nudel ist, die bei gleichem Material den Geschmack der Nudel ausmacht, und damit in der Ausformung der Nudeln das Wesen des Designs gesehen wird, dann ist klar, dass Design nichts mit dem Hunger, sehr viel aber mit dem Appetit und den feinen Unterschieden zu tun hat. Design ist hier für die Nuancen der Mahlzeit, nicht für die Mahlzeit selbst verantwortlich, nicht dafür, dass man satt wird, dass ein gutes Verhältnis von Ballaststoffen und Nährstoffen existiert, nicht dafür, dass die Zunge hüpft, sondern dafür, dass sich das Auge freut, denn das Auge isst mit (› Abb. 13).

Wenn man einfach so sagt, dass das Auge mitisst, ist wohl gemeint, dass es auf das Auge auch ankommt, aber nicht nur, denn es isst nur mit, deshalb die Dekorationen auf dem Teller. Wenn dagegen die Differenz der Nudelformen das Wesen des Design beschreiben soll, wende ich mich an ein Publikum, das satt ist, das den Hunger nicht mehr kennt, bei dem der Appetit den Hunger abgelöst hat. Deshalb diese Akzentverschiebung von der sättigenden Funktion der Nudeln zur appetitanregenden Form der Nudeln. „Die Form macht den Geschmack",[16] so Wolfgang Jonas, der weiter schreibt: „Und das ist eines der wenigen, aber entscheidenden Argumente fürs Design, und zwar jenseits von Marketing, Ökonomie und sogar ‚der guten Form'."[17]

Die Nudel als Design stammt aus dem 1999 erschienenen Band *Der TABASCO-Effekt* mit dem Untertitel: *Wirkung der Form, Formen der Wirkung. Beiträge zum Design des Design* (› Abb. 14). Ich werde mich weiterhin auf diesen Band beziehen, weil er für den gegenwärtigen Diskussionsstand charakteristisch ist.

Gegensätzlich zum bisher Gesagten ist die mit dem Verb „entlasten" bezeichnete Funktion von Design. Entlastung wird unter dem Aspekt von Entstofflichung zugunsten von Verzeitlichung und von Entgegenständlichung zugunsten von Nutzung von „Humankapital" – also von menschlichen Leistungen oder Befähigungen – diskutiert.

Wenn Meinel das Verständnis von Produkt auf Leistung ausdehnt, ein Produkt also auch eine Leistung ist, vermittelt er als Programm für die Zukunft, was Birgit Mager mit Service-Design als einen geschichtlichen Prozess versteht, der im Service-Design beginnt und im Service-Design endet. Auch bei ihr spielt „Humankapital" die entscheidende Rolle für die Verzeitlichung des Designs. Birgit Mager, die den Terminus Service-Design bekannt gemacht hat, schreibt im Katalog der schon zitierten Ausstellung *Der Gehilfe* einen Text mit dem Titel: „Am Anfang ist alles Service"[18], mit einem deutlichen Bezug auf das Bibelwort vom Anfang aller Anfänge – bei Birgit Mager sind dies Beziehungen. In diesem Text heißt es: „Am Anfang geht es bei der Ernährung nicht um den Kauf der richtigen Produkte, nicht um den Besitz schön gestalteten Geschirrs oder darum, silbernes Besteck zu präsentieren, sondern alles dreht sich um Service: um Rhythmus und Zuverlässigkeit. Am Anfang braucht Transport kein neues Fahrrad, keine Inlineskates oder schnelle und luxuriöse Autos, er braucht Service: Nähe und Geborgenheit. Am Anfang lebt Unterhaltung nicht von Büchern oder Radios, von Videospielen, Computern, Kinos oder Fernsehen, sie lebt vom Service: von Aufmerksamkeit und Zeit. Am Anfang schert sich Hygiene nicht um Kosmetikprodukte oder Badezimmerdesign,

16 Wolfgang Jonas, „Giebichensteiner Muntermacher", in: Matthias Götz (Hrsg.), *Der TABASCO-Effekt. Wirkung der Form, Formen der Wirkung. Beiträge zum Design des Design*, Basel/Halle 1999, S. 136.

17 Ebd.

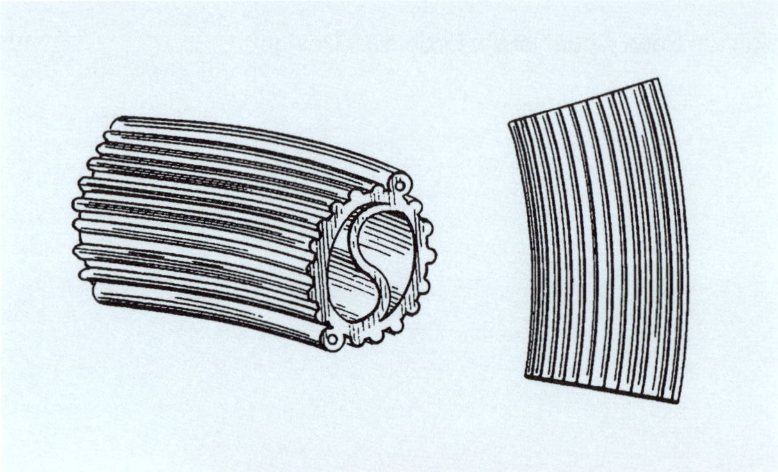

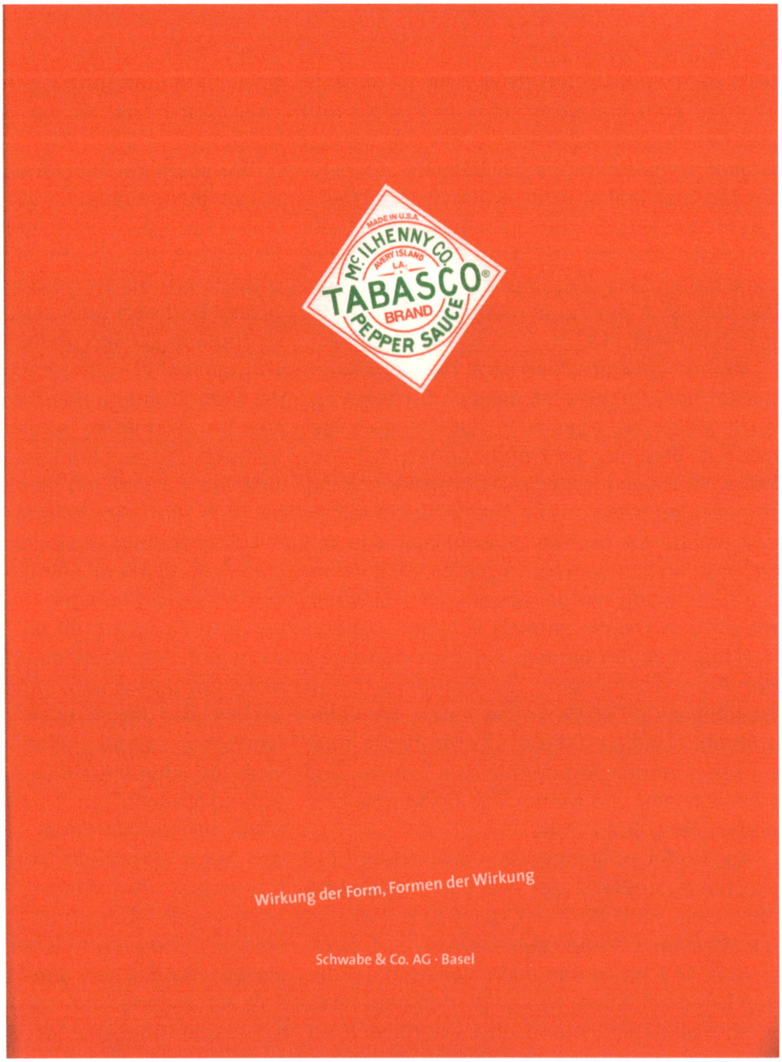

Abb. 13 Philippe Starck für Panzani, Mandala Pasta Design, 1994

Abb. 14 Cover von: Matthias Götz (Hrsg.), *Der TABASCO-Effekt. Wirkung der Form, Formen der Wirkung. Beiträge zum Design des Design*, Basel/Halle 1999

sie braucht Service: Geduld und Zärtlichkeit. Service kann wunderbar sein: individuell gestaltete Bedürfnisbefriedigung, wechselseitige Beziehung, emotionale Nähe und Vertrauen, umsorgt und verwöhnt werden. Und Service kann schrecklich sein: Vernachlässigung und endloses Warten, Enttäuschungen und emotionale Verletzungen – Service kann Instabilität und Abhängigkeit bedeuten.

Am Anfang ist alles Service, ist alles Beziehung – und nach und nach wird die Welt der Dinge entdeckt. Spielzeuge und Fernseher ersetzen die Erfahrung des Spiels. Bücher füllen die Regale (jedenfalls taten sie es, bevor Computerspiele die Kinderzimmer eroberten) und ersetzen das Vorlesen. Kassetten und Schallplatten nehmen den Platz des Vorsingens ein. Das erste Fahrrad eröffnet eine neue Welt der Unabhängigkeit, es überformt die elterlichen Transportfähigkeiten."[19]

Nach Mager beginnt also Geschichte mit Beziehungen, sie lässt die Kämpfe weg und spricht nur von Hilfe, Geduld, Zuwendung, Aufmerksamkeit, Zärtlichkeit, Unterstützung, kurz von Zeit, die jemand einem anderen zur Verfügung stellt – und das tun alle. Paradiesische Zeiten, wenn man ihr Glauben schenkt.

An die Stelle der Beziehungen treten allmählich jedoch Objekte, an die Stelle geopferter Zeit tritt die Unabhängigkeit gegenüber denen, die Zeit opfern. Während die Gegenwart von den Objekten mit allen bekannten Problemen von Entfremdung bis Verschmutzung bestimmt wird, will die Autorin zu Beziehungen und zur Zeit zurück. Soziale Beziehungen und die Verfügung über die Zeit von Dienstleistern sind die beiden Säulen des Service-Designs. Beziehungen sollen an die Stelle von Objekten treten, dem Raumverbrauch steht der Zeitverbrauch gegenüber. Service-Design als Dienstleistungen sind nach ihr nicht tote Objekte, sondern lebende Produkte. Und: „Dienstleistungen werden im Moment des Kaufes produziert, sie entwickeln ihre Form und Qualität während sie konsumiert werden."[20] Ein Gespräch, in dem ein Service-Designer und ein Kunde gemeinsam auf die Lösung eines Problems kommen oder gemeinsam eine Strategie für ein Vorgehen entwickeln, wird zum Service-Design. Der Designbegriff wird damit auf all das ausgedehnt, was heute noch Beratung heißt.

Design ist hier also kein Entwurfsprozess vor einem Gebrauchsprozess, Entwurf ist nicht die Voraussetzung für die spätere Existenz eines Objekts, sondern Entwurf, Herstellung und Konsumtion fallen zusammen und werden über das Kaufen vermittelt. Das Kaufen von Dienstleistungen ist das Neue gegenüber dem geschichtlichen Anfang, von dem die Autorin ausgeht. Wichtiger scheinen mir aber am Service-Design zwei Eigenarten: Es ist um die Person des Dienstleisters zentriert und Service-Design ist sprachlich vermittelt. Sprache spielt im Service-Design eine andere Rolle als im Design von Objekten, Sprache ist hier ein Werkzeug zur Produktion von Dienstleistungen. Mit dieser Funktion von Sprache setzt sich ein neuerer Prozess fort, der mit dem Gestalten von Informationen begonnen hat. Neu ist, dass Sprache im Service-Design außerhalb des Gestaltens von Informationen eine entscheidende Rolle zu spielen beginnt. Sprache war schon immer

18 Birgit Mager, „Am Anfang ist alles Service", in: *Der Gehilfe. Vom Dienstboten zum Service-Design*, Ausst.-Kat. Museum für Gestaltung, Zürich 2000, S. 108 f.
19 Ebd.
20 Ebd., S. 108 f. und 112.

ein Kommunikationsmittel, mit dem sich Entwerfer und Auftraggeber neben dem Modell und am Modell über einen Entwurf verständigt haben, aber diese Kommunikation war noch keine Designleistung, sondern hatte die Designleistung zu vermitteln.

Wenn ich in solcher Betonung von Sprache einen möglichen Weg mit Perspektive sehe, scheint mir die ausschließliche Fixierung auf das „Humankapital" eine Denkrichtung, die das Design nicht nur verzeitlicht, sondern auch außerordentlich luxuriös und wohl auch etwas nostalgisch ist. Im Service sind nicht mehr die Mittel – also die Objekte – verabsolutiert, vielmehr ist der Zweck verabsolutiert und die Mittel werden ignoriert.

Für den Philosophen Georg Wilhelm Friedrich Hegel waren die Mittel vornehmer als der Zweck, weil man die Mittel immer wieder und auch zu verschiedenen Zwecken verwenden kann. Im Service-Design haben sich die Mittel in ein Erlebnis, eine Erfahrung, einen Prozess oder eine Dienstleistung aufgelöst, deren Wesen gerade darin besteht, dass man sie nicht mit nach Hause nehmen kann. Zugespitzt formuliert: Wenn Birgit Mager beklagt, dass sich die Mittel heute gegenüber ihren Zwecken verselbstständigen – das war ja auch in Goethes *Zauberlehrling* so –, macht sie das genaue Gegenteil: Sie verselbstständigt die Zwecke gegenüber den Mitteln. Die Zwecke sind immer Unikate, es gibt keine Wiederholungen, und weil es keine Wiederholungen gibt, spielen die Mittel keine Rolle.

Was bei Mager undeutlich bleibt, ist, was das eigentlich ist, eine Dienstleistung im Sinne des Service-Designs. Ist schon die Wartung eines Computers darunter zu verstehen, ist es damit eine Erweiterung der Verantwortung des Herstellers über den Produktverkauf hinaus auf die Produktpflege? Oder ist es der Besuch eines Restaurants, also eine institutionalisierte Gastfreundschaft? Oder ist es die Hausarbeit, die jemand für einen Pflegebedürftigen leistet, damit seine relative Autonomie noch etwas erhalten werden kann? Oder ist es eine sexuelle Dienstleistung, bei der sich zwei Partner wechselseitig zu Objekten machen? Oder ist schon die Fahrt im Taxi gemeint? Vielleicht ist auch all das gemeint. Dann wäre aber jeweils genauer zu definieren, worin an der jeweiligen Dienstleistung das Design bestehen könnte.

Sie sehen also jetzt zwei gegensätzliche Positionen: eine Strategie des Ästhetisierens mit dem Beispiel der Nudel und eine Strategie des Dienens auf der Basis von Zeit. Der Verabsolutierung der Form steht also eine Strategie gegenüber, in der nach der Form nicht gefragt wird. Eine Dienstleistung muss man nicht mit ästhetischen Kategorien beschreiben; wenn man jedoch von Service-*Design* spricht, müsste es allerdings schon möglich sein, ästhetische Qualitäten auszumachen oder zumindest nach ihnen zu suchen. Diese könnten dann nicht in Gestaltqualitäten, sondern müssten in Beziehungsqualitäten liegen. Man könnte dann von einem Ort als Designaufgabe sprechen, so wie Lucius Burckhardt von Design als einer Institution gesprochen hat, oder man könnte auch von einer Situation sprechen. Es sind immer drei Faktoren, die einen Ort, eine Institution oder eine Situation konstituieren: eine räumliche Dimension, eine zeitliche Dimension und eine soziale Dimension in Gestalt von Personen.

Ich selbst würde immer von einer Situation sprechen; beim Ort liegt der Akzent zu einseitig auf dem Raum, bei der Institution zu sehr auf dem Wiederholbaren. Nur die Situation scheint mir in alle Richtungen offen zu sein. Die Situation des Wäschewaschens zum Beispiel: Räumlich entspricht ihr der Waschsalon, institutionell entspricht ihr eine stabile Beziehung von Verfahren und Gewohnheiten, Dingen und Prozessen, situationell entspricht ihr das Wiederholbare und Einmalige, das Räumliche und das Zeitliche.

Was macht also der Benutzer des Waschsalons, während die Wäsche im Automaten gewaschen wird? Geht er nebenan einen Kaffee trinken? Kann er (oder sie) sich im Umfeld mit Freunden treffen? Kann er seine Post- und Banksachen erledigen, kann er zum Friseur gehen, kann er sich im Schwimmbecken tummeln? Kann er Briefmarken kaufen? Und wo kann er Zeitung lesen, wenn ihm die Atmosphäre im Waschsalon zu kalt ist? Die Frage für den Designentwurf wäre also, wie hier zeitliche Beziehungen räumlich gestaltet werden können, und für den Genuss des Designs, wie man diese raum-zeitlichen Beziehungen ästhetisch genießen könnte, und schließlich, wie diese Beziehungen in Raum und Zeit soziale Beziehungen stiften könnten.

Neben der beschriebenen Ästhetisierungs- beziehungsweise Problemlösungsstrategie hatte ich als dritte eine benannt, die man als Wirkungsstrategie bezeichnen kann. Wenn die Wirkung der Form beschrieben wird und wenn Formen wirken sollen, wie es im Untertitel von *Der TABASCO-Effekt* heißt, haben wir eine Strategie, die letzten Endes auf die Rhetorik zurückgeht. Was damit gemeint ist, könnte man am besten mit einem Gegensatzpaar von Heinz von Foerster sagen, nicht: Sag, wie es ist, sondern: Es ist so, wie du sagst.[21] Nicht der Inhalt einer Rede und sein Vergleich mit der Realität unterliegen dem Kriterium der Wahrheit, sondern der Akt des Sprechens selbst stiftet die Wahrheit, die Konstruktion der Wahrheit im Sprechen also. Die Wahrheit ist subjektiv, das Sagen und nicht die Realität entscheidet über die Wahrheit. Das ist überschrieben mit „Radikaler Konstruktivismus“ – es sind Konstruktionen, die, weil sie im Kopf existieren, real erscheinen, ihre Realität ist nur an das Sagen gebunden.

In Glossareinträgen zu seinem Text in *Der TABASCO-Effekt* umspielt Wolf Reuter mit Gedankenfragmenten das Verhältnis von Rhetorik, Design und Wirkung. Er macht zunächst auf die kunstwissenschaftliche Unterscheidung von Realität und Wirkung aufmerksam, auf Gottfried Boehm mit der Unterscheidung von Bildfaktum und Bildwirkung, auf Josef Albers als Gestalter am Bauhaus und später als Künstler in den USA mit der Unterscheidung von faktischem und aktuellem Fakt und auf Adolf von Hildebrand, der von Daseinsform und Wirkungsrealität gesprochen hat. Hier sind zwei Dinge besonders interessant: der Bezug des Designs zur Kunst und der Bezug zur Differenz von intendierter, potenzieller und realisierter Funktion. Wenn von Wirkungen gesprochen wird, wird zwischen Kunst und Design nicht unterschieden, die Betrachtung des Designs hat sich von sozial- und kulturwissenschaftlichen Fragen auf kunst- und geisteswissenschaftliche Fragen verlagert. Und das bleibt nicht ohne Folgen für das Verständnis von Design, oder anders gesagt: Wenn die Differenz betont wird, die zwischen einem Ding, einem Kunstwerk, einem Ereignis auf der einen Seite und seiner Rezeption,

21 Das Zitat konnte nicht aufgefunden werden. Sehr ähnlich aber hier: Heinz von Foerster, „Wahrnehmen wahrnehmen“, in: Karlheinz Barck u. a. (Hrsg.), *Aisthesis. Wahrnehmung heute oder Perspektiven einer anderen Ästhetik*, Leipzig 1990, S. 442.

seinem Erlebnis auf der anderen Seite bestehen, richtet sich das Interesse darauf, diese Differenz kleinzuhalten. In unserem Fall werden dazu die Rhetorik und ihre Geschichte bemüht. So kommt der Architekt Wolf Reuter von der Kunst zur Rhetorik und von der Rhetorik zum Design. Er stützt sich dabei auf Friedrich Nietzsche, der formuliert hatte, die Rhetoren „haben die ‚Meinung über die Dinge' und dadurch die *Wirkung* der Dinge auf den Menschen in der Hand".[22] Nicht die Dinge wirken durch sich selbst, sondern durch die, die sie vermitteln, oder – wenn man Nietzsche weiterdenkt: Die Dinge selbst müssen schon auf eine rhetorische Wirkung hin entworfen worden sein.

Der Kontext bei Reuter legt es nahe, in den Dingen von Nietzsche auch Designobjekte zu sehen. Design versteht sich in diesem Sinne als die Herstellung von Zeichen, die eine besondere Funktion haben, nämlich zu wirken. Design ist damit wirkungsvolle Zeichenproduktion. Designer reagieren also nicht auf eine Welt, die sie für problematisch, für verbesserungswürdig ansehen, sondern sie schaffen eine neue Welt, eine Kunstwelt – sie fragen nicht, wie es ist, sondern wie sie es sagen, so ist es auch. Die Differenzen zwischen Künstler und Designer sind damit eingeebnet, die neu geschaffene Welt ist als Kunstwelt eine autonome Welt, die als Design daherkommt.

Mit „vermitteln" komme ich zum vierten und letzten Verb, mit dem ich Standpunkte zum Design beschreiben will. Der Designer ist hier ein Dritter zwischen einem Objekt und einem Subjekt, der Designer ist quasi ein Medium zwischen Objekt und Subjekt.

Das Objekt, von dem ich hier rede, kann man sich als komplex, kompliziert, chaotisch, unstrukturiert vorstellen, den Nutzer als einen, dem es nicht unbedingt an Intelligenz, aber an Zeit und Energie fehlt, das Komplexe, Komplizierte und Chaotische zu entwirren, zu strukturieren und zu hierarchisieren, und wenn er es doch schaffen würde, hätte er Stress, aber keinen Genuss. Wenn es der Designer für ihn erledigt, geschieht das nach Kriterien von Wahrnehmungsökonomie und Gebrauchsökonomie sowie mit dem Ziel, diese Arten von Ökonomie auf ästhetisch-genussvolle Weise erleben zu können, kurz Ästhetik und Ökonomie miteinander zu verbinden.

„Design heißt Zeichenreduktion",[23] so lautet die lakonische Bestimmung von Eckhard Siepmann im Katalogbuch zur Ausstellung *Das Jahrhundert des Design*. Zeichenreduktion wäre mir zu wenig, weil hier nicht nach dem Zusammenhang von Reduktion als ökonomischem Verfahren und Gestaltung als ästhetischem Verfahren vermittelt wird, also nach dem gestalthaften Resultat der Reduktion, das kann ja sonst auch Uniformität, Kargheit, Simplizität und Ähnliches sein. Aber klar ist, warum das Siepmann im Jahre 2000 so formuliert: Wir leiden nicht gerade an Mangel, sondern an Überfülle von Zeichen, nicht gerade an Ordnung, sondern an Chaos.

Im Editorial von *arch+* 149/150, die im April dieses Jahres [2000] herausgekommen ist, schildert der Chefredakteur Nikolaus Kuhnert

22 Zit. nach Wolf Reuter, „Sysiphelische Götterspeise – bittersüß", in: Matthias Götz (Hrsg.), *Der TABASCO-Effekt. Wirkung der Form, Formen der Wirkung. Beiträge zum Design des Design*, Basel/Halle 1999, S. 179.

23 Eckart Siepmann, „Der Schatten des Nichts. Die gewöhnlichen Dinge und die Globalisierung des Blicks", in: Wolfgang Schepers, Peter Schmitt (Hrsg.), *Das Jahrhundert des Design. Geschichte und Zukunft der Dinge*, Ausst.-Kat. Badisches Landesmuseum, Karlsruhe, Frankfurt am Main 2000, S. 36.

eine aufschlussreiche Situation, die geradezu nach Vermittlung schreit: „ARCH+: Das Produzieren dieses Heftes war für uns in vielerlei Hinsicht ein Alptraum. Der Siegeszug der elektronischen Medien und ihre Auswirkungen auf die Produktion von Architektur ist nicht nur das Heftthema [...]. Diese Auswirkungen betreffen auch das Zeitschriftenmachen. Statt der üblichen Darstellungsformen – Grundriss, Ansicht, Schnitt, Photos – auf den Medienträgern Papier und Film, erhält man heute auf Anfrage eine CD-ROM mit unzähligen Bildern, die sich mit unverständlichen Dateibezeichnungen in Dutzenden von Ordnern und Unterordnern befinden, deren Ordnung und Bedeutung – sofern es sie gibt – nur für Eingeweihte begreiflich ist. Zugleich steht diesen Massen von bunten Bildern in der Regel eine äußerst oberflächliche und kärgliche Beschreibung der konzeptionellen Idee bzw. der technischen Umsetzung gegenüber. [...] Krausse: Worüber beschwert Ihr euch? Das sind genau die Entwicklungen, die unseren Bundeskanzler auf neue Arbeitsplätze hoffen lassen. Die Informationsgrafik und -aufarbeitung hat eine goldene Zukunft, weil sich der Zustand noch verschlimmern wird. Wir haben diese Informationshöllen noch mit den alten Medien erlebt, es kommen aber zusätzlich neue auf uns zu. Die Pfadfinderfunktion in dem Dickicht von Informationen zu übernehmen, das ist die Aufgabe der Zukunft“[24] (› Abb. 15).

Was hier Kuhnert als gegenwärtige Erfahrung beschreibt und was Jo Krausse in die Zukunft fortsetzt, macht die Existenzberechtigung dessen aus, was Gui Bonsiepe nicht Kommunikationsdesign, sondern Infodesign nennt und so beschreibt: „Infodesign kann charakterisiert werden als eine Domäne, in der über die Auswahl, Anordnung, Hierarchisierung, Verknüpfung und visuelle Distinktion durch Zeichen Sachverhalte erfahrbar, erkennbar und interpretierbar gemacht werden.“[25] Bonsiepe setzt also bei unüberschaubaren Datenmengen an, die so strukturiert werden müssen, dass sie zeitökonomisch verstehbar sind. Wenn ein Designer vermittelt, dann also von einer Funktion zu einer Form, von einem codierten Zeichen zu einem decodierbaren Zeichen, von einem Problem zu einer Lösung.

Man könnte die ganze Geschichte des Designs als eine Geschichte der Vermittlungen schreiben und danach fragen, was jeweils vermittelt werden sollte: ein Gefühl, eine Leistung, ein Programm und welches, ein Vorschlag zum Gebrauchen, eine Handlungsanleitung? Hier geht es aber nur um die Gegenwart.

Wenn ich zu Beginn mit Auflösung und Integration wechselseitige Prozesse beschrieben habe, steht dahinter als Voraussetzung die zunehmende Komplexität von Artefakten, die komplex in ihren Funktionen und mehrdeutig in ihren Formen sind. Unter Umständen, die bei Frithjof Meinel als „Komplexität bei gleichzeitiger Miniaturisierung“[26] erscheinen, „rückt“, so Meinel weiter, „die Vermittlungsfunktion des Design in den Mittelpunkt. Design wird eingesetzt, um unübersichtliche Funktionen zu erklären und handhabbar zu machen.“[27] So war auch Bonsiepe zu verstehen, für Meinel ist das jedoch nicht nur die

24 „Medienarchitektur. Arch+ im Gespräch mit Joachim Krausse“, in: *Arch+*, Heft 149/150/2000, S. 26.

25 Gui Bonsiepe, *Interface. Design neu begreifen*, Mannheim 1996, S. 64.

26 Frithjof Meinel, „Design – Problem oder Chance nachhaltiger Wirkung“, in: Matthias Götz (Hrsg.), *Der TABASCO-Effekt. Wirkung der Form, Formen der Wirkung. Beiträge zum Design des Design*, Basel/Halle 1999, S. 281 f.

27 Ebd.

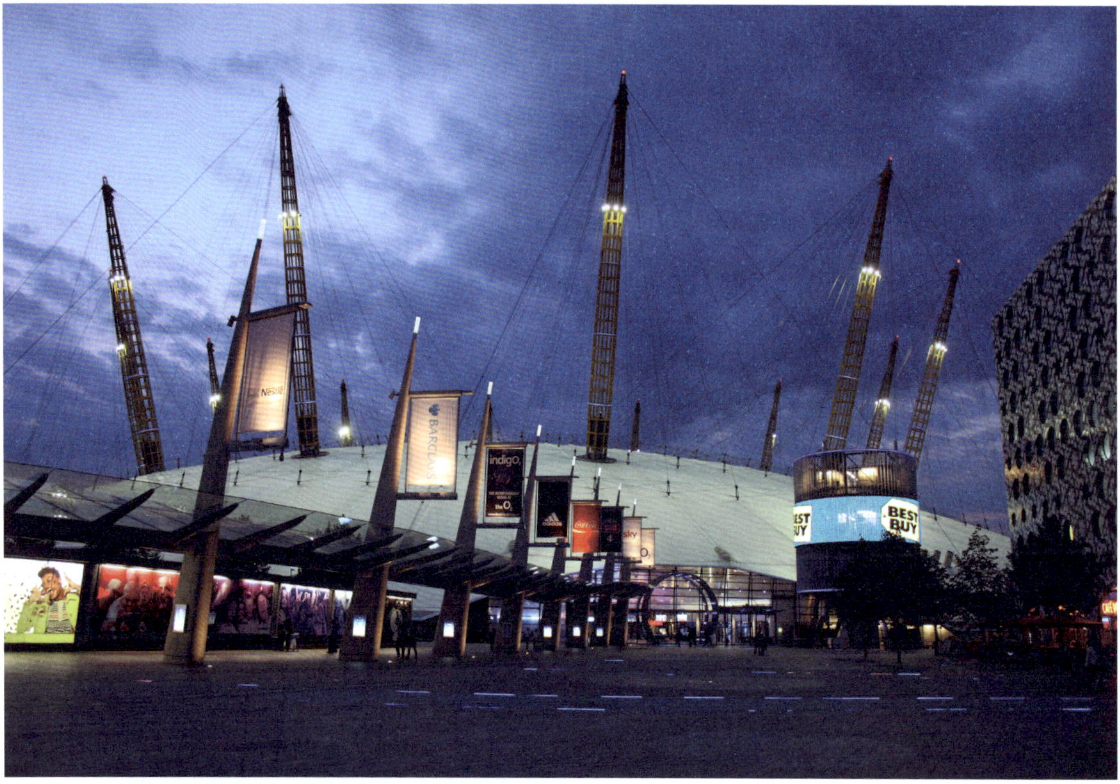

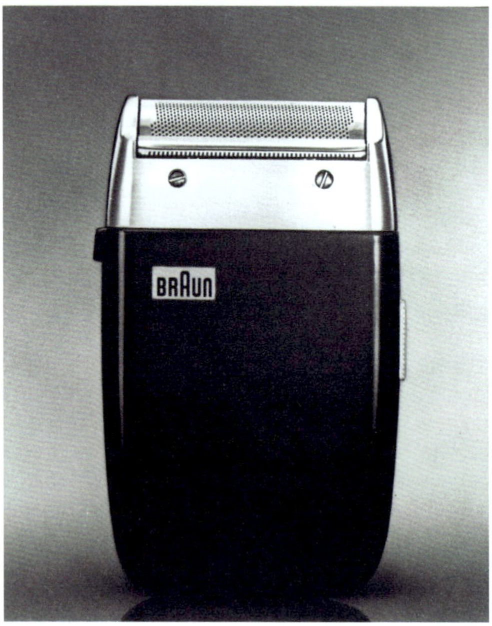

Abb. 15 Millennium Dome / The O_2 in Greenwich, London, UK
Abb. 16 Dieter Rams, *parat BT SM 53*, 1965

Sache von Infodesign, sondern von Design überhaupt. Handhabung und Funktion bleiben hier zentrale Begriffe im Design.

Dieter Rams, der über Jahrzehnte für Braun in diesem Sinne entworfen hat, hat zwar nicht in einem theoretischen Text, dafür in einem Statement Schlüsse aus dem Zuwachs von Komplexität gezogen, die Veränderungen in der Ausbildung und im Bild von Design meinen (› Abb. 16). Um Komplexität beherrschen zu können, um vermitteln zu können, muss man nach Rams die Spezialisierung aufgeben. Er fragt rhetorisch, ob die Aufsplitterung in viele Studiengänge noch Sinn hat und ob die gestalterischen Ansprüche denn so verschieden sind, und er antwortet sich selbst: „Ich glaube: Nein. Gestaltung ist Gestaltung. Wir Gestalter entwerfen die Lebensumgebung des Menschen, die Bauten, die Werkzeuge und Geräte, die Kommunikationsmittel [...]. Und das ‚Formfindungsdenken' der einzelnen Disziplinen ist eng miteinander verwandt. Tatsächlich arbeiteten gute Gestalter früher selten auf nur einem Gebiet; und in Zukunft wird ganzheitliche, integrierte Gestaltungsarbeit [...] noch wichtiger werden."[28]

Schon Walter Gropius hat in radikaler Vereinfachung einen Satz formuliert, den andere Bauhäusler gern wiederholten: Wer einen Stuhl machen kann, kann auch ein Haus bauen. So kann man das heute wahrscheinlich nicht mehr sagen, zumindest sieht man in den Ergebnissen keine Bestätigung. Norman Foster macht zum Beispiel die bessere Architektur, sein Design ist kopflastig, technoid und überorganisiert. Aber was Gropius dem einzelnen Architekten aufbürdet, scheint mir eine Tendenz in der Zusammensetzung heutiger Designbüros zu sein, die man vielleicht wie folgt beschreiben kann: dass sich um einen Kern von Produktdesignern oder von Grafikdesignern oder von Architekten die jeweils anderen anlagern, weil die Aufgaben zu komplex sind, weil zum Beispiel im Ausstellungsdesign ohnehin alles zusammenkommt. Was bei Gropius ein Einzelner leisten soll, nämlich der Architekt, wird heute also durch Kooperation geleistet. Die jedoch scheint auch bei Dieter Rams keine Rolle zu spielen, auch er scheint vom Einzelkämpfer auszugehen. Was mir aber wichtiger vorkommt, ist die Begründung für eine ganzheitliche, integrierte Gestaltungsarbeit, die er als Jahrhundertaufgabe ansieht und „die im unausweichlichen ökologischen Wandel unserer gesamten Produktkultur gründet". Er schreibt weiter: „Das bedeutet, dass eine Gestaltung gelehrt werden sollte, die sich im ganzen dafür verantwortlich fühlt, wie unsere Lebensumwelt in Zukunft aussieht: eine Gestaltung, die in einem durchaus ethischen Sinn die Mitverantwortung für eine Umwelt übernimmt, in der sich human leben läßt, die uns gut leben läßt."[29] Dem kann man schon zustimmen – und das wird auch das Thema einer nächsten Vorlesung sein –, doch das Problem besteht darin, dass in dieser Allgemeinheit alles richtig ist, weil die Probleme ausgeblendet sind.

Wenn bei Meinel und bei Rams die Handhabung im Zentrum jener Entwurfsstrategie liegt, die ich mit „vermitteln" bezeichnet habe, ist das nicht die neueste Position theoretisch intendierten Denkens. Gui Bonsiepe ersetzt den Terminus Handhabung durch den Terminus Handlung und außerdem den Terminus Funktion durch den Terminus Interface.

28 Dieter Rams, „Investition in Bildung", in: *Design Report*, Heft 10/1999, S. 18.
29 Ebd.

Jetzt also zu Bonsiepe, und damit zu einem Autor, der in Europa, in Südamerika und in den USA gearbeitet hat und heute eine Professur für Interfacedesign an der FH Köln wahrnimmt. Nachdem 1968 die Ulmer Hochschule für Gestaltung geschlossen wurde, ging Bonsiepe zunächst in das Chile von Salvador Allende; nach dem Militärputsch von Pinochet 1973 konnte er natürlich nicht bleiben und hielt sich dann weitgehend in Argentinien auf. Dazu kommen einige Jahre im Dunstkreis der Computerindustrie in den USA. Heute also ist er wieder in Deutschland. Nach dem Studium in Ulm redigierte Bonsiepe die Zeitschrift *ulm*, also eine der Zeitschriften mit großem theoretischem und programmatischem Anspruch; über Ulm und die Ulmer Zeitschrift wurden zum ersten Mal Informationstheorie, Semiotik und Kybernetik für das Design thematisiert. 1996 legte Bonsiepe ein Buch mit Texten vor, die zum größten Teil in den 1990er-Jahren entstanden sind. Das Buch heißt kurz und knapp *Interface* und trägt den Untertitel *Design neu begreifen*. Bonsiepes Anspruch ist also groß. Er sieht es als notwendig an, Design neu zu begreifen, und er zentriert dieses Begreifen um das Interface.

Mit dem Terminus „Interface" werden in einem verbreiteten Verständnis zwei unterschiedliche Bedeutungen akzentuiert: Entweder liegt die Betonung auf einem objektiven Faktum, dann ist mit „Interface" eine Benutzeroberfläche oder eine Schnittstelle zwischen Mensch und Maschine gemeint, oder aber der Akzent liegt auf einer Beziehung: Bonsiepe nimmt dafür den Computer und das Sehen und Tasten. „Dies schließt", so zitiert Bonsiepe, „die Arten der Gegenstände ein, die der Benutzer sieht, und die Konventionen dafür, wie der Benutzer mit diesen Gegenständen umgeht."[30] Interface wäre dann eine Computer-Mensch-Beziehung, die auf Gewohnheiten und Regelwerken beruht; Design wäre danach die Gestaltung von Displays, Bildschirminhalten, Mäusen, Tastaturen und so weiter.

Daran knüpft Bonsiepe aber nur an, um sodann zu sagen: Interfacedesign ist im Wesentlichen das Design überhaupt. Bonsiepe sagte 1992 in einem Vortrag für den Industrieverband von Uruguay: „Das Design ist die Domäne, in der die Interaktion zwischen Benutzer und Produkt strukturiert wird, um effektive Handlungen zu ermöglichen. Industrial Design ist wesentlich Interfacedesign."[31] Interface beschreibt er als eine dreistellige Relation. Zu dieser Relation gehören ein Handlungsziel, ein Werkzeug und ein Mensch: als Handlungsziel bei ihm zum Beispiel der Wunsch, eine Reiseverbindung zu erfahren, ein Blatt Papier zu zerschneiden oder ein Blatt Papier mit einer Reißzwecke zu befestigen, als Werkzeuge der Computer, die Schere und die Reißzwecke und natürlich ein Akteur als Benutzer.

Durch das Interface werden Ziel, Werkzeug und Benutzer miteinander verkoppelt. Also ist Interface ein Prozess, mit dem die Kopplung bewerkstelligt wird, mit diesem Prozess als Design wird aus einem Objekt ein Werkzeug und aus Daten in den Netzen die Informationen auf dem Bildschirm. Bonsiepe schreibt: „Das Interface erschließt den Werkzeugcharakter von Objekten und den Informationsgehalt von Daten. Interface macht Gegenstände zu Produkten. Interface macht aus Daten verständliche Informationen. Interface macht aus

30 Sun Microsystems, *The Open Look (user interface) Style Guide*, 1989, zit. nach Gui Bonsiepe, *Interface. Design neu begreifen*, Mannheim 1996, S. 51.

31 Ebd., S. 42.

bloßer Vorhandenheit – in Heidegger'scher Terminologie – Zuhandenheit."[32]

Das Gestaltungsziel besteht bei Bonsiepe jedoch nicht in diesem Transformationsakt, sondern im Ermöglichen effektiven Handelns durch diesen Transformationsakt. Der Designer stiftet Beziehungen zwischen Handelnden, Handlungsziel und Werkzeug, und die Leistung des Designs ist umso größer, je effektiver das ermöglichte Handeln ist.

So weit also Bonsiepe. Es stellen sich zwei Fragen: Was ist neu an diesem Denken, und warum interpretiert Bonsiepe Design überhaupt als Interfacedesign? Bonsiepe knüpft an eine Bestimmung des Designs an, von der er sich zugleich abgrenzt. Tomás Maldonado hatte 1964 eine Designdefinition vorgelegt, auf die sich dann auch der ICSID, die internationale Vereinigung der Designinstitutionen, geeinigt hat. Die Definition lautet: „Das Industrial Design ist eine Entwurfstätigkeit, die darin besteht, die formalen Eigenschaften von industriell gefertigten Produkten zu bestimmen. Unter formalen Eigenschaften sind nicht allein die äußeren Merkmale zu begreifen, sondern vor allem die funktionalen und strukturellen Beziehungen, die einem Objekt Kohärenz verleihen sowohl seitens des Herstellers als auch des Benutzers."[33] Vereinfachend, weil das in diesem Zusammenhang ausreicht, würde ich sagen, es geht um Form in ihrer Abhängigkeit von Funktion, Struktur und den Interessen oder Bedürfnissen von Produzenten und Konsumenten.

Den Formbegriff gibt es so bei Bonsiepe allerdings gar nicht mehr. Wenn etwas an die Stelle der Form tritt, dann ist es das ganze Objekt, und somit das Werkzeug oder die Information als Entwurfsresultat. Der Formbegriff besitzt für Bonsiepe ganz offenbar eine viel zu große Nähe zu Formalismus und zu Form als bloßer Oberfläche beziehungsweise Erscheinung. Den Funktionsbegriff ersetzt Bonsiepe daher durch den Terminus Interface.

Auch im funktionalen Gestalten gibt es eine dreistellige Relation aus Objekt, Benutzer und einer Handlung; im funktionalistischen Gestalten wird aus dieser dreistelligen Relation eine vierstellige: Hinzu kommt das Maß an Utopie, Ideal, Zukunftsorientierung oder allgemeiner Programmatik, die jeweils über den konkreten Gegenstand hinausgehen. Aber wenn es auch beim Funktionsbegriff eine dreistellige Relation gibt, muss der Grund für den Begriffswechsel woanders liegen.

Bleibt als dritter Terminus der des effektiven Handelns. Wenn das effektive Handeln an die Stelle von Gebrauch, Benutzung oder Handhabung tritt, scheinen mir zwei Faktoren betont zu sein: erstens die soziale Komponente, die in der Benutzung, Handhabung und so weiter auf jeden Fall nicht betont ist, und zweitens die Akzentverschiebung von praktischem oder kommunikativem Gebrauch auf das effektive Handeln.

Der kommunikative oder praktische Gebrauch kann ebenfalls schön sein, Bruno Taut

32 Ebd., S. 20.

33 Das Zitat konnte nicht aufgefunden werden. Hier stattdessen eine identische Definition der ICSID, formuliert von Tomás Maldonado, aus dem Jahre 1969, auf Englisch: „Industrial design is a creative activity whose aims is to determine the formal qualities of objects produced by industry. These formal qualities are not only the external features but are principally those structural and functional relationships which convert a system to a coherent unity both from the point of view of the producer and the user. Industrial design extends to embrace all the aspects of human environment, which are conditioned by industrial production." Vgl. https://wdo.org/about/definition/industrial-design-definition-history/ (Abruf: 6.5.2021).

sprach in dem Sinne von schönem Gebrauch; mit anderen Worten: Die Funktionalisten der 1920er-Jahre sprachen nie von schönen Dingen, wohl aber von einem schönen Gebrauch, nicht davon, wie etwas aussieht, sondern wie der Mensch aussieht und wie er den Gebrauch erlebt. Das Schöne als Qualität eines Tuns, einer Aktivität fällt bei Bonsiepe aus oder weg. Es soll effektiv sein, also wieder eine Beseitigung des Ästhetischen aus dem Design.

Was ich Ihnen vorgeführt habe, ist eine Lesart der Definition Bonsiepes von Interfacedesign, der Versuch, einen Text im Sinne der Hermeneutik zu verstehen. Es sind auch Lesarten möglich, die nicht so wohlwollend sind. Ich kann den Text zum Beispiel so lesen, dass der Sachverhalt alt ist und die Termini neu sind. An anderer Stelle spricht Bonsiepe davon, dass der Funktionalismus eine schlechte Presse hat, und vielleicht müssen daher neue Begriffe her. Bonsiepes Bestimmung wäre dann auffallend, weil sie modisch ist.

Zweitens kann ich den Text so lesen, dass ich ihn als Rückkehr zur Funktion, aber nach der Postmoderne lese. Dann müsste man sagen, die Postmoderne hat den Zusammenhang von Form, Funktion und Material aufgelöst, man kann also mit der Funktion alles machen, mit dem Material alles machen und mit der Form alles machen. An die Stelle eines Zusammenhangs ist die Beliebigkeit getreten. Einer der Gründe liegt darin, dass man elektronische Strukturen oder Funktionen in der Digitalisierung nicht mehr sichtbar machen kann. Die Postmodernen kommen also von der Unmöglichkeit, Funktionen oder Strukturen anschaulich zu machen, zur Beliebigkeit der Form; Bonsiepe kommt von dieser Unmöglichkeit zum effektiven Handeln über das Interface.

Eine dritte Lesart könnte sein, bei der Bestimmung dessen, was Design ist, nicht mehr von materiellen Objekten, sondern von immateriellen Daten und Informationen, nicht mehr von Stoffen, sondern von Medien auszugehen. Die digitalen Medien prägen dann also das Denken im Design. Oder man könnte auch sagen, damit das Denken in Stofflichkeit und Körperlichkeit nicht hoffnungslos veraltet, wird es mit Begriffen des medialen Agierens beschrieben. Interfacedesign wäre dann der Versuch, alte und neue Technologien, die Stofflichkeit der Dinge und die Datenströme der Informationen, die Dauerhaftigkeit des menschlichen Körpers und das Fließen der Informationen miteinander zu verbinden. Oder noch einmal anders gesagt: der Versuch, mit der Informatik nicht die ganze Geschichte wegzuwerfen, sondern über das Interface die Geschichte mit der Gegenwart und Zukunft zu verbinden.

Damit bin ich am Ende des Versuchs, Positionen der aktuellen Theorie im Design darzustellen. Ich will abschließend noch einmal zusammenfassen, welche Denkrichtungen dabei in Erscheinung treten. Es sind meines Erachtens nicht mehr als vier:

1. Wenn Formen im Denken eine Hauptrolle spielen, wie bei der Form der Nudel, die aufgrund ihrer Form verschieden schmeckt, und wenn es um sinnlichen Genuss geht, bin ich auf einem traditionellen Feld ästhetischen Denkens. Ich bin aber nicht bei dem, was Gottfried Semper praktische Ästhetik genannt hatte, nämlich bei einer Ästhetik des Produzierens und des Gebrauchens, sondern bei einer Ästhetik des Erlebens von Formen und Oberflächen, die nun ständig verfeinert und ausdifferenziert werden.
2. Wenn in verschiedenen Zusammenhängen Entlastung eine Rolle spielt, als Entlastung

von Gegenständen im Service-Design, als Entlastung von Objekten zugunsten des Raums, als Entlastung der Erde von Umweltgiften und Müll, als Entlastung von unzusammenhängenden Dingen, die belasten, zugunsten von Zusammenhängen bei Dieter Rams, dann lässt sich dafür als Denkrichtung nur das Interdisziplinäre angeben, die Abkehr vom Spezialisten mit spezialisierter Verantwortung zugunsten von Kooperation zwischen den Disziplinen, zugunsten einer Verantwortung für die Umwelt als Ganzes.

3. Wenn Rhetorik und mit der Rhetorik Wirkungen betont sind, ist man beim Denken in der Semiotik, also bei den Zeichen, den Zeichenprozessen und Zeichenfunktionen, es geht dann um Texte, die einen Absender und einen Adressaten haben. Eines der semiotischen Grundmodelle hat der Sprachwissenschaftler Karl Bühler 1934 für die sprachliche Kommunikation entwickelt, es ist auch für das Design sehr gut brauchbar. Bühler sprach von expressiven, darstellenden und appellativen Dimensionen des Redens und Schreibens (Ausdrucks-, Darstellungs- und Appellfunktion bei Bühler). Expressive Dimension meint, dass der Absender einer Botschaft damit auch immer über sich selbst informiert, ob er das will oder nicht, durch die Wortwahl, durch den Gestus und so weiter; oder beim Designer durch die Wahl seiner Gestaltungsmittel und dadurch, was er überhaupt gestaltet – etwas, was kein Mensch braucht, oder etwas, was ein Problem löst, und so weiter. Darstellende Dimension meint die Sache, über die geredet oder geschrieben wird, also die Mitteilung; für das Design: Was erzählen die Dinge über sich selbst, über ihre Geschichte oder ihren angestrebten Gebrauch. Appellative Dimension meint, dass der Absender der Botschaft beim Empfänger der Botschaft etwas erreichen will. Er erwartet eine Reaktion. Auch der Designer erwartet eine Reaktion, Bonsiepe nennt es Zufriedenheit des Kunden und bezieht es so auf den Markt.

   Wenn ich das nun auf die Unterscheidung von intendierter, potenzieller und realisierter Funktion beziehe, können alle drei Dimensionen intendiert sein, aber es ist auch möglich, dass es im Wesentlichen um Selbstdarstellung und besonders um Selbstdarstellung in den Medien geht, es ist aber auch möglich, dass es primär um das Leistungs- und nicht um das Ausdrucksvermögen von Gegenständen geht. Die Objekte von Rams fallen nicht auf, sie sind sehr teuer, doch sie leisten dafür sehr viel. Mit ihnen kann aber auch der Benutzer kaum auffallen. Oder der Appell ist das Wichtigste. Wenn ein Designer einen Stehsitz gestaltet, auf dem sich der Benutzer immer ausbalancieren muss, ist die Reaktion sozusagen in den Gegenstand eingeschrieben, ohne Reaktion würde er gar nicht funktionieren.

4. Eine letzte Denkrichtung will ich mit historischem Denken und sozialem Bewusstsein bezeichnen, so zum Beispiel in den theoretischen Grundlagen des Service-Designs oder bei Bonsiepe, wenn er im Terminus „Handeln“ den sozialen Handlungsraum betont oder wenn er auf historische Verschiebungen in den Technologien von Mechanik und Elektrik auf Elektronik reagiert.

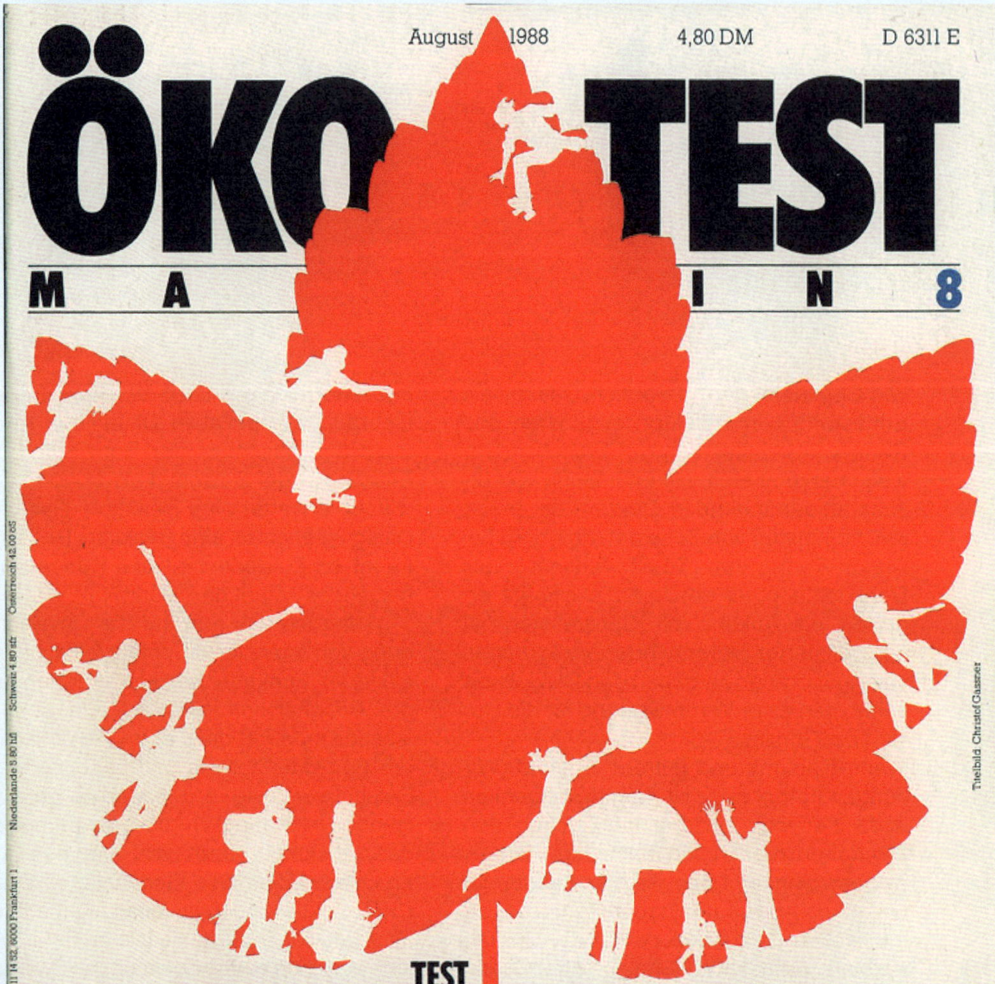

Öko-Test Magazin, Entwurf: Christof Gassner, Heft 8, 1988

Designaufgabe Ökologie

Wenn ich heute über Ökologie rede, zuerst zum Begriff und zu den damit verbundenen Konzepten, dann kann das keine Antwort auf offene Fragen sein, eher der Versuch, ein Stück in das Labyrinth der Ökologie als Wissenschaft, der ökologischen Realität und der ökologischen Diskussion einzudringen, um das Thema etwas überschaubarer zu machen.

Wer bekennt sich heute nicht zur Ökologie und welcher Designer nicht zum ökologischen Entwerfen? Da gibt es zum Beispiel das sparsame Vier-Liter-Auto, dessen Energiebilanz im Verbrauch sehr gut, in der Produktion aber extrem schlecht ist, weil die leichteren Werkstoffe, vor allem Aluminium, nur mit einem sehr hohen Energieaufwand gewonnen werden können. Und wie ist es zum Beispiel damit: In Schwedt an der Oder, einem Gebiet, das heute deindustrialisiert ist, soll ein neues Industrialisierungskonzept realisiert werden. Bedingung dafür wäre der Bau einer Straße, die mitten durch ein Naturschutzgebiet führt. Die Befürworter argumentieren mit der Sicherung von Arbeitsplätzen, die Gegner mit dem Schutz seltener Tierarten. Wo liegt der Haken, und zwar bei beiden? Oder: Die einen sagen, man müsse die Gesetze des Marktes nicht nur kennen, sondern auch akzeptieren und dann die Spielräume für Ökologie erkunden. Alles andere sei Fundamentalismus. Die anderen meinen, der Markt sei nichts Statisches, er bewege sich nur, wenn er mit anderen Interessen konfrontiert werde. Sie nennen die zuerst genannten Opportunisten oder zumindest Pragmatiker.

Wenn ich die Literatur zur ökologischen Krise betrachte, die Literatur, in der Programmatisches enthalten ist oder Bilanz gezogen wird, denke ich, dass man in ihr insgesamt drei Gesten unterscheiden kann:

Die erste Geste: Es kann alles gut werden. Die Voraussetzungen dafür liegen darin, dass jeder etwas zurücksteckt, dass man über die einzelnen Interessen innerhalb der Weltgemeinschaft quasi neu verhandelt und jeder seinen Anteil leistet. Zu den Vertretern dieser Haltung würde ich in Deutschland beispielsweise das von Ernst Ulrich von Weizsäcker geleitete Wuppertal Institut für Klima, Umwelt, Energie nennen und in den USA den ehemaligen Vizepräsidenten Al Gore.

Das Wuppertal Institut schlägt eine neue Energiebilanz vor, die alles erfasst, was in den sogenannten ökologischen Rucksack eines Produkts oder einer Dienstleistung gehört. Wenn man ermittelt hat, wie viele Ressourcen noch in den unscheinbarsten Produkten stecken, ist man handlungsfähig, beispielsweise durch neue Preise, neue Steuern und so weiter. Al Gore dagegen will zwei Dinge miteinander verknüpfen: auf der einen Seite die Etablierung einer Politik, die es noch nicht gibt; einer Weltinnenpolitik, die die ganze Welt als unteilbares Ganzes sieht. Zur Weltinnenpolitik gehören ein Innenminister und ein Plan. Als Plan bietet sich das Modell des Marshallplans an, als Innenminister die USA, und zwar mit der Begründung von Al Gore, dass die Europäer durch die Schaffung eines geeinten Europas noch zu sehr mit sich selbst beschäftigt sind und in Japan kein solcher Interessent erkennbar ist. Auf der anderen Seite glaubt Al Gore an die vielen kleinen Leute, die überall auf der Welt beginnen, vor ihrer eigenen Haustür für ökologische Sauberkeit zu sorgen, indem sie sich beispielsweise gegen die Errichtung einer Müllverbrennungsanlage wehren.

Die zweite Geste: Es ist alles zu spät, aber bewahren wir unsere Würde. Der, der diesen Standpunkt am konsequentesten begründet hat, ist ein amerikanischer Germanist, der in Deutschland lebt und auch noch ein Buch über den Kitsch geschrieben hat. Ich spreche von Gregory Fuller und seinem 1993 erschienenen Buch *Das Ende. Von der heiteren Hoffnungslosigkeit im Angesicht der ökologischen Katastrophe*. Fuller meint zwar, es sei alles zu spät, die Umweltschäden seien irreparabel, und das Tempo, mit dem wir uns dem Gattungstod näherten, werde immer höher. Aber er sagt auch, dass wir alle die Pflicht haben, den Gattungstod zumindest noch um ein paar Jahre hinauszuschieben, schon der Kinder wegen, die heute noch geboren werden. „Gewiß, das Ende bleibt absehbar. Aber jeder Kampf lohnt, damit das Restdasein im Kleinen erleichtert, damit der nächsten Generation, immerhin, das Überleben ermöglicht wird. Ein kleines Geschenk an die Kinder und vielleicht noch an die Kindeskinder. Ein Geschenk an die Selbstachtung.“ [1]

Die dritte Geste: Wir können noch einmal davonkommen, aber nur unter einer Bedingung: Die Opfer der Umweltverschmutzung müssen sich in der ganzen Welt solidarisch zusammenschließen und gegen die Verursacher der Umweltverschmutzung kämpfen. Dieses Modell beruht auf der Teilung in die Opfer und die Verursacher der Umweltkatastrophe. Als Vertreterin dieses akzentuiert politischen Standpunkts möchte ich Jutta Ditfurth mit ihrem Buch *Feuer in die Herzen. Gegen die Entwertung des Menschen* (1992) nennen. Jutta Ditfurth konzentriert sich auf die Rolle der Weltbank und einige der sehr großen, auch deutschen Unternehmen.

Nach dieser Einleitung werden Sie wahrscheinlich nicht erwarten, dass ich über Ökologie so wie in den meisten Medien reden werde, ein paar Sätze zum Klima, ein paar zu den Pandabären, ein paar zum Waldsterben, ein paar zur Wüstenbildung und ein paar zu den radioaktiven Endlagern. Mein Ansatz ist anders: Zunächst will ich nach dem Raum- und Zeitverständnis in der Ökologie fragen, zum Zweiten danach, was da überhaupt warum geschützt werden soll, und zum Dritten will ich nach ökologischen Ansätzen im Design fragen.

Was aber ist eigentlich Ökologie? Ökologie als Fachterminus war ursprünglich die Wissenschaft von jenen Beziehungen, die zwischen organischen Wesen untereinander sowie zwischen diesen organischen Wesen und ihrer Umwelt, ihrem Biotop, bestehen. In diesem Sinn ist der Begriff zum ersten Mal in den 1860er-Jahren von Ernst Haeckel benutzt worden. Ökologie ist heute aber nicht alleine eine Fachwissenschaft, und das Wort ökologisch bezeichnet inzwischen ein generelles Verhältnis zur Natur. In diesem Verhältnis wird Natur nicht als Objekt der genussvollen Anschauung oder als Objekt der ökonomischen Ausbeutung begriffen, sondern als Grundlage menschlichen Lebens, weil der Mensch als soziales Wesen nur auf einer natürlichen Grundlage existieren kann. Deshalb muss die Natur erhalten werden, und zwar je nach Interessenlage durch verschiedene Mittel: durch moralische Appelle, durch intellektuelle Aufklärung, durch ökonomische Sanktionen, durch finanzielle Stimulierung oder durch juristische Regelungen und schließlich durch soziale Veränderungen, was immer auch darunter verstanden werden soll.

1 Gregory Fuller, *Das Ende. Von der heiteren Hoffnungslosigkeit im Angesicht der ökologischen Katastrophe*, Frankfurt am Main 1993, S. 97 f.

Ökologie geht auf das griechische Wort „Oikos" zurück. „Oikos" hat die Bedeutung von Haushalt, auch die Bedeutung vom Zentrum dieses Haushalts, vom Herd und dessen Feuer. Dieses Feuer wäre in diesem Sinn etwas Unbelebtes, da es aber zum Haushalt gehört, in ihm gebändigt worden ist, hat es als Unbelebtes eine lebenserhaltende Funktion. Wenn heute Ökologie auch etwas anderes bedeutet als „Oikos", ist das Bild des Hauses mit der ökologischen Bewegung dennoch eng verbunden. Es ist auch da noch enthalten, wo zum Beispiel vom „Raumschiff Erde" die Rede ist, von einem geschlossenen System also, oder von einem Boot, in dem wir alle sitzen und aus dem wir nicht einfach aussteigen können. Im Französischen heißt es einfach „il n'y a qu'une terre" – es gibt nur eine Erde.

Im Bild des Hauses steckt die Vorstellung seiner Bewohnbarkeit. Ein nicht mehr bewohnbares Haus ist bekanntlich eine Ruine. Das Haus der Ökologie ist die ganze Erde. Mit anderen Worten: Der Raumhorizont von etwas, das den Namen ökologisch verdient, kann nicht kleiner ansetzen als bei der Erde.

Ich betone das deshalb, weil es auch andere Sichtweisen gibt, die zum Beispiel nur auf den deutschen Wald, nur auf Europa oder nur auf Russland blicken. So habe ich kürzlich über eine Gruppe russischer Wissenschaftler gelesen, die eine nationalistische Ökologie vertreten. Diese Gruppe setzt alle Hoffnung auf die Erwärmung der Erde. Russland wäre dann nicht mehr klimatisch benachteiligt, und es würde eine neue Völkerwanderung einsetzen, die nicht mehr, wie jetzt, von Ost nach West, sondern wegen des nun wunderbar milden Klimas von West nach Ost gehen würde.

Eine Institution, die dagegen den Raumhorizont der Erde gerade zum Ausgangspunkt des Nachdenkens gemacht hat, ist der Club of Rome, beginnend mit seinem Bericht *Die Grenzen des Wachstums* (1972). Von ihm stammen die beiden Termini Weltproblematik und Weltlösungsstrategie. Unter Weltproblematik wird dabei verstanden, dass ein Bündel von Problemen auftritt, und diese Probleme haben drei Eigenschaften: sie sind langfristig, sie sind global, sie stehen strukturell im Wechselverhältnis zueinander, sodass zwischen allen Teilen Abhängigkeiten erkennbar sind und Ursachen an einem Ort Folgen an einem komplett anderen haben können. Unter Weltlösungsstrategie wird verstanden, dass möglichst viele Probleme gleichzeitig und überall in der Welt gelöst werden müssen. Das scheint ein aussichtsloses Unterfangen. Aber im Club of Rome geht man dabei methodisch von der Chaostheorie aus. Eine der Thesen ist, dass im Einzelnen Chaos herrscht, aber im Ganzen ein harmonisches Gleichgewicht bestehen kann, gerade auf Grundlage der chaotischen Verhältnisse im Einzelnen. Mit anderen Worten: Man geht nicht davon aus, dass alle in der Welt nun ihre Handlungen koordinieren müssen, was ohnehin nicht geht, dass aber überall etwas im Bewusstsein kommender Katastrophen getan werden muss.

Der Raumhorizont der Ökologie lässt sich noch in den Raum der Erde fassen, bei der Zeit ist das schwieriger. Der Zeithorizont ist nach vorne hin offen. Er liegt also nicht vor der Halbwertszeit von Plutonium in reichlich 24 000 Jahren, sondern weit dahinter. Mit diesem Zeithorizont gibt es keine Rechtfertigung für die Nutzung von Atomenergie.

Mit dem Raum- und Zeithorizont der Ökologie ist aber noch kein Kriterium für ökologisches Handeln selbst gefunden. Es liegt nicht im Räumlichen oder Zeitlichen, sondern in einem konkreten Inhalt: in der Frage nach der Reproduktionsfähigkeit des Lebens auf dieser Erde. Anders ausgedrückt: Alles, was diese Reproduktionsfähigkeit einschränkt, allem voran das Artensterben, ist ökologisch nicht begründbar.

Der große Philosoph Hans Jonas, der 1993 gestorben ist, hat seinem letzten Buch den Titel *Das Prinzip Verantwortung. Versuch einer Ethik für die technologische Zivilisation* (1993) gegeben. Jonas geht, vereinfacht gesagt, davon aus, dass etwas solange nicht getan werden darf, solange sich seine Folgen der menschlichen Kontrolle entziehen, solange also Folgen nicht abschätzbar sind, so wie Medikamente erst dann zur Therapie eingesetzt werden dürfen, wenn man die Risiken und Nebenwirkungen kennt.

Das weltweite Problem, über das sich heute die meisten einig sind, besteht aus mehreren Faktoren: der Natur selbst, den Schäden in der Natur und den Technologien des Menschen. Was die irdische Natur betrifft, wird so argumentiert, dass sie erstens immer mehr jene Kräfte verliert, die zu ihrer Regenerationsfähigkeit nötig sind; zweitens sind die Ressourcen, die der Natur entnommen werden, nicht mehr auffüllbar (deshalb die Konzentration auf erneuerbare Ressourcen). Was die Schäden betrifft, spricht man von einer überbeanspruchten Natur und von einer neuen Qualität von Schäden. Die neue Qualität wird darin gesehen, dass sich die Schäden einander ergänzen und dabei gegenseitig steigern (denken Sie beispielsweise an den Terminus „Cocktail“ für Mischungen an Stoffen auf Müllhalden, im Abwasser, in der Luft oder im Innenraum eines neu gekauften Autos); dass sich die Schädigungen in der Natur in einem höheren Tempo vollziehen; dass sie zeitlich und räumlich immer weiter ausgedehnt sind und zunehmend irreparabel sind.

Was die Ursachen in Gestalt von Technologien anbelangt, so werden im Wesentlichen zwei genannt: Die technologischen Eingriffe erfolgen gründlicher und mit größerer Tiefenwirkung und die Schädigungen ergeben sich aus einer höheren Effizienz der eingesetzten Mittel.

Das bisher Gesagte bezieht sich auf das Haus. Je nachdem, wie dieses Verhältnis des Menschen zur Erde als Haus gesehen wird, unterscheidet man in der Ökologie einen anthropozentrischen, einen pathozentrischen, einen biozentrischen und einen holistischen Ansatz. Diese Einteilung beruht auf dem unterschiedlichen Verständnis dessen, was geschützt werden muss, was einen Eigenwert hat, was also nicht nur als Mittel zum Zweck benutzt werden kann.

Die Vertreter des holistischen Ansatzes gehen davon aus, dass auch das Unbelebte in der Stadt – also auch die Steine, der Sand, die Luft – einen Eigenwert habe und deshalb geschützt werden müsse. Die Vertreter des biozentrischen Ansatzes dagegen reduzieren das Schützenswerte auf alles Lebendige und das, was dieses Lebendige an Bedingungen zur Lebenserhaltung braucht. Und die Vertreter des pathozentrischen Ansatzes wiederum nun reduzieren das Schützenswerte auf alle Lebensformen, die leidensfähig sind. Daraus resultiert besonders das Verbot, Tieren Angst, Stress oder Schmerzen zuzufügen. Für den anthropozentrischen Standpunkt schließlich steht der Mensch im Mittelpunkt. Der Mensch und die Erhaltung seiner biologischen Reproduktionsfähigkeit sind die Kriterien, von denen aus nach dem Erhaltenswerten außerhalb des Menschen gefragt wird. Was außerhalb des

Menschen liegt, wird somit nicht in seinem Eigenwert betrachtet, sondern in seiner Notwendigkeit für die Erhaltung menschlichen Lebens. Und das aber kann auch das Eis am Südpol sein.

Wenn man die vier hier nur kurz und grob skizzierten Ansätze bewerten will, ist eigentlich nur eines interessant, nämlich die Frage: Welches Potenzial können sie für Problemlösungen bieten?

Ich will beim Bild des Hauses bleiben, weil mit ihm auch die verschiedenen Verfügungsformen über dieses Haus assoziiert werden. Denkbar ist es, den Menschen als Hauseigentümer, als Hausverwalter und als Hausbewohner zu betrachten. Wenn der Mensch nur ein Bewohner ist, ergeben sich dadurch mehrere Fragen: Wer ist Eigentümer und wer sind Mitbewohner? Sind Mitbewohner nur die Lebewesen oder sind es auch die Steine? Was geschieht mit den Räumen im Haus, die gemeinsam genutzt werden, und wer wäre dann deren Verwalter oder gar Eigentümer?

Wenn der Mensch nur Verwalter ist, ergeben sich folgende Fragen: Organisiert er das Zusammenleben aller Bewohner, oder sorgt er nur dafür, dass jeder sein Biotop behalten darf, isoliert von den anderen? Und was geschieht, wenn ein Bewohner auf Kosten der anderen sein Biotop ausdehnen will?

Nur wenn der Mensch der Eigentümer ist, erübrigen sich alle Fragen – er kann machen, was er will. Doch andererseits heißt es so schön: Eigentum verpflichtet, aber eben nur moralisch.

In den vielfältigen Verfügungsformen über das Haus sind die politischen Schlussfolgerungen begründet, also der ganze Spielraum zwischen Diktatur und Demokratie. Für einen demokratischen Ansatz steht prononciert der Club of Rome; er geht von Interessen aus, an denen niemand vorbeikommt und von denen man seiner Meinung nach ausgehen muss. Ein ähnlicher Denkansatz wird im Wuppertal Institut für Klima, Umwelt, Energie unter Ernst Ulrich von Weizsäcker vertreten. Für einen mehr oder weniger diktatorischen Ansatz steht der Philosoph Rudolf Bahro. Er möchte in das Räderwerk einer unmenschlich gewordenen Megamaschine eingreifen und sie zerstören. Er geht nicht von Gruppeninteressen, sondern von einem ideal definierten Menschheitsinteresse aus, dem eine auf Einzel- oder Gruppeninteressen gerichtete Politik, zum Beispiel eine Steuerpolitik, nicht gerecht werden kann.

Alles in allem: Im Bild vom Haus geht es um einen Raum, um den Raum des Hauses und die Bedingungen seiner Bewohnbarkeit. Als ich in der Vorlesungsvorbereitung an diesem Punkt war, kamen mir arge Zweifel, ob dieses Bild vom Haus eigentlich stimmt oder ob es nicht eine Sackgasse ist – eine Sackgasse deshalb, weil es immer auf der Voraussetzung beruht, dass das Haus die eine Sache ist und die Bewohner, Verwalter oder Eigentümer eine andere Sache sind. Im Bild vom Haus kann man also nur noch darüber reden, wer welches Recht hat, über dieses Haus zu verfügen.

Was wäre aber, wenn es gar nicht darum ginge, über etwas zu verfügen, wenn die Erde also gar niemanden gehören würde, und weiter, wenn weder Eigentümer noch Verwalter, noch Mieter die treffenden Vergleiche liefern würden. Ich habe dann noch einmal Häuptling Seattle gelesen. Die Rede, die Noah Seattle 1855 an den Präsidenten der USA gerichtet hat, ist unter dem Titel *Wir sind ein Teil der*

Erde erschienen. Sie werden vielleicht wissen, dass er diese Rede gehalten hat, als der weiße Mann das Land seines Stammes kaufen wollte. Ich will aus dieser Rede ein paar Sätze zitieren:

„Die Toten der Weißen vergessen das Land ihrer Geburt, wenn sie fortgehen, um unter den Sternen zu wandeln. Unsere Toten vergessen diese wunderbare Erde nie, denn sie ist des roten Mannes Mutter.

Wir sind ein Teil der Erde und sie ist ein Teil von uns. Die duftenden Blumen sind unsere Schwestern, die Rehe, das Pferd, der große Adler – sind unsere Brüder. Die felsigen Höhen – die saftigen Wiesen, die Körperwärme des Ponys – und des Menschen – sie alle gehören zur gleichen Familie." Und weiter: „Das Ansinnen des weißen Mannes, unser Land zu kaufen, werden wir bedenken. Aber mein Volk fragt, was denn will der weiße Mann kaufen? Wie kann man den Himmel oder die Wärme der Erde kaufen oder die Schnelligkeit der Antilope? Wie können wir Euch diese Dinge verkaufen – und wie könnt Ihr sie kaufen? Könnt Ihr denn mit der Erde tun, was Ihr wollt – nur weil der rote Mann ein Stück Papier unterzeichnet – und es dem weißen Manne gibt? Wenn wir nicht die Frische der Luft und das Glitzern des Wassers besitzen – wie könnt Ihr sie von uns kaufen? Könnt Ihr die Büffel zurückkaufen, wenn der letzte getötet ist?"[2]

Seattle vertrat nach heutigem Sprachgebrauch weder eine anthropozentrischen noch patho-, noch einen biozentrischen, sondern einen holistischen Standpunkt: Unter den Sternen sind alle gleich, der Mensch und das Wasser. Der Zeithorizont von Seattle reicht ins Ewige, wenn er sagt: „Unsere Toten leben fort in den süßen Flüssen der Erde, kehren wieder mit des Frühlings leisem Schritt, und es ist ihre Seele im Wind, der die Oberfläche der Teiche kräuselt."[3] Die Frage ist also, ob nicht jeder Anspruch, über die Erde zu verfügen, die Erde als Lebensgrundlage zerstört. Und gleichzeitig ist es die Frage nach dem Wert anderer Denktraditionen, die nicht abendländischen Ursprungs sind. Seattle denkt in der Tradition der amerikanischen Urbevölkerung, für den weißen Mann des Abendlandes ist die Natur in der überlieferten Geschichte dagegen immer etwas gewesen, was es zu verändern, zu zähmen oder untertan zu machen galt. Natur war das Fremde, das Bedrohliche, Unberechenbare, weshalb ihre Gesetze erforscht werden mussten. Man kann nun nicht einfach aus dieser Tradition aussteigen, aber es wäre schon zu fragen, wo auch anderes gedacht worden ist.

Bei Karl Marx zum Beispiel gibt es das schöne Bild vom Familienvater, der die Erde verbessert an die nächsten Generationen zu übergeben habe. Es gibt auch noch ein Bild aus der Ökonomie, das Bild vom Kapital und seinen Zinsen. Ich zitiere dieses Bild nicht, weil es schon eine Lösung vorstellbar macht, sondern weil dieses Bild nicht räumlich wie das Haus, sondern zeitlich orientiert ist. Das Bild stammt von dem katholischen Umweltethiker Vittorio Hösle und es meint, dass der Mensch nur das Recht hat, von den Zinsen zu leben, das Kapital aber nicht antasten darf.[4] Im bürgerlichen Recht gibt es die Stiftung, die nach dem gleichen Prinzip funktioniert. In der

2 Der genaue Wortlaut dieser Rede ist nicht bekannt. Hirdina bezieht sich hier auf den Wortlaut, wie ihn Regisseur Ted Perry in seinem Film *Söhne der Erde* (*Home*, 1972) verwendet, vielleicht auch erfunden hat.

3 Ebd.

4 Vgl. Vittorio Hösle, *Philosophie der ökologischen Krise*, München 1991.

europäischen Wirtschaft ist dieses Prinzip zum ersten Mal vor 200 Jahren in der preußischen Forstwirtschaft realisiert worden, mit einem Problem allerdings, denn die Art der Zinsen war anders als die Art des Kapitals. Wenn das Kapital Mischwälder waren, bestanden die Zinsen, die zurückgezahlt wurden, aus Monokulturen, um Berlin herum aus Kiefern, in anderen Regionen aus Fichten. Das ist so, als würde ich einen Bankkredit in D-Mark mit einer Währung zurückzahlen, die inflationsgeschüttelt ist. Von den Ureinwohnern Amerikas dagegen weiß man, dass stets nur so viele Büffel gejagt oder so viele Ginsengwurzeln geerntet wurden, wie nachwachsen konnten.

Das Bild vom Kapital und den Zinsen liegt auch dem Begriff der Nachhaltigkeit zugrunde. Nachhaltiges Wirtschaften meint ein Wirtschaften, dessen Spielraum nicht von den momentanen Effekten, sondern von den langzeitigen Wirkungen bestimmt wird. Der Begriff der Nachhaltigkeit ist durch den sogenannten *Brundtland-Bericht* (1987) populär geworden – ein Bericht zum Zustand der Erde, der von einer Kommission im Auftrag der Vereinten Nationen erstellt wurde, an deren Spitze die damalige norwegische Ministerpräsidentin Gro Harlem Brundtland stand.[5]

Wenn Sie nun von mir eine klare Wertung oder Entscheidung erwarten, muss ich Sie leider enttäuschen. Ich kann nicht sagen, dass in einer bestimmten Sicht das entscheidende Potenzial zur Abwendung der ökologischen Katastrophe liegt. Ich teile nicht den Absolutheitsanspruch wie Vertreter aus dem einen oder anderen Lager. Am nächsten ist mir das Denken von Hans Jonas, und mit Fuller teile ich die Auffassung, dass alles zu spät ist, aber nicht als Appell, nichts zu tun, sondern noch einmal alles zu versuchen. Doch schon bei der Frage, ob der anthropozentrische oder der holistische Standpunkt mehr zur Abschwächung der Probleme leisten kann, schwanke ich.

Für den anthropozentrischen Standpunkt spricht, dass nur der Mensch Verantwortung übernehmen kann, weil nur er ein denkendes Wesen ist. Aber wenn er Verantwortung für alles übernimmt, was ihm nützt, muss man fragen: Was nützt ihm, braucht er die ganze Natur oder braucht er nur Teile von ihr? Die Gefahr des anthropozentrischen Standpunkts liegt darin, dass der Mensch sich vor allem als soziales Wesen und nicht als Teil der Natur begreift.

Für den holistischen Standpunkt spricht, dass Denken bisher immer – zumindest im Abendland – zu einem herrschaftlichen Denken gegenüber der Natur geführt hat und nicht zu einer Haltung, die vom Philosophen Lothar Kühne als eine Haltung gegenüber der Natur gefordert wurde: Als Materialist sprach er von einer Haltung des Staunens und der Ehrfurcht, die fast schon etwas Religiöses hatte. Der Nachteil des holistischen Standpunkts ist demgegenüber also, dass hier die Gefahr besteht, gar nicht mehr vom Menschen aus zu denken, sondern vor allem von der Natur her.

Zusammengefasst kann man sagen: Ökologische Konzepte unterscheiden sich danach, welchen Raum- und welchen Zeithorizont sie haben und wie die Verfügung über das Haus gesehen wird, das wir unsere Erde nennen, oder wie das Kapital begriffen wird,

5 Volker Hauff (Hrsg.), *Unsere gemeinsame Zukunft. Der Brundtland-Bericht der Weltkommission für Umwelt und Entwicklung*, Greven 1987.

von dessen Zinsen wir leben wollen. Klar ist nur, dass es eine lebensbedrohliche Krise gibt, der man sich stellen muss – auch als Designer.

Im letzten Teil will ich daher vier Entwurfs- beziehungsweise Designkonzepte miteinander vergleichen, die mit dem Anspruch auftreten, ökologisch zu sein, oder in denen ich eine ökologische Dimension sehe. Es sind Konzepte von Wolfgang Welsch, Walter Stahel, Clauss Dietel und Victor Papanek.

Ich beginne in umgekehrter Reihenfolge mit Victor Papanek. Er gehört zu den ersten, die ökologisch interpretierbar sind. Sein Buch *Design für die reale Welt. Menschliche Ökologie und soziale Veränderungen* ist 1971 zum ersten Mal erschienen (› Abb. 1, 2). Papanek war damals Hochschullehrer und Leiter eines Projekts für die Länder der sogenannten Dritten Welt. In diesem Projekt ging es um alternative Produkte auf der Basis alternativer Energien für die Dritte Welt. Neben der Nutzung von Windkraft schlug er zum Beispiel ein Radio vor, das aus Energie gespeist werden sollte, die frei wird, wenn Kuhfladen verbrannt werden. Das Radio befand sich in einer ausgedienten Konservendose und mit ihm konnte man den lokalen Sender empfangen. Die Voraussetzungen für solches Design sind aber nicht nur die Windkraft und die Energie aus Kuhfladen, sondern die entscheidenden Voraussetzungen liegen in der dortigen Massenarbeitslosigkeit, im Müllexport der Industrieländer, in den Müllsammlern des Südens und den Billiglohnfabriken im Süden, aus denen die recycelten Stoffe ebenso kommen.

1989 gab es eine Ausstellung über Recycling in der Dritten Welt und *Die Zeit* berichtete darüber unter der Überschrift „Schönes aus Schrott“[6]. Dort war zum Beispiel zu erfahren, dass an den Ausfallstraßen von Dakar, der Hauptstadt des Senegal, eine besondere Art von Plastikzäunen zu sehen ist. Die Öffnungen in diesem Zaun haben die Form von Schuhsohlen. Dies deshalb, weil sie aus einer dortigen Niederlassung des heute kanadischen, im Ursprung tschechoslowakischen Schuhherstellers Bata stammen. Aus solchen Plastikbahnen werden bei Bata Badelatschen geschnitten.

Die Beispiele ließen sich beliebig fortsetzen. Auf jeden Fall hat das zu gewinnende Formenrepertoire seine Grundlage besonders in einer Reihe bekannter Produkttypen: in Weißblechdosen und Kanistern, in Autoreifen und Plastiktüten. Daraus entstehen Schuhe, Wasserbehälter, Zaumzeug für Kamele und so weiter.

Verallgemeinernd kann man von zwei gegensätzlichen Arten von Recycling sprechen. Recycling im Norden heißt: Rückführung von Produkten in ihre Ausgangsstoffe und Verwertung dieser Ausgangsstoffe in einem neuen Reproduktionszyklus mit den Phasen Entwurf, Produktion und Konsumtion. Recycling im Süden erspart diesen Umweg. Die Objekte des Mülls bleiben mehr oder weniger in ihren Gestaltqualitäten bestehen, sie verändern aber ihre Funktion. Hier geschieht also das, was sich Umnutzung nennt, und was im Norden am besten an einer Jeansjacke zu sehen ist, die aus mehreren Resthosen genäht ist. Das Entscheidende am Südrecycling: Die Teilung der Welt in arme und reiche Länder wird durch Ökologie nicht vermindert oder gar aufgehoben, sondern gefestigt. Was entsteht, ist

6 Ausstellung *Aladins neue Lampe – Recycling in der Dritten Welt*, Stuttgart 1988. Dazu: Wolfgang Kunath, „Schönes aus Schrott. Recyclingkünste in der Dritten Welt“, in: *Die Zeit*, 3.3.1989.

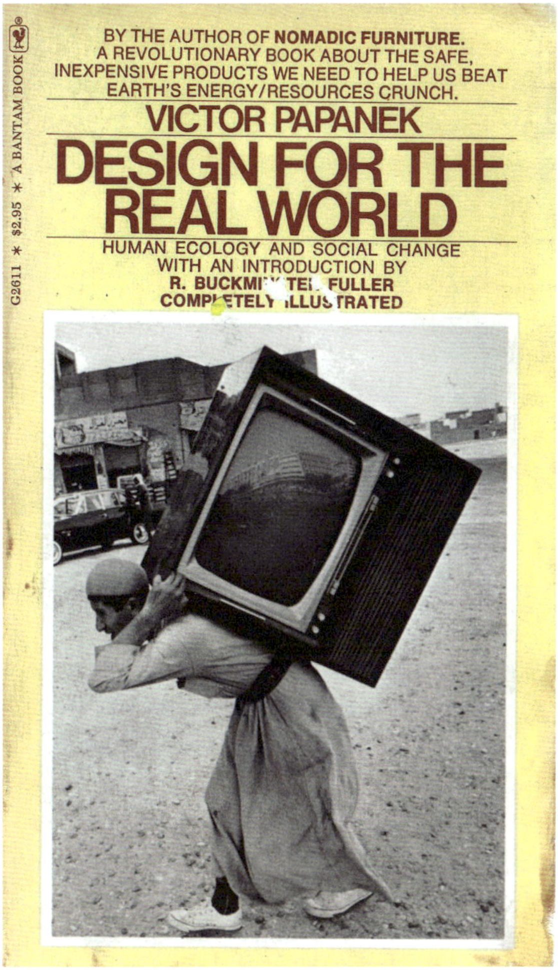

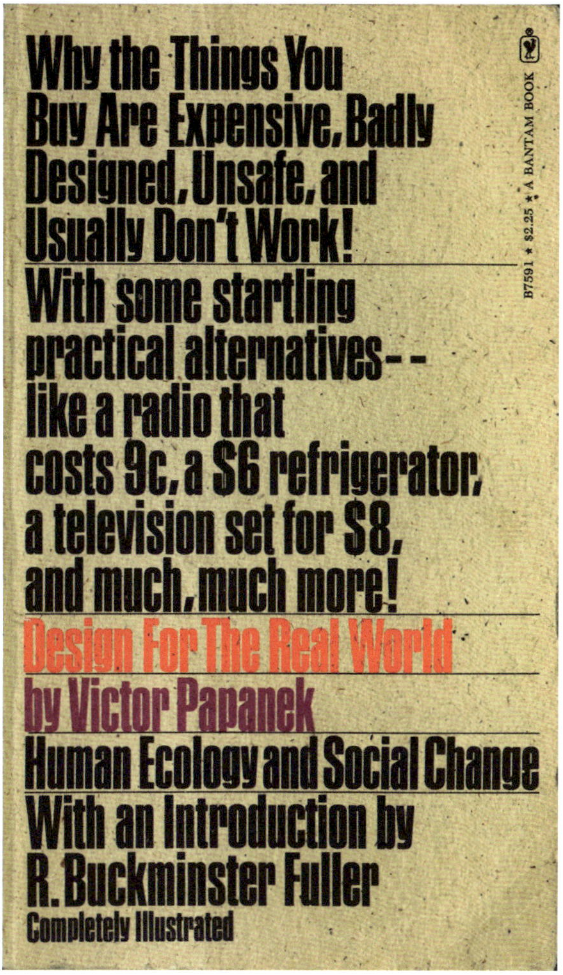

Abb. 1 Victor Papanek, *Design for the Real World; Human Ecology and Social Change*, London 1971, 1. Auflage
Abb. 2 Victor Papanek, *Design for the Real World; Human Ecology and Social Change*, London 1972, 2. Auflage

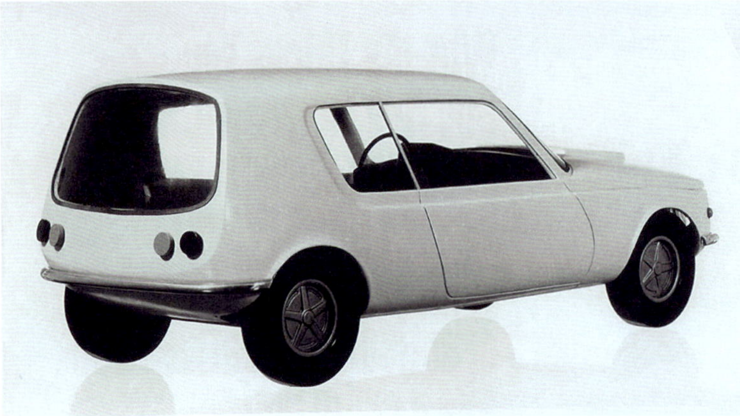

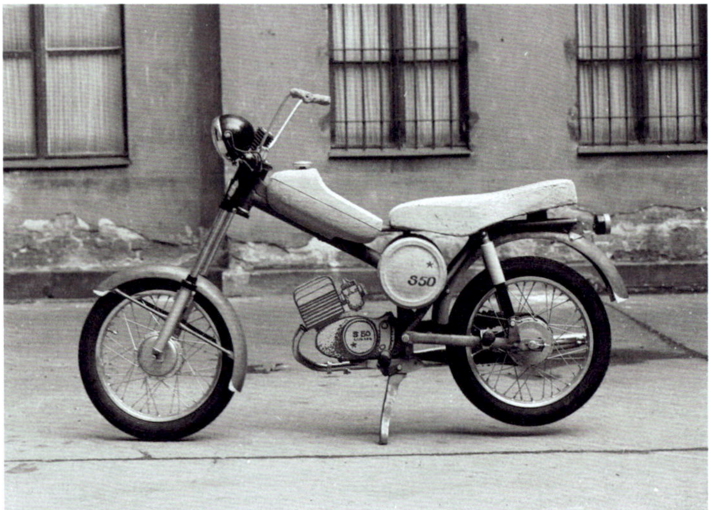

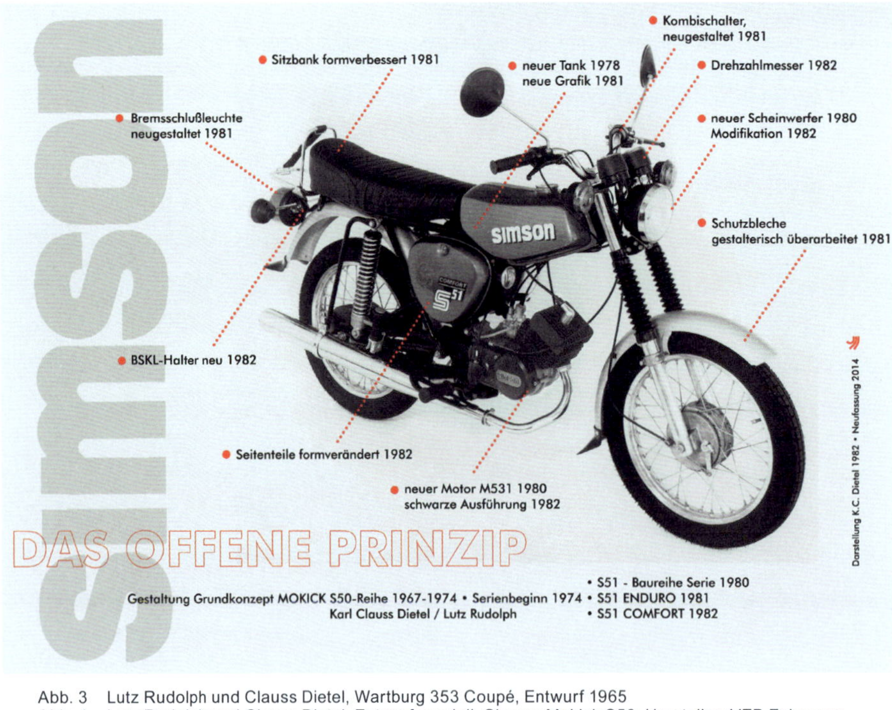

Abb. 3 Lutz Rudolph und Clauss Dietel, Wartburg 353 Coupé, Entwurf 1965

Abb. 4 Lutz Rudolph und Clauss Dietel, Entwurfsmodell, Simson Mokick S50, Hersteller: VEB Fahrzeug und Gerätewerk Simson Suhl, Entwurf: 1967–1974, Produktion: ab 1974

Abb. 5 Lutz Rudolph und Clauss Dietel, Das Grundkonzept der Gestaltung des Simson Mokick S50, Entwurf: 1967–1974, Produktion: ab 1974

eine Ästhetik der Armut, die so lange eine Ästhetik der Armut bleibt und nicht eine Ästhetik der Ökologie wird, solange sie eine Exportästhetik der wohlhabenden Nationen ist, solange sie auf dem Prinzip des Wegwerfens, also auf der Kurzlebigkeit der Dinge im Norden beruht.

Ich würde dieses Konzept als zynisch bezeichnen, weil es die Teilung der Welt in zwei Hälften festschreibt. Im Norden befinden sich Forschung, Industrie und Hochtechnologie, im Süden wird der Industriemüll des Nordens aufgearbeitet. Demgegenüber ist es zweitrangig, dass neue Energiequellen erschlossen werden, die erneuerbare Energie liefern. Das sogenannte Papanek-Konzept setzt bei der Entsorgung von Gegenständen an, die moralisch und/oder praktisch verschlissen sind.

Ein anderes Konzept setzt nicht bei den verschlissenen Produkten, sondern beim physischen und moralischen Verschleiß selbst an. Sowohl physischer als auch moralischer Verschleiß führen zum Wegwerfen und über den Prozess des Wegwerfens zum Zustand als Müll. Das sogenannte offene Prinzip stellt quasi eine Bremse für das Wegwerfen und die Vermüllung dar. Der Terminus „offenes Prinzip“ stammt von Clauss Dietel, dem geistigen Urheber dieses Prinzips, das er zusammen mit einem anderen Designer, mit Lutz Rudolph, zwischen Ende der 1960er- und Mitte der 1970er-Jahre entwickelt hat.

Realisiert wurde es bisher nur in einem einzigen Industrieprodukt. Dietel und Rudolph waren die profiliertesten Designer der DDR, heute arbeiten sie besonders für IVECO an Projekten zur Umweltgestaltung und an komplexen Erscheinungsbildern. Vor 1989 haben sie vorwiegend an Konzepten für Straßenfahrzeuge gearbeitet, die sämtlich nicht realisiert wurden, wenn man einmal vom modifizierten Wartburg, besonders dem Wartburg Tourist absieht (› Abb. 3). Sie haben das an der Ulmer Hochschule entwickelte Baukastenprinzip für Unterhaltungselektronik weiterentwickelt und waren an Projekten zur städtischen Umwelt und Projekten zur Arbeitsumwelt beteiligt, besonders aber haben sie das inzwischen schon legendäre Mokick S 50 für den Hersteller Simson Suhl entwickelt. Das Mokick wurde 1974 zum ersten Mal produziert und bis 1985 waren es 1,75 Millionen Exemplare, und weil es dem offenen Prinzip folgt, wird es heute noch produziert (› Abb. 4, 5).

Dietel und Rudolph gingen davon aus, dass in einem technisch komplexen Gebilde Bauteile und Baugruppen zusammenwirken, deren physische und moralische Lebensdauer unterschiedlich ist. Sie verschleißen physisch und moralisch in einem unterschiedlichen Tempo und müssen also auch in unterschiedlichen Intervallen ersetzt werden. Deshalb unterschieden die beiden Designer in Bauteile und Baugruppen kurzer, mittlerer und langer Lebensdauer. Als Bauteil langer Lebensdauer ist die tragende Struktur definiert, als Bauteile mittlerer Lebensdauer gelten Motor, Getriebe und Teile der elektrischen Anlage, als Elemente kurzer Lebensdauer alles, was an Form und Farbe herausgehoben ist, also der Tank, die Schutzbleche, die Beleuchtung, die Sitzbank und so weiter. Diese Teile folgen nicht, wie das heute bei Motorrädern üblich ist, einem formalen Gesamtprinzip, sondern ihren einzelnen technischen oder praktischen Funktionen. Die Folge davon ist, dass am Ende zwar kein Konglomerat entsteht, aber erst recht keine geschlossene Gestalt aus meist formschlüssigen Teilen, sondern eben das, was als offenes Prinzip bezeichnet wurde.

Offenes Prinzip meint also zweierlei: die Gestaltqualität des Offenen, formal nicht Verbundenen, das Fehlen von Vermittlungen von einer Form zur anderen, von Übergängen von einem Teil zum anderen. Als Methode bezeichnet das offene Prinzip einen Prozess kontinuierlichen Erneuerns von Teilen in einem Funktionskomplex. Das kontinuierliche Erneuern ist an die Stelle jenes Modellwechsels getreten, bei dem nicht Teile erneuert, sondern das alte Modell durch ein neues ersetzt wird. Dem Modellwechsel folgt nun also nicht mehr das komplette Wegwerfen, und das Dauerhafte ist nicht mehr mit dem negativen Status von Stagnation und der Langeweile des Immergleichen belegt.

Mit anderen Worten: Das tragende Gerüst ist nicht nur ein Rahmen für Bauteile, sondern ein Rahmen, in dem Veränderungen stattfinden können. Träger dieser Veränderungen kann der Hersteller sein, wenn es technische Innovationen gibt, es können Werkstätten sein und es kann der Nutzer selbst sein, wenn er Teile auswechseln will, die ihm einfach nicht mehr gefallen, die nicht mehr modisch sind. Neu am offenen Prinzip ist also die Kontinuität von Produkterneuerung, die an die Stelle des diskontinuierlichen Produktwechselns getreten ist. Und die Folgen könnte man so beschreiben, dass etwas miteinander verbunden wird, das sich eigentlich nicht verbinden lässt und das bis dahin immer getrennt gedacht worden ist: die Kurzlebigkeit auf der einen, die Langlebigkeit auf der anderen Seite, die dauerhaften Standards auf der einen, die modischen Formen auf der anderen Seite.

Die ökologische Dimension liegt auf der Hand, nämlich in der Auflösung des Konflikts zwischen dem, was bleibt, und dem, was sich verändert. Wenn man nicht mehr komplett erneuern muss, muss man auch nicht mehr komplett wegwerfen. Vorausgesetzt ist hier ein Nutzer, der selbst zum Produzenten, also zum handwerklichen Kooperationspartner in einem industriellen Prozess wird.

Bei diesem Konzept sind der Eigentümer und der Benutzer eines Industrieproduktes noch identisch. In einem anderen Konzept sind Eigentümer und Nutzer getrennt. Dieses Prinzip ist inzwischen bekannt, es wird beim Carsharing praktiziert, ebenso bei den Kopierern von Xerox. Dieter Rams hat sich dazu bekannt, und Michael Erlhoff, der Rektor der Kölner Fachhochschule für Gestaltung, hat dazu ein kleines Buch unter dem Titel *Nutzen statt Besitzen* (1995) geschrieben.

Das theoretische und methodische Konzept stammt aber von Walter Stahel, einem Schweizer, der als Architekt begonnen hat und heute in Luzern ein Institut für Produktdauerforschung betreibt. Stahel geht von einer zentralen These aus: Er sagt, die Verantwortung des Produzenten ende heute dort, wo ein Produkt das Werk verlässt, deshalb werde es noch einmal auf Hochglanz gebracht und gut verpackt, damit ihm nichts passiert.[7] In der Produktion gelten die Gesetze höchster Sparsamkeit und präziser Kalkulation. Wenn das Produkt jedoch erst einmal in den Händen des Nutzers ist, kehrt sich alles um: Das Produkt beginnt zu altern, mit dem Altern wird es immer mehr vernachlässigt, bis es am Ende zu Müll wird. Kein sparsames, kein kalkuliertes Verhalten weit und breit, Verschwendung statt Ökonomie. Rationalität und Sparsamkeit in der Produktion, umgekehrt

7 Vgl. Walter R. Stahel, in: *Form. Zeitschrift für Gestaltung*, Heft 142/1993, Frankfurt am Main, S. 8–10.

Irrationalität und Verschwendung in der Nutzung. Er will aber nicht beim Konsumenten und dessen Verschwendung moralisch ansetzen, sondern am ökonomischen Interesse des Produzenten.

Stahel möchte deshalb die Prinzipien, die in der Produktion herrschen, auf die Konsumtion ausdehnen. Das sieht er nur als möglich an, wenn die Verantwortung des Produzenten auf den gesamten Konsumtionsprozess ausgedehnt wird. Die Produzenten sollen nicht mehr an Produkten, sondern an Dienstleistungen verdienen. Wer aber an Dienstleistungen verdienen will, muss dafür sorgen, dass die Gegenstände, die Dienstleistungen bieten, möglichst störungsfrei arbeiten, möglichst einfach zu warten und zu reparieren sind und möglichst lange funktionieren.

Das Prinzip können Sie sehen, wenn Sie in das Innere eines Kopierers blicken. Möglichst viel soll der Nutzer selbst machen können, deshalb gibt es eine Menge Verbindungen, die ohne Montage lösbar und die deshalb in der Herstellung teurer sind (doch der Konsument bezahlt nur für die Nutzung, er kauft nicht die Geräte; das Risiko und also der Anreiz für Sparsamkeit und möglichst lange Funktionstüchtigkeit liegen daher beim Produzenten und Anbieter der Dienstleistung), deshalb gibt es eine Menge Stellen, die durch Farbe gekennzeichnet sind, um den Nutzer die Orte des möglichen Eingriffs zu zeigen, und deshalb gibt es Diagnosefelder, die ausgelesen werden können, man braucht also nicht, wie bei den meisten PKW, ein besonderes Instrument dafür.

Das ist etwas ganz anderes bei herkömmlichen Produktstrukturen, die auf das Wegwerfen setzen. Die Ursache dafür liegt natürlich beim Produzenten, der genau dieses Wegwerfverhalten braucht, damit neue Produkte an die Stelle der alten rücken können.

Ein dem Dienstleistungsprinzip ähnliches Konzept verfolgt der Lichtproduzent ERCO, er will Licht und nicht Leuchten anbieten, er will in seiner Selbstdarstellung nicht Leuchten als Objekte, sondern Licht als Funktion verkaufen. Was eigentlich dahintersteckt ist aber, dass man bei ERCO begriffen hat, dass der Markt für Dienstleistungen, der sich an maßgeschneiderten Funktionslösungen orientiert, ein expandierender Markt ist. Licht nach Maß würde ich deshalb als ökologisch bezeichnen, weil das benötigte Licht präzise berechnet wurde und nicht mehr Energie als nötig verbraucht wird.

Das Konzept von Stahel ist schon deshalb ökologisch interessant, weil es an die Stelle des immer schnelleren Produktwechsels die Dauerhaftigkeit von Produkten setzt, weil der Eigentümer nicht nur Eigentümer von Produktionsmitteln, sondern auch von Produkten ist und damit zum Anbieter von Dienstleistungen wird. Das Konzept von Stahel ist damit ein Konzept, das die Marktwirtschaft auf einer ökologischen Grundlage neu begründen will.

Ein anderes Beispiel ist die Wegwerfkamera. Von ihr wurden 75 Millionen Stück verkauft, aber nur 25 Millionen Stück produziert. Was aussieht, wie der Verkauf einer Kamera, ist eigentlich der Verkauf einer Dienstleistung, nämlich der Filmentwicklung. Ist der Film entwickelt, erhält die Kamera eine neue Linse, sie wird gesäubert, neu gefüllt, neu verpackt, und die Dienstleistung beginnt von Neuem.

Das letzte Konzept, über das ich reden will, ist nicht so dicht am praktischen Entwerfen, sondern geht von zwei Polen aus: von der Postmoderne auf der einen und der Ökologie auf der anderen Seite. Von diesen beiden

Polen aus wird ein Zukunftsbild des Designs entworfen. Der Urheber dieses Konzepts ist Wolfgang Welsch, einer der in Deutschland bekanntesten Vertreter einer postmodernen Ästhetik oder, so würde ich genauer sagen, einer postmodernen Ästhetik mit schlechtem Gewissen.[8] Deshalb will er die Postmoderne mit der Ökologie versöhnen.

Nach ihm ist das kommende Jahrhundert deshalb ein Jahrhundert des Designs, weil dann im Design die Postmoderne und die ökologische Herausforderung miteinander verbunden sein werden, zwei Dinge also, die sich im landläufigen Denken eher feindlich gegenüberstehen und zwischen denen keine Versöhnung vorstellbar ist. Nach Welsch gibt es aber zwischen beiden Gemeinsamkeiten. Am wichtigsten dabei ist die Abkehr vom Anthropozentrismus in der Ökologie und im Design der Übergang von Objekten zu Rahmenbedingungen für das Hervorbringen und das Nutzen von Objekten. Eine weitere Gemeinsamkeit sieht er darin, dass in der Postmoderne und der Ökologie keine Konzeptionen existieren, die er als herrschaftlich, als hierarchisch und als zentralistisch bezeichnet, es gibt also keine Konzeptionen, die von einem Zentrum oder einer Spitze der Macht ausgehen. Ich folge Welsch, wenn er von einer nicht herrschaftlichen und nicht zentralistischen Ökologie spricht, selbst wenn er dabei übersieht, dass es auch diktatorische und selbst terroristische Strömungen in der Ökologie gibt. Sonst sehe ich aber nur Unterschiede und Gegensätze, wo Welsch Gemeinsamkeiten sieht.

Um das zu begründen, will ich die Raumvorstellungen und die Zeitdimensionen in der Postmoderne und in der Ökologie miteinander vergleichen. Es stimmt zunächst einmal: Die globale Dimension haben postmodernes und ökologisches Denken gemeinsam. Aber die Qualität dieses global gesehenen Raums ist gegensätzlich. Für die Postmoderne ist dieser Raumhorizont – die Erde also – bekanntlich eine Bühne. Die Objekte auf dieser Bühne sind für die Postmoderne in dem Maße interessant, wie sie isoliert sind, wie sie weder mit Geschichte noch mit Zukunft etwas zu tun haben, wie sie weder den gängigen Normen entsprechen noch untereinander zu einem Zusammenhang tendieren. Für Ettore Sottsass ist das Möbel ein Denkmal auf dem Marktplatz: autonom und fremd im Raum. Postmoderne im Design ist das Abweisen von Abhängigkeiten, Verbindlichkeiten und damit auch das Zurückweisen von Verantwortung jeglicher Art, weil Verantwortung zur Herrschaft missbraucht werden kann oder weil sie einfach als Illusion interpretiert wird; grundsätzliche Veränderungen erscheinen unmöglich.

Dazu ganz im Gegenteil ist für die Ökologie als Wissenschaft und als Realität der globale Raum ein Raum von Wechselwirkungen; von Wechselwirkungen, die wir erst nach und nach zu erkennen vermögen. Aus diesen Wechselwirkungen ergibt sich eine globale Verantwortung – selbst in solchen Entscheidungen, die zunächst nur von lokaler Bedeutung zu sein scheinen. Wenn dagegen die postmodernen Entwerfer auf globale Entdeckungsfahrt gehen, suchen sie das Niemandsland zwischen den Kulturen, sie suchen die weißen Flecken im Formenrepertoire, sie suchen nach Formen, die noch nicht verbraucht sind – weder von den Normen der Kultur noch von den Strategien der Wirtschaft.

8 Vgl. Wolfgang Welsch, „Perspektiven für das Design der Zukunft", in: ders., *Ästhetisches Denken*, Stuttgart 1990.

Gemeinsam ist der Postmoderne und der Ökologie dagegen, dass beide ein offenes Ende sowohl in der Vergangenheit als auch in der Zukunft haben. Aber das ist auch schon alles. Denn wenn die Postmoderne in die Vergangenheit geht, dann allenfalls, um Geschichte bruchstückhaft zu zitieren. Sie zeigt damit, dass es möglich ist, die Geschichte als Spielzeug zu benutzen. Und wenn Erwachsene mit der Geschichte spielen, wird zumindest der Ernst des Kinderspiels durch die Ironie des schon Wissenden ersetzt. Für die Ökologie dagegen ist Geschichte eine Kette von Ursachen, deren Folgen bis in die Gegenwart oder Zukunft reichen, zum Beispiel in den verkarsteten Gebirgen des Mittelmeerraums, deren Wälder einst zum Bau von Schiffen abgeholzt wurden.

Für die Postmoderne ist die Zukunft eine Dimension, die in ihrem Denken und Gestalten keine entscheidende Rolle spielt, denn das würde ein Bewusstsein von Geschichte voraussetzen und ein Bewusstsein, das den Menschen als Handelnden sieht, der in diese Geschichte eingreifen kann. Für die Ökologie dagegen ist die Zukunft jene Zeit, in der die Früchte der Verbrechen geerntet werden, die an den Lebensgrundlagen begangen worden sind – oder die Zeit der Umkehr, die in der Gegenwart beginnen muss.

Zeit ist in der Postmoderne die Unendlichkeit des Wechsels, daher gibt es in ihr auch keine Zentralität, keine Herrschaftsgedanken, kein Anthropozentrismus. Zeit in der Ökologie dagegen ist mit einem Widerspruch gefüllt – mit dem Widerspruch zwischen der potenziellen Unendlichkeit von Leben auf der Erde einerseits und einer menschengemachten Endlichkeit für immer mehr Erscheinungsformen dieses Lebens.

Sie sehen also, dass ich im Gegensatz zu Welsch keine Gemeinsamkeiten zwischen Postmoderne, zumindest nicht zwischen postmodernem Design, und Ökologie erkennen kann. Was aber an diesem Konzept interessant ist, ist seine moralische Intention, mit anderen Worten: Welsch will, zugespitzt formuliert, ein ästhetisches Programm ohne Moral mit einem ökologischen Programm ohne Ästhetik verknüpfen, von dem einen die Moral, vom anderen die Ästhetik nehmen und so die Verbindung zwischen Ästhetik und Moral wiederherstellen, die in der Postmoderne durchtrennt worden ist.

Teil II
Italien und Japan

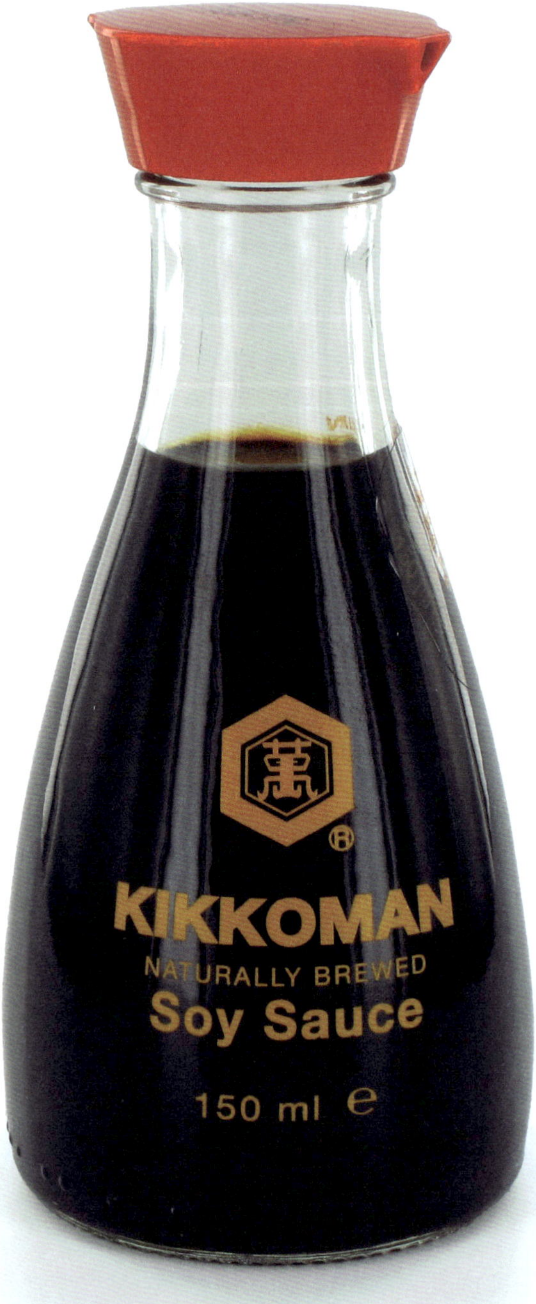

Kenji Ekuan, GK Design Group, Spender für Sojasauce, 1961

Italien und Japan: Zwei Pole der Designentwicklung

In den folgenden drei Vorlesungen soll versucht werden, dem Design der Gegenwart noch etwas näherzukommen, aber auf andere Weise. In der vorletzten Vorlesung habe ich einen Überblick gegeben anhand einiger aktueller Erscheinungen der Designpraxis und der Designtheorie, nun soll ein anderer Versuch gemacht werden. Dieses Mal sollen zwei Pole der Designentwicklung näher betrachtet werden, die für das belangvolle Design der Gegenwart von exemplarischer Bedeutung sind. Verglichen werden sollen italienisches und japanisches Design der Gegenwart, daran anschließend soll die Geschichte dieser beiden Richtungen des Designs kurz skizziert werden.

Man könnte gewiss auch andere Designentwicklungen und -ausprägungen miteinander vergleichen. Es sind hier diese beiden geworden, weil sie einige Polaritäten des gegenwärtigen Designs vielleicht am besten aufzeigen: Italienisches Design orientiert sich, knapp gesagt, an der Kunst, am Designer und am Design als Kommunikationsmittel, wogegen japanisches Design als Kulturgut angesehen wird, zugleich um Funktionen zentriert ist und die Selbstdarstellung des Designers im Gestalteten nicht kennt. Japanisches Design der Gegenwart ist unbestritten Design, das global Orientierungsfunktion hat, das italienische Design der Postmoderne, um das es hier hauptsächlich gehen soll, ist hingegen kein Design der unmittelbaren Gegenwart mehr, aber es hat immer noch – neben dem Styling – eine orientierende Wirkung für Designer. Deshalb dieser Vergleich.

Wenn ich über japanisches Design spreche, geht es in dieser Vorlesung zunächst um den Hintergrund, vor dem sich italienisches Design abhebt. Wenn ich über italienisches Design spreche, könnte ich auch sagen: Ich spreche über Design der 1960er- und 1970er-Jahre, denn in dieser Zeit war Italien das Leitbild für Design gewesen. Ich könnte auch von einem sehr engen Designbegriff und einem sehr eingeschränkten Leitbild sprechen, denn italienisches Design nicht nur in den 1960er- und 1970er-Jahren, sondern zwischen dem Ende des Zweiten Weltkriegs und der Gegenwart hat nicht mehr als zwei Schwerpunkte: der eine ist das Wohnen, und im Wohnen sind es wiederum die Möbel, daneben noch Lampen, die als Leitbild wahrgenommen wurden. Audio- und Fernsehtechnik von Brionvega und den Gestaltern Marco Zanuso und dem in Italien lebenden Deutschen Richard Sapper war zwar auffällig, hat aber nicht das Leitbild geprägt und so auch keine Nachfolger, sondern nur Reeditionen gefunden. Letztendlich waren es auch ein paar Fahrzeugtypen, die italienisches Design in der Welt bekannt gemacht haben.

Der andere Schwerpunkt liegt im Bereich der Arbeitswelt, diese eingeschränkt auf das Büro, und das Büro wiederum eingeschränkt auf Büromöbelsysteme, vor allem aber auf Schreib-, Rechen- und später auch Computertechnik von Olivetti repräsentiert.

Das heißt, trotz Armani, Versace, Gucci, Prada und so weiter hat das Modedesign im Verhältnis dazu eine weit geringere Rolle gespielt und das Grafikdesign eine noch geringere, mit Ausnahme der Werbung und des Corporate Designs von Olivetti (› Abb. 1).

Hans Höger hat 2001 versucht, dieses Bild etwas fülliger und bunter zu machen. Dafür zitiert er Straßenbahnen, Sportartikel, Gabelstapler, Medizintechnik, Haushaltsgeräte und Werkzeugmaschinen, die sämtlich mit Preisen und Anerkennungen dekoriert worden

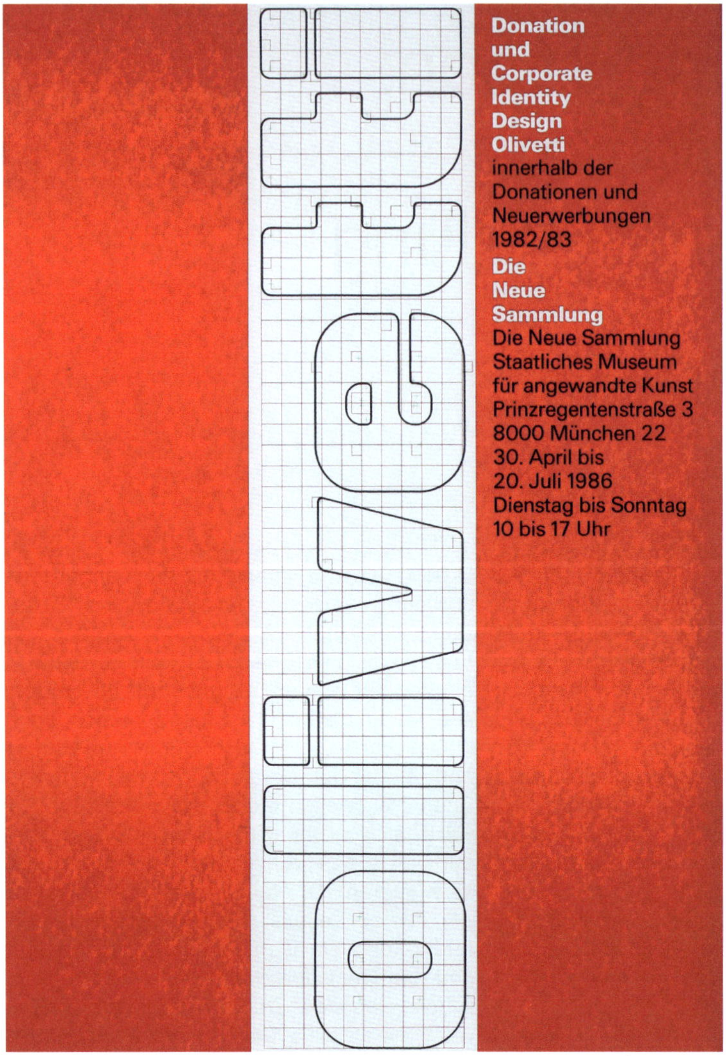

Abb. 1 Cover von: Die Neue Sammlung (Hrsg.), *Olivetti Corporate Identity Design*, München 1986

sind.[1] Aber überzeugend ist das nicht. Was in den 1950er-Jahren als *Linea Italiana*, was in den 1960er-Jahren als *Bel Design*, in den 1970er-Jahren als *Radical Design* und in den 1980er-Jahren als *Neues Design* bezeichnet wurde, hat immer das Wohnen im Zentrum, und beim Wohnen wiederum stehen Behältnisse, Lampen, Tische und Stühle im Mittelpunkt, und natürlich das Tisch- und Küchengerät von Alessi.

Wenn ich bei Stühlen bleibe, ist Italiens Design bei deren Gestaltung fast immer – bis auf eine Ausnahme – zu spät gekommen. Der Bürostuhl wurde schon im 19. Jahrhundert mechanisiert und so beweglich. Seine Quelle liegt in den USA. Das Holz ist ebenfalls im 19. Jahrhundert schon gebogen worden, und die Quelle liegt in der k.u.k.-Monarchie Österreich-Ungarn. Das Stahlrohr ersetzte schon im frühen 20. Jahrhundert das Holz, und die Quelle lag in Deutschland. Und schließlich haben zum ersten Mal in der Geschichte Ray und Charles Eames Schichtholz nicht nur zweidimensional, sondern in drei Dimensionen gebogen (› Abb. 2). Wiederum lag die Quelle in den USA. Was es damals noch nicht gab, war der aus einem Stück gebogene Stahlrohrstuhl, der erst 1982 von Stefan Wewerka gestaltet wurde (› Abb. 3), und was es auch noch nicht gab, war die Verwendung des Werkstoffs Plastik für Möbel – mit der Ausnahme des Freischwingers von Verner Panton aus dem Jahr 1959, der erst 1968 produziert werden konnte (› Abb. 4).

Italienische Designer reagierten auf diese Situation doppelt. Sie erkundeten die Möglichkeiten der Plastwerkstoffe und kamen damit zu Innovationen, und sie experimentierten mit traditionellen Werkstoffen und kamen damit im Wesentlichen nicht weiter als bis zu Variationen. Dabei gingen Innovation wie Variation in zwei Richtungen: Bei den Variationen wurde zum einen die Geschichte als Steinbruch für Formen genutzt; Formen wurden zitiert, ironisiert und variiert. Zum anderen wurde die Geschichte als technologische Geschichte und Gebrauchsgeschichte gesehen, mit der Frage: Was kann man verbessern? Bei den Innovationen wurde zum einen Zukunft als Fiktion gesehen, angeregt vor allem durch die spektakulären Erkundungen im Weltraum, und zum anderen wurde Zukunft als Zukunft neuer Werkstoffe gesehen, darunter besonders der Plastikwerkstoffe. Und dieses Letztgenannte war auch das Entscheidende.

Was für Mario Bellini, den italienischen Designer und Architekten, den Stuhl zu einem erstrangigem Designobjekt macht, ist seine Verankerung in der Kulturgeschichte, über die eine Rechenmaschine nicht verfügt: „Der Stuhl ist ein komplexes Objekt. Die Rechenmaschine hingegen verfügt über eine große Anzahl von Teilen, ist aber nur kompliziert",[2] schreibt er (› Abb. 5). Er schätzt den Stuhl mehr als eine Rakete, weil das Sitzen eine lange Geschichte hat und weil im Verlauf dieser Geschichte auch noch verschieden gesessen worden ist, zum Beispiel auf dem Boden oder auf den Fersen. Wegen dieses Gepäcks an Menschheitsgeschichte „ist es schwerer, einen dämlichen Stuhl zu entwerfen als eine komplizierte und teure Rakete der

1 Vgl. Hans Höger, *Michele De Lucchi. Architektur Innenarchitektur Design*, Stuttgart/München 2001, S. 122.

2 Mario Bellini, in: Silvia Giacomoni und Attilio Marcolli, *Italienische Designer. Interviews, Werkübersichten*, München 1988, S. 38.

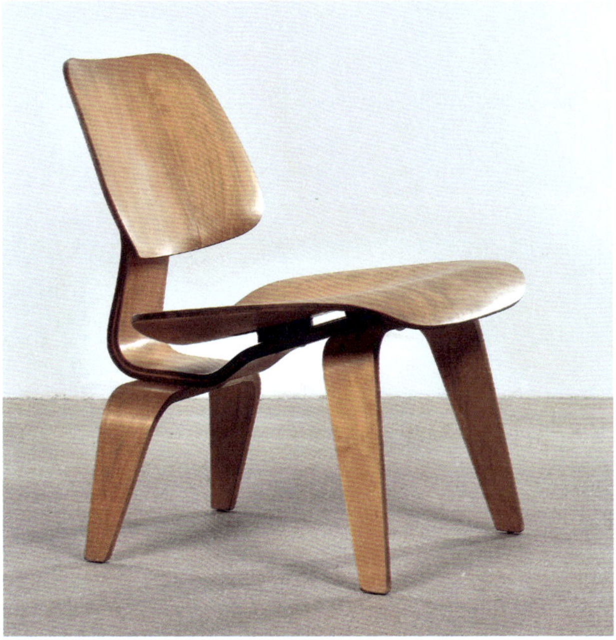
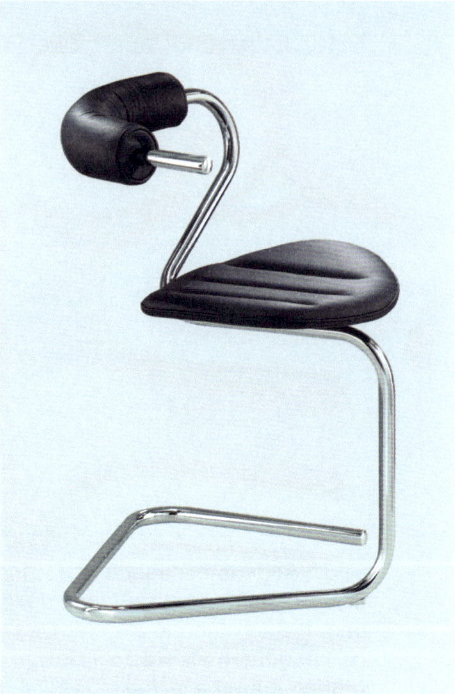
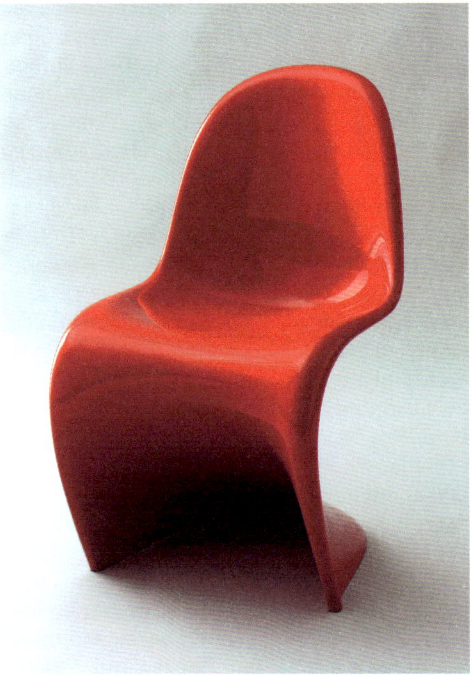
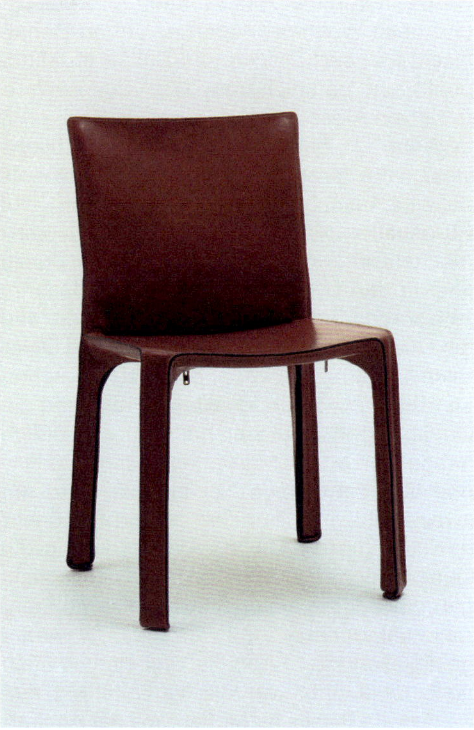

Abb. 2 Charles und Ray Eames für Herman Miller, Molded Plywood Chair, 1946
Abb. 3 Stefan Wewerka, Stuhl B5, Einschwinger, 1982, TECTA Bruchhäuser & Drescher OHG
Abb. 4 Verner Panton, Freischwinger *The Panton Chair*, Herman Miller Furniture Co., 1967
Abb. 5 Mario Bellini, *Cab Side Chair*, 1976

NASA“.[3] Als er das 1988 schrieb, hatte er gerade einen Stuhl entworfen, aber bereits etwa zwanzig Schreib- und Rechenmaschinen für Olivetti (› Abb. 6).

Nach dieser Anmerkung zu Stühlen will ich das italienische Design in mehreren Zusammenhängen beschreiben, die typisch sind. Um das Besondere zu betonen, möchte ich das Gegenteil zum Vergleich nehmen, eben das japanische Design. In dieser Vorlesung dient es mir vor allem als Folie, später werde ich ausführlicher darüber sprechen. In Japan jedenfalls sehen die Designobjekte anders aus, die Designer arbeiten anders, und Design ist auf eine andere Weise in die Gesellschaft integriert als in Italien. Wenn ich Italien und Japan miteinander vergleiche, folge ich gleichzeitig der Logik des Designs, wie es sich von der Ideenfindung bis zur Rezeption und Konsumtion entwickelt. Deshalb werde ich etwas zu folgenden Themen sagen:

Erstens zum Zusammenhang von Entwurf und Produktion und zur Situation des Entwerfenden in diesem Kontext. Diese Situation prägt das Selbstverständnis des Designers.

Zweitens zu den Designobjekten als Objekten des praktischen und des kommunikativen Gebrauchs, oder anders gesagt: die Dinge als Funktion und die Dinge als Zeichen.

Drittens hängt damit natürlich die Rezeption beziehungsweise der praktische Gebrauch von Designobjekten zusammen, oder genauer die Frage, welche Art von Gebrauch die Designer intendiert haben.

Viertens schließlich will ich Formen der Institutionalisierung von Design benennen.

Ich beginne mit dem Vergleich von italienischem und japanischem Design. Das italienische Design will ich zunächst als ein Design der Überschreitung bezeichnen, dagegen das japanische als ein Design der Vermittlung. Beim italienischen Design stütze ich mich dabei auf Enzo Mari. Dieser Designer hat das italienische Design als ein Design der Transgression bezeichnet, als ein Design der Überschreitung also.

Aber was könnte damit gemeint sein? Ich denke, so ziemlich alles. Bezogen auf den Markt könnte es die Überschreitung des Marktgängigen sein, also ein Überschreiten des Gewohnten, Konventionellen, der herrschenden gesellschaftlichen Normen. Gerade davor hat der amerikanische Designer Raymond Loewy mit seinem MAYA-Prinzip gewarnt: auf keinen Fall mehr als dreißig Prozent Neuerung, weil der Kunde nicht mehr verträgt und seine Kauflust sonst in Kaufwiderstand umschlägt. In Italien nun formuliert ausgerechnet ein Unternehmer das Gegenteil als Erwartung an das Design: „Wenn die Menschen das Neue fürchten, laßt uns ihnen etwas noch Neueres geben“,[4] so Giulio Castelli, der Mitbegründer von Kartell, der 1948 gegründeten Kunststofffirma. Im Wesentlichen ist es Kartell zu verdanken, dass Kunststoff nicht mehr als billiger Ersatzstoff angesehen worden ist.

Transgression könnte man aber auch zeitlich interpretieren – als ein Überschreiten der Gegenwart in Richtung Zukunft. Das italienische Design steckt voller Utopien, sowohl positiver wie auch negativer, die Zukunft als Wunschbild also und die Zukunft als Schreckbild. Transgression bezogen auf den Designer bedeutet, dass er Design in Richtung von Kunst und Architektur überschreitet.

3 Ebd.
4 Giulio Castelli, in: Claudia Neumann, *Design Lexikon Italien*, Köln 1999, S. 65.

Das sind Überschreitungen, die ich in Italien für charakteristisch halte – also in Richtung des noch nie Gesehenen, des Utopischen und in Richtung von Kunst und Architektur.

Dieses Überschreiten des Gewohnten, der Gegenwart und des Designs selbst findet sich in Japan so nicht, zumindest nicht, wenn es um das über die Medien verbreitete Design geht. Wenn ich das japanische Design als ein Design der Vermittlung bezeichne, meine ich nicht ein Design der Anpassung, denn das hat immer etwas Opportunistisches und damit leicht Denunziatorisches.

Was aber wird in Japan vermittelt? Was den Entwurf betrifft, vermittelt der Entwurf zwischen dem eigenen Anteil und dem Anteil anderer Designer sowie dem von Konstrukteuren, Technologen, Managern und so weiter, die an der Produktentwicklung beteiligt sind. Dem japanischen Design sieht man an, dass es ein Kompromiss aus verschiedenen Interessen ist, die miteinander vermittelt worden sind. Für Hans Gugelot macht ein solches Design das eigentliche Wesen des Industriedesigns aus.

Weil gerade das Vermittelnde, die Teamarbeit und nicht die individuelle Idee betont wird, bleibt der japanische Designer in der Anonymität. Im Fehlen des Designernamens drücken sich die Kooperation in der Entwicklungsgruppe und die Kompromisse in der Überleitung vom Entwurf zur Serie aus. An die Stelle des Designers tritt mehr als in Italien die Firma. Sie steht aber nicht für Design, sondern für ein Serienprodukt, das auch und unter anderem durch die Hände der Designer gegangen ist. Man spricht also nicht von Sony-Design, sondern von Sony-Erzeugnissen. Denn ein Sony-Design gibt es nicht. Sony wendet sich verschiedenen Marktsegmenten zu, und mit den Marktsegmenten verändert sich auch das Design. Ein anderes Beispiel: Ein Yamaha-Konzertflügel hat wenig Gemeinsamkeiten mit einem Yamaha-Bootsmotor und auch wenig gemein mit einem Yamaha-Supertanker. Dagegen kann man in Italien durchaus von Olivetti-, von Alessi-, von Artemide-, von Zanotta- oder von Kartell-Design sprechen.

Was die Ausdrucksqualitäten betrifft, so vermitteln sie in Japan zwischen den Exportinteressen der Wirtschaft, dem japanischen Binnenmarkt und der Identität der traditionellen Kultur. Viel poetischer sagte es 1975 der japanische Designer Kenji Ekuan: „Design gehört bei uns zu einer gut funktionierenden Wirtschaft, denn wir begreifen Design als Faktor höherer ökonomischer Effektivität. [...] Die Konzeption unseres Design beruht auf der möglichst optimalen Ausnutzung des zur Verfügung stehenden Platzes. Der geringe Platz für den einzelnen soll möglichst komfortabel und bequem sein. [...] Typisch für unser Land sind die kleinen Vorgärten. Fast das ganze Jahr blühen dort Blumen, ein kleiner Teich ersetzt den großen Ozean, der Wind bewegt eine Glocke, und zu bestimmten Zeiten werden wohlriechende Hölzer oder Kräuter verbrannt. Dieser Garten ist für uns der miniaturisierte Kosmos. – Nur so können wir auf kleinstem Raum mit allen Sinnen genießen. [...] Unser Design soll das Lächeln eines Mädchens einfangen und das Gefühl alter Menschen erzeugen, die ihr Leben lang gearbeitet haben. Die Sterne sollen sich in unserem Design spiegeln [...], Design soll wie eine Blume sein – dekorativ, aber mit Gebrauchswert.“[5]

5 Kenji Ekuan im Gespräch mit *form+zweck*, „Design für engsten Raum“, in: *form+zweck*, Heft 5/1974, S. 31, 33.

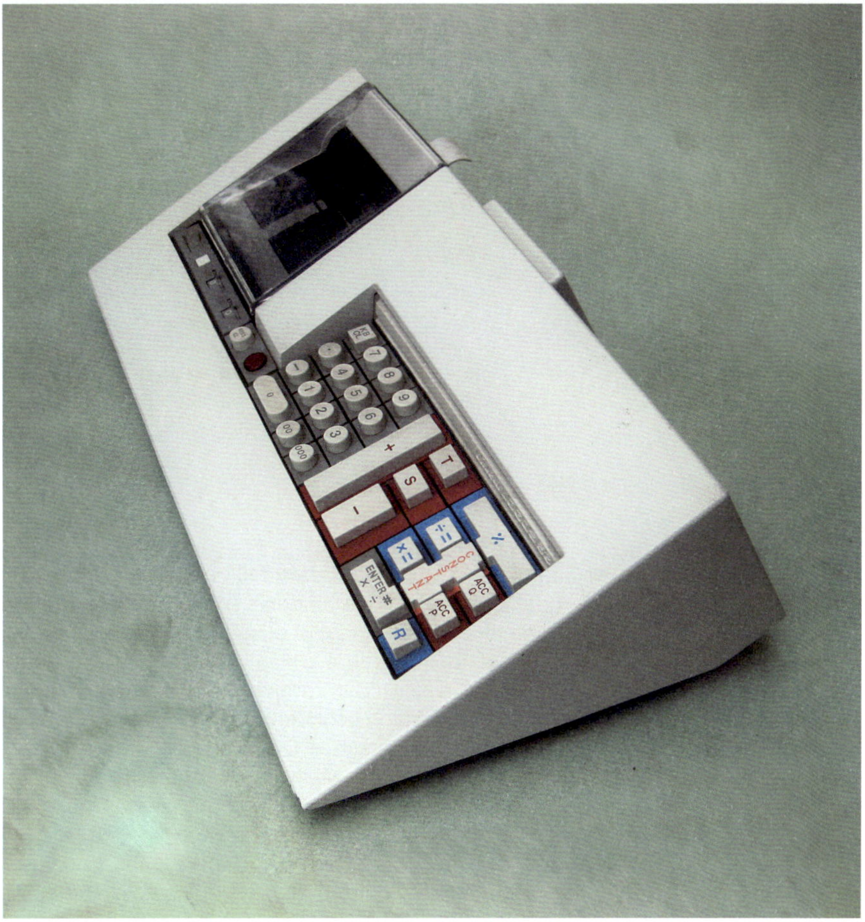

Abb. 6 Mario Bellini, *Calculator Olivetti Logos 58*, 1973

Besonders interessant ist dabei die Vermittlung zwischen kosmischen und damit ewigen Dimensionen und dem Aussehen eines technischen Erzeugnisses, das gerade aktuell ist. Ein japanisches Werbeplakat beispielsweise zeigt Lautsprecher vor einem scheinbar kosmischen Hintergrund. Der Gestalter Kazuo Sato sagte dazu: „Ich habe versucht, traditionelle japanische Schönheitsideale mit industriellem high tech zu einem Bild zu verbinden, das eine Beziehung zwischen den Strahlen der Bildröhre und dem Licht des Mondes herstellt."[6] Und Sato drückte Ähnliches noch einmal in einem Haiku aus, also in einem traditionellen japanischen Dreizeiler:

„In den bleichen Farben des Mondes
eine Stadt, die niemand zuvor je sah –
ein Spiegelbild der Zukunft."[7]

Nach solchen Interpretationen könnte der Eindruck des Maßlosen entstehen, doch maßlos sind nur die Interpretationen, nicht die Designobjekte, die das Gegenteil sind: als Formen der Vermittlung Formen des Maßvollen und der Mäßigung. Das Verhältnis von maßlos und maßvoll erklärt auch die beiden Haltungen, die ich zum japanischen Design kenne. Die eine kann man so beschreiben: Es gibt überhaupt kein japanisches Design. Das hört man vor allem in Japan, und wer es sagt, kann auf die japanische Industrie verweisen. Sie übernimmt alles denkbar Mögliche an Designhaltungen. Hauptsache ist, es lässt sich exportieren. Die Behauptung lautet also: Japandesign ist Exportdesign.

Die zweite Haltung kann man so beschreiben: Japan ist überhaupt und geradezu *das* Designland in der heutigen Welt, und zwar, weil dort die Traditionen mit der Moderne verbunden werden. Sie können es an der Farbe Blau sehen, die zwischen dem Makrokosmos und dem Mikrokosmos verbindet. Und diese Verbindung von Tradition und Hochtechnologie gibt es nicht nur in der Werbung, sondern zum Beispiel auch in japanischen Textilien. Die Verbindung von Tradition und modernster Technologie ist also ein Kennzeichen japanischen Designs.

Mich überzeugt, wie diese Tradition von Augustin Berque, einem französischen Japanologen, gesehen wird. Berque hat sinngemäß geschrieben, dass traditionelle Muster im Alltag kaum bewusst reflektiert werden. Sie sind aber dennoch da. Sie sind quasi ins kollektive Unterbewusstsein abgesunken, sie werden spontan gelebt, ohne dass darüber nachgedacht würde. Man könnte ergänzen, dass diese Traditionen nicht nur gelebt werden, sondern dass sich dieses Leben auch noch in den Dingen darstellt.[8]

Die Tendenz zum Vermitteln statt zum Abgrenzen und Überschreiten findet man im Design, aber man findet sie dort, weil man sie ebenso in der japanischen Wirtschaft und in der Kultur findet; etwa in Formen des Hybriden, in Mischformen, die weder eindeutig dem einen noch eindeutig dem anderen zuzuordnen sind. Beispiel dafür ist der Prius, das Hybridauto von Toyota, das man jetzt auch in Deutschland kaufen kann. Das Hybridauto fährt mit Benzin oder mit Strom, die Entscheidung über das jeweilige Anzapfen einer Energiequelle liegt beim Bordcomputer. Das ist

6 Das Zitat konnte nicht aufgefunden werden.
7 Das Zitat konnte nicht aufgefunden werden.
8 Vgl. Augustin Berque, „Das Verhältnis der Ökonomie zu Raum und Zeit in der japanischen Kultur", in: Constantin von Barloewen und Kai Werhahn-Mees (Hrsg.), *Japan und der Westen*, Bd. 1: *Philosophie, Geistesgeschichte, Anthropologie*, Frankfurt am Main 1986.

zweifellos eine innovative und ökologisch sinnvolle Antriebsart als Alternative zu den Entweder-Oder-Antrieben. Aber interessant daran ist, dass diese Alternative in einem absolut konventionellen Design steckt. Die Innovationen finden hier also im Inneren statt. Im Äußeren werden sie nicht gezeigt.

Wenn das Funktionale der Mäßigung, der Vermittlung im Hybriden sichtbar wird, zeigt sich das Formale dieser Vermittlung zum Beispiel in einer Markenidentität, der kein Hersteller mehr zuzuordnen ist. Von der Marke WiLL hatte ich schon berichtet: Das Interessante an dieser Markenbildung ist, dass sie nicht von konkurrierenden Produzenten her gedacht worden ist, sondern von Konsumenten her, bei denen die konkurrierenden Erzeugnisse letztlich landen. Man sieht: Das Kooperative im Produzieren, das Hybride in den funktionalen Qualitäten und das Vermittelnde in den Ausdrucksqualitäten bilden einen Zusammenhang, der bis ins Design hinein nachweisbar ist. Eine andere Art von Vermittlung kann man auch bei Sitzmöbeln erkennen, eine Vermittlung zwischen Ost und West, denn in Japan sitzt man japanisch auf Tatami-Matten – oder auch in Zeichen, die von den Familienwappen stammen. Das wird umso deutlicher in der Gegenüberstellung zum italienischen Design: Gegenüber dem japanischen Design ist das italienische alles andere als Mäßigung. Es folgt nicht den Erwartungen, sondern durchbricht vielmehr die zu Normen erstarrten Erwartungen, es übertreibt im Ausdruck so sehr, dass die Expressivität der Form die Banalität der Funktion dominiert.

Das Verhältnis zur Funktionalität könnte man in Japan als behutsam bezeichnen. Es ist in der Regel der Gebrauch beziehungsweise die Gebrauchsform, die in irgendeiner Weise interpretiert wird. Das Verhältnis zur Funktionalität könnte man in Italien vielleicht als herablassend und aristokratisch bezeichnen. Vielleicht entspricht diesem Verhältnis eine Sprachgeste, im Sinne von: Ja natürlich, die Dinge und Räume müssen schon funktionieren, aber das Design fängt erst danach an.

Wenn man einem italienischen Designobjekt gegenübersteht, formulieren sich im Kopf eine Menge Fragen. Diese lassen sich meist nicht leicht beantworten, laufen aber darauf hinaus, dass mit den Fragen das Denken anfängt. Und die Denkanstöße kommen von Gegenständen, die man eher als Texte betrachten sollte. Man kann das bei Carlo Scarpa sehen, der in seinen Räumen eine linguistische Strategie verfolgt, wenn er erst Zeichen vereinzelt, um sie dann im Raum zusammenzufügen (› Abb. 7). Das heißt, hier geht es nicht in erster Linie um das Gebrauchen, sondern um das Erkennen oder das Erfühlen von etwas. Designobjekte begeben sich hier in die Rolle von Sprachformulierungen oder von Kunstwerken.

Das ist die eine Seite. Die andere ist der auffällige Wechsel in den Gestaltungshaltungen. Sie wechseln dreifach: zwischen den Jahrzehnten, von Designer zu Designer und in den Arbeiten *eines* Designers. Darin zeigt sich also eine außerordentliche Dynamik und Pluralität. In dieser Pluralität scheint es keine Gemeinsamkeiten im italienischen Design, sondern nur Besonderheiten zu geben. Gerade deswegen habe ich nach Gemeinsamkeiten gesucht. Ich habe sie in acht Behauptungen zusammengefasst. Die Gemeinsamkeiten hängen nach meinem Dafürhalten mit der Geschichte des Landes, mit seiner Wirtschaftsstruktur, mit seiner Kultur und seiner geografischen Lage zusammen.

Erste Behauptung

Anders als die Mitteleuropäer lebt eine kulturelle Elite Italiens im Bewusstsein, Träger einer mediterranen Kultur zu sein, die 4.000 bis 6.000 Jahre alt ist und den ganzen Mittelmeerraum einschließt – also über Griechenland, Vorderasien, Ägypten, Nordafrika, Spanien bis Südfrankreich reicht. Das wird wohl auch außerhalb Italiens so gesehen, so misst sich zum Beispiel das Design in Barcelona zuerst am Design, das in Mailand entsteht.

Diesem Bewusstsein, einer historischen Region anzugehören, steht ein ausgeprägtes lokales Bewusstsein gegenüber. Italien hat trotz Papst nie den Zentralismus Frankreichs gekannt. Das, was heute Italien ist, war also nie nur auf Rom fixiert, und die regionalen Kulturen konnten sich relativ selbstständig unter ihren kleinen Herrschern entwickeln. Die Renaissance ist nicht ohne Florenz erklärbar, aber sie wäre auch nicht ohne diesen Polyzentrismus erklärbar. Heute ist die dezentrale Struktur Grundlage für die Vielfalt des Designs. Nun ist zwar das italienische Design um Mailand und Turin konzentriert, hat also durchaus seine beiden Zentren, es lebt aber von der Differenziertheit lokaler und regionaler Kulturen. Zugespitzt könnte man sagen: Italienisches Design entsteht in Norditalien, regionale Unterschiede von ganz Italien sind seine historische Basis, und der Weltmarkt ist sein Ziel.

Um nur eine regionale Interpretation zu versuchen: Der Modedesigner Armani stammt aus einer landwirtschaftlichen Region, der Poebene, in der ein Widerspruch zwischen großen Feldern und kleinen Bauern existierte. Die kleinen Bauern mussten also sehr hart arbeiten. Damit könnte man die Methode von Armani zumindest partiell interpretieren: am Erprobten, an den Konventionen, am schon Klassischen festzuhalten, sie von ihrer Starrheit zu befreien, sie aber nicht zu brechen – und sich bei diesen Emanzipationsübungen wieder der Bekleidung der Ärmsten zu bedienen, einer Ästhetik der Kleiderspenden, der zu großen Mäntel, der abgetragenen Anzüge und so weiter.

Im Gegensatz dazu ist das Verhältnis von Lokalität und Nationalität kein Thema für das japanische Design. In Japan existiert nur ein Design, und das orientiert sich an einer nationalen Tradition und am nationalen Interesse nach internationalem Dialog. Um auch hier bei der Mode zu bleiben: Issey Miyake, Yohji Yamamoto oder Rei Kawakubo lassen sich weder lokal oder regional, sondern nur aus einer Spannung erklären, die Miyake in seinem Buchtitel *East meets West* auch ausgedrückt hat (› Abb. 8).[9]

Zweite Behauptung

Das Selbstverständnis der Designer ist nicht nur vom Design, sondern von der kulturellen Funktion des Designs geprägt oder von Kultur überhaupt. Zunächst unterscheidet sich das Selbstverständnis italienischer Designer nicht von einem allgemeinen Selbstverständnis, das man auch in Deutschland oder konkret in Berlin finden und das man als Spannung beschreiben kann, sich einerseits als abhängiger Dienstleister und andererseits als autonomer Autor zu verstehen. Die Spannung zwischen Auftrags- und Autorendesign hat nun ihre italienische Spezifik, die ich mir aus der verspäteten Industrialisierung im letzten Drittel des 19. Jahrhunderts und andererseits mit dem kulturellen Fundament aus vergangener Kunst und Architektur erkläre. Ich glaube, die italienischen Designer sehen kritisch auf

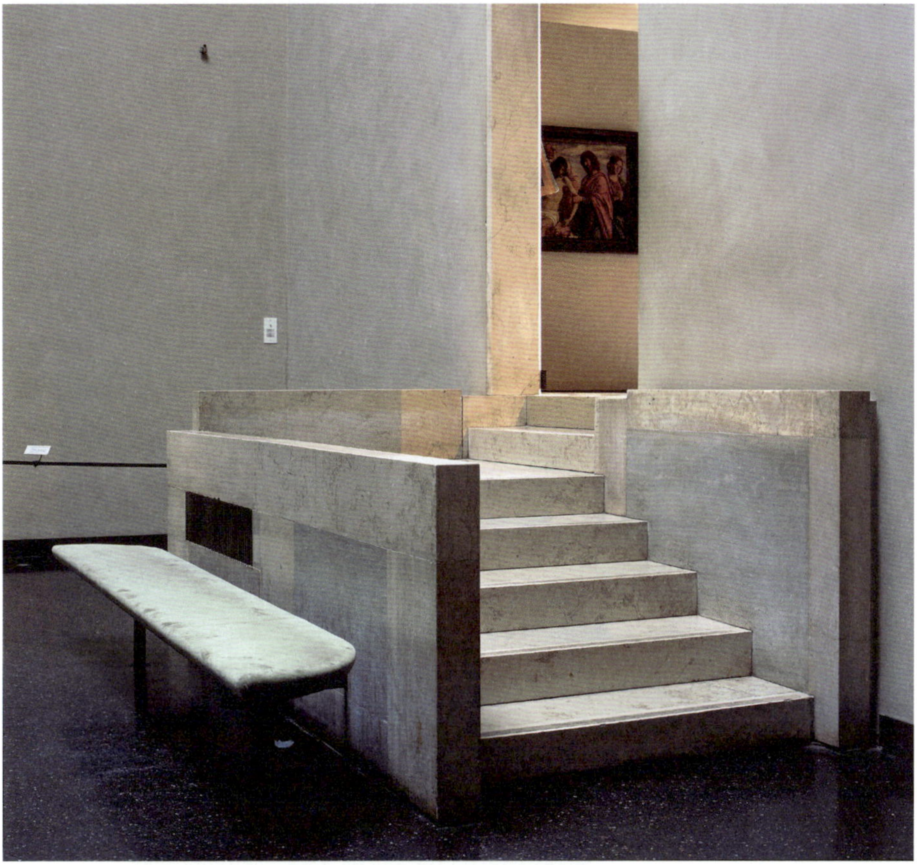

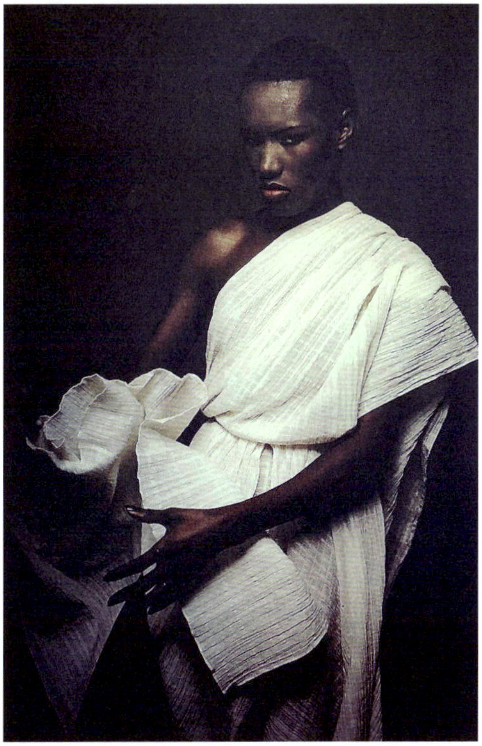

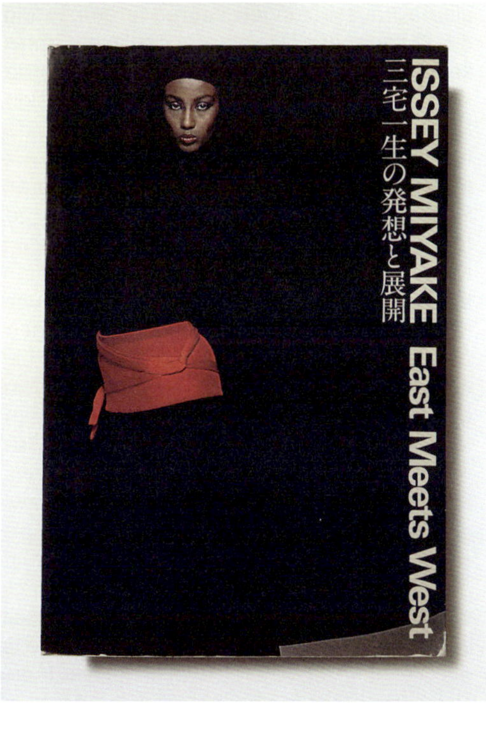

Abb. 7 Carlo Scarpa, Gestaltung eines Ausstellungsraums in den Gallerie dell'Accademia di Venezia
Abb. 8 Abbildung und Cover: *Issey Miyake, East Meets West*, Tokio 1978

die Industrie, weil sie noch historisch jung ist: Der zweite Schub der Industrialisierung vollzog sich erst nach dem Zweiten Weltkrieg; und sie blicken kritisch auf die kulturellen Traditionen, weil ihre Umwelt übervoll davon ist, sie haben die Geschichte satt, könnte man sagen. Vittorio Gregotti, Architekt und Designhistoriker, spricht von einem „verspäteten Zusammentreffen von Industrialisierungsprozeß und bestehender avantgardistischer Kultur“,[10] und Andrea Branzi meint, gerade das Fehlen aller Voraussetzungen begründe den Erfolg des italienischen Designs: Es gab nach Branzi keine Entwurfskultur, keine Großindustrie, keinen Markt als Grundlagen für das Design. Es gab keine Schulen und keine Museen, dafür entwickelten sich auf der einen Seite Experimentalwerkstätten, und auf der anderen Seite wurden Debatten in Zeitschriften geführt. Branzi spricht von einer intellektuellen Kultur der Auseinandersetzungen um Design im Zusammenhang von Wirtschaft, Politik und Kultur und kommt schließlich zu dem Ergebnis, Design sei bis zur Postmoderne – sie einschließend – immer ein Feld von Opposition gewesen, nicht dagegen ein Feld von Integration.[11] Ich glaube also, dass es dieses hohe Maß an Kritikvermögen und Reflexionsfähigkeit ist, mit dem sich die Designer zwischen die Stühle setzen. Sie fühlen sich als Künstler, doch sie unterscheiden sich von ihnen, weil sie nicht nur nach Selbstausdruck suchen, sondern verändernd in die Umwelt eingreifen wollen. Sie fühlen sich andererseits als Dienstleister, aber sie wollen nicht nur die Umwelt verändern, sondern auch ihre Mitmenschen mit Design so sensibilisieren, wie man es sonst für die Kunst erwartet, also sensibel zu werden für einen allgemeinen kulturellen Dialog, für soziale und auch für erotische Beziehungen, für Geschichte oder für eine Zukunft, die anders aussehen sollte als die Gegenwart, oder auch sensibel für das Wohnen, das nicht einfach als Wohnen, sondern als ein kultureller Akt verstanden wird.

Wegen dieser Sensibilität und Kritikfähigkeit beeinflusst jedes Designobjekt nicht nur das individuelle Verhalten, sondern prägt es zugleich. Mit jedem Designobjekt, wird gleichzeitig Verhalten entworfen. Michele De Lucchi hat dazu geschrieben, es habe ihn beunruhigt, dass dem Designer „die Macht verliehen ist, mittels seiner Entwürfe auf das Verhalten und das Leben derjenigen Menschen einzuwirken, die mit diesen Entwürfen in Berührung kommen“.[12] Um dem zu entgehen, betont er die kommunikative Dimension in den Dingen als „Teil der Funktionalität eines Entwurfs“.[13] Ich verstehe das so, dass Dinge quasi mit sich reden lassen sollen, dass man ihr Zeichenhaftes nicht als Gebrauchsanweisung nimmt, sondern die Dinge als Partner in einem Dialog. Damit wäre nicht der praktische Gebrauch, sondern der kommunikative Gebrauch von Design betont. Ob solche Intentionen auch eingelöst werden, ist eine ganz andere Frage.

In Japan gibt es einerseits Designbüros, aber im Produktdesign eher als Ausnahme, und andererseits sind Designer in die Entwicklungsabteilungen der großen Firmen integriert, was wiederum in Italien die Ausnahme ist. Was aus den wenigen Quellen zur Arbeitsweise in Japan hervorgeht, lässt sich als ein Selektionsprozess beschreiben, das heißt von Einzelnen oder Entwicklungsgruppen werden mehrere Varianten einer Lösung – zum Beispiel für einen Kamerakörper – vorgeschlagen,

9 Vgl. Issey Miyake, *East Meets West*, hrsg. von Kazuko Koike, Tokio 1978.

eine kleinere Zahl davon wird weiterentwickelt, und in der nächsten Runde fallen wieder ein paar Entwürfe weg; das geht so lange, bis ein Entwurf übrig bleibt, der bis zur Reife weiterentwickelt wird. Diesen Designprozess könnte man als Wechsel von Entwerfen, Diskutieren und Selektieren beschreiben. Die Designer arbeiten dabei innerhalb extremer Arbeitsteilung und könnten von sich nicht sagen, dass sie einen individuellen Entwurf geliefert haben. Das können sich höchstens Ausländer leisten, wie zum Beispiel Giorgio Giugario, der für Nikon und den Uhrenhersteller Seiko gearbeitet hat.

Das Selbstverständnis von Kenji Ekuan kenne ich gut, er leitet ein Designbüro in Japan mit mehr als hundert Mitarbeitern. Ekuan sieht sich als Designer selbst in einem kosmischen Zusammenhang, der religiös durch den Schintoismus gestützt wird, das heißt, das Göttliche wohnt in den Dingen, der Designer ist dann vielleicht der Vermittler dieses Göttlichen. Und ähnlich wie italienische Designer denkt Ekuan beim Entwerfen in großen Zusammenhängen.

Dritte Behauptung

Die Basis für die Innovationen im italienischen Design liegt in den Klein- und Mittelbetrieben. Italien hat eine dezentralisierte, kleinteilige Produktionsstruktur. Es gibt relativ wenige Konzerne. Gleichzeitig fördern die Regionen besonders Klein- und Mittelbetriebe als Potenzial für ein regionales Wirtschaftswachstum ohne Konzernbildung, das heißt ohne wirtschaftliche Konzentrationsprozesse (Ende der 1970er-Jahre, also zu der Zeit, als sich das postmoderne Design seinem Höhepunkt näherte, kamen noch 25 Prozent der gesamten Inlandproduktion aus Klein- und Mittelbetrieben). Die kleinen Produzenten mit den großen Namen im Design konzentrieren sich in der Region nördlich von Mailand, der Brianza.

Albrecht Bangert hat die Brianza wie folgt beschrieben: „Eine flache, eigentlich wenig markante Gegend, in der schon seit Jahrhunderten kleine Handwerksbetriebe ansässig waren. Aus den kleinen Orten von früher ist inzwischen eine menschenfeindliche Fabrikwüste geworden, die sich nahtlos von den Außenbezirken Mailands ca. 30 km bis zu den Alpen erstreckt. Die überdimensionalen Wegweiser zu den großen Möbelfabriken lassen die eigentlichen Ortsnamen nebensächlich erscheinen: Limbate wird zu ARFLEX, Meda zu CASSINA und der winzige Ort Novedrate zu B&B."[14] Wenn auch Bangert von großen Fabriken schreibt, überschreiten sie nicht das, was man mittelständische Industrie mit einigen Hundert Mitarbeitern nennt. Diese Klein- und Mittelbetriebe sind zum größten Teil aus Handwerkstätten hervorgegangen. In Italien vollzog sich über Jahrzehnte hinweg eine langsame Umwandlung von Werkstätten des Handwerks in Betriebe der Leichtindustrie.

Der ungewöhnliche Bestand an Klein- und Mittelbetrieben ist auch Ergebnis wirtschaftsstruktureller Prozesse, die sie am Leben erhalten. Aus ökonomischen und technologischen Gründen verlagert die große Industrie die unrentablen Prozesse in Kleinbetriebe und in das Handwerk. Sie sind die spezialisierten Zulieferer von Halbzeugen und von vielen anderen Komponenten industrieller Produkte. Für die Vielfalt des italienischen Designs ist

10 Das Zitat konnte nicht aufgefunden werden.
11 Das Zitat konnte nicht aufgefunden werden.
12 Hans Höger, *Michele De Lucchi. Architektur Innenarchitektur Design*, Stuttgart/München 2001, S. 209.
13 Ebd.

gerade die Existenz dieser flexiblen Produktionsstätten unterhalb der mittelständischen Industrie von lebenswichtiger Bedeutung, weil hier die Modelle und Prototypen und ebenso die Formwerkzeuge für die Serie entstehen. Eine solche Basis existiert in Deutschland nicht. Das hat bekanntlich zur Folge, dass Modelle und Prototypen auch in italienischen Werkstätten gebaut werden.

Hinzu kommt, was ich von Andries Van Onck, einem holländischen Designer in Mailand, erfahren habe: In solchen Werkstätten herrscht noch ein Klima, das von der Zusammenarbeit zwischen Technikern, Designern und Arbeitern bestimmt ist. Sie experimentieren und projektieren gemeinsam. Es ist deshalb kein Wunder, dass solche Betriebe heute noch in mehreren Wirtschaftszweigen führend sind, so in der Mode, bei mechanischen Produkten und in der Verarbeitung von Holz.

Also kann man sagen, dass die Vielfalt im italienischen Design ohne die technologische Ausdifferenzierung in Handwerks- und anderen Kleinbetrieben gar nicht denkbar wäre.

Diese Situation ist in Japan partiell ähnlich. Von einem Ökonomen habe ich erfahren, dass besonders in der alten Kaiserstadt Kyoto und um sie herum und sicher auch in den kleineren Städten des Landes das alte Handwerk noch lebendig ist, nämlich überall dort, wo es einen Bedarf durch die Tempel und Schreine, die Bewohner traditioneller Häuser und die Bewahrer der traditionellen Kultur, also der japanischen Tänze, des Sports und des Theaters, gibt. Dieser Bedarf richtet sich auf handwerkliche Produkte. Heute werden in diesen Handwerksbetrieben auch Modelle und Prototypen für die Industrie hergestellt. Wie auch in Italien stehen solche Betriebe also zwischen dem Designer und dem industriellen Unternehmen. In Italien reicht der Einfluss des Handwerks bis zu den Karosserieschneidern der Luxuslimousinen, in Japan beschränkt sich der Einfluss dieser Modellbaubetriebe wahrscheinlich auf Produkttypen mit einer handwerklichen Tradition; Modelle für Videokameras werden dort kaum entstehen, weil Holz, Textilien und Keramik die primären Werkstoffe im japanischen Handwerk sind.

Vierte Behauptung

Es gehört zu den allgemeinsten Erfahrungen, dass italienisches Design bildhaft, symbolisch und metaphorisch ist. Die Gründe dafür mögen vielschichtig sein. Zuerst, und das scheint mir besonders wichtig, werden die einzelnen Objekte sowohl von den Designern als auch von den Designkritikern als Elemente einer Kultur gesehen und erst danach als praktische Werkzeuge, das heißt – semiotisch ausgedrückt –, die symbolischen Zeichen, die auf einen kulturellen Hintergrund verweisen, ergänzen, überlagern oder verdrängen die ikonischen und indexikalischen Zeichen, die auf praktische Funktionen hinweisen und technische Herstellungsbedingungen vergegenständlichen.

Man könnte vielleicht etwas vage und verallgemeinernd sagen, dass das, was für viele Italiener den Wert des Designs ausmacht, sein Maß an Poesie ist. Dieses Bildhafte, Symbolische und Poetische ließe sich auch mit dem Wert des Scheins, des Scheinhaften, der äußeren Aufmachung in der Welt der Warenästhetik erklären oder in anderer Weise vielleicht auch mit der Konkurrenz zu den Bildmedien,

14 Albrecht Bangert, *Italienisches Möbeldesign. Klassiker von 1945 bis heute*, München 1987, S. 14.

in der sich das Design durch ebenso starke oder noch stärkere Reize behaupten muss. Und nach Ettore Sottsass hat Italien, bedingt durch den herrschenden Katholizismus, immer noch einen Hang zur Ikone.

Der Hinweis auf die Warenästhetik erklärt allerdings nicht das Spezifische am italienischen Design, und der Hinweis auf die Ikone erklärt nicht, dass das italienische Design aus den ikonischen Standards immer wieder ausbricht. Auf der symbolischen Ebene scheint es sogar Ähnlichkeiten mit Japan zu geben, doch beim Gehalt der Symbole hören die Gemeinsamkeiten auf. Denn in Japan ist die symbolische Ebene untrennbar mit dem praktischen Gebrauch verbunden; das Symbol ist gewissermaßen in den praktischen Gebrauch eingeschrieben, und der praktische Gebrauch wird durch die symbolische Dimension aufgewertet. In Italien scheint mir das anders zu sein: Die symbolischen Zeichen legen sich über den praktischen Gebrauch, um ihn zu interpretieren, zu verdecken, um ihn undeutlich zu machen, manchmal sogar um ihn zu erschweren. Der praktische Gebrauch zählt oft weniger als die symbolischen Zeichen.

Fünfte Behauptung

Die besonderen Qualitäten des italienischen Designs haben wohl etwas mit der Besonderheit der Designer zu tun. Das italienische Design ist noch immer ein Design ohne Designer mit entsprechender Ausbildung. Die meisten italienischen Designer haben eine Ausbildung als Architekten oder als bildende Künstler absolviert. Was dem italienischen Designer an fachinterner, also arbeitsteiliger Professionalität fehlt, ersetzt er durch kulturelle Bildung und durch Nähe zur Kunst. Die Gründe für diese Besonderheiten liegen darin, dass es in Italien gar keine nennenswerte Ausbildung zum Designer gibt. Wohl gibt es ein paar Schulen, meist private, die aber von den Vorlieben ihrer Direktoren und denen der Lehrer geprägt sind, die wiederum von diesen Direktoren geholt worden sind. Wenn es keine nennenswerte Ausbildung zum Designer gibt, kann es auch keine staatlichen Abschlüsse geben. In Italien kann sich jeder Designer nennen, der das möchte. Es gibt also keine juristische Anerkennung seiner Profession.

Bei den japanischen Designern dagegen, deren Namen und Biografien bekannt sind – und das sind die wenigsten –, sind zwei Wege zu erkennen. Der erste führt über japanische Hochschulen und Universitäten. Die Ausbildung erfolgt in der Regel in Designabteilungen von Kunsthochschulen, Kunstuniversitäten und Universitäten für Kunst und Technik. Das heißt, in den meisten Fällen wird das Design von den freien Künsten dominiert. Der andere Weg führt über ein Designstudium im Ausland, bevorzugtes Land ist hier die USA. Beiden Wegen geht oft die Berührung mit dem Handwerk voraus, entweder durch die Familie oder durch die Berufsausbildung. Die Designer haben also in der Regel den staatlichen Abschluss einer Universität oder Hochschule.

Sechste Behauptung

Italiens Produktdesign ist über weite Strecken Mikroarchitektur. Marco Zanuso, spricht von der „Architektur, die tot ist, und als Industriedesign wiedergeboren wird“.[15] Auffällig ist,

15 Das Zitat konnte nicht aufgefunden werden. In der folgenden Quelle findet sich eine ähnliche Bemerkung Zanusos: Marco Zanuso, in: Silvia Giacomoni und Attilio Marcolli, *Italienische Designer. Interviews, Werkübersichten*, München 1988, S. 276 f.

dass in Italien die Beziehung zwischen Architektur und Design sehr eng ist, was nicht nur an der Ausbildung liegt, sondern auch am Konzentrationsprozess im Bauen. Wie überall in der Welt konzentrieren sich der architektonische Entwurf und das Bauen zunehmend auf wenige große Baubüros oder Architekturateliers. In Japan sind es nicht mehr als fünf, die „großen Fünf", wie man sagt, die die gigantischen Staatsprojekte für Infrastruktur, Flughäfen, Landgewinnung im Meer und so weiter nicht nur ausführen, sondern mittels ihrer Lobby überhaupt erst entstehen lassen.

Auch in Italien wird die Arbeit zentralisiert und rationalisiert, und für die große Zahl ausgebildeter Architekten ergibt sich das Problem, dass sie immer mehr für periphere und weniger qualifizierte Arbeiten herangezogen werden. Für die aufsehenerregenden Objekte genügt die Signatur des bekannten Meisters. Dass nun Architekten für das Design frei werden, hat Folgen für das Design, und zwar in zweierlei Weise: Einerseits versuchen die Architekten, die Design machen, weil sie keine Architektur mehr machen können, sich vom architektonischen Denken zu befreien, sie verabschieden sich damit vom Räumlichen und steigen um auf das Kunsthandwerkliche, auf die Materialien, die Farben und die expressiven Formen. Andererseits transportieren Architekten das architektonische Entwerfen und die architektonische Formensprache in das Design: Sie bauen aus geometrischen Teilen, die auch Fertigteile sein können, sie setzen zusammen, sie bauen Sockel oder sie gestalten nichts weiter als Fassaden. Designobjekte erscheinen mitunter wie architektonische Unikate, die nun in Serie produziert werden. Das ist das, was ich meine, wenn ich von Mikroarchitektur spreche. Und hinzu kommt noch ein Zeitfaktor, auf den ein Designtheoretiker aufmerksam gemacht hat, der außerdem die Vorliebe in Italien für das Möbeldesign begründet. Gianni Pettena schrieb 1986 über die Zeit vor 1968, in der sich schon etwas an kritischem Geist zusammenbraute: „Das experimentelle Gestalten außerhalb der Universität [gemeint ist die Architekturfakultät der Florentiner Universität, Anm. Hirdina] gewann zunehmend an Bedeutung, intuitive Vorgehensweisen verdrängten rationale Planungsprozesse. Das Entwerfen von Möbeln entwickelte sich immer stärker [...]. Denn hier bestand durch den Bau von Prototypen im Maßstab 1:1 die wunderbare Gelegenheit, gedankliche Ideen in reale Bilder zu übersetzen – und das innerhalb kürzester Zeit. So wurde es möglich, jenseits der langen Realisierungsprozesse von Architektur auf ganz unmittelbare Weise herauszufinden, ob eine bestimmte visuelle Ausdrucksform tatsächlich mitteilte, was man sagen wollte."[16] Hier ist also der Umstieg von Architektur mit einem Beschleunigungsprozess erklärt, mit dem kürzeren Abstand zwischen Entwurf und Ausführung.

Gegenüber Italien dominiert in Japan eine andere Beziehung zwischen dem räumlichen Gestalten und dem Gestalten von Objekten. Im italienischen Design ist in den Strukturen und Gestaltqualitäten das Architektonische anwesend, im japanischen Design sehe ich eher eine Beziehung zu Dimensionen des Städtebaus, also eine Beziehung zum Urbanen. Ich sehe diese Beziehung in der Betonung des Prozesshaften, des Veränderlichen, der Dynamik, des Transformierens. Das sind

16 Zit. nach Hans Höger, *Michele De Lucchi. Architektur Innenarchitektur Design*, Stuttgart/München 2001, S. 123.

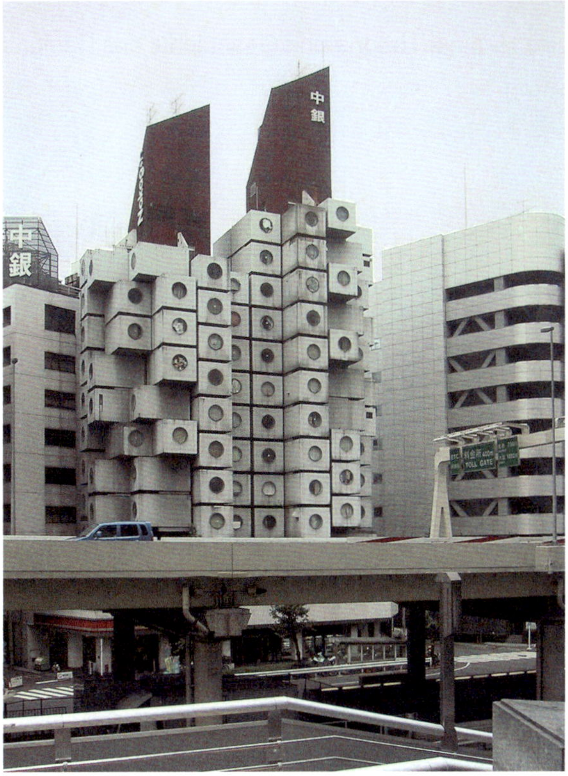

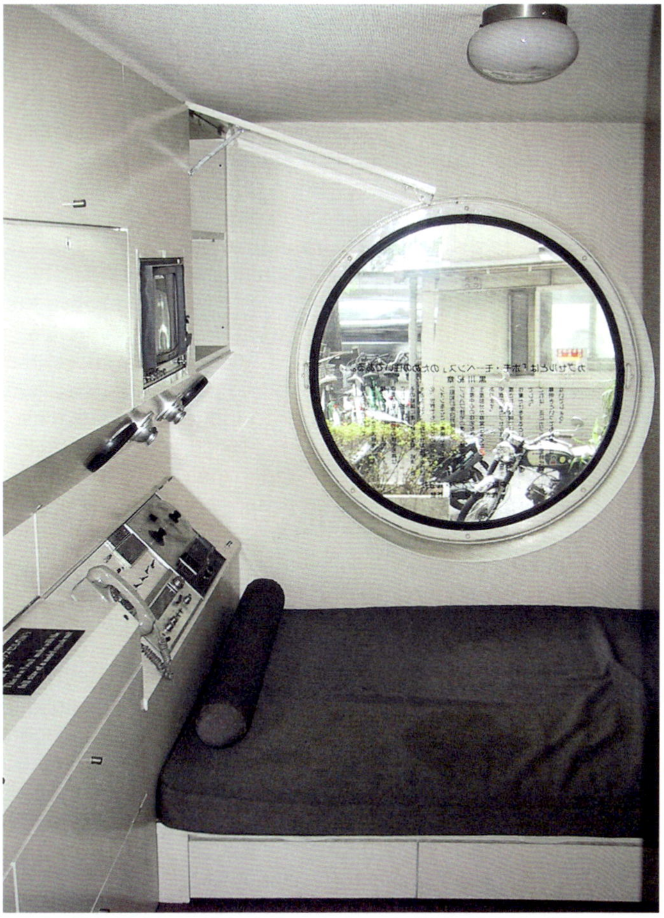

Abb. 9 Kisho Kurokawa, Nakagin Capsule Tower in Shinbashi, Tokio, 1972
Abb. 10 Nakagin Capsule Tower, Innenraum

Qualitäten, die in Italien keine Rolle spielen. In Italien haben Designobjekte skulpturale Qualitäten, die man nicht einfach verändern kann, und deshalb entstehen in Italien Dinge in der Regel nicht aus Elementen und kommen nicht aus dem Baukasten. Richard Sapper hat berichtet, wie er langsam begreifen musste, dass es italienischen Modellbauern und Konstrukteuren einfach keinen Spaß gemacht hat, in abgestimmten Maßen und in Modulen zu denken, deshalb passte dann manches nicht. Die Verzeitlichung des Design in der Weise, dass es sich transformieren lässt, dass es der Benutzer verändern kann und so weiter, ist einfach nicht Sache des italienischen Design.

Wenn ich sage, dass es zwischen dem japanischen Design und dem Urbanen eine Beziehung geben könnte, meine ich damit die reale Stadt und die geplante Stadt. Die reale Stadt ist komplex, fragmentarisch, in ständiger Veränderung und keine Ganzheit. Vieles am japanischen Design erinnert mich an solche Städte, besonders wenn ich an japanische Kameras denke: Sie haben eine Menge Details, jedes einzelne perfekt durchgebildet, und die Details sind in ihren Differenzen wichtiger als die Sorge um eine harmonische Form. Das Funktionieren der Details ist also wichtiger als ein harmonischer Anblick. Und man kann kaum sagen, dass die Details in eine überschaubare Hierarchie gebracht worden sind, sondern die Differenz ist wichtig. Das Chaos wird in Japan anders bewertet als in Europa: nicht als Herausforderung für Harmoniebildung, sondern als Herausforderung für ein ästhetisches Chaos.

Andererseits steht der japanische Metabolismus in den 1960er-Jahren für den Versuch, dem Chaos der Stadt zu begegnen, indem sie quasi in ihrer Infrastruktur verflüssigt und in ihrer Architektur elementarisiert wird. Im Metabolismus wird das Veränderliche, das Prozesshafte, das Dynamische betont. Das hat zwei Eckpunkte: den Verkehr einerseits und veränderbare Strukturen andererseits. Metabolismus meint das Verhältnis von Zellen und einem Organismus, also von Prozessen in und zwischen diesen Zellen bei gleichzeitiger Stabilität des Ganzen; anders ausgedrückt geht es um die Beziehung zwischen natürlichen Prozessen und Prozessen des Bauens nach dem Vorbild natürlicher Prozesse, bei dem die Verkehrsadern dann quasi wie Blutbahnen erscheinen und das Gewachsene ohne Behinderung wachsen und sich verändern kann. Das Zusammenbringen von veränderlichen und nicht veränderlichen Strukturen sieht zum Beispiel so aus, dass an einem Schaft, der als Verkehrsweg und Säule dient, die Funktionseinheiten, also die Räume, in Form von Containern eingehängt oder quasi angeklickt werden. Sie sollten also auch wieder abgehängt oder ausgeklickt werden können, was allerdings niemals geschehen ist (› Abb. 9, 10).

Siebte Behauptung

Sie betrifft das Verhältnis von nationaler Identität und globalen Einflüssen – insbesondere in den 1940er- und 1950er-Jahren, also nachdem Italien nach faschistischer Selbstisolierung und Krieg auf dem Weltmarkt und in der internationalen Kommunikation über Messen und Ausstellungen wieder in Erscheinung trat. Eine besondere Rolle spielte die Mailänder Triennale, eine internationale Ausstellung des Kunsthandwerks, die nach 1945 immer mehr zu einer Ausstellung des internationalen Designs geworden ist. Über sie wurden bis 1968 die Leitbilder transportiert und vor allem internationalisiert.

Italien ist bekanntlich eine Halbinsel, das könnte man auch im übertragenen Sinne sagen, was das Verhältnis von Nationalem und Internationalem betrifft. Als sich nach 1945 das Design vom Kunsthandwerk zu befreien begann, kamen die Einflüsse aus Skandinavien, von der nonfigurativen Plastik und den USA.

In den USA war das Verhältnis zur Produktkultur ambivalent. Bis auf Ausnahmen waren die Designer in Italien von amerikanischen Moden, besonders von der Stromlinie, nicht extrem fasziniert, zur amerikanischen Massenkultur hatte eine italienische kulturelle Elite wohl eher ein distanziertes Verhältnis. Doch es gab zwei wesentliche Einflüsse: die Militärtechnik der amerikanischen Besatzungsmacht und die Möbel der Herman-Miller-Kollektion. Die Herman-Miller-Kollektion besteht aus jenen Möbeln von Isamu Noguchi, Charles und Ray Eames, George Nelson und Irving Harper, die zum Inbegriff internationaler Nachkriegsmodernität wurden (› Abb. 11, 12, 13, 14).

Die Militärtechnik war deshalb von Einfluss, weil bei ihr das Masse-Leistungs-Verhältnis optimiert und sie gleichzeitig robust und leicht war, was wiederum mit dem notwendigen Transport über den Ozean zusammenhing. Der Jeep galt nicht nur in Italien, sondern im gesamten Nachkriegseuropa als Exempel funktionaler Gestaltung. Dass der Jeep und mit ihm die amerikanische Militärtechnik zu einem Leitbild für Gestaltung werden konnte, ist ungewöhnlich, denn ich hatte ja davon gesprochen, dass die italienischen Designer das Innovationspotenzial für Formen nicht gerade im Gebrauch suchen, und schon gar nicht im militärischen, weil sie an Minimalformen eigentlich nicht interessiert sind.

Eine der wenigen Ausnahmen in dieser Beziehung dürfte die Vespa sein, aber gerade sie stammt nicht von einem Designer, sondern von einem Flugzeugkonstrukteur. Italiens Design ist in der Nachkriegszeit immer auch ein Stück Widerstand gegen die Amerikanisierung und Eintreten für die Entwicklung nationaler Identität mittels Design. Man könnte darin natürlich auch ein Stück faschistisches Erbe sehen, dieses Drängen nach nationaler Identität kommt aber im italienischen Design nicht aus dem faschistischen Nationalismus, denn dann hätte es eher zu einer römischen Monumentalität geführt, statt zu modernen skulpturalen Formen, die unter anderem eben von Henry Moore abgeleitet waren, also von Formen, die man als schwellend organisch bezeichnen könnte.

Dazu im Kontrast hat es in Japan, der dortigen Mentalität entsprechend, einen solchen Widerstand gegen das Fremde der Amerikaner nie gegeben. Statt von Widerstand könnte man von Integration oder Assimilation sprechen, von einem Prozess der Aneignung, in dem das ursprünglich Fremde zu etwas Eigenem geworden ist. Und dieser Prozess der Integration war nicht nur auf moderne Gestaltqualitäten, sondern auch auf Technologie gerichtet. Das erklärt vielleicht zu einem Teil den wirtschaftlichen Erfolg japanischer Produkte gegenüber den wirtschaftlichen Misserfolgen italienischer Produkte. In der italienischen Bürotechnik wollte man durch herausragendes Design ausgleichen, was an technischem Know-how fehlte. Wie man an der zunehmenden Bedeutungslosigkeit von Olivetti-Produkten sehen kann, ist das nicht gelungen.

Italienisches Design lässt sich zusammenfassend nicht verstehen, wenn man es nur als praktische Problemlösung respektive ergonomisch oder konstruktiv betrachtet. Es verweist vielleicht mehr als anderes Design auf einen

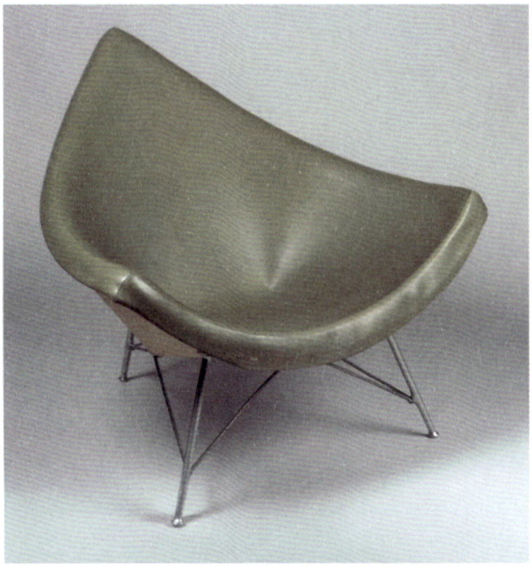

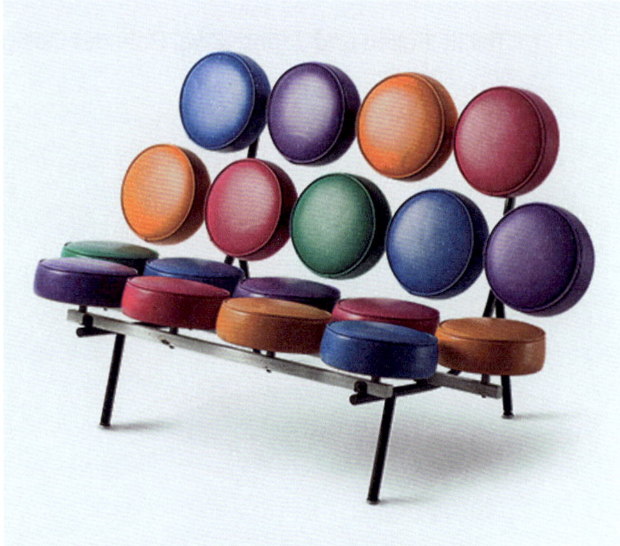

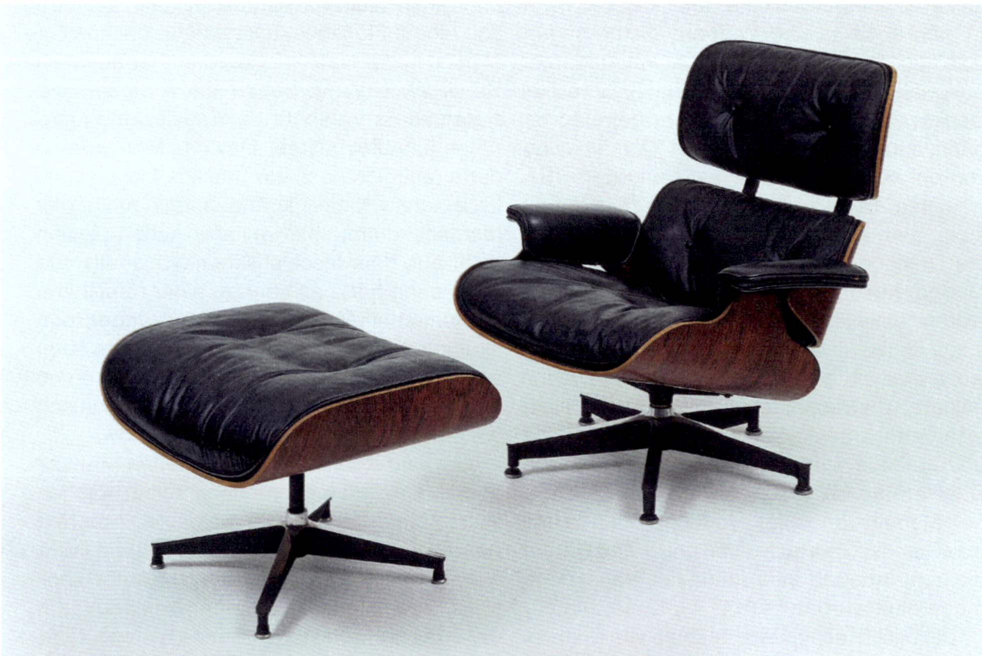

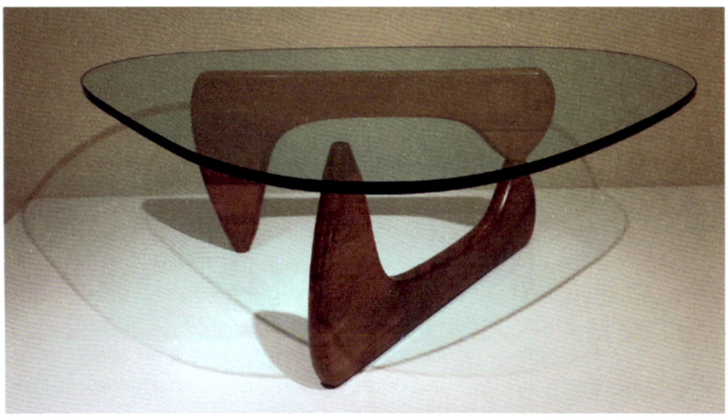

Abb. 11 George Nelson, *Coconut Chair*, 1958
Abb. 12 George Nelson und Irving Harper, *Marshmallow Sofa*, 1956
Abb. 13 Charles und Ray Eames für Herman Miller, Eames Lounge Chair (670) und Ottomane (671), 1956
Abb. 14 Isamu Noguchi, *Lounge Table*, 1944

nationalen Kontext, es ist einer langen Geschichte zugehörig, es begreift sich als gegenständlicher Teil des architektonischen oder bewohnten Raums – von Mario Bellini wird es mit dem Wohnen fast gleichgesetzt –, und es beansprucht neben dem realen Raum auch den irrealen Raum der Fantasie. Japanisches Design wiederum bezieht seine Poesie aus dem Gebrauch, und es spielt gern.

Achte Behauptung

Mein letzter Punkt des Vergleichs ist die Frage nach den Institutionen des Designs in Italien und Japan. Unter einer Institution versteht man gewöhnlich etwas, das durch Regelhaftigkeit gekennzeichnet ist. Dieses Regelhafte ist anerkannt, es ist stabil und von langer Dauer. Wenn man sich darunter etwas Etabliertes, Unpersönliches vorstellt, wie ein Gremium oder einen Verband oder eine Zeitschrift, wird man das in Italien nicht finden. Was dort zu einer Institution geworden ist, sind ein paar Designer, die als Leitbild fungieren, die Autorität haben, die ihre Epigonen und Nachfolger hervorgebracht haben. Zu ihnen gehört auf jeden Fall der postmoderne Ettore Sottsass und ebenso der moderne Achille Castiglioni, daneben die postmodernen, allerdings nicht mehr existierenden Gruppen Memphis und das Studio Alchimia.

Bleiben wir beim eingeführten Begriff der Institution, dann entstehen Designleistungen in Italien als individuelle Leistungen und nicht im Rahmen einer Institution, damit entstehen sie auch nicht in Gruppen, Schulen, Richtungen und so weiter, die einen allgemein verbindlichen Stil hervorgebracht hätten. Aber die Designer reagieren sehr wohl aufeinander. Sie führen einen stillen Dialog miteinander, wie man dies an ihren Produkten sehen kann.

Das Nichtinstitutionelle ist also geradezu ein Kennzeichen des italienischen Designs: Institutionen halten sich nicht sehr lange oder nur mit Schwierigkeiten. Gerade einmal zehn Jahre gab es die einzige Fachzeitschrift für Design, die *Stile Industria*, die 1954 begründet worden ist. Vom italienischen Designerverband ADI ist schon seit Jahren nichts mehr zu hören. Die Zeitschrift *Casabella*, die seit 1928 erscheint, ist eine Ausnahme. Der Compasso d'oro, der italienische Designpreis mit Weltgeltung, wurde 1954 von der Warenhauskette La Rinascente gestiftet. Während der 1970er-Jahre wurde er überhaupt nicht vergeben, weil man sich über die Kriterien nicht einigen konnte. In den 1980er-Jahren war er verschwunden, doch heute gibt es ihn wieder.

Japan dagegen hat stabile Institutionen. Ab den 1950er-Jahren wurden in Japan Institutionen zur Förderung des Designs geschaffen – in Gestalt von Zeitschriften, Berufsverbänden und dem Ministerium MITI, das die Exportqualität zu überwachen hat. Im Unterschied zu Italien sind diese Institutionen geblieben. Das Zentrum der institutionellen Hierarchie bilden jedoch die Unternehmen. Sie sind das Gefäß, das die Designer schluckt und sie zu Namenlosen macht. In Italien konkurrieren die Individuen und die designorientierten Firmen um einen guten Ruf und Image, in Japan setzt man eher auf Formen allgemeiner Anerkennung, die natürlich wiederum institutionalisiert sind und so Autorität haben. Das sind vor allem Designpreise, Designwettbewerbe, Designfestivals und der jährliche Tag der Kultur, der auch als Tag des Designs begriffen wird.

So viel zum Vergleich des italienischen und japanischen Designs. In den nächsten Vorlesungen wird es um Periodisierungen des italienischen und japanischen Designs gehen.

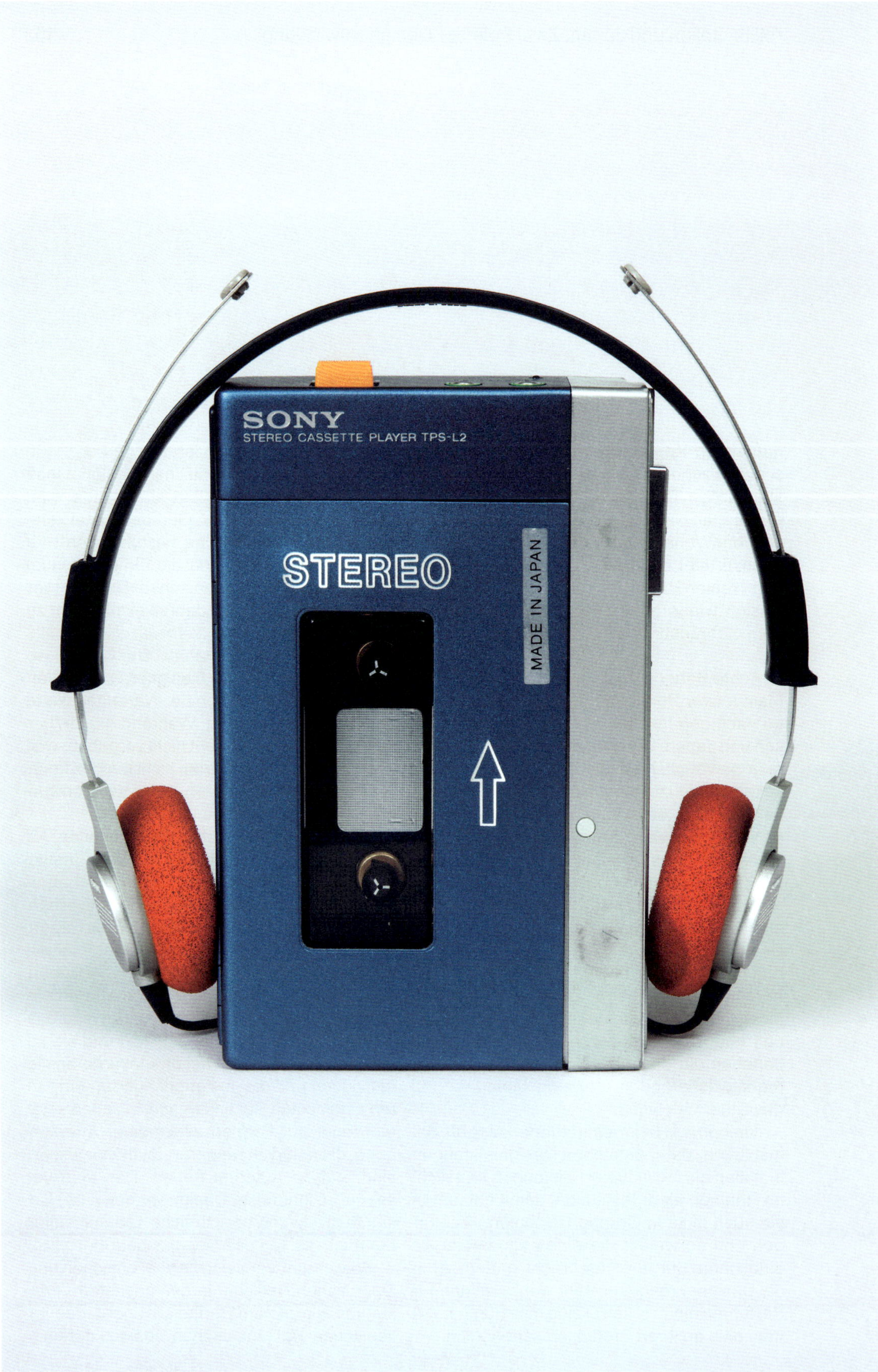

Kozo Ohsone (Design), Sony TPS-L2 Walkman, tragbares Kassettenabspielgerät und Kopfhörer, 1979

Japan: Traditionelle Ästhetik und modernes Design

Nun ausführlicher zum japanischen Design. Dazu einige Vorbemerkungen, zunächst zu einigen Konflikten und Problemen, von denen die räumliche Umwelt in den städtischen und dörflichen Siedlungen Japans heute geprägt ist. Es sind Probleme, die sicherlich nicht allein oder nicht vorrangig oder gar nicht vom Design gelöst werden können. Diese Probleme bilden aber den Kontext für das Design, und das Design reagiert auch auf solche Probleme. Diese Probleme sind auch die Folgen eines Modernisierungsprozesses, der nach abendländischem Muster seit 1868, dem Jahr der endgültigen Öffnung des Landes, abläuft. Wer heute noch den Einfluss Europas und der USA besichtigen will, wie er sich in den ersten Jahren danach darstellte, muss sich Yokohama ansehen, und dort insbesondere die Bankgebäude nach dem Muster der Wall Street, bei der wiederum die europäische Antike Pate stand.

Die Japaner leben heute in zwei Welten – vorwiegend leben sie in der Welt des JOFU, des *western style*. JOFU ist von „Jo" abgeleitet, was Ozean bedeutet. JOFU meint eine Kultur, die von Übersee kommt, eine transozeanische Kultur also. So ist das Sitzen auf Stühlen heute zumindest für diejenigen selbstverständlich, die nach dem Zweiten Weltkrieg geboren sind, und heute schläft knapp die Hälfte der Japaner nicht mehr auf der Tatami-Matte, sondern in westlichen Betten.

Gegenüber dem westlichen Lebensstil wird der traditionelle Stil als WAFU bezeichnet. WAFU meint die kostbaren Momente der wirklichen Freizeit. Zum WAFU gehören heute noch die Haus-Kimonos, das Tatami-Zimmer, die Bildnische mit dem nach Jahreszeiten wechselnden Rollbild, das japanische Bad und natürlich die Essstäbchen.

Bevor ich zum japanischen Design komme, möchte ich den wesentlichen Unterschied in der vormodernen Ästhetik zwischen Japan und Europa betonen. Es gibt aufgrund der gänzlich anderen kulturellen Entwicklung Japans keine stilgeschichtliche Periodisierung für die gegenständliche und architektonische Formkultur, sondern Formen werden nach Arten ihrer Herstellung und ihres Gebrauchs kategorisiert, sie werden danach unterschieden, ob dominant das Material, die Technologie, die Zwecksetzung durch den Menschen oder der Wille zum Dienstbarmachen der Natur im Objekt erscheinen. Hinzu kommen symbolische Bedeutungen, die jedoch nie transzendent sind, also nie auf etwas Göttliches, Überirdisches, Abstraktes verweisen, sondern immer auf etwas in der Realität, auf ein Lebensprinzip, auf ein menschliches Verhalten, auf eine Jahreszeit und so weiter.

Die vielleicht wichtigste Folge dieser ästhetischen Kultur ist das gegenüber Europa andere Verhältnis von Struktur und Dekoration. In Japan dominieren strukturelle Gestaltqualitäten gegenüber solchen der Dekoration, der Dekor bleibt der Struktur untergeordnet. Im vorindustriellen Europa ist das eher umgekehrt. Ich würde also für Japan von der Dominanz einer strukturbestimmten Ästhetik sprechen, die sich im traditionellen Handwerk zeigt, und da wiederum besonders im Bauen.

Weil es in Japan keine Abfolge historischer Stile gibt, kann es auch keine Stilimitationen geben. In der kontinuierlichen Erneuerung der buddhistischen Tempel und schintoistischen Schreine, wenn ihre Materialien verschlissen sind, oder, wie beim Ise-Schrein in Nara, nach jeweils zwanzig Jahren, drückt sich ein besonderes Verhältnis zur Zeit aus, das sich wiederum vom abendländischen Verständnis unterscheidet. Hier bei uns existiert eine klare Unterscheidung von Vergangenheit, Gegenwart und Zukunft. Der zentrierende Bezugspunkt ist die Gegenwart, und die Gegenwart ist es, weil dies die Zeit des erlebenden und urteilenden Subjekts ist. In Japan gibt es diese Subjektzentrierung nicht, und weil das Ego nicht im Zentrum steht, steht auch nicht die Gegenwart im Zentrum, sondern die Unterscheidungen zwischen Vergangenheit, Gegenwart und Zukunft sind eher unscharf. Die Zukunft ist nicht eine Folge der Gegenwart, sondern Zukunft ist einfach das Ungewisse, und das Vergangene ist nicht ein für alle Mal vergangen, die Vergangenheit kann wieder Gegenwart werden, und die Gegenwart ist gleichzeitig Vergangenheit. Zeit, dies hat schon ein japanischer Denker im 11. Jahrhundert gesagt, das sind die Blasen auf dem Wasser, die vergehen, aber immer wieder entstehen.

Zeit in Japan also ist nicht um die Gegenwart zentriert, es ist eine dezentrierte Zeit, und die Zeit ist mehrdeutig; Vergangenes, Gegenwärtiges und Zukünftiges sind nicht feststehende, sondern relative Begriffe. Wenn Japaner zu ihren Tempeln und Schreinen wallfahren, dann nicht aus nostalgischem Interesse an der Vergangenheit irgendeines Jahrhunderts, sondern sie gehen dorthin, weil sie einfach etwas Schönes sehen wollen, das anders als im Alltag ist, oder weil sie auf der Suche nach ihrer eigenen Identität sind.

Im ersten Teil der Vorlesung soll es um die Frage gehen, ob es sich beim japanischen Design um JOFU, um WAFU oder um ein Zwischending von beidem handelt. Im zweiten Teil geht es dann um die Geschichte des japanischen Designs. Ich stütze mich dabei auf eigene Beobachtungen und natürlich auch auf Literatur. Und außerdem auf Kenji Ekuan. Der Designer leitet heute das größte selbstständige Designbüro in Japan, die sogenannte GK Design Group. Kenji Ekuan, der zur Gruppe der Metabolisten in Japan gehörte, kenne ich seit 1975, und ich verdanke ihm weniger Kenntnisse über das japanische Design als vielmehr ein Verständnis dieses Designs. So viel zur Vorrede.

In Japan wird an jedem 1. Oktober der Tag der Kultur gefeiert, bei dem das Design eine besondere Rolle spielt. Japan ist seit Beginn der 1960er-Jahre auch geübt im Ausrichten internationaler Designkongresse – und doch wird man in Japan kaum jemanden finden, der von japanischem Design spricht, höchstens würde man von internationalem Design reden und allenfalls ein paar japanische Einflüsse zugestehen. Japanische Designkritiker sind der Auffassung, dass es drei Einflüsse gegeben habe: vor dem Zweiten Weltkrieg besonders den Einfluss des Deutschen Werkbundes und des Bauhauses – was nicht dasselbe ist –, und daneben, jedoch schwächer, einen französischen Einfluss in Gestalt von Charlotte Perriand, einer Mitarbeiterin von Le Corbusier, und von Le Corbusier selbst. Nach dem Weltkrieg gab es dann den Einfluss der USA, von dem ich schon gesprochen habe. Kurz, die allgemeine Auffassung in Japan heute könnte lauten: Es gibt kein japanisches Design, sondern nur ein Exportdesign, und Exportdesign ist internationales Design, es verkörpert also einen internationalen Standard von Form- und Funktionsauffassung.

Mir scheint, in Japan versteht man unter originärem Design die individuelle Leistung eines Designers, quasi eine Designerhandschrift; Design personifiziert sich im Designer. Nur wenn der Designer genannt werden kann, scheint man es als Design zu akzeptieren, sonst sind es einfach Industrieprodukte von Sony, von Nikon und so weiter, bei denen Design in diesem Sinne keine Rolle spielt. Das ist das verbreitete europäische Designverständnis im Kommerz und das der Medien.

Das wäre aber nur ein Versuch der Erklärung für das mangelnde Designbewusstsein in Japan. Wie eine andere Erklärung aussehen könnte, zeigt am besten ein Zitat: „Man kann mit einiger Sicherheit sagen, daß es fast keine japanischen Produkte mit original japanischem Design gibt. Japan reproduziert im Ausland entwickelte Warentypen zu günstigeren Preisen und mit besserer Qualität als jeder andere. Diese Produkte sind nicht einzigartig; sie haben kein Programm mit eigenen Regeln und einer eigenen Ordnung, und sie haben auch keinen nennenswerten Gefühlswert. Aber sie sind praktisch, leicht zu bedienen, bequem, und besitzen dank der japanischen Interpretation einen gewissen frischen Charme.“[1] Hier wird Design also nicht mit individueller Handschrift, sondern mit einem Programm, mit einem Regelwerk und einer eigenen Ordnung gleichgesetzt, man könnte auch sagen: Design wird mit einem Stil gleichgesetzt. Und Design an einen Gefühlswert zu binden, sagt viel über den japanischen Autor des Zitats, denn in Japan trägt man Gefühle nicht im Gesicht und auf der Zunge. Der Gefühlswert der Dinge erscheint dem Autor offenbar als etwas faszinierend Exotisches, das schwer zu erreichen ist. Nicht um Design handelt es sich nach dieser Auffassung dagegen, wenn etwas gut handhabbar und komfortabel ist und über etwas Charme verfügt. Anders ausgedrückt: Im Eigentlichen des Designs, in seiner praktischen Funktion respektive seiner praktischen Brauchbarkeit, die man im Gebrauch und nicht nur beim Betrachten genießt, sieht der Autor des Zitats weder eine japanische Designqualität noch ein Merkmal des Designs überhaupt.

Und schließlich existiert noch eine dritte Auffassung. Ich halte sie für wesentlich, doch sie ist keineswegs verbreitet, nämlich die Auffassung, dass es zwar Design gibt, aber das existierende Design noch gar nicht bei sich selbst angekommen ist, und zwar deshalb nicht, weil es keinen Beitrag zur Lösung jener großen Probleme leistet, vor denen die Welt heute steht. Der Designer Kazuo Kawasaki schreibt: „Die Tage einer Form von Design, die sich bereitwillig der Industrie eines Staates unterordnet, um deren Gewinne zu mehren, die in einem simplen Kreislauf in den Konsum der eigenen Güter zurückfließen, sind in Japan und überall auf der Welt gezählt. Das Industriedesign muß endlich aufhören, auf diesen Kreislauf von Produktion und Konsum Hoffnungen zu setzen. Für meine Begriffe ist das ganze Konzept ‚Industriedesign‘ reif für das Museum.“[2] Anstelle des Wortes Industriedesign plädiert Kawasaki für das die Bezeichnung „intelligentes Design“, und er versteht darunter ein Design, das mit dem Streben nach einer neuen Weltordnung verbunden ist, ein Design, das Frieden stiftet und die Menschheit auf einem neuen Weg zusammenbringt.

Lange bevor ich den Text von Kawasaki gelesen habe, kannte ich den von ihm entworfenen Rollstuhl, der wohl nach zahlreichen vergeblichen Mühen doch in Serie produziert

1 Shukuroo Habara, „Industriedesign“, in: Kathryn B. Hiesinger/Felice Fischer (Hrsg.), *Japanisches Design seit 1950*, Ausst.-Kat. Philadelphia Museum of Modern Art/Kunsthalle Düsseldorf, Düsseldorf 1995, S. 31.

2 Kazuo Kawasaki, „Designer Statement“, in: ebd., S. 42.

wird. In einem solchen Rollstuhl sitzt auch Kawasaki, seit er nach einem Verkehrsunfall darauf angewiesen ist, und ich frage mich natürlich, ob er das Design und die Welt auch so gesehen hat, als er noch zu einer Mehrheit und nicht zu einer Minderheit gehörte, die ihre Ausgrenzungen oder zumindest ihre Behinderungen in einer Gesellschaft erfährt, welche auf Konsum gegründet ist. Jedenfalls: Bei Kawasaki erhält das Design eine weltpolitische Funktion, und es ist zu vermuten, dass sie nicht nur mit Industrieprodukten zu erfüllen ist.

Kenji Ekuan hingegen bleibt bei industriell produzierten Gegenständen, aber er sieht die bisherige Geschichte sehr kritisch, wenn er meint: „Seit dem Anschluß Japans an die westliche Welt ist es uns nur in Ansätzen gelungen, die Welt der Dinge neu zu organisieren. Wir in Japan befinden uns also erst an der Schwelle zum eigentlichen Designzeitalter.“[3] Damit meint Ekuan nicht nur eine stärkere internationale Orientierung, sondern international gemeint ist vor allem seine Forderung nach einem Wandel des Lebensstils. Ekuan will neue Dinge für eine neue Welt; vor drei Jahren sagte er mir, dass wir eine neue Religion bräuchten.

Das ist der Hintergrund, vor dem ich im Folgenden über Design in Japan oder über japanisches Design sprechen werde. Wenn es nur Design in Japan, aber kein japanisches Design geben sollte, wäre das Folgende eine Vorlesung über das, was man heute Globalisierung im Design nennt, eine Form von Standardisierung, die nicht durch nationale oder internationale Regelungen verordnet wird, sondern sich über den Weltmarkt herstellt. Wenn es doch so etwas wie japanisches Design geben sollte, wäre es eine Vorlesung über das Verhältnis von nationalen Traditionen und internationalen Strömungen, die man als Modeströmungen oder als globale kulturelle Tendenz bezeichnen könnte.

Um es vorweg zu sagen: Ich bin davon überzeugt, dass es sich lohnt, nach so etwas wie japanischem Design zu suchen, und das aus mehreren Gründen. Den ersten hatte ich in der vorigen Vorlesung bereits genannt: Wenn in Reiseführern von einer lebendigen Tradition die Rede ist, ist das meist eine problematische Aussage. Mich dagegen überzeugt, wie schon erwähnt, was der französische Japanologe Augustin Berque sinngemäß geschrieben hat: Traditionelle Muster werden kaum im Alltag bewusst reflektiert. Sie sind aber trotzdem da und quasi ins kollektive Unterbewusstsein abgesunken, werden also spontan gelebt, ohne dass darüber nachgedacht würde.[4] Man könnte vielleicht ergänzen, dass sie nicht nur gelebt werden, sondern sich dieses andere Leben auch noch in den Dingen darstellt. Das wäre also der erste Grund für eine Suche nach japanischem Design, und es wird damit auch klar, dass man nicht auf der Oberfläche suchen darf, sondern eher in den Bereichen des Unbewussten, nicht im Bereich von Traditionspflege, sondern im Bereich allgemeiner Haltungen zu Gegenständen und ihren Funktionen. Deswegen wird in dieser Vorlesung viel von japanischer Kultur die Rede sein.

2 Kazuo Kawasaki, „Designer Statement“, in: ebd., S. 42.

3 Kenji Ekuan, „Firmengeschichte: GK Design Group“, in: ebd., S. 44.

4 Vgl. Augustin Berque, „Das Verhältnis der Ökonomie zu Raum und Zeit in der japanischen Kultur“, in: Constantin von Barloewen / Kai Werhahn-Mees (Hrsg.), *Japan und der Westen*, Bd. 1: *Philosophie, Geistesgeschichte, Anthropologie*, Frankfurt am Main 1986.

Der zweite Grund liegt darin, dass zwischen der traditionellen japanischen Kultur und der Kultur des Westens Unterschiede und Gegensätze existieren, die ich in vier Punkten zusammenfassen will.

Der erste Gegensatz liegt im Verhältnis von Raum und Gegenstand. In der abendländischen Kultur gilt der Gegenstand mehr als der Raum. Das liegt nicht nur am Werkzeugcharakter, sondern vor allem am Warencharakter von Gegenständen. Im traditionellen Japan ist das Verhältnis umgekehrt. Der Raum gilt mehr als der Gegenstand. Der traditionelle japanische Raum ist der leere Raum.

Der zweite Unterschied liegt im Verhältnis von Dekor und Struktur. Im Abendland ist die ästhetische Kultur durch das Ornament bestimmt. Durch ihre ornamentalen Formen unterscheiden sich die vormodernen Stile. Japan kennt keine den Epochen folgende Stilgeschichte, und daher ist nicht das Ornament und nicht der Wechsel von Stilen dominant, sondern das Beständige von Strukturen.

Drittens: Es gibt einen programmatischen Essay *Lob des Schattens* des japanischen Schriftstellers Jun'ichirō Tanizaki. Dieses dünne und kleine Buch stellt den Versuch einer japanischen Ästhetik dar. Wenn die abendländische Kultur eine Kultur ist, die nach immer mehr Helligkeit strebt, nach mehr Glanz und nach mehr Licht auch im übertragenen Sinne von philosophischer Aufklärung, ist die japanische Kultur eine Kultur des Andeutens, die, wie Tanizaki schreibt, vieles im Undeutlichen, im Dämmerlicht lassen will.

Und zuletzt viertens: Die japanische Kultur kennt keine Ausrichtung auf ein Zentrum. Es gibt keine Mitte, keine Spitzen, keine Achsen. Das Fehlen dieses Zentrums verändert das Verhältnis ästhetischer Qualitäten zueinander. Primär sind nicht die Gestaltqualitäten eines Objekts, sondern die Beziehungsqualitäten zwischen Objekten. Das Zwischen ist wichtig oder das Leere. Leer ist das Zentrum von Tokio, und leer ist das Ich, denn es ist offen für Beziehungen, die durch Kommunikation und Kooperation aufgebaut werden.

Die Frage ist natürlich nun, ob etwas – und wenn ja, was – von diesen Unterschieden und Gegensätzen auch im japanischen Design der letzten fünfzig Jahre noch sichtbar wird. Um einer Antwort näherzukommen, will ich mich auf vier Themen konzentrieren: erstens auf das Thema Zeichen und Zeichenhaftigkeit; zweitens auf das Verhältnis von Teil und Ganzem, dabei besonders auf die Rolle des Details; drittens auf die Rolle des Transformierens, Veränderns oder Bewegens von Gegenständen, also um die Frage, wie das Verhältnis zwischen Gegenständen und Prozessen aussieht; und viertens auf das Verhältnis von minimalem Aufwand und maximaler Wirkung in den Gegenständen, die miniaturisiert oder kompaktiert oder/und multifunktional ausgestattet werden.

Zunächst zum Thema Zeichen und Zeichenhaftes. Der französische Schriftsteller Roland Barthes hat Japan ein Land der Zeichen genannt und ein Buch darüber geschrieben.[5] Die Zeichenbedeutungen reichen von Anspielungen über Informationen bis zu Handlungs- und Verhaltensanweisungen, und solche Zeichen sind überall, bei den Subjekten, in den Gegenständen und in den Räumen.

Man kommt in Japan als Ausländer auch dann zurecht, wenn man die Bedeutungen der Zeichen nicht kennt, denn auch die Japaner

5 Roland Barthes, *Das Reich der Zeichen*, Frankfurt am Main 1981.

selbst müssen ständig Zeichen lernen, nämlich dann, wenn Zeichen zu Ritualen werden oder Rituale begleiten. So habe ich von einer Fernsehsendung gehört, in der vorgeführt wurde, wie man eine Visitenkarte anfasst, die man übergibt, und wie man eine anfasst, die man entgegennimmt. Zeichen stehen also für Prozesse und Haltungen, die quasi standardisiert sind, die gesellschaftlich normiert sind und sich in weltlichen Ritualen ausdrücken.

Zeichen haben dabei zwei wesentliche Funktionen, die nicht nur für Japan gelten: Erstens stiften Zeichen Identifikation oder sie signalisieren Distanzierung. Zum Beispiel tragen Angestellten eines großen Unternehmens das Firmenlogo am Revers des Anzugs oder Kostüms, auch und besonders in der Öffentlichkeit. Das Tragen signalisiert Loyalität gegenüber dem Arbeitgeber, wer es nicht mehr trägt, signalisiert Distanzierung; ihn erwarten zunächst Aussprachen, und wenn das nicht hilft: Rausschmiss. Zum zweiten sind Zeichen die entscheidenden Voraussetzungen für zeitökonomisches Verhalten; sie ersetzen nicht nur die längere verbale oder personale Kommunikation, sondern Zeichen bilden in Japan ein kommunikatives Netz über dem gesamten Alltag, zum Beispiel wenn Fließbänder über der Tokioter Stadtbahn anzeigen, wo der Verkehr fließt, wo er sich dahinschleppt oder wo er sich staut, oder wenn in einem Flughafenexpress ein Landkartenausschnitt zu sehen ist, in dem ein Fließbild zeigt, wo sich der Zug gerade befindet, oder wenn an einer Tokioter Bushaltestelle bereits erkennbar ist, wie weit der nächste Bus noch entfernt ist.

Die Zunahme solcher Zeichen ist nichts typisch Japanisches – in Japan ist lediglich die elektronische Mediatisierung des Alltags weiter fortgeschritten als in Europa; spezifisch an dieser Zeichenkommunikation ist jedoch, dass Japaner viel mehr als Europäer von Zeichen abhängig sind. Der bereits zitierte Berque hat gefragt, warum gerade in Japan die Medien und überhaupt alle Formen und Institutionen der Kommunikation eine so große Bedeutung haben. Die Begründung sieht er darin, dass das individuelle Verhalten eines Japaners sehr viel mehr als bei uns vom Kontext abhängt, in dem er agiert. So muss also ein Japaner oder eine Japanerin, um sich in einer Situation adäquat zu verhalten, sehr viel mehr an Zeichen entschlüsseln als Menschen in Europa. Er oder sie ist also von einer Situation abhängig, die aus mindestens drei Faktoren besteht: Zeit, Ort und Handlung. Weil der Ort so überaus wichtig ist, spricht Berque von einer Individualität, die „locozentriert" ist, gegenüber einer Individualität im Abendland, die „logozentriert" ist. Die logozentrierte Persönlichkeit des Westens folgt allgemeinen Regeln, die nicht von einem konkreten Ort, einer konkreten Zeit, kurz einer konkreten Situation abhängig und deshalb auch nachvollziehbar sind. Das zeigt sich zum Beispiel im Verhältnis von Subjekt und Prädikat in der Sprache. Im Westen wird das Subjekt betont. Man sagt: *Ich* gehe. In Japan sagt man: *Es* wird gegangen. Betont ist also nicht das Subjekt, sondern eine Situation. Weil die jeweilige Situation sehr unterschiedlich sein kann, hat ein Zeichen in verschiedenen Situationen auch verschiedene Bedeutungen, oder mehrere Zeichen meinen das Gleiche, aber sie werden in verschiedenen Kontexten benutzt und sind an den Kontext gebunden. Das hat zum Beispiel dazu geführt, dass im japanischen Fernsehen manche Nachrichten mit Untertiteln versehen werden, weil erst die Verbindung von gesprochenem und geschriebenem Wort Eindeutigkeit erzeugt. Ich habe erlebt, dass ein japanischer Freund meinte, der von mir genannte Name Ekuan sei kein japanischer Name. Erst als er die Visitenkarte sah, erkannte er darin einen japanischen Namen. Oder wenn es Missverständnisse des Gesprochenen gibt, schreiben Japaner das Gesprochene auf, mitunter auch auf die Handfläche.

Der Reichtum und die Besonderheit der Zeichen verweisen also auf Formen japanischer Kommunikation und mitunter auch auf japanische Geschichte. Ich will das an historischen Familienwappen und ihrer heutigen Rezeption zeigen. Solche Wappen sind seit dem 12. Jahrhundert bekannt. Zunächst waren sie den Kasten der Adligen und Krieger vorbehalten. Seit dem 17. Jahrhundert finden sie sich auch bei Bauern und Händlern; sie sind verordnet worden. In diesen Wappen sind Pflanzen, Früchte, Tiere, Werkzeuge, Waffen, geometrische Formen und Naturerscheinungen zu sehen, die allesamt grafisch abstrahiert sind. Einige dieser Zeichen gehen auch auf die Religionen zurück, das heißt auf die schintoistische oder auf die buddhistische. Die Chrysantheme beispielsweise ist das Zeichen des kaiserlichen Hofes. Für Chrysantheme wird nur ein Wort im Japanischen benutzt, es gibt aber zwei, ein ursprünglich chinesisches und ein ursprünglich japanisches. Das in Japan benutzte Wort für Chrysantheme ist chinesischen Ursprungs, das japanische Kaiserhaus bedient sich also einer Blume, die China assoziiert (› Abb. 1).

Diese Familienwappen hatten zwischen den einzelnen Ständen die Kommunikation zu organisieren. Die Familienwappen waren der sprachlichen Kommunikation vorgelagert, sie zeigten an, wen man vor sich hatte, wie man also zu sprechen hatte. Die Familienwappen mit ihren Zeichen zeigten die bäuerliche, kriegerische, handwerkliche oder andere Herkunft (› Abb. 2). Wie man zu sprechen hatte, hing wiederum damit zusammen, dass es standardisierte Verhaltensnormen gab, und zwar mehrfach differenzierte: nicht nur nach sozialer Stellung, sondern auch nach Altersgruppen oder auch nach Jahreszeiten. Oder: Noch heute soll sich die Sprache von Frauen oder Männern unterscheiden. Die Sprache der Frauen soll höflicher und schöner sein. Von einer Japanerin habe ich gehört, dass sie unterscheiden könne, ob ein Ausländer bei einem Mann oder bei einer Frau Japanisch gelernt habe.

Aber zurück zu dieser Kommunikation zwischen den Ständen. Diese Art von Kommunikation über Zeichen ist sowohl das Ergebnis als auch die Voraussetzung für Zusammenarbeit, für die es verschiedene Notwendigkeiten gegeben hat. Man kann also sagen, die Zeichen waren nicht nur der verbalen Kommunikation vorgelagert, sondern die Kommunikation ermöglichte die Kooperation und bereitete sie vor.

Dieses ausgesprochen kommunikative Verhalten in Japan erklärt sich aus mehreren Faktoren. Wenn nur 17 Prozent der Landfläche Japans bewohnbar sind, wird klar, wie dicht die Menschen nebeneinander leben müssen. Diese Siedlungsdichte hat aber auch Vorteile. Die Japaner hätten in der Vergangenheit keinen rohen Fisch essen können, der natürlich immer frisch sein muss, wenn es nicht eine lückenlose und kontinuierliche Kette der Kooperation vom Fischfang bis zum Kleinhandel gegeben hätte, die bis tief ins gebirgige Innere reichte. In ähnlicher Weise wirkte der Nassfeldanbau für den Reis kooperativ. Diese Reiswirtschaft erfordert viel Zeit

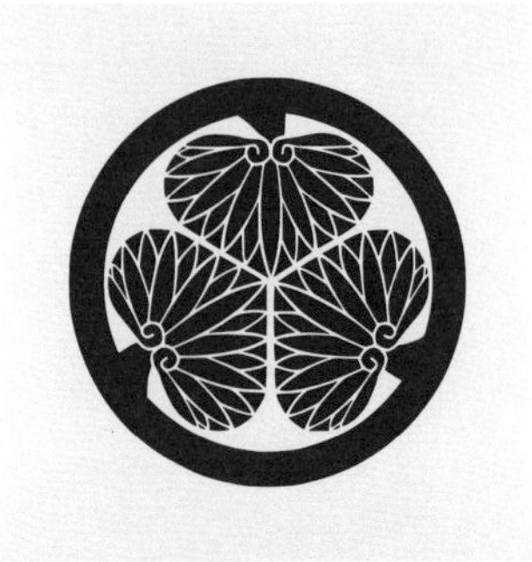

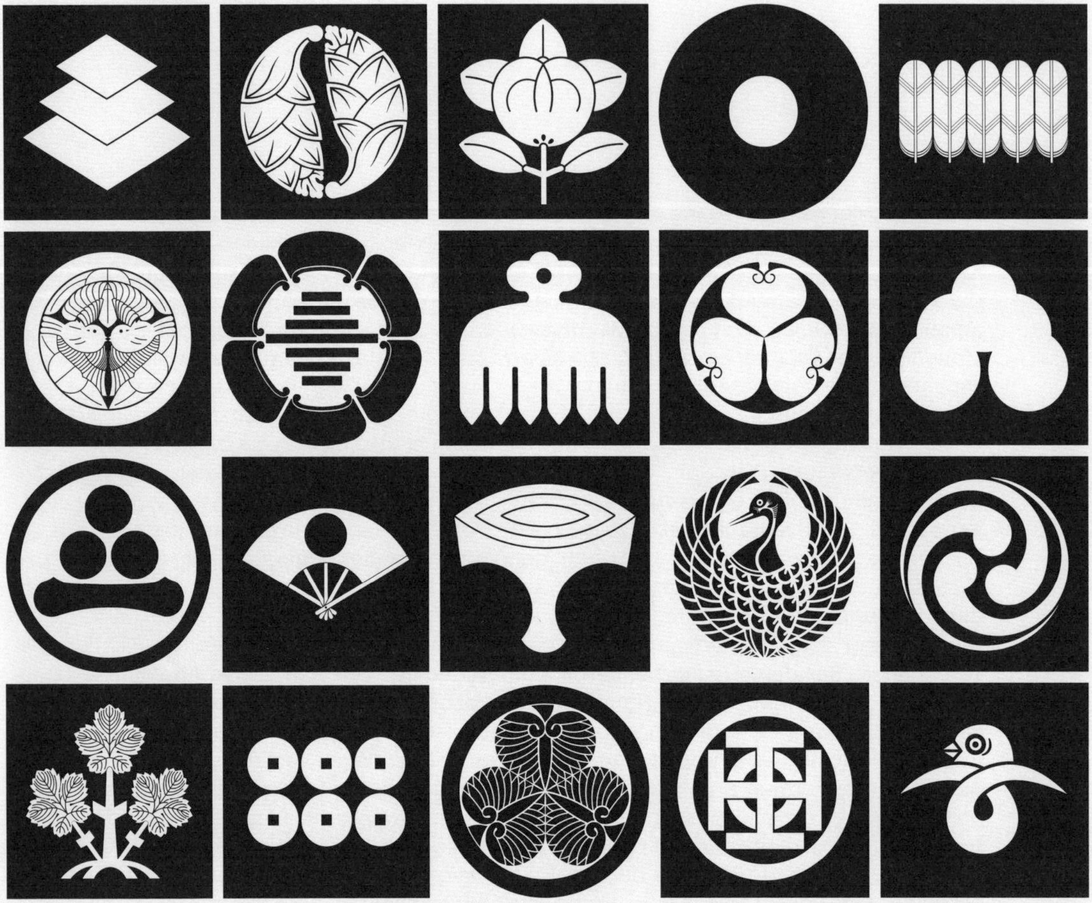

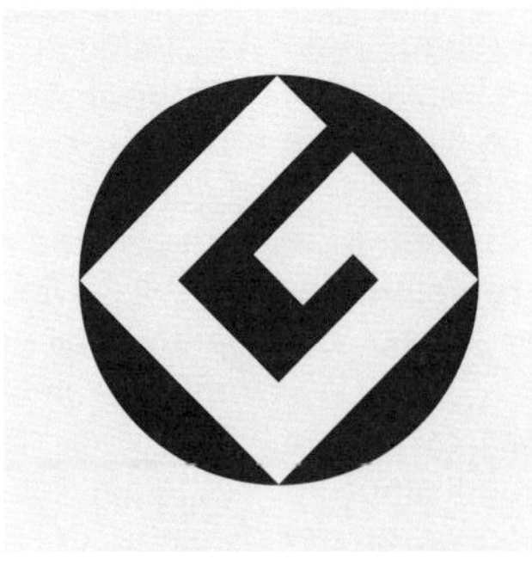

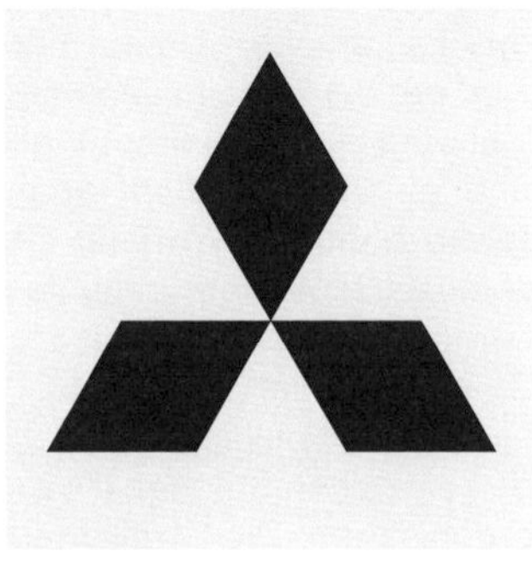

Abb. 1 Tokugawa-Familienwappen (Mon), 1603–1868
Abb. 2 Japanische Familienwappen (Mon)
Abb. 3 Logo des Good Design Award, vergeben durch das Japan Institute of Design Promotion seit 1957
Abb. 4 Logo von Mitsubishi, eine Kombination aus dem Familienwappen der Familien Yamanouchi und Iwasaki, seit 1875

und intensive Pflege. Früher ging das ganze Dorf von Feld zu Feld, um gemeinsam zu säen, zu pflegen und zu ernten. Das dritte, was Kooperation erfordert, sind noch heute die Naturkatastrophen, besonders die Taifune und Erdbeben. Was geschieht, wenn diese Kooperation nicht mehr funktioniert, konnten Sie kürzlich in Kobe sehen, und umgekehrt eine funktionierende Kooperation beim Giftgasanschlag in Tokio.

Und schließlich ist es nicht möglich, dicht an dicht zu wohnen, ohne bestimmte Probleme zu minimieren, zum Beispiel die akustischen. Der Walkman kommt nicht zufällig aus Japan. Von diesem bekannten Gruppenbewusstsein profitieren heute die Unternehmen, man hat dafür den Begriff einer „kollektiven Loyalität" geprägt. Sie sehen, ausgegangen bin ich von Zeichenkommunikation und angekommen bin ich bei der Dominanz der Gruppe gegenüber dem Einzelnen.

Die Familienwappen haben in der Beziehung von Gruppe und Einzelnem heute keine Bedeutung mehr, man sieht sie noch auf Grabsteinen und festlichen Kimonos, und dann auch gleich fünfmal, aber viel zahlreicher als auf den Kimonos finden sie sich woanders. Sie sind eine historische Fundgrube, aus der viele schöpfen, besonders die Hersteller von Geschenkpapieren und Bekleidungstextilien. Die Familienwappen werden dann inflationär als Dekor vervielfacht oder architektonisch vergrößert und schmücken eine Fassade oder den Eingang einer Gaststätte. Anders ausgedrückt: Durch die serielle Reproduktion ihrer Familienwappen werden japanische Familien kulturell enteignet, die Wappen gehören nicht mehr ihnen, sondern der ganzen Gesellschaft. Außerdem sind sie auch ein Fundus, aus dem Grafikdesigner schöpfen, nicht einfach durch Nachahmung, sondern durch Neuinterpretation oder neue Kontexte, in denen sie nicht nur dekorativ wirken, sondern Bedeutungen tragen (› Abb. 3, 4).

Ich will nicht behaupten, dass das erste Zeichensystem für Olympische Spiele, nämlich das Zeichensystem für die Tokioter Sommerspiele 1964, auf Familienwappen zurückgeht, doch mir scheint es kein Zufall zu sein, dass das erste Zeichensystem dieser Art aus Japan kommt. Und zwischen diesem System und den Familienwappen gibt es zumindest zwei Verwandtschaften: Funktional verweisen sie in beiden Fällen auf das Ausüben von Tätigkeiten, von Berufen in den Familienwappen, von Sportarten bei den Zeichen der Olympiade, und formal folgen sie einer gemeinsamen Ordnung; bei den Familienwappen steht ein weißer Kreis auf quadratischem Grund, bei den Olympiazeichen ist es umgekehrt, und beiden gemeinsam ist die Mittellage der Abstraktion.

Es ist auffällig, dass japanische Interpretationen heutiger Zeichenverwendung viel eher Einflüsse aus der internationalen Moderne als aus nationalen Traditionen benennen. Daran ist zweierlei interessant: einmal die Ähnlichkeiten, die es zwischen der Formsprache der europäischen Avantgarde in den 1920er-Jahren und der alten japanischen Kultur gibt und die bis in die Architektur hineinreichen, und zum anderen ist daran interessant, dass diese heutigen Verweise auf internationale Einflüsse auf allen Gebieten wiederkehren.

Während Japaner also gerade nach Zeichen suchen, die sie mit der Welt verbinden, kommt es mir darauf an, eher nach dem Japanischen zu suchen. Dabei bleibt jedoch eine Besonderheit noch offen: Auch in Japan hört man, wenn man sich nicht in nationalistischen

Kreisen bewegt, dass die japanische Kultur als eine asiatische Kultur viele Quellen hat, die aber fast allesamt in China, einige in Korea und ein paar auch in Indien liegen. Auch der Buddhismus oder die Teezeremonie sind chinesischer Religions- oder Kulturimport. Und die japanische Schrift vereint noch heute die Bildhaftigkeit der chinesischen Schrift mit der Abstraktheit des phonetischen Japanisch – aber selbst dieses lautsprachliche *kanji* geht auf chinesische Ursprünge zurück. Gegenüber diesem Kulturimport betonen Japaner allerdings gleichzeitig, wie diese Einflüsse in ihrem Land umgebaut worden sind und aus ihnen etwas Neues, typisch Japanisches entstanden ist, das man zum Teil als Schmelze, als Mischung oder als Emulsion bezeichnen könnte. Merkwürdig ist nun, dass dieser typisch japanische Zusammenhang zwischen dem Eigenen und dem Anderen im Design offenbar weniger registriert wird und dort vor allem das Fremde gesehen wird.

Wenn es um Zeichen und Zeichenhaftigkeit in Japan geht, werden viele vielleicht nicht zuerst an einen kommunikativen oder kooperativen Zusammenhang denken, sondern vielmehr an einen zeremoniellen, der aus Dingen, Räumen und auch aus Kommunikation besteht. Ich meine die Teezeremonie und komme damit zum Verhältnis von Gegenstand und Prozess in der ästhetischen Kultur Japans. Der Schlüsselbegriff hierfür heißt *guo*, was eine bestimmte Art bezeichnet, mit einem Pinsel fließend zu schreiben. Es kommt dabei auf das Kontinuierliche, das Sichere des Fließens an. Gleichzeitig gilt dieses ununterbrochen Fließende, das Laufende als das Ideal eines Lebensprinzips. Dieses Prinzip ist als etwas Gelockertes, aber nicht als etwas Lockeres, und gleichzeitig als etwas Festes, aber nicht Erstarrtes, interpretiert worden. Anders gesagt, erscheint das Lockere und gleichzeitig Feste als eine ideale Mitte zwischen Auflösung auf der einen Seite und Erstarrung auf der anderen. Damit ist dieses Prinzip wahrscheinlich die wichtigste Grundlage aller Formbildungen im traditionellen Japan überhaupt. Wie das im Konkreten aussieht, kann man an der Teezeremonie sehen. Die Teezeremonie ist ein Prozess, und zugleich sind es die Dinge und Räume in diesem Prozess, den man als eine kommunikative Zeremonie bezeichnen könnte, und zwar als einen Dialog im doppelten Sinne: Einmal läuft er ab zwischen den Teilnehmern und den Gegenständen und zum anderen zwischen den Teilnehmern. Was den Dialog mit den Gegenständen betrifft, gehört dazu nicht nur die Teeschale, sondern auch der Teekessel und das Gestell dafür, die Feuerstelle und das Schürbesteck, der Behälter für das Wasser und natürlich der Raum. Der Raum, in dem die Teezeremonie stattfindet, ist ein heiliger Raum. Zeichen für diese Heiligkeit sind in den alten Teepavillons die Umhegungen, die den Raum oft in mehreren Ringen von der Außenwelt abschließen.

Die Teeschale spielt dabei eine besondere Rolle, weil sie zum Vehikel der personalen Kommunikation wird, und zu diesem Vehikel wird sie durch ihre formalen Qualitäten. Und gleichzeitig ist die Teeschale ein Vehikel der meditativen Kommunikation, was eigentlich ein Widerspruch ist. Man hat die Teeschale in der Hand, man betrachtet sie und redet über sie. Der Prozess des Teetrinkens wurde im traditionellen Japan als eine Methode angesehen, Ordnung in das eigene Leben zu bringen, einmal durch meditative Versenkung und zum anderen durch Gedankenaustausch. Aber die Formen dieses Dialogs sind ritualisiert.

Über den historischen Ursprung gibt es keine Einigkeit. Die einen leiten die Teezeremonie aus der Volkskultur her, andere sehen in ihr ein Symbol zenbuddhistischer Askese, das heißt ein Streben nach Einfachheit, nach Armut und nach Selbstbescheidung. Die noch heute gebräuchliche Form geht auf das 15. Jahrhundert zurück. Vorher war sie auf jeden Fall in China bekannt, und zwar als Teil der sogenannten Teespiele, die wiederum ein Element der Volkskultur gewesen sein sollen.

So viel zu den Fakten. Wichtiger als die Fakten sind aber die Grundsätze der Teezeremonie. Nach einem Meister der Teezeremonie aus dem 16. Jahrhundert lauten sie: Harmonie, Ehrfurcht, Reinheit und Stille. Ich erwähne diese Grundsätze deswegen, weil sie eine Mischung aus ethischen und ästhetischen Grundsätzen darstellen und weil der Gegensatz zu den Lauten und Geräuschen des Alltags in der Stille betont wird. Das hängt wiederum mit der japanischen Ästhetik zusammen: Führt man eines der japanischen Zeichen für „schön" auf seine ursprünglichen Bedeutungen zurück, wird mit dem Zeichen eine große Opferschale dargestellt. Wenn eine Opferschale zum Zeichen für ästhetischen Genuss wird, heißt das, dass sich ästhetischer Genuss durch Entsagen und durch Selbstlosigkeit einstellt; ästhetischer Genuss bedarf der Erfüllung ethischer Prinzipien. In der Teezeremonie ist alles gleichrangig, die Teilnehmer untereinander und die Gegenstände untereinander. Sie finden hier keine Zeichen sozialer Unterscheidung, keine Zeichen einer sozialen Hierarchie. Ein Zeichen für Gleichrangigkeit kann auch eine Tür sein, durch die man nur in gebückter Haltung eintreten kann.

Wenn man davon absieht, dass die Teezeremonie kaum noch stattfindet, dass sie heute zum Symbol für konservative, vielleicht auch nationalistische Kreise geworden ist, bleibt sie dennoch ein Schlüssel zur japanischen Kultur, und zwar weil sie, wie ich schon sagte, eine Form von Gleichheit verkörpert. Wahrscheinlich in dieser Funktion wird sie gesehen, wenn ein Unternehmen für alle seine Angestellten eine Teezeremonie veranstaltet. Dieses Fehlen von Hierarchien, diese Gleichrangigkeit und die Prinzipien Harmonie, Ehrfurcht, Reinheit und Stille müssen sich natürlich auch ästhetisch nachweisen lassen. Das ist auch möglich in den Prinzipen *wabi*, *sabi* und *shibui*. Es gibt zwar jetzt im Deutschen ein Buch zu diesen Prinzipien,[6] aber leider kein gutes, weshalb ich mich auf die Designhistorikerin Penny Sparke beziehe. Sie hat nach meinem Dafürhalten diese Prinzipien der ästhetischen Tradition und damit auch der Teezeremonie am besten beschrieben, da sie für westliches Denken nachvollziehbar sind, was allerdings auch heißt, dass dieser Nachvollziehbarkeit vielleicht ein Stück ästhetischer Komplexität geopfert wird.[7]

wabi bezeichnet die Unvollkommenheit dessen, was die Menschen tun im Unterschied zur Natur. Nichts, was die Menschen tun, ist perfekt. Dieses Nichtperfekte auch zu zeigen, ist eine Form der Bescheidenheit gegenüber dem in der Natur Vorgefundenen. Konsequenz daraus ist, dass die menschlichen Dinge wie Werkzeuge aussehen und nicht wie Schmuckstücke für die Vitrine. Man tut hingegen alles, um das, was in der Natur nicht perfekt scheint,

6 Vermutlich aus: Leonard Koren, *Wabi-sabi für Künstler, Architekten und Designer. Japans Philosophie der Bescheidenheit*, Tübingen 1997.
7 Vermutlich aus: Penny Sparke, *Japanisches Design*, Braunschweig 1988.

in perfekte Formen zu verwandeln, wie bei beschnittenen Hecken oder Bäumen. Doch es gibt einen Widerspruch, denn gleichzeitig ist die Natur das Bedrohliche, zum Beispiel bei Erdbeben oder Taifunen. Es gibt daher kaum Badestrände, dafür Betonmauern oder Betonaufschüttungen. Und zweitens: Natürlich gibt es auch Dinge, die Schmuck und Dekor sind, Nikko steht dafür, ein kaiserliches Schloss, in dem nichts undekoriert ist, aber es gibt ein Dekor, das auf dem Kopf steht, um nicht den Neid der Götter zu erwecken.

Der Begriff *sabi* bezeichnet das Zeitlose und Einfache von Gestaltqualitäten. Sie sollen rein sein, sie sollen eher still sein, ebenso wie die Teezeremonie selbst.

Der dritte Begriff *shibui* ist Ausdruck für etwas, was man Spiritualismus oder Meditation nennen könnte. Im Bereich der Gegenstände und Räume drückt sich *shibui* im Verhältnis von Aufwand und Resultat aus: Es soll eine große Wirkung im Geistigen erreicht werden, aber diese Wirkung soll mit einem Minimum an Mitteln zu erzielen sein.

Alle diese Prinzipien finden Sie in der Teeschale, je vollkommener sie dort verkörpert scheinen, desto teurer die Schale, sie kann im Höchstfall den Preis eines komfortablen Hauses erreichen.

Was an der Teezeremonie jedoch am wichtigsten ist, ist diese Verbindung von Handlung, Gegenstand und Raum, und das findet man nicht nur in der kulturellen Tradition, sondern das habe ich auch in einem sehr gegenwärtigen Designkonzept gefunden. Der schon zitierte Kenji Ekuan machte mich während eines Essens auf eine andere Art des Prozesshaften aufmerksam: „Sehen Sie diesen Kirschbaum im Garten, der gerade blüht. Der starke Eindruck entsteht nicht einfach durch die Blüten, sondern durch das Fallen der Blüten im Wind. Wir Japaner freuen uns jedes Jahr auf das Fallen dieser Kirschblüten.“ Interessant ist vor allem, warum er das sagte. Ich hatte schon erwähnt, dass Kenji Ekuan mit seiner GK Design Group Anlagen und Züge für eine japanische Eisenbahngesellschaft gestaltet – eine der größten –, und er wollte mir mit diesem Bild zeigen, worauf es ihm dabei ankommt, nämlich auf das Problem, wie man Ordnung nicht in der Ruhe, sondern in der Bewegung schaffen kann. Die Züge sieht er als Formen von Bewegung in der Landschaft, und er meinte, dass Gleise und Züge nicht nur die Landschaft verändern, sondern auch die Art und Weise beeinflussen, wie die Menschen leben. Also auch hier wieder diese Verbindung von einem Raum, dem Raum der Landschaft, einem Gegenstand, dem Zug, und zwei Prozessen: dem Fahren des Zuges und der Lebensweise der Einzelnen in der Gesellschaft.

Ich habe das Prozesshafte bisher auf Formen von Verlauf und Bewegung bezogen. Das Prozesshafte hat aber im Japanischen ein besonderes Prinzip erschaffen, das mit einem aus Japanisch und Englisch gemischten Wort bezeichnet wird, und zwar mit „Furoshikibility“. Übersetzen könnte man es mit Transformierbarkeit. Abgeleitet ist der Begriff von einem quadratischen Tuch. Wenn man es kreuzweise zusammenknüpft, kann man darin alles Mögliche transportieren – vom Wertbrief bis zur Wassermelone (› Abb. 5). Sie tun das Gleiche, wenn Sie beispielsweise ein Taschentuch zusammenknüpfen, um Pilze zu transportieren – nur ist damit noch lange kein kulturelles oder ästhetisches Programm verbunden.

Furoshikibility meint die Wandlungsfähigkeit, die Transformierbarkeit einfacher Objekte, um sie für verschiedene Funktionen nutzen

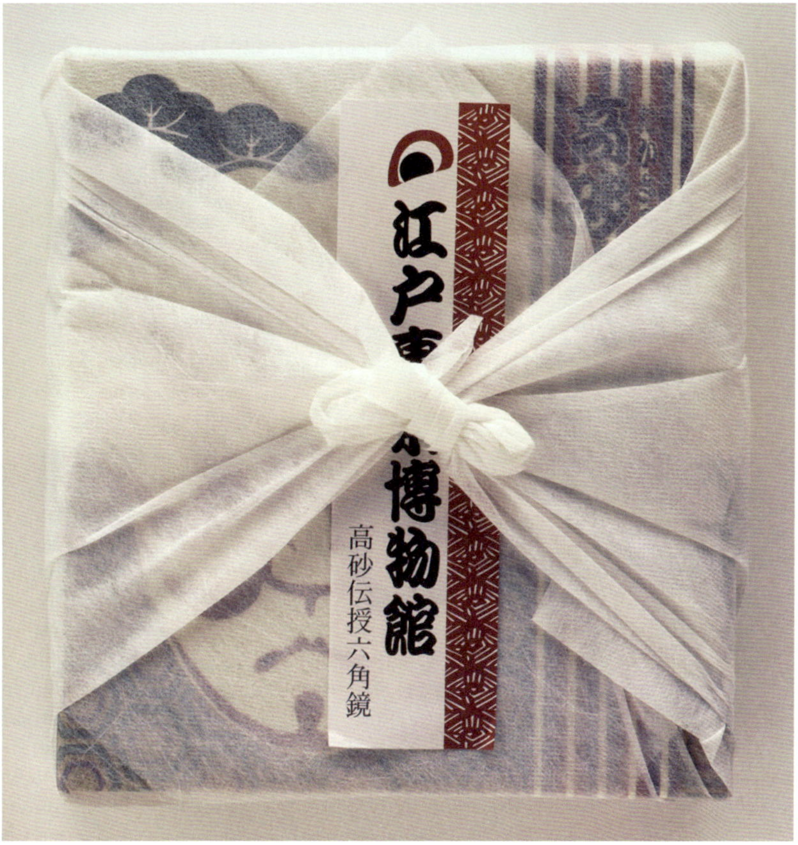

Abb. 5 Schachtel mit japanischen Keksen, als Geschenk in Papier und Stoff verpackt

zu können. Diese Wandlungsfähigkeit ist nur eine besondere Form des Prozesshaften, die jedoch von allgemeiner Bedeutung ist. Ich hatte bereits erwähnt, dass die Gegenstände in der traditionellen japanischen Kultur nicht nach Formmerkmalen unterschieden werden, sondern nach Strukturmerkmalen. Diese Strukturen verweisen wiederum auf Prozesse, nämlich auf Prozesse des Gebrauchens, wie Sie bei Furoshikibility gesehen haben, und auf Prozesse des Herstellens. Man unterscheidet zum Beispiel Formen des Spannens, Formen des Bindens, Formen des Umhegens oder Formen des Faltens.

Eine Form der Spannung ist beispielsweise das über eine Trommel gespannte Fell. Das Falten kann eine Weise des Herstellers oder des Gebrauchs sein, das Binden ist eine Produktionstechnologie, das Umhegen ist eine praktische Funktion, für deren Erfüllung vor allem Zäune da sind.

Ich möchte im Folgenden auf einen Systematisierungsversuch eingehen, den ich für sehr gut halte, weil er sich auf Gebrauchsgegenstände und Architekturformen bezieht; er stammt aus dem Buch *Form in Japan* des japanischen Kunstwissenschaftlers Yuichiro Kojiro. Auf Deutsch ist dieses Buch erstmalig 1967 in Leipzig und München erschienen. Kojiro geht davon aus, dass mehrere Voraussetzungen erfüllt sein müssen, um einen Gegenstand entstehen zu lassen: ein Material, eine Technologie, ein Zweck und ein menschlicher Wille. Es sind also sowohl subjektive als auch objektive Bedingungen, die einen Gegenstand und seine Gestalt entstehen lassen.

Formen, in denen mehr der Mensch zur Anschauung kommt, werden hier als Formen der Ganzheit und als Formen der Kraft bezeichnet. Die Formen der Ganzheit sind solche Formen, in denen ein vom Menschen gesetzter Zweck, also eine praktische Funktion, in besonderer Weise zur Anschauung gelangt. Solche Formen entstehen dadurch, dass Teile, Elemente so angeordnet, gereiht, gefügt oder anders miteinander verbunden werden, dass sie eine Ganzheit ergeben, zum Beispiel die Ganzheit eines Daches durch das Aneinanderfügen von Ziegeln in einer bestimmten Ordnung. Das kann aber auch die Anordnung von Feldern in der Landschaft sein oder, ganz anders, das Verbinden von Stabwerk und Bindwerk, von hartem und weichem Material zu einem Zaun. Zwei Dinge sind also bei den Formen der Ganzheit Bedingung: dass sie aus Elementen entstehen, die geordnet werden, und dass das Ordnen unter Gesichtspunkten der praktischen Funktion erfolgt.

Der Mensch als Subjekt kommt auch in den Formen der Kraft zur Anschauung. Formen der Kraft sind solche, in denen der Wille des Menschen das Material zwingt, eine besondere Aufgabe zu erfüllen, zum Beispiel durch das Anordnen von Balken und Säulen auf eine Weise, dass sie das Tragen und Stützen in einem Fachwerk übernehmen, oder das Anbringen einer Sehne so, dass damit ein Bogen gespannt wird. Zwei Bedingungen gibt es wiederum: Das Material wird in eine Form gebracht, die ihm fremd ist – etwa durch Biegen oder Verdrehen –, und dahinter steckt ein menschlicher Wille im Gegenüber zu den Gesetzen der Natur.

Zu diesen Formen, die vom Menschen bestimmt sind, von seiner Energie, von seinen Fertigkeiten und von seiner Denkfähigkeit, kommen solche, die von den objektiven Bedingungen in besonderem Maße geprägt sind: die Formen der Anpassung oder der Verwandlung. Formen, die am ehesten das Material vorführen, heißen in dieser Systematik Formen der Anpassung. Hierbei ist das Maß an Bearbeitung des Materials auf ein Minimum gesenkt. Das Material wird kaum bearbeitet, daher wird es sorgfältig ausgewählt. Wenn ich es richtig sehe, überwiegt in der vormodernen japanischen Kultur überhaupt die Genialität des Findens und Auswählens gegenüber der Professionalität der Bearbeitung. Dazu im Gegensatz sind die Formen der Verwandlung solche, in denen gerade die Art und Weise der Bearbeitung oder des Gebrauchs sichtbar wird. Sie zeigen, wie sie entstanden sind oder wie sie benutzt werden sollten. Dazu gehört zum Beispiel der japanische Fächer.

Aber einen Fächer könnte man auch als Form der Ganzheit bezeichnen, weil er aus Teilen besteht, oder umgekehrt könnte man auch einen Zaun als Form der Verwandlung bezeichnen, weil man sieht, wie Teile verbunden sind. Eindeutig ist das alles gar nicht. Ich wollte Ihnen damit aber zeigen, dass in der Systematisierung der traditionellen japanischen Kultur Beziehungen zwischen objektiven und subjektiven Faktoren, zwischen Material, Technologie, Zweck und Willen hergestellt werden – und dass demgegenüber das Individuelle als Idee, als Originalität, als Innovation nicht vorhanden ist.

Man könnte von einer typisch funktionalen Grundhaltung sprechen. Die Gegenstände werden nicht als Objekte der Anschauung, sondern des Tuns, des Hervorbringens und als Objekte des Verwendens klassifiziert, kurz, als Werkzeuge oder als technologisch bestimmte Dinge und nicht als Bild aus Formen, nicht stilistisch.

Man könnte das ausschließlich so sehen, aber in Japan kommt noch eine andere Dimension hinzu, die man als ethisch oder religiös bezeichnen könnte, nicht aber als mystisch: Die Gegenstände werden in Japan auch symbolisch gesehen.

Als in den 1970er-Jahren nach Japan zu einem internationalen Designkongress eingeladen wurde, stand dieser unter dem Motto „Die Seele der Dinge“. Wenn ein Geschenk verpackt wird, ist das nicht einfach die Verpackung einer Sache, sondern das Geschenk ist mit Leben erfüllt, und die Originalität, mit der verpackt wird, weist auf die Bedeutung dieses Lebens hin. Oder die symbolische Dimension erscheint als das, was den Mikrokosmos mit dem Makrokosmos verbindet. Ich hatte bereits erwähnt, dass Kenji Ekuan einmal von einer Armbanduhr sprach, in deren blau schimmerndem Zifferblatt der Kosmos erlebt werden sollte. Dieses Symbolische und das Praktische erscheinen nicht nebeneinander, sondern beide Funktionen überlagern einander eher. Das Symbolische liegt also niemals als Ornament auf dem Praktischen, es überformt das Praktische nicht dekorativ, sondern ist im Praktischen. Ein Gartenweg zum Beispiel ist zuerst dafür da, dass er begangen wird, aber auf diesem Weg gibt es einen sogenannten weggeworfenen Stein, einen Stein, der als einziger aus der Ordnung herausfällt und den man nicht betritt. Ich denke, dieser Stein ist ein Zeichen, der dazu zwingt, auf den Weg zu achten, genauer: seine Form, seine Schönheit wahrzunehmen durch ein Verhältnis von Ordnung und Störung der Ordnung.

Die symbolischen Ausdruckswerte zielen auf ihren kommunikativen Gebrauch, sie prägen praktische Handlungen und ebenso geistige Haltungen. In dieser Dichte und Fülle von Bedeutungen spielt das Verhältnis von Detail und Ganzem, wie beim Gartenweg, eine wesentliche Rolle.

Ich komme damit zum dritten Thema, zum Verhältnis von Teil und Ganzem, also zur Bedeutung des Details. Das Detail spielt im Japanischen eine andere Rolle als in der abendländischen Kultur. Das Detail verweist mehr als im Abendland auf das Ganze. Als modernes Detail will ich eine rote Linie nehmen, die ich in Japan immer wieder gefunden habe und die sich von Japan ausgehend inzwischen als modisches Element über die ganze Welt verbreitet hat. Wenn ich mich um eine japanische Interpretationsmethode bemühe, kann ich diese rote Linie als Verweis auf ein Zentrum von Energie lesen, und zwar auf eine Energie, die konzentriert ist, die quasi gezähmt ist, die exakt begrenzt ist, die aber eine Ballung von Energie darstellt. Das älteste Zeugnis habe ich am Türknauf eines Zentempels gefunden, genauer: auf der Fotografie eines berühmten Fotografen von diesem Türknauf. Das Foto zeigte eine geschmiedete blütenähnliche Form, und die Kontur dieser Form zierte eine dünne rote Linie, so als wäre das Eisen eben erst aus dem Schmiedefeuer gekommen. Interessant ist nun, wo diese Linie heute auftaucht: auf dem Fußboden, an Kameras, an Stoßstangen.

Detail ist auch der Dekor am Grund einer Teeschale, die als Moment der Überraschung langsam auftaucht – in dem Maße, wie sich die Schale leert; ein Detail ist gleichfalls etwas, was die Regel durchbricht, wie der genannte weggeworfene Stein auf einem Gartenweg, ein Detail ist jedoch vor allem das Element des japanischen Hauses, die Tatami-Matte, zu der ich darum etwas mehr sagen will (› Abb. 6).

Diese Matten sind deshalb so wichtig, weil sie weit mehr als andere Gegenstände den japanischen Raum prägen. Der traditionelle Raum ist in Japan leer, die Sensibilität ihm gegenüber aber sehr hoch. Man erlebt den Raum intensiver, wenn man auf dem Fußboden sitzt. Mit dieser Matte sind die Räume seit dem 15. Jahrhundert ausgelegt. Ihre Maße sind 190 × 95 cm, modifiziert 176 × 78 cm. Die Matte besteht aus gepresstem Reisstroh, das eine Binsenauflage hat. Eingefasst ist sie mit einer Bordüre, die oft schwarz ist. Die Matte liegt auf einem Holzgestell, etwa zehn Zentimeter über dem Fußboden, sodass die Matten immer durchlüftet sind. Das Luftpolster schützt vor Kälte, und gleichzeitig können die Matten weder schimmeln noch verfaulen.

Das Wichtigste aber: Die Tatami sind die kleinste Einheit einer modularen Koordination. Ihre Maße ergeben sich aus dem Flächenbedarf eines Liegenden. Bis vor Jahrzehnten bestimmten diese Tatami noch den Grundriss und das Interieur eines Hauses: den Grundriss, weil dieser ein Vielfaches der Tatami ist, das Interieur, weil die Tatami dazu zwang, von der runden Säule und dem runden Balken, also dem unbearbeiteten Stamm, abzugehen und sie durch Balken und Säulen mit quadratischem Querschnitt zu ersetzen. Der quadratische Querschnitt ist die Grundlage dafür, dass die Fusuma, also die Schiebewände, angebracht werden können. Die Säulen oder Pfeiler befinden sich immer an den Ecken der Tatami. Heute gibt es die Tatami nicht mehr im ganzen Haus oder in der ganzen Wohnung, wenn es sich um einen Neubau handelt, sondern nur noch in einem Raum, im Schlafraum, und die Wände lassen sich auch nicht mehr verschieben.

Es gibt übrigens keine Vier-Matten- und keine Neun-Matten-Zimmer, denn die Vier bedeutet Tod und die Neun symbolisiert die Not. Aus dem gleichen Grund gibt es in manchem Hotel keine vierte Etage. Wenn man

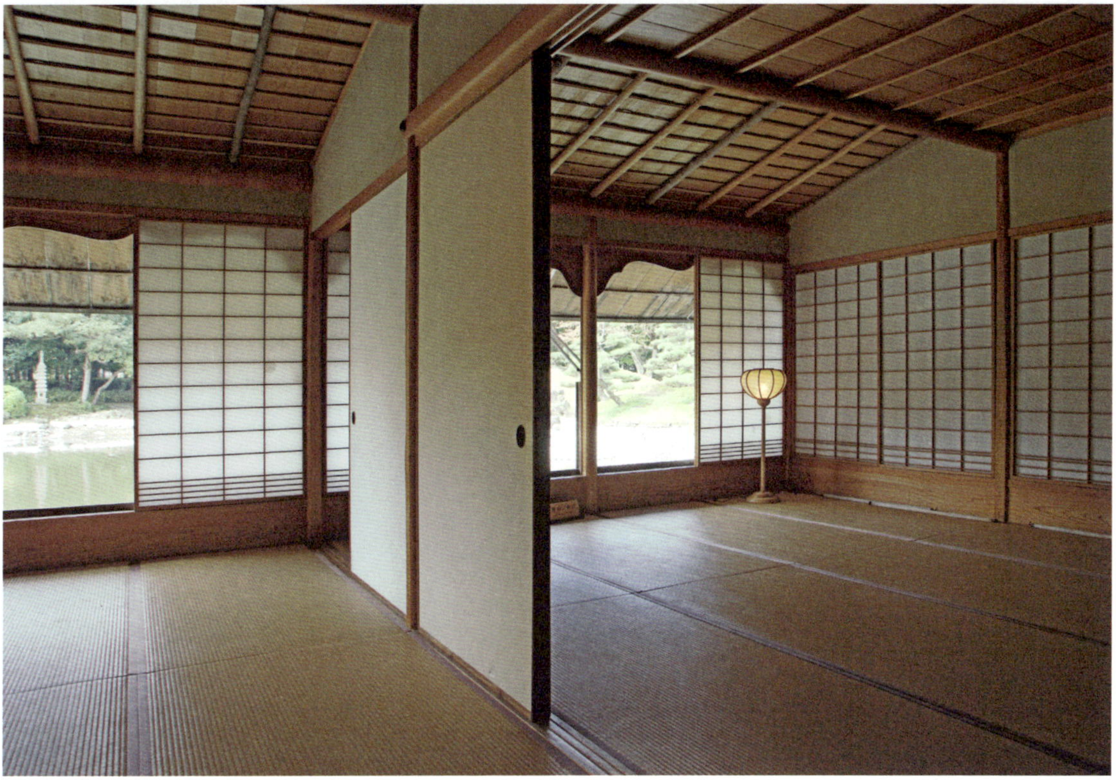

Abb. 6 Ein traditionelles Washitsu mit Shoji (Schiebewänden) und Tatami, Youkoukan Garten, Präfektur Fukui, Japan

also in der fünften wohnt, wohnt man eigentlich in der vierten.

Die Tatami hat eine postmoderne Wiedergeburt erlebt: Der japanische Designer und Memphis-Mitglied Masanori Umeda hat eine Liege in der Gestalt eines Boxrings entworfen. Diese Boxringliege ist nun wiederum mit Tatamis belegt.

Zum vierten Thema, zum Kleinen. Japanische Werber haben dieses Kleine in zwei Werbeslogans zusammengefasst: Einer heißt „small is beautiful", der andere „small is powerful".

Das Kleine, um das es hier geht, ist nicht mit niedlich, sondern mit kompakt zu übersetzen, mit einer Fülle und Komplexität, die sich sowohl auf Formen als auch auf Funktionen bezieht. Entweder geht es darum, möglichst viele Funktionen oder möglichst viele Formen oder möglichst viel Energie auf kleinstem Raum zu konzentrieren, oder darum, möglichst viele Beziehungen zwischen Elementen eines Raums im Raum herzustellen oder alles in einem Objekt zu versuchen.

Diese Art des Verkleinerns geht auf zwei Prozesse zurück: auf den des Verdichtens und auf den des Strukturierens. Sie liegen der Gestaltung von japanischen Gärten ebenso zugrunde wie der Gestaltung von Foto-, Film-, Video- oder Reprotechnik. Ich will mich hier auf Gärten, auf den sogenannten Bento und auf die Raumauffassung von Shigeru Uchida, einem der bekanntesten Raumgestalter, konzentrieren.

Bentos sind Gefäße für Speisen, genauer müsste man sagen: Gefäße für umfangreiche Mahlzeiten (› Abb. 7). Kenji Ekuan hat zwei Sorten von Bentos beschrieben. Diese beiden Sorten unterscheiden sich in der Art, wie man mit einem eingeschränkten Raum umgeht.

Beim Hanami-Bento ergibt sich die Raumbeschränkung daraus, dass von einer Gaststätte so viele Bentos geliefert werden müssen, wie es Teilnehmer an einer Mahlzeit gibt. Das Hanami-Bento ist eine Box, die mehrere Etagen hat. Diese Etagen wiederum sind in Fächer unterteilt. In diesen Fächern sind entweder kleine Gefäße für Speisen oder die Speisen selbst. Das bedeutet, beim Hanami-Bento wird gestapelt und dicht gepackt. Ihm liegt also ein Prozess des Verdichtens und Konzentrierens zugrunde; genauso wie sich ein Gedicht von einem Prosatext unterscheidet, unterscheidet sich das Hanami-Bento von einem gedeckten Tisch.

Beim Makunouchi-Bento nimmt eine Schachtel etwa 20 Bestandteile einer Mahlzeit auf, und zwar einfach dadurch, dass diese etwa 30 × 30 cm große Schachtel mit einer einfachen Kreuzteilung in vier Abteilungen geteilt wird. Das heißt, beim Makunouchi-Bento wird nicht gestapelt und nicht dicht gepackt, sondern es wird strukturiert, und zwar auf die einfachste Weise. Das Kleindimensionierte spricht vom Vermögen, Komplexität auf engstem Raum zu organisieren. In Verbindung mit dem Kleinen steht das Einfache als das Beste, denn das Einfache ist nicht im Sinne des deutschen Worts simpel, sondern die Leistung besteht darin, für Formen von Komplexität den einfachsten Ausdruck zu finden. Das Kleine als das Wunderbare ist also nicht nur eine Tendenz zur Miniatur, nicht nur eine Tendenz zur Reduktion von Masse und Volumen. Kleinsein ist nur sinnvoll, wenn viele praktische Funktionen auf kleinstem Raum untergebracht werden können. Ziel bei den Bentos ist es, möglichst viele Genüsse auch unter eingeschränkten Bedingungen zu bieten, also wenn man zum Picknick ins Freie geht, wenn man auf Reisen oder auf Arbeit ist, um nicht einfach etwas zu essen, sondern eine Mahlzeit einzunehmen, um in mehreren Gängen mehrere Genüsse zu haben. Hier hängen also nicht Raumökonomie und Askese miteinander zusammen, sondern Ökonomie und Genusssucht. Oder wie es Ekuan selbst sagt: Wir wollen alles auf einmal haben. Maximale Raumökonomie verbindet sich mit maximalem Genuss.

Ekuan hat darauf hingewiesen, dass man dieses Prinzip der Ordnung bis zu den städtischen Dimensionen verfolgen kann. Ich fasse das so auf, dass nicht versucht wird, das Chaos durch Ordnung zu ersetzen, sondern das Chaos durch einfache Mittel überschaubar zu machen. Es ist auffällig, wie viele japanische Architekten gerade den Umgang mit dem Chaos in ihrer Arbeit thematisieren; sie akzentuieren im Chaos, statt es beseitigen zu wollen.

Was man zu den Bentos sagen kann, kann man auch zum Garten sagen: Im Garten geht es allerdings nicht um möglichst viele Genüsse wie beim Essen, sondern um das Erleben möglichst vieler Landschaften, ohne reisen zu müssen. Was ihn von den Bentos unterscheidet, ist in der Regel die Bewegung, wenn der Garten nicht so klein ist wie auf dem Dach. Ein japanischer Garten – egal ob Stein- oder Landschaftsgarten – besteht aus Meer und Gebirge, Flüssen und Seen, Hügeln, Wäldern und Wiesen, oder es wird eine japanische Landschaft zitiert, die wegen ihrer Schönheit berühmt ist – nur ist eben alles miniaturisiert. Wenn im Deutschen die Schönheit einer Landschaft beschrieben werden soll, verwendet man gern die Floskel, dass sich der Blick öffnet, dass die Landschaft hingebreitet daliegt und so weiter. In Japan öffnet sich gar nichts dem Blick, und das Teehaus wird durch die gewundene Führung des Gartenwegs bis zum letzten Augenblick versteckt, um es als Überraschung erleben zu können.

Das Kleine steht im Garten für das Große, das Detail für das Ganze. Beim Garten liegt im Verhältnis von Natur und Naturausschnitt der Grund, warum der japanische Garten nicht ein Ort der oberflächlichen Zerstreuung, sondern der Konzentration und der Meditation ist. In dieser Meditation ist aber nichts, was über die Natur hinausgeht. Selbst das Transzendente bleibt im Naturzusammenhang: Die japanischen Götter wohnen in Steinen, in Bäumen oder an konkreten Plätzen. Auf diese Weise erhalten wiederum die Dinge und Orte eine Seele. Dass die Dinge dennoch nur das sind, was sie wirklich sind, hat ein Dichter des 17. Jahrhunderts mit den Worten gesagt: „Was eine Kiefer ist, lerne von der Kiefer. / Was Bambus ist, lerne vom Bambus.“[8]

In diesen Gärten wird jedoch nicht nur der Raum der Landschaft erlebt, sondern ebenso die Zeit. Doch es ist die an die Vegetation gebundene Zeit. Deshalb werden in den Pavillons der Villa Katsura bestimmte Wände und Fenster nur dann geöffnet, wenn draußen etwas Besonderes zu sehen ist, so weist ein Fenster im Frühjahr vielleicht auf das Laub junger Bäume, ein anderes im Sommer auf

8 Matsuo Bashō (1644–1694): „Das Kieferhafte lerne von der Kiefer, das Bambushafte lerne vom Bambus. Auch diese Aussage des Meisters besagt: Gib dein Selbst auf. Dieses ‚lerne', legt man es in der eigenen Art und Weise aus, ist schließlich gar kein Lernen. Das ‚lerne' heißt, in die Dinge eindringen, ihre geheimen Lebensregungen erlauschen und im Herzen ein Gefühl anklingen lassen; das ist es, was zum *ku* wird.“ Zitiert nach: Yukio Kotani, „Bashō, Boethe und das symbolische Denken“, in: Volker Zotz (Hrsg.), *Schnittstellen. Buddhistische Begegnungen mit Schamanismus und westlicher Kultur*, Luxemburg 2013, S. 111.

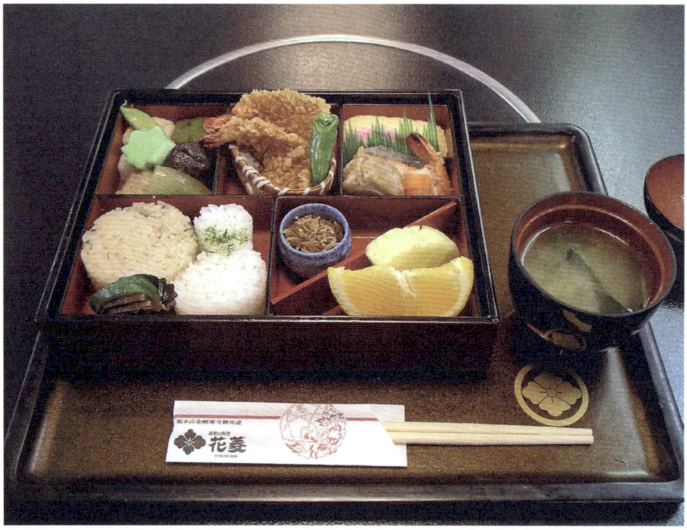

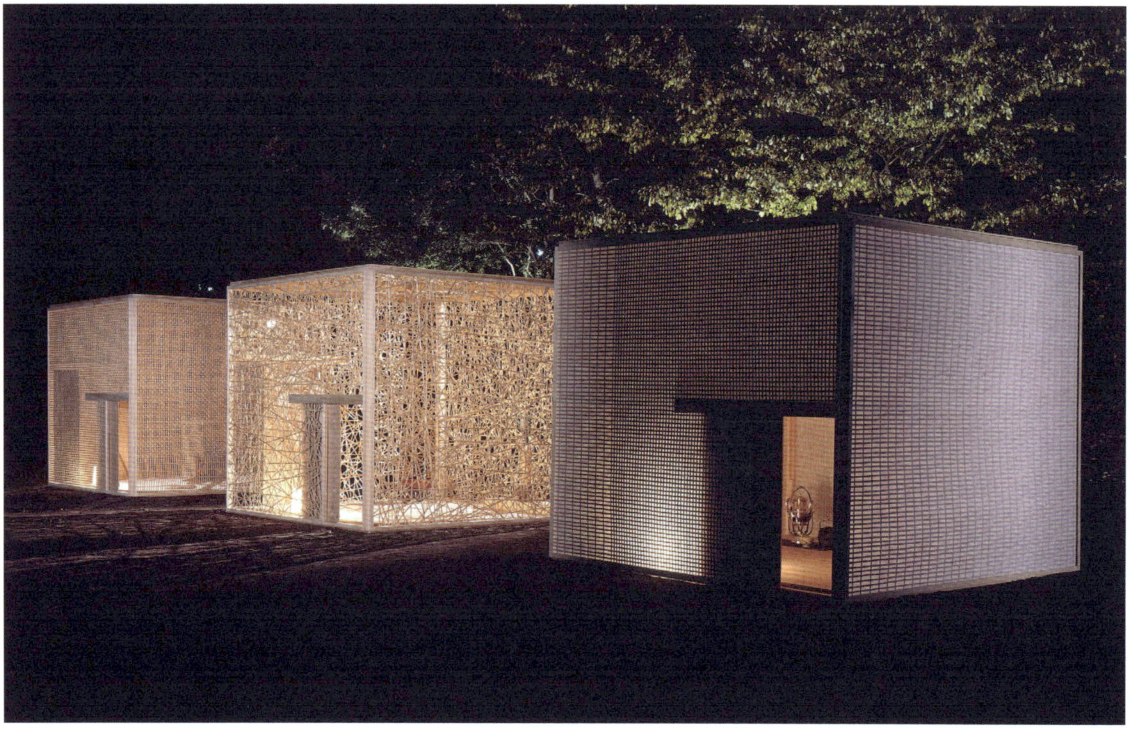

Abb. 7 Sushi Bento im Restaurant Hanabishi, Kōya-san, Japan
Abb. 8 Shigeru Uchida, Teestuben Ji-An, So-An, Gyo-An, Südkorea, 1993

ein kleines Feld, und ein drittes ist so gerichtet, dass man den Mond an einem bestimmten Tag im Jahr gut sehen kann. Heute allerdings fehlt es den allermeisten Japanern an Muße, um im Garten, wenn er schon da ist, die Zeit und den Raum zu genießen.

Verkleinern heißt also Verdichten von Informationen und Bedeutungen, um zu mehrdeutigen und beziehungsreichen Resultaten zu kommen, so wie das in einem Gedicht geschieht oder so wie es der bereits erwähnte Raumgestalter Uchida für sich in Anspruch nimmt. Er sagte von sich, dass ihn weder der Raum allein interessiere noch die Dinge im Raum, sondern die Beziehung zwischen den Objekten und dem Raum, das heißt konkret für seine Entwurfspraxis, dass er wenige Elemente jeweils unterschiedlich im Raum anordnet und mit dieser unterschiedlichen Anordnung unterschiedliche Räume bildet (› Abb. 8). Er beschreibt ein Erlebnis, das ihn zu dieser Konsequenz geführt hat und das bezeichnenderweise an das Bauhaus erinnert: Das Erlebnis bestand, wie Uchida mitteilt, in einer Ausstellung unter dem Titel *Punkt, Linie, Fläche,*[9] und in dieser Ausstellung war ein Raum so geteilt, dass als Punkt ein Halogenstrahler diente, als Linie eine Saite und als Fläche eine Glasscheibe. Uchida beschreibt die Verblüffung, als er entdeckte, dass auf der einen Seite der Scheibe ein anderes Raumklima herrschte als auf der gegenüberliegenden. Hier wird eine Beziehung vom Punkt zum Raum hergestellt, zwischen Kleinstem und Größtem also. Oder man kann auch sagen: Mit wenig Aufwand wird durch einen Prozess des Strukturierens eine große Wirkung erreicht. Wieder sind es nicht die einzelnen Dinge, die wichtig sind, sondern es sind die Beziehungen im Raum, die durch sie gebildet werden.

Was Uchida reflektiert, mit einem leeren Raum so umzugehen, dass die wenigen Elemente in ihm immer neue Beziehungen bilden, ist zu einem Verfahren der Kunst geworden, weil es in der gegenwärtigen Realität Japans wohl kaum noch aufzufinden ist. Was dagegen geblieben ist, ist das Verdichten von praktischen Funktionen in technischen Gebilden, die miniaturisiert sind wie Foto- oder Videokameras, Rundfunktechnik, Reprotechnik, Haushalttechnik und so weiter. Nur die Autos machen eine Ausnahme.

Der Prozess des Verdichtens – sowohl im Sinne des Raums als auch im Sinne der Bedeutung – ist immer ein Prozess des Zuordnens oder Ordnens überhaupt, um zu Formen komplexer Funktionen (wie zum Beispiel bei Kompaktkameras) oder zu Formen komplexer Bedeutungen, wie beim Garten, zu kommen. Bei den Kompaktkameras, die inzwischen nach japanischem Vorbild auch woanders hergestellt werden, werden die Funktionen immer mehr miteinander verkoppelt. Das ist ein anderes Verfahren als bei Uchida, weil es auf Zwangskopplungen beruht. Vieldeutigkeit und Offenheit sind hier nicht erwünscht, dafür die äußerste Vereinfachung der Handhabung und die dichteste Packung der Bauteile.

Für das Verdichten gibt es mehrere Gründe, ich sehe drei. Erstens: In den letzten 40 Jahren hat sich das Verhältnis zum Raum wie zu den Gegenständen im Raum gewandelt: Raum ist heute in Japan nicht mehr der leere Raum, sondern ein Gefäß, in das möglichst viel an Wohlstand, Komfort und Luxus hineingestopft wird. Man spricht davon, dass in den späten 1950er-Jahren Fernseher, Kühlschrank und

9 *Punkt, Linie, Fläche*, Ausstellung im Bauhaus, Dessau 2000.

Waschmaschine die Rangliste der Konsumgüter anführten, in den 1960er-Jahren dann Auto, Farbfernseher und Klimaanlage, in den 1970ern schließlich Haus, Urlaub, Auslandsreise. Das Letzte ist schon deshalb interessant, weil nicht mehr Gegenstände, sondern die Verfügung über Raum und Lebenszeit die Gegenstände des Konsums in der Rangliste verdrängt haben. Zweitens: Ein Land, dem es an Rohstoffen mangelt, dem dafür jedoch ein Überangebot an intelligenter Arbeitskraft zur Verfügung steht und das auf den Export angewiesen ist, braucht Dinge, die sich günstig exportieren lassen, die also klein, leicht, aber dafür von hoher Komplexität und also hochwertig sind. Und drittens schließlich möchte ich wiederholen, dass heute, wenn nur 17 Prozent der Landfläche bewohnbar sind, dies Raumknappheit für 134 Millionen Japaner bedeutet. Darin liegen die Gründe dafür, dass sich Verfahren des Verdichtens, des Kompaktierens, die Herstellung des Mehrdeutigen und des Multifunktionalen über die Jahrhunderte halten konnten, die Gründe dafür, warum es bis heute Beziehungen zwischen der Tradition und der Moderne, dem Handwerk und der Hochtechnologie gibt. Nur Autos machen wiederum eine Ausnahme: Als Träger symbolischer Bedeutungen sind sie ebenso groß – und größer als durchschnittlich in Europa –, sie zerstören und beanspruchen Raum, der schon knapp genug ist.

Es gibt aber noch etwas, was heute zum Konzentrierten und Minimierten hinzukommt, das nicht aus der Geschichte kommt und auch nicht postmodern interpretierbar ist. Das ist die Tendenz zur immer höheren Veredlung der Gebrauchsgegenstände. Einmal begründet in der Herstellung und Entwicklung durch ein Überangebot an intelligenter Arbeitskraft und zweitens im Gebrauch durch ein Unterangebot verfügbarer Zeit zum Gebrauch der Gegenstände. Sie dürfen nicht störanfällig, nicht wartungsintensiv sein, und sie müssen schnell funktionieren, wie der Hochgeschwindigkeitsautofokus bei den Kameras. Die sogenannte Nullfehlerproduktion ist also nicht nur ein Argument im Konkurrenzkampf, sondern auch der außerordentlich hohen Zeitökonomie geschuldet, die das gesamte Leben in Japan bestimmt, sehr viel mehr als in Europa. Ein Zeichen für diese Zeitökonomie sind die überaus wortreichen Entschuldigungen, wenn einmal das Malheur passiert, dass eine Shinkansen ein oder zwei Minuten Verspätung hat, was kaum jemals vorkommt.

Das Überangebot an Intelligenz hat eine Ursache vielleicht im Erlernen der Sprache, die nicht nur 24 Zeichen hat wie unsere und deren Gebrauch außerdem noch sehr stark vom Kontext abhängt, in dem sie gesprochen und geschrieben wird.

Im zweiten Teil der Vorlesung möchte ich nun etwas zu den Auffassungen vom Anfang des Designs in Japan sagen und etwas zu den Phasen der Designgeschichte.

Für den Anfang des Designs in Japan gibt es zwei mir bekannte Auffassungen: eine, die Design in der Vormoderne, und eine, die es in der Moderne beginnen lässt.

Die Auffassung, die Design in der Vormoderne beginnen lässt, hat etwas mit Arbeitsteilung zu tun. Im feudalistischen Japan konzentrierte sich die Produktion nicht nur an einer Produktionsstätte. Vielmehr konnte an der Herstellung von Fächern zum Beispiel ein ganzes Dorf beteiligt sein, und zwar in der Weise, dass nicht in jedem Haus Fächer hergestellt wurden, sondern dass jede Familie für

Teilarbeiten verantwortlich war. Designer war unter diesen Bedingungen eine Person, die die Teilarbeitenden ästhetisch koordinierte und kontrollierte. Das war natürlich nur möglich, wenn ein Modell vorhanden war, nach dem sich alle als Norm zu richten hatten.

Wer das Design in der Moderne beginnen lässt, stützt sich besonders auf eine Institution, die 1928 als Institut für Design gegründet wurde und unter dem Einfluss der Avantgarde der 1920er-Jahre in Deutschland stand. Dieses Institut in der nordjapanischen Stadt Sendai kümmerte sich besonders um die Gestaltung von Möbeln, Leuchten und anderen Dingen, die eine handwerkliche Tradition hinter sich hatten. Zwischen 1933 und 1936 wurde dieses Institut von Bruno Taut beraten, der sich in diesen Jahren in Japan aufhielt. Taut beklagte damals den Verlust an Tradition in Japan, und er sah – wie viele Europäer und Japaner – eine Möglichkeit, diese Tradition zu retten, weil es eine Menge an Ähnlichkeiten zwischen der europäischen Avantgarde der 1920er-Jahre und der japanischen Tradition, das heißt der Volkskultur, gab. Das leichte Bauen, die Skelettkonstruktionen, die modularen Raster, die Tendenz zum Einfachen und Konstruktiven, die Dominanz von Gebrauchsformen und nicht von Schmuckformen vereinten das traditionelle Japan mit dem modernen Europa. Im Westen wirkte Japan deshalb nicht nur auf die französischen Maler von Vincent van Gogh bis Henri de Toulouse-Lautrec und nicht nur auf die Entwicklung des Jugendstils, sondern auch auf die Avantgarde und ihre Vorläufer. Wer sich in Europa weniger für Dekore als vielmehr für Räume, für Materialwirkungen und für geometrische Strukturen interessierte, hat sich an Japan orientiert. Das kann man an Stühlen von Charles Rennie Mackintosh sehen, es zeigt sich bei Adolf Loos und seiner Sensibilität für ungeschmückte Materialien. Bei dem Amerikaner Frank Lloyd Wright und bei Ludwig Mies van der Rohe ist das Verbindende das Interesse an Skelettkonstruktionen, also die Neudefinition des Verhältnisses von Wand und Konstruktion, beim Bauhaus ist es die Orientierung auf den Raum und auf einen Baukörper, der keine Schokoladenseite und keine Fassade mehr hat, sondern den man umwandern muss, bei dem Finnen Alvar Aalto ist es die Vorliebe für einfache Holzkonstruktionen. Und schließlich ist auch Piet Mondrian schwer vorstellbar ohne japanische Einflüsse.

Umgekehrt schickte die japanische Regierung Studierende ans Bauhaus, Frank Lloyd Wright hat das Hotel Imperial erbaut, das als eines von wenigen Gebäuden ein schweres Erdbeben in Tokio überstanden hat, und die moderne Architektur in Japan hat sich besonders an den Betonskeletten von Le Corbusier orientiert, weil sie Ähnlichkeit mit den japanischen Holzkonstruktionen haben. Das alles war eine Reaktion auf eine andere Art von europäischem Einfluss, als sie in der Meiji-Zeit, also zwischen 1868, dem Jahr der Öffnung, und 1912 üblich war.

Seit der Öffnung des Landes im Jahre 1868 setzte zunächst eine Phase des hemmungslosen Kopierens ein. Dieses hemmungslose Kopieren nach abendländischem Muster vollzog sich aber nicht unbedingt aus Mangel an nationalem Selbstbewusstsein, sondern weil man dieses überseeische Ausland dringend für den Export brauchte. Den Export wiederum benötigte man, um das Land nach westlichem Muster modernisieren zu können. Erste Reaktionen auf die Modernisierung nach westlichem Muster waren um 1920 zu spüren. Der

Kunsthandwerker Soetsu Yanagi plädierte damals dafür, das traditionelle japanische Handwerk wieder neu zu beleben – ganz ähnlich wie dies ein halbes Jahrhundert vorher John Ruskin und William Morris in England versucht hatten. Doch der Unterschied besteht darin, dass Yanagi nicht gegen den Niedergang der gegenständlichen Kultur durch die Industrie kämpfte, sondern gegen den Niedergang nationaler Traditionen durch internationale Einflüsse. Das waren die Voraussetzungen, unter denen nach der einen Auffassung die Entwicklung zum Design am Ende der 1920er-Jahre einsetzte.

Nach der Zeit des Faschismus in Japan entstand eine vollkommen neue Situation im Lande. Man bezeichnet die Zeit zwischen 1955 und 1973 als die Entwicklungszeit von Japan, die Zeit, in der aus einem Agrarland ein Industrieland wurde. In diesen Jahren gingen 30 Millionen Bauern in die Städte, und die Zeit der Industrialisierung war gleichzeitig eine Zeit der Urbanisierung außerhalb der großen städtischen Siedlungen, die schon seit Jahrhunderten existierten. Für diese Zeit ist ebenso von Bedeutung, dass Japan nicht nur unter dem Einfluss der USA stand, sondern die amerikanische Besatzungsmacht war wesentlich für den Aufbau der Industrie in Japan verantwortlich. Denn die USA brauchten Japan als technische Basis im Koreakrieg. 1953 ging dieser Krieg mit der Spaltung in Nord- und Südkorea zu Ende. Mit anderen Worten: Die technologische Basis Japans, wie wir sie heute kennen, geht in ihren Anfängen wesentlich auf den Koreakrieg zurück.

In den ersten beiden Jahrzehnten nach dem Krieg gab es bei technischen Produkten eine Menge von Plagiaten. Wegen dieser Plagiate schädigte Japan seinen Ruf auf dem Weltmarkt, seine Waren galten als billig und schlecht. Das Interessante daran war die Reaktion des Staates: Er schuf ein Ministerium, das besonders die Qualität der Exportgüter zu überwachen hatte, und in diesem Ministerium gab es eine Abteilung für Design, die gegen Plagiate kämpfte. Das heute schon legendäre Ministerium MITI verdankte also seine Herkunft den Plagiatoren der japanischen Wirtschaft. Anders ausgedrückt: Japan verdankt seinen Ruf heute nicht nur der Wirtschaft, sondern auch der Politik, die sich in die Wirtschaft eingemischt hat, auch in Form von Designpolitik als Teil von Strukturpolitik und Qualitätspolitik, die Staatspolitik ist.

Das Unternehmen, das sich am frühesten und intensivsten mit Kommunikationstechnologie beschäftigte und das gleichzeitig Design in die Produktentwicklung integrierte, ist Sony. Deshalb im Folgenden etwas zu diesem Unternehmen, da es ein Stück japanischer Designstrategie und Designgeschichte ist.

1954 spielte zum ersten Mal auf der Welt ein Transistorradio. Ebenfalls von Sony war der erste volltransistorisierte Fernseher, der 1959 vorgestellt wurde (› Abb. 9, 10). 1964 kam der erste elektronische Tischrechner dazu, der keine Röhren mehr hatte, sondern nur noch Transistoren und Dioden, und auch die ersten Viewcoder wurden in Japan entwickelt. Man könnte die Reihe von jeweils ersten Produkttypen, die in Japan entstanden, noch lange fortsetzen. Von Sony kam 1980 auch die Idee des Walkman – sie soll sogar vom Sony-Chef persönlich stammen. Von ihm wird die Legende überliefert, er habe mit dem Gerät ein Problem lösen wollen, nämlich das Problem der Langeweile bei Langstreckenflügen. Die Entscheidung zur Produktion sollen allerdings ein paar Jugendliche herbeigeführt haben. Man

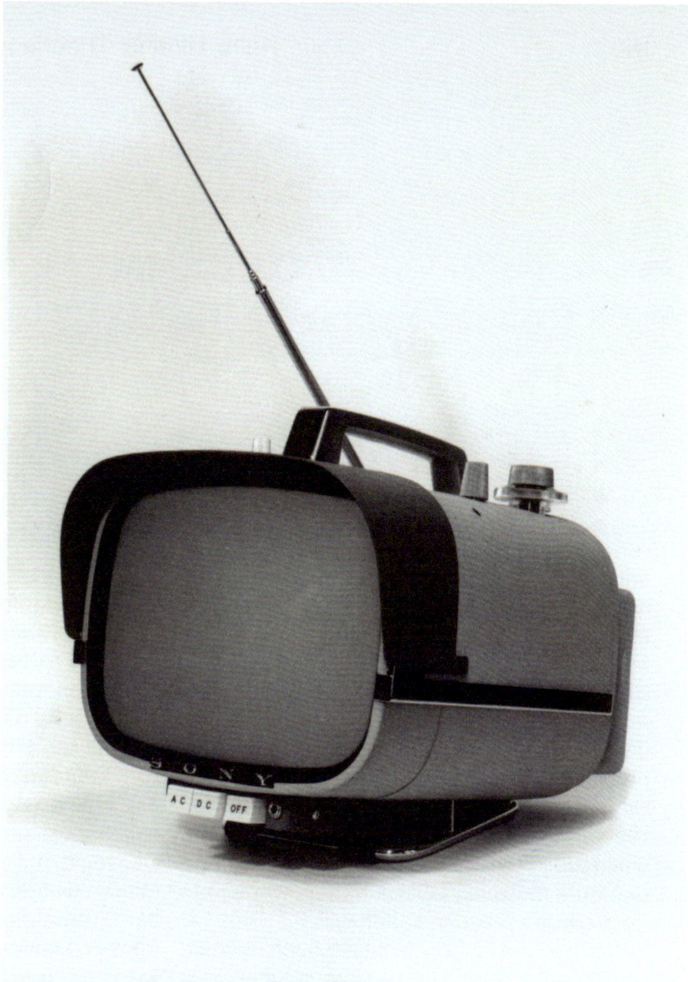

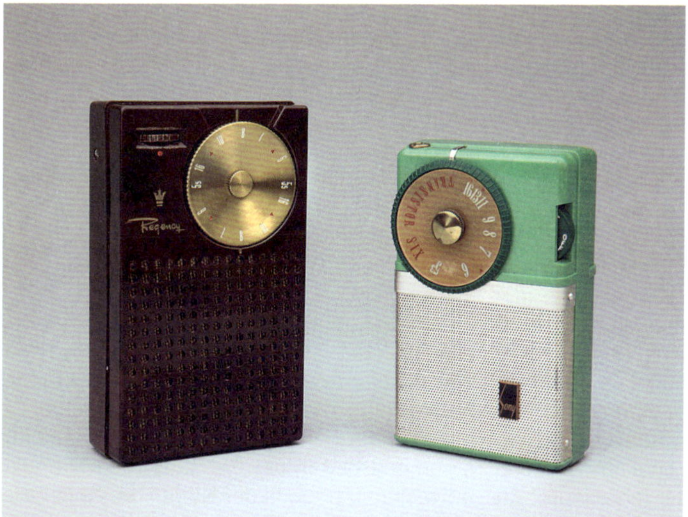

Abb. 9 Tragbarer Fernseher Sony TV8-301J, ca. 1962
Abb. 10 Transitorradios IDEA Regency TR 1, 1954, und Sony TR-63, 1957

hatte sie angeheuert, um ihr Verhalten mit dem Walkman zu testen. Nach der Selbstdarstellung von Sony war die Entscheidung gefallen, als die Jugendlichen mit der eigenen Disco im Ohr zu tanzen anfingen. Der Walkman steht zeichenhaft für eine Umwelt, in der die einzige Möglichkeit sich zu vereinzeln darin besteht, dass man sich akustisch aus der Umwelt ausklinkt. Bekannt sind Bilder aus den 1980er-Jahren, in denen fast jeder Japaner einen Walkman in der S- oder U-Bahn benutzte. Heute muss man Glück haben, wenn man noch einen Walkman sehen will.

Sony ist designgeschichtlich auch deshalb von Bedeutung, weil dieses Unternehmen wohl das Erste war, das Design in den Produktionsprozess integriert hat und heute wohl über das größte Designatelier verfügt. Die Firma ist eine Nachkriegsgründung und ist hervorgegangen aus der militärischen Forschung auf dem Gebiet der Telekommunikation.

Sony stellt heute nicht nur Phono-, Fernseh- und Videotechnik her, sondern gleichzeitig Haushaltsgeräte und andere Technik. Eine enge Spezialisierung ist nicht üblich, Yamaha zum Beispiel produziert nicht nur Motorräder oder Bootsmotoren, sondern auch Konzertflügel und Sportgeräte. Ende der 1940er-Jahre ließ sich Sony zum ersten Mal von einem Designer beraten. Wer sich so nannte, kam in Japan damals aus der Malerei und war einfach ein Musterzeichner – die Produktentwicklung jedoch lag in den Händen der Ingenieure. Anfang der 1950er-Jahre gestaltete der Sohn von Yanagi, der die Kunsthandwerksreform eingeleitet hatte, ein Tonbandgerät. Das heißt, hier wurde ein technisches Gebilde von einem Vertreter des Kunsthandwerks entworfen.

1954 stellte der Konzern dann auch Designer ein, 1961 gab es bei Sony 17 Designer, und 1985 arbeiteten dort bereits 131 Designer, zusammengefasst im Tokioter Planungszentrum. Man kann aus dieser Entwicklung, die bei Sony extrem, aber für japanische Verhältnisse dennoch exemplarisch ist, allgemeine Eigenheiten ableiten.

Was die Produktentwicklung betrifft, vollzog sich direkt nach dem Zweiten Weltkrieg ein rapider Aufschwung in der Herstellung akustischer und optischer Präzisionstechnik. Das hängt mit den wissenschaftlichen Vorleistungen während des Zweiten Weltkriegs, mit dem Koreakrieg und mit dem Export zusammen: Je kleiner die Finalprodukte und je hochwertiger zugleich, desto kostengünstiger lassen sie sich über das Meer bringen. Diese durchgehende Miniaturisierung führt in Japan nicht zu einem besonderen Stil, der sich an Formmerkmalen festmachen lässt, und auch nicht zu einem Firmenstil. Das ist wiederum ein Unterschied zu Europa. Während man das Design von Olivetti, Braun, Bang & Olufsen, Alessi, Armani oder Marimekko ganz gut unterscheiden kann, gibt es kaum signifikante Unterschiede zwischen Sony und Sanyo oder zwischen Minolta und Canon.

Woran liegt das? Vor allem liegt es an der erstaunlichen Tatsache, dass die großen Konzerne bis zu einem bestimmten Punkt jene Entwicklung, die auf Innovationen gerichtet ist, gemeinsam betreiben. Erst nach dieser Zusammenarbeit in den Vorstufen der Produktentwicklung beginnt der Kampf der Konzerne um den Markt. Bezogen auf das Design könnte man sagen, dass die entwickelten Funktionsprinzipien konstant sind, das Design jedoch variabel ist. Es wird unter diesen Bedingungen geradezu zu einer Notwendigkeit, dass die Dinge sich durch das Design unterscheiden, aber das ist eben nicht – wie in Europa – eine

Differenzierung zwischen Firmen, zumindest nicht in einer dominanten Weise. Unterschiede werden also nicht firmen-, sondern kundenspezifisch entwickelt, je nach dem Marktsegment, das man besetzen will. Der Kult des Technoiden und die Nostalgie der 1950er-Jahre können durchaus in einem Unternehmen nebeneinander vorkommen.

Wie die großen Firmen des Westens – da gibt es keinen Unterschied – übernehmen die japanischen Konzerne auch die Markteinführung und damit die damit verbundenen Risiken. Anders als Europa behalten japanische Konzerne das Produktionsvorrecht jedoch nur für sehr kurze Zeit und geben danach die Innovationen frei. Die Folge davon ist, dass sofort auf allen Ebenen von Betriebsgrößen eine Unzahl formaler und funktionaler Varianten entsteht. Während also die kleineren Unternehmen mit der Reproduktion des Bekannten beschäftigt sind, sind die großen Konzerne schon wieder auf der Suche nach weiteren Innovationen. Das sind einige Besonderheiten, die erklären, warum sich ein beständiger Firmenstil kaum entwickeln kann und auch nicht im Vordergrund der Bemühungen steht. Dennoch besitzt das japanische Design weltweit großen Einfluss.

Von Leuten, die die heutige japanische Designszene beschreiben beziehungsweise die zu ihr gehören, werden verschiedene Tendenzen betont, was sowohl die letzten 50 Jahre als auch Voraussagen für die nächsten Jahre betrifft.

In der *ZEIT* war im Ton der Kriegsberichterstattung 1993 von einer dritten Designoffensive Japans die Rede.[10] Danach bestand die erste Offensive im Herstellen von Plagiaten während der 1940er- und 1950er-Jahre. Ich will nicht wiederholen, wie das bewertet wurde, sondern auf etwas anderes hinweisen: In einer Kultur, in der die Gruppe vor dem Individuum dominiert und in der als Individualitätstyp nicht die logo-, sondern die locozentrierte Persönlichkeit herrscht, gilt individuelle Kreativität weit weniger als das Wissen um möglichst viele Zusammenhänge, das heißt: Lernen und Verwerten gilt mehr als individuelles Erfinden, und das Nachahmen des Meisterlichen gilt nicht als Schande.

Die zweite Offensive bestand im Hervorbringen von problemlösenden Innovationen zwischen den 1960er- und den 1980er- Jahren. Stichworte dafür wären vielleicht die industrielle Verwertung der „fuzzylogic", das elektronische Abtasten beim CD-Player oder die elektronische Kamera.

Als dritte Offensive wird nicht eine problemlösende, sondern eine formale angesehen, die sich in zwei Richtungen entwickelt: erstens in Richtung eines Aufgreifens von Modellen jeweils aus der Pionierzeit der Technik, zum Beispiel alte Uhren, Telefone, Fotoapparate, Radios und so weiter, und zweitens hin zu einer Konzentration auf Formen, die immer runder werden, die also das sogenannte Seifendesign ausmachen und die nicht nur ergonomisch, sondern auch oder vor allem modisch zu erklären sind.

Beide Strategien scheinen mir aber auf eins hinauszulaufen: auf eine Vergemütlichung der Technik als Reaktion auf das ästhetische Ausstellen von Hochtechnologie bis zu den 1980er-Jahren. Gleichzeitig wurde mit der Vergemütlichung der Formen auch die Handhabung der Technik einfacher.

10 Klemens Polatschek, „Kampf den letzten Ecken. Die japanische Industrie startet eine Design-Offensive – aber wohin?", in: *Die Zeit*, 3.1.1992.

Eine zweite Beobachtung kommt von den Designern selbst, die eine andere Tendenz repräsentieren. Seit Mitte der 1980er-Jahre spricht man in Japan vom sogenannten Fußbodendesign. Damit ist ein Paradigmenwechsel gemeint, der sich nach dieser Auffassung in jener Zeit vollzogen hat. Während man vorher nach einer kulturellen Identität gesucht hatte, die durch Modernität geprägt gewesen ist, das heißt durch die globalen Normen des Modernen, erfolgte nun eine Kehrtwendung hin zur Suche nach einer Identität, die wiederum national begründet ist und in einem direkten Sinne auf japanische Traditionen verweisen soll. Ein Paradigmenwechsel also von Hochtechnologie zu Tradition oder von Internationalem zu Nationalem. Als erstes Zeichen dieses Paradigmenwechsels wird ein Fernseher angesehen, der nicht auf Tischhöhe, sondern auf dem Fußboden platziert war. In der Metapher vom Fußbodendesign steckt die Tatami als Zeichen japanischer Lebensweise. Die Belege für dieses Design sind zahlreich, man muss nur die Designjahrbücher der letzten zehn Jahre durchblättern. Man entdeckte zum Beispiel die traditionellen Schiebwände wieder, oder man berief sich auf die keimmindernde Wirkung des Bambus, um ihn erneut als Verpackungsmaterial zu verwenden, oder man integrierte den handwerklichen Zufall ins industrielle Design.

Vielleicht ist es nicht verwunderlich, dass das Fußbodendesign gerade von solchen Designern geprägt wird, die sich mehr oder weniger lange im Ausland aufgehalten haben. Der berühmteste unter ihnen heißt Isamu Noguchi, ein Bildhauer, der in den USA und in Japan gelebt hat und Gestalter der bekannten Akari-Leuchten ist, also der Kugel- und anderen Lampenformen, die aus handgefertigten Papieren bestehen. Die ersten Modelle sind schon lange vor dem Begriff Fußbodendesign in den 1950er-Jahren entstanden, die heute verbreiteten Modelle gehen auf die Mitte der 1970er-Jahre zurück.

Gegenüber allen Vereinfachungen sehe ich heute im japanischen Design mindestens vier Tendenzen: die beschriebenen, also das Fußbodendesign einerseits, das gefällige Seifendesign andererseits, aber daneben gibt es noch zwei Richtungen, die einander feindlich gegenüberstehen, die eine, die an der Moderne festhält und vom Gegenstand als Designobjekt zum Prozess als Designobjekt fortschreitet – ich hatte dies am Verständnis von Zügen und Infrastruktur und Schienenfahrzeugen bei Ekuan gezeigt –, und zum anderen das postmoderne Design beziehungsweise die neueste Richtung in Gestalt des Dekonstruktivismus. Veröffentlichungen über japanisches Design stürzen sich besonders auf diese Richtungen, weil sie so schön medienwirksam sind. Ich möchte dazu nichts sagen, denn beide sind nicht spezifisch japanisch – und über Italien, das Kernland des postmodernen Designs, werde ich in der nächsten Vorlesung noch ausführlicher sprechen.

Auf der anderen Seite sehe ich neben diesen Differenzierungen etwas Allgemeines im japanischen Design, das ich in einer These am Ende zusammenfassen möchte. Man kann im Unterschied zu anderen Spielarten von Design das japanische als ein Design der Vermittlungen und der Übergänge bezeichnen. Ich hatte das in der vorigen Vorlesung bereits erwähnt und möchte es heute abschließend noch ein wenig ausführen.

Vermittelt wird im japanischen Design nicht nur zwischen Vergangenheit und Gegenwart, sondern zwischen nationalen Eigenarten und internationalen Tendenzen, vermittelt wird zwischen den Exportinteressen der Wirtschaft auf der einen Seite und den kulturellen Interessen der Gesellschaft auf der anderen. Was Ausdrucksqualitäten betrifft, wird zwischen dem Mikrokosmos eines Objekts und dem Makrokosmos vermittelt, was den Entwurf betrifft, wird zwischen dem eigenen Entwerfen und der Arbeit anderer Designer und anderer Mitarbeiter in der Firma vermittelt. Der Designer bleibt als Autor in der Anonymität oder er teilt sich den Erfolg mit allen anderen Beteiligten. So schrieb ein Designer bei Sony: „Sony gilt vielen als eine Firma mit Sinn für Design. [...] Wir, für die Produktgestaltung unsere tägliche Arbeit ist, wollen nicht verhehlen, wie sehr wir uns über diese Tatsache freuen, doch gleichzeitig ist es uns auch ein wenig peinlich. Der Grund dafür ist, daß Design immer das Produkt der vereinten Kräfte zahlreicher Menschen ist, darunter Elektrotechnik- und Maschinenbauingenieure und derjenigen, die mit der technischen Seite der Herstellung und mit der Bereitstellung der Bauteile betraut sind, und nicht nur des Produktdesigners allein.“[11]

Und um das Design der Vermittlungen noch einmal auf seine Wirkungen zu beziehen, würde ich es als kontextuelles Design bezeichnen. Denn die Vermittlung von einem Ding als Text und einer Situation als Kontext geschieht nicht nur durch Anpassung, sondern auch durch Variation und Transformation. Kontextuelles Verhalten in diesem Sinne heißt also Anpassung an den Weltmarkt einerseits und an eine konkrete Situation des Gebrauchs andererseits.

11 Vgl. Matami Yamaguchi, „Firmengeschichte Sony“, in: Kathryn B. Hiesinger/F. Fischer (Hrsg.), *Japanisches Design seit 1950*, Ausst.-Kat. Philadelphia Museum of Modern Art/ Kunsthalle Düsseldorf, Düsseldorf 1994, S. 48.

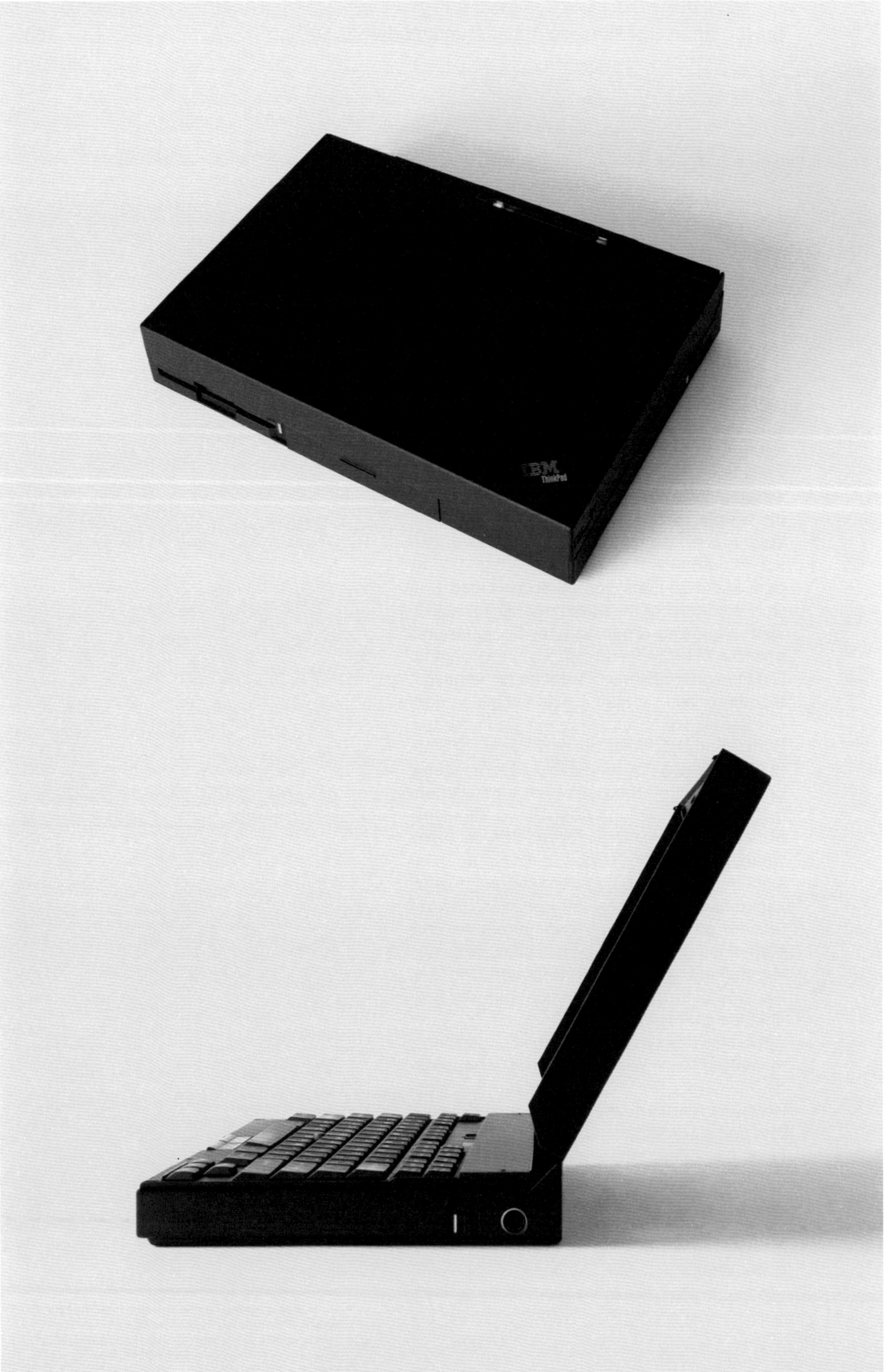

Richard Sapper und Kaz Yamazaki, ThinkPad 700C, Laptop-Computer von IBM, 1992

Italienisches Design nach 1945

In der ersten Vorlesung zu Italien und Japan habe ich versucht, das, was das italienische Design ausmacht, im Vergleich mit Japan zu bestimmen. Aber das ist nur die halbe Wahrheit, weil das Allgemeine des italienischen Designs natürlich nur in besonderen Erscheinungen existiert und diese Erscheinungen nicht lediglich von Designer zu Designer anders aussehen, sondern sich historisch auch verändern. Ich werde deshalb heute über verschiedene Perioden im italienischen Design seit 1945 sprechen.

Dass ich erst 1945 beginne, liegt am Unterschied zur Entwicklung vor 1945. Nach dem Zweiten Weltkrieg setzt in Italien etwas ein, was ich einen fortwährenden Diskurs über Design nennen möchte, eine auch intellektuelle Integration des Designs in die Kultur der Eliten und die Alltagskultur der Konsumenten. Mir ist kein Land bekannt, in dem Design eine ähnliche Rolle spielt. In Italien erscheinen mit *Casabella* und *Domus* die international leitbildprägenden Zeitschriften, Design spielt eine Rolle im Feuilletonteil der Zeitungen und Mailand ist der internationale Bezugspunkt für die Designer (auf Mailand als Zentrum der Postmoderne werde ich in einer gesonderten Vorlesung noch eingehen). Man könnte auch sagen, dass sich nach 1945 Design zu einem Netzwerk entwickelt, das immer mehr Knoten und Verbindungen zwischen den Knoten hat. Vor 1945 könnte man höchstens von einzelnen Firmen, Produkten und Ereignissen sprechen. Und was den Diskurs beherrscht, waren nicht die ästhetischen Normen des Designs in Verbindung mit der Industrie, sondern die ästhetischen Normen des Kunsthandwerks in Verbindung mit einzelnen herausragenden Kunsthandwerkern. Als in den 1930er-Jahren so etwas wie eine Designentwicklung begann, waren die 1920er-Jahre mit ihren Formen des Modernen vom Art déco mit seinen Formen des Modischen längst verdrängt. Die Bewegung der Moderne begann im italienischen Design verspätet, wurde zunächst modisch abgeflacht und schließlich von den italienischen Faschisten vereinnahmt. Ein Beispiel ist Guiseppe Terragni, der die Parteizentrale der Faschisten, die Casa del Fascio in Como, als einen weißen Würfel gestaltete: als Sinnbild für eine neue Gesellschaft, diese neue Gesellschaft sollte aber faschistisch sein.

Vittorio Gregotti, Architekt und Designhistoriker, spricht von einem „verspäteten Zusammentreffen von Industrialisierungsprozess und bestehender avantgardistischer Kultur“,[1] und Andrea Branzi meint, gerade das Fehlen aller Voraussetzungen begründe den Erfolg des italienischen Designs: Es gab nach Branzi keine Entwurfskultur, keine Großindustrie, keinen Markt, die als Grundlage für das Design fungierten. Es gab keine Schulen und keine Museen. Aber dafür entwickelten sich auf der einen Seite Experimentalwerkstätten und auf der anderen Seiten wurden Debatten in Zeitschriften geführt. Branzi spricht von einer intellektuellen Kultur der Auseinandersetzungen um Design im Zusammenhang von Wirtschaft, Politik und Kultur. Und er kommt schließlich zu dem Ergebnis, Design sei bis zur Postmoderne – und sie einschließend – immer ein Feld von Opposition gewesen, nicht dagegen ein Feld von Integration. Ich halte das in solcher Allgemeinheit zwar für etwas übertrieben, doch wenn in der deutschen Kultur die Literatur und das Theater den kritischen Diskurs bestimmen, gehört in Italien

1 Das Zitat konnte nicht aufgefunden werden.

das Design auf jeden Fall dazu, und zwar nicht nur peripher, sondern zentral.

Ehe ich zu meiner Darstellung komme, die von der Veränderung der Designaufgaben ausgeht, will ich zunächst darstellen, wie eine Periodisierung aussieht, die stilistischen Kriterien folgt und die man immer wieder in der Literatur finden kann, einer Literatur, die sich an der Kunstgeschichte orientiert. Danach gibt es fünf Phasen, die ich in der letzten Vorlesung ganz am Anfang schon kurz genannt habe.

Die *Linea Italiana* steht dabei für die 1950er-Jahre. Beschrieben wird diese Linie mit skulpturalen Formen, die man sich zwischen knochig und organisch vorstellen kann, hier geht es eher um den Ausdruck von Ganzheit und Geschlossenheit und nicht um Details, die aus dieser Ganzheit herausragen, wenn sie überhaupt herausragen.

Das *Bel Design* ist das Design der 1960er-Jahre, und zwar das erfolgreiche, das sich sehr gut exportieren ließ. *Bel Design* ist also das Design, das im Konsum angekommen ist, das perfekt und vor allem modern daherkommt. Am ehesten wird man dabei an Gegenstände aus Plastik in leuchtenden Farben denken.

Das *Radical Design* ist jenes kritische Design, das sich im Vorfeld von 1968 entwickelt und das bis in die 1980er-Jahre hinein die Maßstäbe für Design auf den Kopf stellt. Es will weder schön noch brauchbar, sondern widerspenstig für die Augen und den Gebrauch sein.

Das *Neue Design* folgt auf das radikale in der Weise, dass es konsumierbar geworden ist. Es ist für die 1980er-Jahre typisch. Die Kritik wurde also von der Warengesellschaft eingeholt und in sie integriert. Aus dem kritischen Potenzial ist ein Potenzial neuer Genüsse geworden, die Freude am Schrillen, Schrägen, am Konglomerat und am Bunten.

Für die 1990er-Jahre und die Gegenwart habe ich den nicht eingeführten Begriff *Linea Internazionale* gefunden. Gemeint ist damit ein Design in den Zeiten der Globalisierung: Ebenso wie ausländische Designer für italienische Firmen entwerfen, entwerfen italienische Designer für ausländische Firmen.

Nun zu meiner etwas anderen Art von Periodisierung, die allerdings nicht ignorieren will, was die stilistische Periodisierung leistet. Ich unterscheide drei Phasen im italienischen Design: eine erste zwischen 1945 und dem Beginn der 1960er-Jahre, eine zweite in den 1960er-Jahren und eine dritte zwischen den 1970er- und 1980er-Jahren als Zeit der Postmoderne. Was danach kommt, kann man zwar beschreiben, aber es entzieht sich noch weitgehend einer Periodisierung.

Zur ersten Phase: Sie setzt nach 1945 ein und dauert ungefähr 15 Jahre. Man kann in diesen Jahren drei große Linien erkennen. Sie sind die Grundlage, auf der sich die spätere Vielfalt entwickeln wird. Diese erste Linie umfasst Gefäße, Möbel, Leuchten und modische Accessoires. Derartige Dinge bleiben einerseits am dichtesten an den traditionellen Werkstoffen und orientieren sich am Handwerk, andererseits bereiten sie formal die späteren Leistungen im Industriedesign vor.

Zum Beispiel Möbel. In ihnen kommen zwei Einflüsse zusammen: erstens, was das Design betrifft, die leichten Holzkonstruktionen aus Skandinavien und da besonders aus Dänemark, und zweitens, was die Kunst betrifft, die Werke der nonfigurativen Plastik. Das Besondere zeigt sich am deutlichsten im Vergleich mit den amerikanischen Möbeln von Charles Eames, Harry Bertoia und Eero Saarinen. Der Unterschied liegt im Ausgangspunkt: In Italien

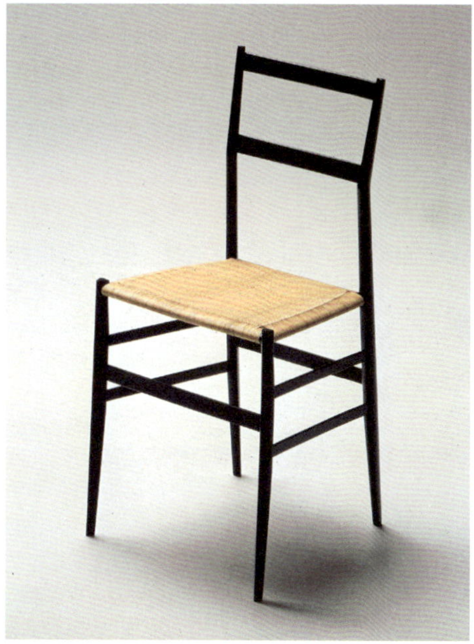

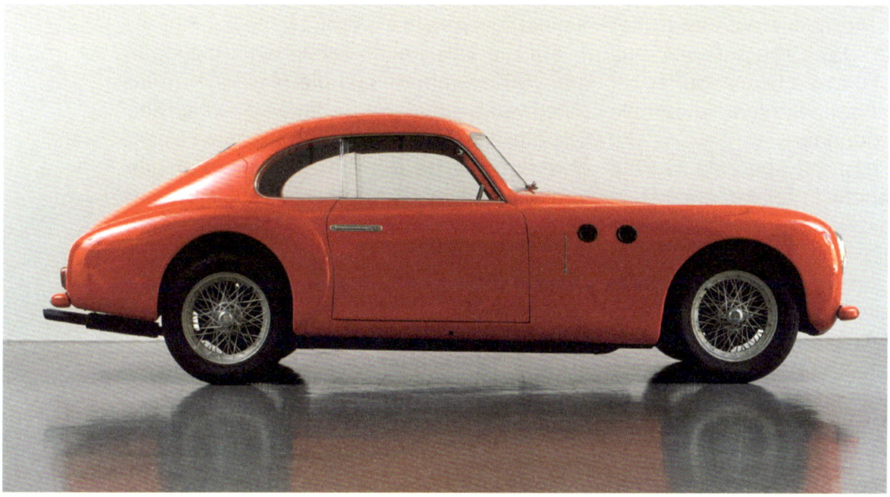

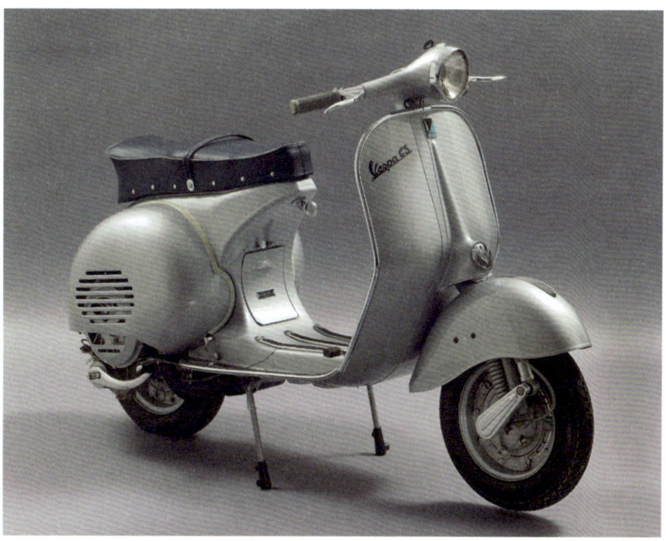

Abb. 1 Gio Ponti, Superleggera 699, Cassina Spa, 1957
Abb. 2 Pininfarina S.p.A., Cisitalia 202, Automobil, 1946–1948
Abb. 3 Corradino D'Ascanio, Vespa GS 150, 1955

stand anfänglich noch das Handwerk Pate (› Abb. 1), in den USA waren das die neuen Werkstoffe und die neuen Technologien, also dreidimensional verformtes Holz, die Kunststoffschale als Sitz, das Drahtgeflecht, das Stabwerk aus Draht und die Gummipuffer zur Federung. Diese Möbel betonten die damals noch sehr junge Ergonomie.

Die zweite Linie umfasst Apparate, Geräte und Fahrzeuge, und zwar solche, die formal als technische Luxusprodukte interpretiert werden können. Sie sind teuer, elegant und zeigen mehr oder weniger Spuren von Styling. Gemeint sind damit vor allem die Kreationen der italienischen Karosserieschneider, insbesondere die von Pininfarina, aber nicht nur sie. Ich glaube, es sind besonders solche Objekte, die den Ruf einer *Linea Italiana* begründet haben (› Abb. 2).

Die dritte Linie ist typisch für die industrielle Massenproduktion. Zu ihr gehören Haushaltsgeräte, Bürotechnik und Kraftfahrzeuge. Vor allem sind damit die Volksausgaben moderner Technik gemeint. Wie in Westdeutschland sind sie Symbole des Wirtschaftswunders und des neuen Vergnügens am Konsum (der industrielle Sektor hatte in Italien zwischen 1949 und 1963 Zuwachsraten von durchschnittlich acht Prozent, was sehr viel ist und was zeigt, dass aus einem ursprünglichen Agrarland ein Industrieland geworden war, ganz ähnlich wie Japan). Für diese Gruppe entstehen nun Entwürfe, unter denen man zwei Richtungen unterscheiden kann: In der einen Richtung geht es darum, einen Gegenstand formal neu zu definieren, zum Beispiel Staubsauger, Lampen, Küchenmaschinen, Kühlschränke und Fernseher, aber auch Schreib- und Rechenmaschinen. In der anderen Richtung geht es darum, überhaupt erst eine Form für eine neue Funktion zu finden, einen Gegenstand also funktional zu definieren. Damit sind vor allem der Motorroller und das Dreirad als Kleinauto gemeint (› Abb. 3).

Für die italienische Designentwicklung in den 1950er-Jahren sind die Mailänder Triennalen von besonderer Bedeutung – ursprünglich Ausstellungen des internationalen Kunstgewerbes, die es seit den 1920er-Jahren gibt. Von der neunten Ausgabe, die 1950 stattfand, spricht man als von jener Triennale, in der die Verdrängung des Kunsthandwerks durch das Industriedesign quasi abgeschlossen ist. Von nun an dominiert das Design die Triennalen. Außerdem ist es vielleicht interessant, dass die Triennale 1968 zum Ort der Studentenproteste wurde, und zwar nicht in der, sondern gegen die Ausstellung. Die Triennalen sind auch deshalb designgeschichtlich so wichtig, weil durch sie die internationalen Leitbilder geprägt wurden. Erst über Mailand kommt zum Beispiel das skandinavische Design in den 1950er-Jahren zu seiner Weltgeltung, und es ist diese Triennale, in der dann wiederum das italienische Design das skandinavische Design von seiner Position als Leitbild verdrängt.

Zusammengefasst würde ich diese Phase als Phase der Ausdifferenzierung bezeichnen, und zwar zwischen dem Anknüpfen an das Kunsthandwerk auf der einen und dem Entwickeln neuartiger Produkttypen auf der anderen Seite.

Ich komme nun zur zweiten Phase, zu den 1960er-Jahren also. In diesem Jahrzehnt wird Design in Italien zu einem entscheidenden Wirtschaftsfaktor, besonders für den Export. Vor allem der Umgang mit Kunststoffen sorgt dafür, dass Skandinavien seine Führungsrolle im Design verliert. Während im Design von Nordeuropa weiterhin Holz, Glas und Naturfasern dominieren, verbreiten sich international die Kunststoffe. Und das Bestreben, Kunststoffe zu verarbeiten, ist vor allem ökonomisch erklärbar: Erdöl war billig, und Kunststoffe ermöglichen es, Gegenstände in einem Arbeitsgang herzustellen, besonders durch Spritzgießen oder das Pressen immer größerer Teile bis zum Monoformteil, das heißt die Herstellung der Ganzheit eines Finalprodukts aus einem Stück. Die hohen Kosten fallen jetzt nicht mehr in der Produktion durch arbeitsaufwendiges Montieren an Fließbändern an, sondern die höchsten Kosten entstehen vor der Produktion in der Herstellung der Formwerkzeuge. Je höher die Kosten für das Formwerkzeug, umso größer das Interesse an der Absetzbarkeit großer Serien.

Im italienischen Design gibt es zwei Reaktionen auf diese Situation: Weil das Material historisch in dieser Massenverbreitung noch neu ist, gibt es eine Unzahl von Experimenten, weil die Formwerkzeuge aber teuer sind, gibt es gleichzeitig ein Bemühen um Formen, die zu einem Standard tendieren. Die Vorformen des Modells *Aurora,* das heute weltweit verbreitetet ist, gehen zwar nicht formal, aber bezogen auf seine Existenz als Monoformteil auf Italien zurück. Gemeinsam ist beiden Tendenzen, dass durch sie eine solche Akzeptanz von Plast erreicht wird, dass es nicht mehr als Ersatzstoff gilt. Bis zur Erdölkrise von 1972 wird Plast noch nicht als ein ökonomisches Problem angesehen, und mir ist auch nicht bekannt, dass Plast in den 1960er-Jahren schon als ökologisches Problem gesehen wurde.

Soweit ich das erkennen kann, gibt es drei Linien im gestalterischen Umgang mit dem neuen Material: Die einen zwingen Plast in die geometrische Exaktheit von Formen, die eigentlich aus ebenen Flächen gebaut sind. Man kann das ziemlich gut bei der Phono- und Fernsehtechnik von Brionvega sehen, also bei Geräten von Richard Sapper und Marco Zanuso (› Abb. 4, 5), und ebenfalls bei der Bürotechnik von Mario Bellini. Ein wichtiger Vertreter dafür ist auch Enzo Mari mit seinen Plastbehältnissen für das Büro (› Abb. 6). Ein besonders frühes Beispiel ist ein Aschenbecher von Bruno Munari aus dem Jahr 1957 (› Abb. 7). Das Gebaute aus ebenen Flächen, die Strenge der Geometrie, das Rationale und Karge dreht sich im postmodernen Design ins Gegenteil: Es bleibt der Charakter ebener Flächen, aber die ebenen Flächen werden jetzt zum Schauplatz für Orgien des Dekorierens. Ohne Laminate wären die Dekore wahrscheinlich nur halb so mächtig geworden.

Eine zweite Gruppe ist dadurch gekennzeichnet, dass im Gegensatz zum geometrisch Exakten alles gewölbt wird. Mit den Wölbungen, Rundungen, großen Radien ist in der Regel ein Mehr an Masse, Volumen und Raumanspruch verbunden.

Eine dritte Gruppe erkundet die besonderen Stoffeigenschaften des neuen Materials, seine Elastizität, die Homogenität der Ausgangsstoffe, die der Granulate also, die Möglichkeit von Transparenz usw. Plastizität auf der einen Seite und Negation des Plastischen auf der anderen Seite sind die beiden Pole, zwischen denen sich Kunststofferzeugnisse in den 1960er-Jahren bewegen.

Während das Arbeiten in großen Formteilen oder Monoformteilen den plastischen Intentionen der italienischen Designer und Werkzeugmacher gewiss sehr entgegenkam, passt eine dazu entgegengesetzte Linie kaum ins Bild. Ich meine die analytische und systematische

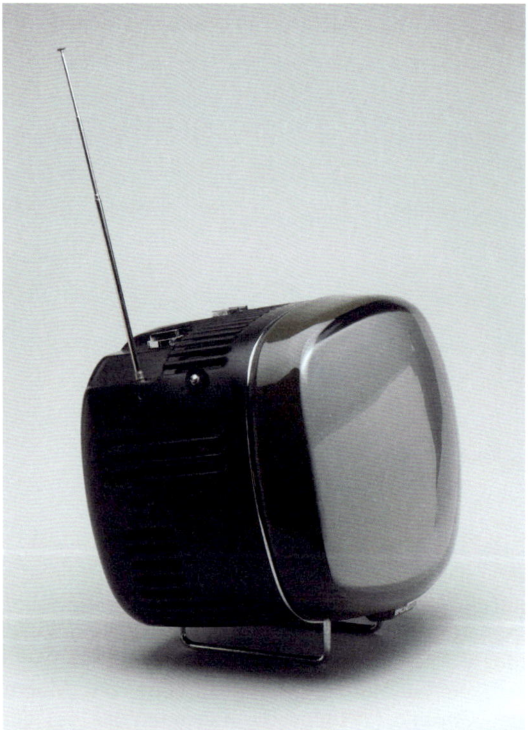

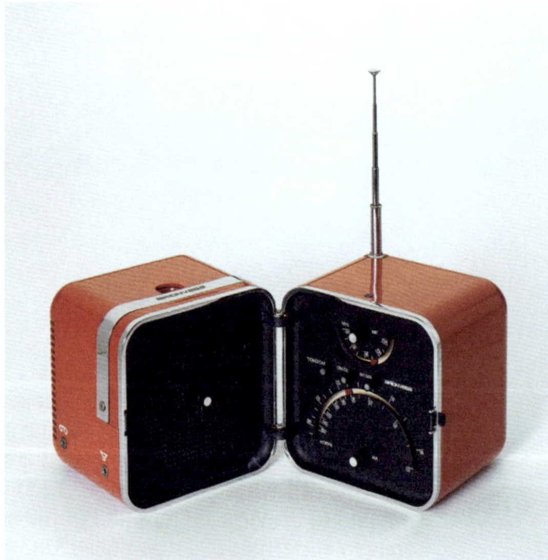

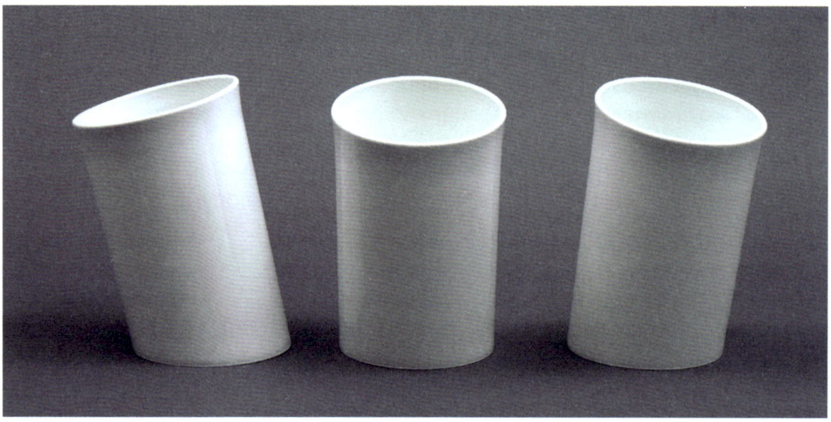

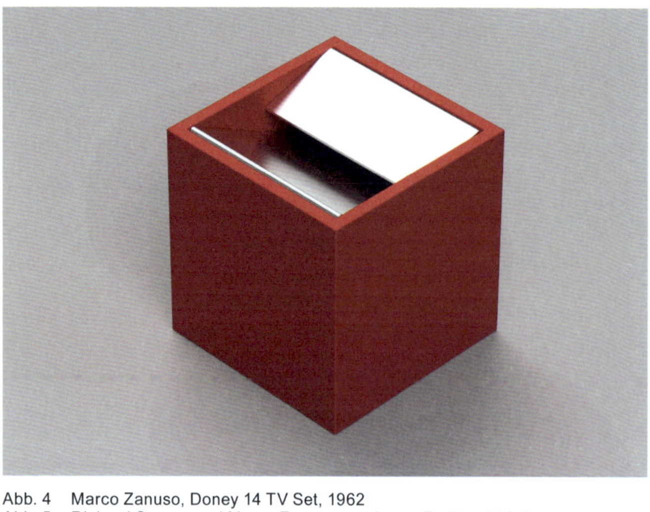

Abb. 4 Marco Zanuso, Doney 14 TV Set, 1962
Abb. 5 Richard Sapper und Marco Zanuso, tragbares Radio ts502, Brionvega, 1964
Abb. 6 Enzo Mari, Papierkörbe *In Attesa*, Bruno Danese snc, 1970
Abb. 7 Bruno Munari, Aschenbecher *Cubo*, 1951–1957

Arbeit an komplexen Lösungen. Ich hatte dazu schon die negativen Erfahrungen von Richard Sapper mit Baukästen in Italien erwähnt.

Die Ausnahmen, die es gibt, sind umso auffälliger. Ich will die wichtigsten kurz erwähnen. Um 1960 beginnt Franco Albini mit der Gestaltung für die Mailänder Metro. Es wird damals allgemein mit Bewunderung registriert, dass Albini mit wenigen Mitteln auskommt, um die Fahrgastströme zu lenken und die Fahrgäste kommunikativ zu leiten. Albini braucht dazu nicht einen ganzen Wald von Piktogrammen, sondern er erreicht das vor allem durch den Einsatz von Licht, Farben und Materialien. Wie er damit die durch Urbanität angespannten Sinne entlastet, ist noch heute wohltuend.

Um 1968 beginnt Tomás Maldonado, der letzte Rektor der Hochschule für Gestaltung Ulm (HfG Ulm), die Arbeit am komplexen Erscheinungsbild von La Rinascente, des Kaufhauses, das den Compasso d'Oro gestiftet hat, einen Teil seines Sortiments von Designern gestalten ließ und sich besonders durch den Verkauf billiger und gut gestalteter Gebrauchsgegenstände hervortat. Maldonado also entwickelt ein Erscheinungsbild, das von der Grafik bis zur Architektur reicht.

Der Dritte im Bunde ist Hans von Klier. Er beginnt etwas später bei Olivetti die Arbeit an einem umfassenden System der Identität dieses Unternehmens, nämlich 1971. 1978 liegen die sogenannten Roten Bücher vor: verbindliche Regieanweisungen für alle Mitarbeiter von Olivetti, die durch ihre Arbeit in den gestalthaften Ausdruck der Firma eingreifen.

Wenn ich also diese letzten drei Arbeiten zusammenfasse, würde ich sagen, dass sie vom Gegenstand in den öffentlichen Raum und in die Kommunikation gehen und dass dies deshalb so ist, weil in ihnen zwei Einflüsse zusammenkommen: einmal der direkte Einfluss der Ulmer Hochschule für Gestaltung, denn auch Hans von Klier hatte in Ulm studiert, und dann, mehr oder weniger über Ulm vermittelt, der Einfluss der sogenannten wissenschaftlich-technischen Revolution mit der Betonung von Planungen, von Strukturen, von Prozessen, von Wissenschaftlichkeit oder zumindest von Rationalität; Einflüsse, in denen sich reale Erfahrungen mit Illusionen über das Mögliche, das Machbare, mischen.

Für die Produktgestaltung kann man sagen, dass für sie die 1960er-Jahre zumindest in ihrer ersten Hälfte die produktivsten im Sinn industrieller Realisierung sind. Die Designer sind eins mit den modernen Technologien und Werkstoffen, und das Antidesign wirft vorerst nur kleine Schatten auf die Szene. Um Mitte der 1960er-Jahre wird das Verhalten der Designer allmählich kritischer. Zusammengefasst will ich diese Phase als die Etablierungsphase des Designs bezeichnen und gleichzeitig als beginnende Kritik dieser Etablierung.

Zur dritten Phase: Für die 1970er- und 1980er-Jahre, die Zeit der Postmoderne, gilt zunächst, dass in ihr die Unbefangenheit und Begeisterung fehlen, mit denen bis dahin für die Industrie entworfen wurde. Den 1970er-Jahren fehlt es überhaupt an Zuversicht und Anpassung, es sind eher die Jahre der Provokationen des marktgängigen Designs und der Alternativen zu ihm. Im Übergang zu den 1980er-Jahren schlagen die Kritik und die Alternativen zum marktgängigen Design langsam in einen ästhetischen Manierismus um, oder zumindest ist immer schwerer auszumachen, wo die Kritik endet und der Manierismus anfängt.

Mit Kritik meine ich dabei die demonstrative Abwendung von den glatten Schönheiten der

Warenästhetik und die Abwendung von einem vermarkteten Funktionalismus, der damit keiner mehr ist. Unter Manierismus verstehe ich das allmähliche Aufkommen eines dekorativen Stils auf der Grundlage von Kitsch. Das heißt, das ehemalige Kritikpotenzial schwächt sich ab durch einen Prozess der Ästhetisierung. Zwischen Integration und Opposition beginnt in der Postmoderne die Grenze allmählich durchlässig zu werden, bis sie nicht mehr erkennbar ist.

Konkret heißt das, in der Ablehnung des Konsums oder in Distanz zum Konsum, die Formen des Konsums zu feiern und sie mit Vergnügen zu vermehren. Andrea Branzi dazu: „Der höchste Grad an Integration verläuft analog zum höchsten Grad an Verblödung des Systems: Konsumismus und Opposition stimmen durch eine neue Strategie überein."[2] Als neue Strategie könnte man benennen, dass man in den Kitsch umsteigt, ihn gleichzeitig mit Ironie übergießt und ihn so doppeldeutig macht. Was ist primär – der Kitsch oder die Ironie? Das ist nicht eindeutig zu beantworten.

Die Strategien vor allem der Mailänder Postmoderne lassen sich von ihren Intentionen her auf zwei Feststellungen reduzieren: Nie zuvor in der Designgeschichte haben Oberflächen eine so große Rolle gespielt wie im postmodernen Design. Und: Nie zuvor ist daran gezweifelt worden, dass ein Zusammenhang zwischen Form, Funktion und Material existiert (› Abb. 8).

Die geradezu demonstrative Betonung der Oberflächen hat zunächst nichts mit Ästhetik, sondern mit einer philosophischen Grundhaltung zu tun, die man so beschreiben kann: Die ganze Realität ist nichts als Oberfläche. Unter ihr gibt es nichts, keinen Kern, keinen Inhalt, keine Funktion und keine Struktur. Wenn die ganze Realität nur Oberfläche ist, unter der wir nur vergeblich etwas suchen können, dann sind die dekorierten Oberflächen aus Schichtholz nur der Ausdruck für die oberflächliche Verfasstheit der Welt, in der die Erscheinung der Oberfläche mit dem Wesen der Welt zusammenfällt. Wesen und Erscheinung sind in diesem Denken also identisch.

Die Trennung von Funktion, Form und Material richtet sich natürlich gegen alle Spielarten eines funktionalen oder funktionalistischen Gestaltens. Solches Gestalten ist ein Gestalten in Abhängigkeiten, eins also, in dem die Freiheitsgrade aus verschiedenen Gründen beschränkt sind, denn man muss auf die Funktion achten, darf das Material nicht vergewaltigen und die Form muss sich durch Funktion und Material begründen lassen. Dem setzen die Postmodernen ein Gestalten in Freiheit entgegen. Es ist die Freiheit eines autonomen Autors, der sich als Künstler versteht. Zunächst ist das die Freiheit der Kritik, später wird es die Freiheit des Manierismus. Zeitlich betrachtet kann man erst seit den 1960er-Jahren von Antidesign und Antifunktionalismus sprechen, die dann ihren konzeptionellen Kern in den 1970er-Jahren haben, und in den 1980er-Jahren verbreitet sich dieser Kern und wird marktgängig. Zusammenfassend kann man also von einer Phase der Kritik sprechen, wobei die Kritik am Ende wieder eingefangen wird, doch nach der Kritik verändert sich auch das etablierte Design.

Die 1970er-Jahre sind dagegen widersprüchlicher, es ist das widersprüchlichste Jahrzehnt überhaupt. Auf der einen Seite werden immer mehr und immer weitere Objekte

2 Andrea Branzi, in: Silvia Giacomoni/Attilio Marcolli, *Italienische Designer. Interviews, Werkübersichten*, München 1988, S. 104.

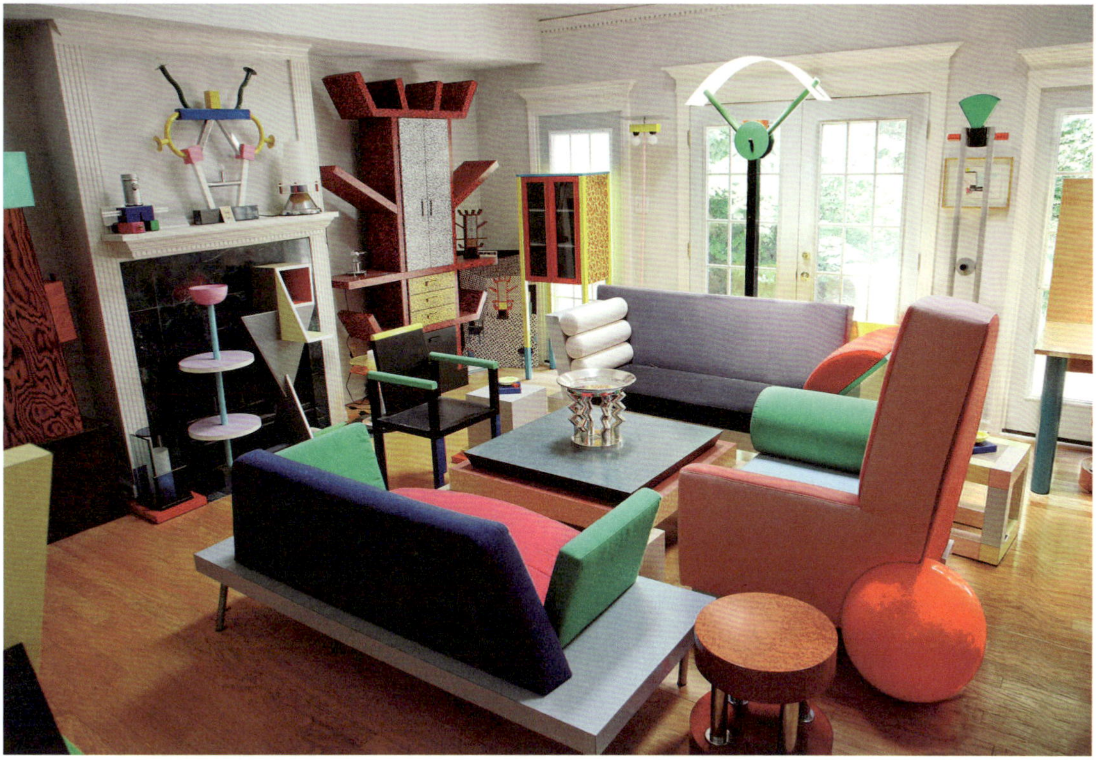

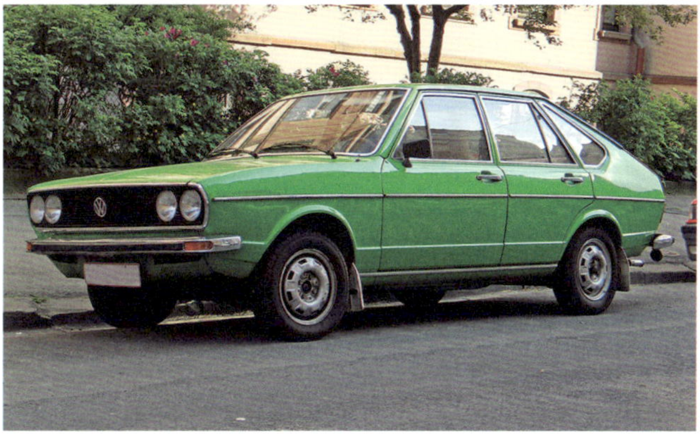

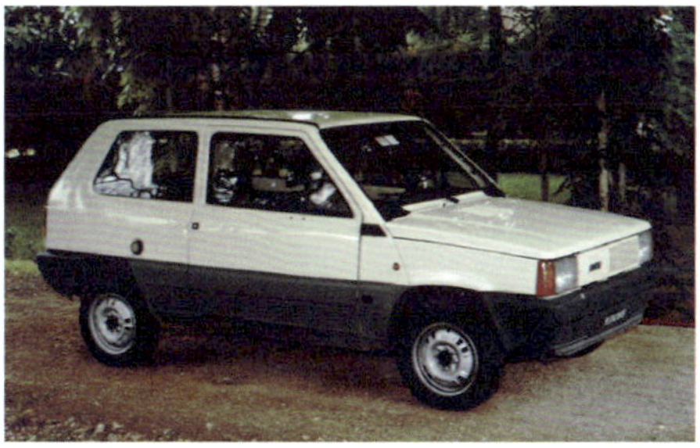

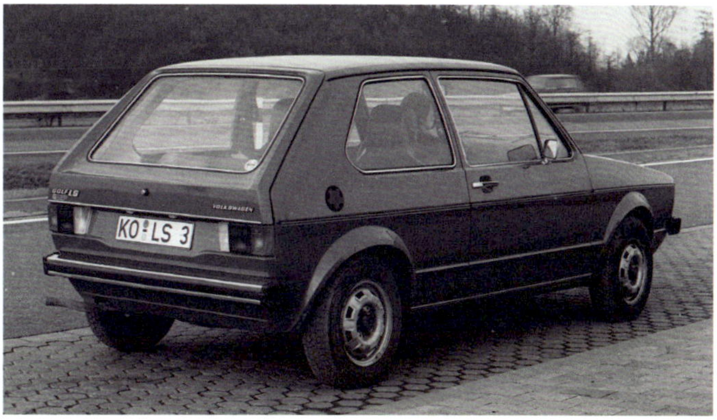

Abb. 8 Objekte der Gruppe Memphis, Mailänder Postmoderne der 1980er-Jahre
Abb. 9 Giorgio Giugiaro, VW Passat B1 (Typ 32), Neuentwicklung, 1973–1977
Abb. 10 Fiat Panda, Typ 141, 1980–2003
Abb. 11 VW Golf I LS, Baujahr 1974

mit industriellen Technologien und für einen Massenmarkt entwickelt, allen voran bei Olivetti. Auf der anderen Seite zeichnet sich die Flucht ins Kunstgewerbe ab. Auf der einen Seite existieren technoide Minimalformen, auf der anderen die postmodernen Maximalformen. Auf der einen Seite stehen die Innovationen, auf der anderen die Reproduktionen, denn bei Cassina beginnt der forcierte Nachbau der Klassiker des Bauhauses, der Hochschule für Gestaltung Ulm, der Shaker, der Möbel von Mackintosh bis Rietveld, nachdem man 1965 mit dem Nachbau von Le Corbusiers Liege und Sessel begonnen hatte.

Die wichtigsten Figuren im Design sind neben Ettore Sottsass Giorgio Giugiaro und Mario Bellini.

Aus dem von Giugiaro geleiteten Italdesign, einer Entwurfsfabrik mit rund 300 Mitarbeitern, kommt die neue Keilform für PKW zum Beispiel bei den Modellen von Audi, Hyundai oder bei Luxuslimousinen von Maserati zum Tragen, und durch die Entwurfsarbeit wird bei Italdesign andererseits der geräumige Wagen mit Steilheck zu einer neuen Standardform. Die Keilform ist dabei nicht nur eine funktional begründete aerodynamische Form, sondern eine Form, die auf neuartige Weise auf den Ausdruck von Energie, Geschwindigkeit und Sportlichkeit zielt. Im Gegensatz dazu zielen Steilheckfahrzeuge weniger auf demonstrativen Ausdruck als auf die Verringerung der beanspruchten Verkehrsfläche bei gleichzeitiger Steigerung des Transportvolumens. Beispiel dafür sind der VW Passat von 1973, der VW Golf von 1974, der Fiat Panda von 1980 und der Fiat Uno von 1983 (› Abb. 9, 10, 11). Bei diesen Modellen von Giugiaro sind die Raumverhältnisse gegenüber den zuerst genannten Modellen umgekehrt. Die Autos sind nicht mehr lang und niedrig, sondern hoch und kurz. (Sein Taxientwurf zeigt, bis zu welcher Grenze dieses Zusammendrücken und Höherbauen erprobt wurde.) Für diese zweite Linie würde ich akzeptieren, was Giugiaro von seinen Autoentwürfen insgesamt sagt, wenn er es als Ziel seiner Arbeit ansieht, „zum Zauber des Wesentlichen zu gelangen, wo die Struktur die Ästhetik und die Funktion die Form definiert“.[3] Giugiaro fährt aber zweigleisig – einmal funktions- und einmal ausdrucksorientiert, vorausgesetzt, man ist der Meinung, dass die Funktion des Autos nicht in immer höheren Geschwindigkeiten, sondern im Überwinden von Entfernungen besteht.

Während ich hier zwei Autokonzepte sehe, sieht der italienische Designhistoriker Enzo Frateili die Leistung von Giugiaro uneingeschränkt homogen und ungebrochen positiv, wenn er meint, Giugiaro habe es geschafft, die Haute-Couture-Tradition der großen italienischen Karosserieschneider zu demokratisieren.

In der Methode, zweigleisig zu entwerfen, ähnelt Giugiaro einem anderen Großen: Ettore Sottsass nämlich, aber er ähnelt ihm in anderer Hinsicht nicht, denn Giugiaro bleibt bis auf wenige Ausnahmen bei Personenkraftwagen und damit bei einem Produkttyp, mit dem der ökonomische Kampf auf dem Weltmarkt nicht nur zwischen Unternehmen, sondern auch zwischen Staaten ausgefochten wird. Bei Giugiaro kann man sehen, dass aus einem italienischen Entwurfsbüro nicht nur Modelle für italienische, sondern auch für deutsche, koreanische und französische Produzenten kommen.

3 Giorgio Giugiaro, in: ebd., S. 156.

Von denen, die das Design der 1970er-Jahre und auch hinterher noch entscheidend geprägt haben, fehlt noch Mario Bellini. Er steht, was die Gestaltungshaltung betrifft, zwischen Giugiaro und Sottsass. Er verhält sich so experimentell wie Sottsass, aber er bleibt immer bei der großen Serie wie Giugiaro. Wie auch Giugiaro konzentriert er sich in der genannten Zeit auf technische Gebilde, und gleichzeitig entwirft er Dinge für das Wohnen, vor allem Sitzmöbel und Leuchten. Wenn ich das recht sehe, ist Bellini in den letzten Jahren wieder dorthin zurückgekehrt, wo er hergekommen ist, zur Architektur. In Japan hat er zum Beispiel das Tokyo Design Centre entworfen und außerdem etwas, was als Bauaufgabe nur für Japan typisch sein dürfte: einen Hochzeitspalast als Verbindung von zeremoniellen Räumen, Hotel für die Flitterwochen in einer klosterähnlichen Anlage und Einrichtungen für die Freizeit, das heißt für Kaufen, Essen, Trinken und Fitnesstraining.

Nicht nur Mario Bellini ist geeignet, drei Arten von Design voneinander zu unterscheiden. Kriterium der Unterscheidung ist dabei das Verhältnis zu dem, was bereits da ist, zur Geschichte, zu den Objekten gleichen Typs, die schon vorhanden sind, insgesamt also das Verhältnis von Innovation und Redesign. Diese Unterscheidung in drei Arten ist natürlich eine theoretische Abstraktion, deshalb verallgemeinernd und vereinfachend, und es würde schwer werden, wollte man einzelne Designer jeweils nur einer der drei Arten zuordnen.

Die eine Art könnte man so benennen, dass man nach dem „autohaftesten" Auto oder nach der „straßenbahnigsten" Straßenbahn sucht, also nach dem zwingendsten Zusammenhang von Funktion und Form, um am Ende sagen zu können, man sei bei einer sogenannten Bestform angekommen. In dieser Designauffassung stellt sich Geschichte als eine Kontinuität dar. Es gibt zwar Abweichungen und Umwege, aber letztendlich ist die ganze Entwicklung hin auf eine Bestform orientiert. Als einen herausragenden Vertreter dieser Richtung könnte man Walter Teague nennen. Er war in den USA der 1930er-Jahre der Meinung, die Gegenstände strebten einer Idealform in einer immer besser gestalteten Umwelt zu, und zu verdanken sei dies den Designern.

In der anderen Haltung fehlt der Glaube an eine solche Kontinuität von Geschichte, an eine mehr oder weniger lineare Entwicklung. Man würde eben, wenn es um Straßenbahnen ginge, die Straßenbahn einmal als Kutsche oder als Hochgeschwindigkeitszug oder als Containerzug interpretieren. Oder, was praxisnäher ist: Man kann die Tür, wenn man nach Designkatalog einkauft, entweder mit dem scheinbaren Modell einer russischen konstruktiven Plastik oder mit einer Brustwarze stoppen lassen. Geschichte ist in dieser Auffassung nicht eine kontinuierliche Folge, sondern ein Wechsel von Prioritäten. Und wie in der Geschichte die Prioritäten wechseln, so wechseln sie auch bei einem Designer.

In einer dritten Haltung ist Geschichte nicht Kontinuität und nicht Steinbruch zum Selbstbedienen, sondern Geschichte ist gespeicherte Erfahrung. Doch diese Erfahrung muss immer wieder neu befragt werden, man muss sich mit ihr auseinandersetzen. Dafür steht Achille Castiglioni. Als Beispiel dafür nenne ich hier seinen Tisch *Cumano* (› Abb. 12). *Cumano* steht für ein Verhältnis von reicher Geschichte und einem Entwurfsverfahren, das dazu im Gegensatz Minimaldesign genannt worden ist.

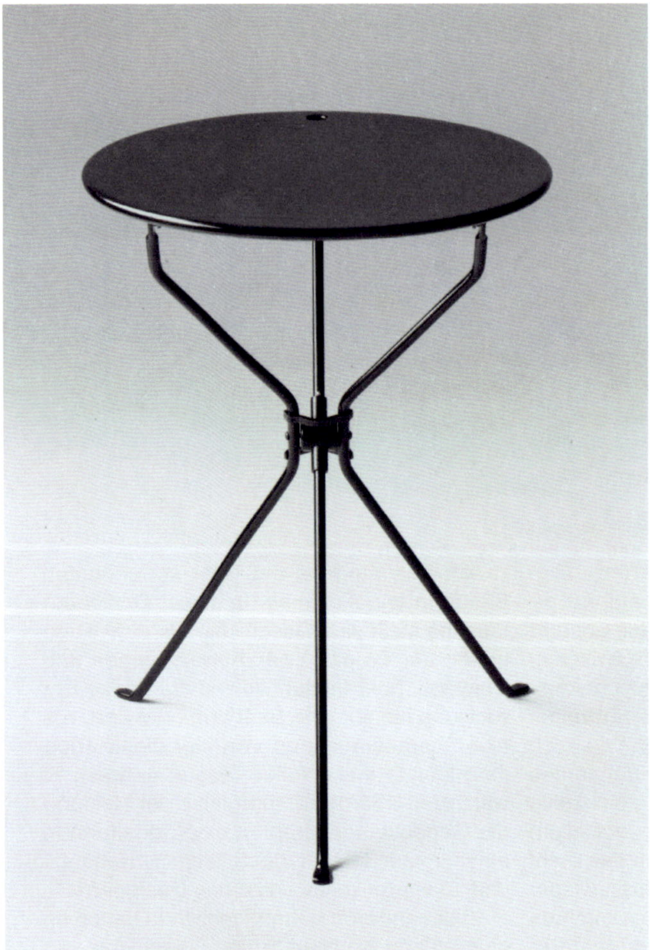

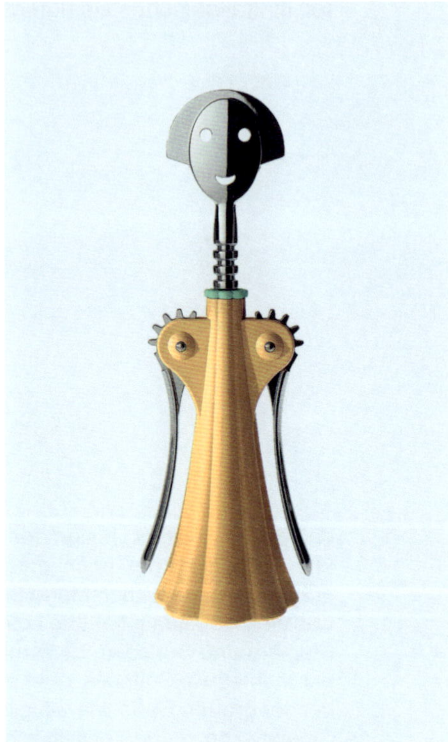

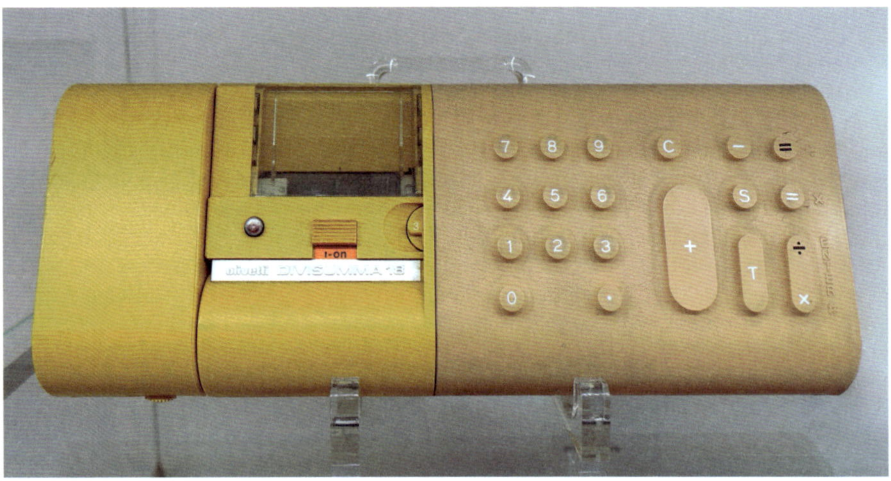

Abb. 12 Achille Castiglioni, Tisch *Cumano*, 1978
Abb. 13 Alessandro Mendini, Korkenzieher *Anna G.*, Alessi
Abb. 14 Mario Bellini und Alessandro De Gregori für Olivetti & Co., *Divisumma 18*, Mailand, 1973

Wenn ich diese drei Haltungen noch einmal nach dem Verhältnis von Fremd- und Selbstbestimmtheit unterscheide, sieht es so aus, dass im ersten Fall der Entwurf fremdgesteuert wird, und zwar durch den objektiven Gang der Geschichte. Der Designer ist in diesem Gang quasi ein historisches Vollzugsorgan. Im zweiten Verfahren wird der Fremdsteuerung die Selbstbestimmtheit gegenübergestellt. Trotzig wird der Geschichte der eigene Wille gegenübergestellt. Geschichte wird quasi herausgefordert, man probiert, wie lange und mit welchen Mitteln man ihren eisernen Fängen entgehen kann, ehe man doch wieder eingefangen wird. Im dritten Verfahren schließlich wird eine Balance zwischen Fremd- und Selbstbestimmung gesucht. In diesem Verfahren führen auch historische Interpretationen zu Innovationen, und diese Innovationen entstehen, ohne die Geschichte zu negieren.

Mario Bellini würde ich zur zweiten Gruppe rechnen. Für seine Arbeiten in diesem Umfeld ist charakteristisch, dass sie sehr oft von ihm selbst und von seinen Interpreten so verstanden werden, dass die Dinge auf etwas verweisen, was außerhalb der praktischen Funktion, was außerhalb des Formenrepertoires für einen bestimmten Produkttyp liegt. Was Bezüge zur organischen Welt betrifft, findet man bei ihm die Haut, die Zunge, die Brustwarzen, Finger oder Federn, einmal ein Auge, eine weibliche Rückenpartie und schließlich ist auch noch ein männliches Glied mit Zubehör gesichtet worden. Was die anorganische Welt betrifft, sind es Säulen, der Grundriss einer Siedlung, ein Kleid oder eine Jacke, über einen Bügel geworfen, ein Stapel oder ein Bündel von Papier oder – was unmittelbar noch am ehesten mit einer praktischen Funktion zu tun hat – Assoziationen zu Lesepulten, wie sie in den Bibliotheken alter Klöster zu finden sind.

Interessant daran ist, dass diese Zeichen einerseits eine Assoziationsfunktion haben, wenn man sie erst einmal entdeckt oder wenn man gerade auf solche Entdeckungen fixiert ist, und dass sie andererseits auch unmittelbar Ausdruck für eine praktische Funktion sind. Hier findet man in einem individuellen Entwurfsverfahren etwas, was gleichzeitig für das japanische Verhältnis zu Gegenständen typisch ist: Die kommunikative Funktion löst sich selten so sehr von der praktischen Funktion, dass sie beliebig werden könnte. Sie muss bei Bellini die praktische Funktion nicht unbedingt stützen oder zeichenhaft vermitteln, sie wird sie aber nie stören, sie wird nie irritieren, weil das Erkennen der Zeichen nicht im Vordergrund steht (› Abb. 14).

Damit bin ich am Ende der 1970er Jahre angelangt und komme zur vierten und bisher letzten Phase, also zu den 1980er-Jahren bis zur Gegenwart. Vielleicht liegt es am Abstand, der noch zu gering ist, oder vielleicht liegt es an der Realität selbst: Es ist mir nicht möglich, eine besondere Tendenz zu erkennen, stattdessen denke ich, dass es mehrere Linien gibt. Ich will das anhand von drei Punkten zusammenfassen.

Erstens: Wenn man sich an die These von Branzi hält, bis zur Postmoderne sei das Design stets Opposition und nie Integration gewesen, würde ich für die Gegenwart eher von Integration sprechen, und zwar von einer Integration im doppelten Sinn: einmal in dem Sinn, dass der Markt der entscheidende Punkt der Orientierung ist und nicht die Kritik am Markt, dass also die Gegenwart und nicht die Zukunft den Diskurs bestimmt. Das Interessante dabei ist, dass die Gestaltung von Industrieprodukten relativ an Bedeutung verliert und die Imagepflege von Unternehmen durch Gestaltung relativ an Bedeutung gewinnt. Was dabei das Produktdesign verliert, gewinnt das Kommunikationsdesign – in der Gestaltung von Ausstellungen, Messen, Showrooms, von Fernsehwerbung und von Webseiten. Integration in einem zweiten Sinn meint daher die Integration von Werbung, Produktgestaltung, Produktions- und Vertriebsorganisation. Am besten ist das vielleicht an den Beispielen von Alessi und Benetton zu sehen.

Die Verknüpfung verschiedener Strategien wird dabei von ihrer kommunikativen Funktion gesteuert. Was daran neu ist, zeigt am besten ein Vergleich zu den 1970er-Jahren: Die Unterhaltungsfunktion der Medien hatte damals das Design erfasst. Aber das ist eben nicht gemeint, wenn ich hier von Integration und Verknüpfung kommunikativer Strategien spreche: Im postmodernen Verständnis hatte sich ein Spiel entfaltet, das von den Medien geprägt war und das ironisch sein konnte. Heute würde ich nicht von einem Spiel, sondern von einer perfekten Inszenierung auf mehreren Bühnen sprechen, um die beabsichtigte Wirkung am Markt und in den Medien zu steigern. Im Wesentlichen setzt sich die Medienmächtigkeit des Designs fort, die für die 1970er-Jahre charakteristisch war. Jetzt liegt aber die Betonung nicht mehr auf Kritik und Provokation, sondern auf der Funktion der Medien als unmittelbare Marktvorbereitung.

Zweitens: Im Massenkonsum erscheinen Dinge mit prononciertem Ausdruckswert, die bisher nur in den Medien zu sehen waren, die zwar brauchbar sind, aber die man eigentlich nicht braucht. Damit meine ich die postmodernen Nippes für spezialisierte Funktionen. Man könnte sagen, dass die Felder, auf denen italienisches Design agiert, zumeist erschöpft sind, was die praktischen Funktionen privat konsumierbarer Dinge betrifft. Was darauf folgte, war die gegenständliche Ausdifferenzierung. Dazu gegensätzlich findet man Gegenstände, die sich durch das Verhältnis von minimalem Formaufwand und maximaler Leistung auszeichnen. Dafür können zum Beispiel die Arbeiten von Mario Bellini für ERCO stehen.

Drittens: Es zeigt sich, dass die Postmoderne auch in einem anderen Zusammenhang nicht ohne Spuren geblieben ist. Es tauchen dekorative Elemente in einem neuen Verständnis von Formen und Funktionen auf, und zwar in dem Sinn, dass die primäre Orientierung auf den praktischen Gebrauch geblieben ist, dass dieser praktische Gebrauch jedoch anders interpretiert wird. Es geht nun um mehr Komfort, mehr Erleichterung und mehr Effektivität, die aber als etwas anderes vorgeführt werden: als Teile in einer Lifestyle-Inszenierung. Mit anderen Worten: Hier begegnen einander zwei Richtungen des Entwerfens in einem Objekt, die Richtung der Serie und die Richtung der kunsthandwerklichen Kleinserien und Unikate.

Zusammenfassend würde ich diese letzte Phase im italienischen Design als eine Phase der Inszenierungen bezeichnen. Inszenierungen der Ware, die von Showrooms bis zum Internetauftritt von Firmen reichen, oder anders gesagt: Die Kontexte der Ware werden immer wichtiger gegenüber der Ware selbst, das bedeutet, die Vermittlungsstrategien der Warenästhetik werden komplexer, die Objekte der Begierde werden durch die Inszenierung ihres Umfelds in die Ferne gerückt, nur damit umso dringender nach ihnen verlangt wird.

Das heutige italienische Design ist auch ein Design nach den Protesten des Postmodernismus, nach seinen formalen Lockerungs- und Entspannungsübungen, auch nach seinem Manierismus. Aber darin enthalten sind nicht nur Lockerheit, Entspannung und Spiel, sondern darin wird offenbar auch ein gutes Stück Resignation transportiert. Enzo Mari hat 1987 zu diesem Thema etwas geschrieben, womit Hans Wichmann sein Buch über italienisches Design enden lässt, und auch ich möchte mit diesem enden. Mari schreibt: „Heute ist die Utopie tot. Man darf nicht einmal mehr davon sprechen. Die Ware Mensch hat gewonnen. Die Parole lautet: immer mehr angewandte Kunst für den Kitschbedarf. Weniger emotional ausgedrückt: in meinen Anfängen habe ich gemäß der Utopie entworfen, daß der Entwurf der Überbau des Sozialismus sei; heute bin ich bestrebt, nicht gemäß dem stumpfen Realismus zu projektieren, der den Entwurf als Überstruktur der Ware versteht.“[4] (› Abb. 13)

4 Enzo Mari, „Die Parole lautet: immer mehr Kunst für den Kitschbedarf“, in: Hans Wichmann, *Italien. Design 1945 bis heute. Mit einem Beitrag von Vittorio Gregotti und zahlreichen Statements italienischer Designer*, München 1988, S. 296.

Anhang

Editorische Bemerkungen

Achim Trebeß

Mit dem zweiten Band *Theorie und Geschichte des Designs 1. Einführung/Italien und Japan* sollte keine historisch-kritische Ausgabe der Vorlesungen von Heinz Hirdina entstehen, sondern eine Ausgabe, in der hohe Authentizität und Seriosität garantiert sind. Deswegen einige Bemerkungen zum Umgang mit dem vorgefundenen Material Hirdinas.

1. Material

Heinz Hirdina hat von 1990 bis zum Jahre 2004 Vorlesungen zur Designgeschichte an der Kunsthochschule Berlin-Weißensee gehalten; etwa 150 Vorlesungstexte liegen aus den Jahren 1995 bis 2004 vor. Der größte Teil davon waren Skripte, die bis zum Wintersemester 2002/2003 zur Vorlesungsreihe „Theorie und Geschichte des Designs" gehören. Diese Reihe war die Hauptvorlesung, die vermutlich in jedem Studienjahr neu gehalten wurde und sich mindestens über zwei Semester zog. Hirdina veränderte sie permanent. Vorhandene Vorlesungen überarbeitete er zum Teil mehrmals gründlich oder in Details, neue Vorlesungen kamen hinzu, einige sind auch weggefallen.

Neben diesem Material, das im vorliegenden und im dritten Band der Vorlesungen Heinz Hirdinas aufgearbeitet worden ist, gab es seit dem Sommer 2003 Pläne und bereits ausgearbeitete Vorlesungen (zum Teil mit Literaturlisten und Zusammenfassungen) zu einer Vorlesungsreihe, die Hirdina „Figur und Grund" nannte. Darin stellte er herausragende Designer aus dem 19. und 20. Jahrhundert biografisch und mit ihren Entwürfen vor. Zudem gab es weitere Vorlesungen in dieser Reihe unter dem Titel „Grund und Figur", in der sich Hirdina vor allem mit Gruppen und Institutionen beschäftigte, die für das Design des 19. und 20. Jahrhunderts aus seiner Sicht von Bedeutung waren (so etwa De Stijl, Werkbund, Bauhaus oder Droog Design).

Diese Reihe kann als ein Versuch Hirdinas angesehen werden, die ältere Vorlesungsreihe „Theorie und Geschichte des Designs" neu zu fassen. Dafür überarbeitete er Vorlesungen aus der älteren Reihe, schrieb aber auch eine ganze Anzahl Vorlesungen neu, zudem hatte er Pläne für die Erweiterung der neuen Vorlesungsreihe. Diese Vorlesungen zu „Figur und Grund" sind im Sommer 2020 in der Edition Bauhaus 40: *Figur und Grund. Entwurfshaltungen im Design von William Morris bis Richard Buckminster Fuller.* Vorlesungen von Heinz Hirdina, Band 1 erschienen.

Heinz Hirdina ist im Design Anhänger des Baukastenprinzips, und so behandelte er auch seine Vorlesungsreihen. Am Ende stand immer ein Gebäude, das sich aus den vorhandenen Bausteinen zusammensetzte, die ständig vermehrt, ergänzt, neu kombiniert oder verändert wurden. Jeden dieser Versuche kann man als Experiment begreifen, dessen Resultat zu einem weiteren Experiment geführt hat. Diese Vorgehensweise hat es mir ermöglicht, aus den Bausteinen selbst eine Vorlesungsreihe zu bauen. Die Vorlesungen mit einem Umfang zwischen 7 bis 40 Manuskriptseiten (einige waren Doppelvorlesungen), lagen zumeist vollständig ausgearbeitet vor.

Neben den Vorlesungen zur „Theorie und Geschichte des Designs" wie auch zu „Figur und Grund", die nicht selten in mehreren Varianten vorhanden waren, fanden sich auch solche, die Hirdina zu anderen Themen hielt – etwa zum Wohnen, zum Raum oder zur Architektur in Japan. Darüber hinaus gab es

Vorlesungen, die er zum Beginn eines Seminars zur Einführung hielt, ebenso fanden sich Skripte, die gar keinem Kontext zugeordnet werden konnten.

Zu den Vorlesungen gab es häufig mit ihnen verbundenes Material, wie Literaturlisten, Pläne über ihre Reihenfolge (mitunter sind die Abfolgen konkret datiert) und schließlich viele Zusammenfassungen einzelner Vorlesungen, die Hirdina entweder am Ende der jeweiligen Vorlesungen oder zum Beginn der nächsten hielt. Zu finden war auch ein Plan für eine Publikation zum Thema „Natur und Design", für die Hirdina bereits einige Texte vermutlich im Entwurf verfasst hatte.[1]

Einen Gesamtüberblick des vorhandenen schriftlichen Materials, das sich im Nachlass von Heinz Hirdina befindet, wird im Archiv der Stiftung Bauhaus Dessau verwahrt und kann dort eingesehen werden.

2. Struktur der Vorlesungsreihe

Zuerst war über die generelle Struktur der auf drei Bände angelegten Edition zu befinden. Die Entscheidung fiel so aus, dass es zwei Bände mit Vorlesungen aus der Reihe „Theorie und Geschichte des Designs" geben sollte. In einem weiteren Band sollten Vorlesungen aus der Reihe „Figur und Grund" veröffentlicht werden, und zwar solche, die sich direkt mit Designern aus dem 19. und 20. Jahrhundert beschäftigen.

Zu bedenken war dabei, dass einige der Vorlesungen für „Figur und Grund" Überarbeitungen aus der Reihe „Theorie und Geschichte des Designs" sind und zudem beide Reihen unterschiedliche Ansprüche stellen: Die Reihe „Theorie und Geschichte des Designs" sieht vor, die wichtigsten Wendepunkte der Designgeschichte seit dem 19. Jahrhundert vorzustellen. Hier war es also wichtig, dass die für Hirdina entscheidenden Wendepunkte in der Publikation dieser Reihe auch vorkommen.

Der Anspruch der Reihe „Figur und Grund" besteht darin, aus den Entwurfsansätzen und Gestaltungshaltungen von Designern, die in ihrem jeweiligen Kontext dargestellt werden, sukzessive ein Bild der Geschichte des Designs seit dem 19. Jahrhundert zu bekommen, um vor allem unterschiedliche Entwurfshaltungen von Designern und Architekten darstellen, verstehen und in ihren Folgen interpretieren zu können. Gegenüber der Reihe „Theorie und Geschichte des Designs" folgt die Reihe stärker einem additiven, nicht einem repräsentativen Prinzip.

Die gemeinsame Publikation dieser beiden in Umfang und Anspruch wie auch zeitlich unterschiedlichen Vorlesungsreihen hatte das Ziel, eine für Hirdina repräsentative Zusammenstellung seiner im Baukastenprinzip entstandenen Vorlesungen zu ermöglichen. Wobei gilt: Das Material der Vorlesungen stammt von Heinz Hirdina, die strukturelle Aufteilung in der Bänden hat es bei ihm aber so nicht gegeben. In diesem und in einem weiteren Sinne handelt es sich also bei dieser Publikation um fiktive Vorlesungsreihen aus dem Material Hirdinas.

Damit die Leser der drei Bände zum einen die Möglichkeit erhalten, diese „fiktive" Struktur mit Hirdinas Strukturierung zu vergleichen, und damit zum zweiten seine Vorgehensweise dabei erkennbar wird, gebe ich hier einige dieser Strukturierungen wieder, wie Hirdina sie selbst entworfen hat (vgl. Seiten 431–434). Nicht alle der gehaltenen Vorlesungen sind aufgefunden worden.

3. Bearbeitung

Neben der Strukturierung der Vorlesungsreihen mussten die einzelnen Vorlesungen vor der Veröffentlichung auch redaktionell bearbeitet werden. Zwar lagen sie in der Regel vollständig vor, doch handelte es sich um mündlich vorgetragene Texte, die zwar schriftlich ausgearbeitet waren, sich aber nicht unmittelbar zur Publikation eigneten. Der Gestus des mündlichen Vortragens ist in dem hier vorliegenden Band weitgehend erhalten worden, dennoch mussten die Texte ebenfalls den Anforderungen einer wissenschaftlichen Publikation genügen. Auch Zitate waren nicht in allen Fällen vollständig wiedergegeben und vor allem nicht ausreichend nachgewiesen. Es fanden sich zudem nicht selten Fakten, Namen und Daten, die nicht korrekt waren – nie sinnentstellend falsch, aber mitunter um ein Jahr, einen Buchstaben, einen Vornamen oder Ähnliches vertan (da in vielen Fällen vermutlich aus dem Gedächtnis zitiert).

1 Darüber hinaus fanden sich Vorträge und Texte, die Hirdina für die Kolumne in der Zeitschrift *Design Report* geschrieben hat, für die er von 1995 bis 2000 regelmäßig arbeitete, sowie Notate, Gutachten und vieles andere.

1. Theorie und Geschichte des Designs

Sommer- und Wintersemester 1996/97

1–6
Oppositionen und Entwicklungen im Verständnis von Design

1 *form follows function*: Von Vitruv zu Sullivan

2 Mailand in den 1970er-Jahren: Zentrum der Postmoderne

3 Pioniere des Kaufhausdesigns: Raymond Loewy und seine Generation

4 Das historische Designverständnis: Am Anfang war das Design

5 Designauffassungen in der Gegenwart: Ist das Design am Ende – oder ist am Ende alles Design?

6 Das Ökologieverständnis im Design: Überleben (des Designs) durch Ökologie?

7–14
Japan und Italien: zwei Pole

7 Japan I: Zeichen und Zeichenhaftes

8 Japan II: Gestaltungsprinzipien

9 Japan III: Designgeschichte

10 Japan und Italien: Ein Vergleich

11 Italien I: Ettore Sottsass: Kunstgewerbe und Hochtechnologie

12 Italien II: Achille Castiglioni: Spiel mit der Funktion

13 Italien III: Mario Bellini: Architektur und Design

14 Italien IV: Design zwischen 1945 und 1968: Möbel, Plast, Technik

15–26
Reaktionen auf die Moderne

15 Dekoration: Wohnen und Interieur im 19. Jahrhundert

16 Technologie: Thonet und der Londoner Kristallpalast

17 Konstruktion: Die Chicagoer Schule

18 Raum und Material: Adolf Loos

19 Material und Gesamtkunstwerk: Deutscher Werkbund 1907–1914

20 Gesamtwerk Leben: Bauhaus I

21 Raum und Gegenstand: Bauhaus II

22 Moderne und Utopie: Russischer Konstruktivismus

23 Moderne als Mode: Art déco

24 Moderne und Natur: Alvar Aalto

25 Technisch vorn, aber antimodern: Design im Faschismus

26 Moderne als Ordnungsprinzip: Das Prinzip Baukasten

Sommer- und Wintersemester 1997/1998

1 Japan I: Zeichen und Zeichenhaftes

2 Japan II: Gestaltungsprinzipien

3 Japan III: Designgeschichte

4 Italien I: Die Postmoderne in Mailand

5 Italien II: Ettore Sottsass

6 Italien III: Achille Castiglioni

7 Italien IV: Möbel, Plast und Technik (1945–1968)

8 DDR–BRD: Baukästen in den Sechzigern

9 Designauffassungen: Ist das Design am Ende – oder ist am Ende alles Design?

10 Begriffsgeschichte „Design“: Am Anfang war das Design

11 Designaufgabe: Ökologie

12 19. Jahrhundert I: William Morris, ein ökologischer Dekorateur?

13 19. Jahrhundert II: Louis Sullivan und die Chicagoer Schule

14 19. Jahrhundert III: Dekorativ: Wohnen und Interieur

15 19. Jahrhundert IV: Konstruktiv: Thonet und Kristallpalast

16 19. Jahrhundert V: Adolf Loos: Dinge und Zeichen, Räume und Bewegung

17 Designsemiotik: Semantik praktischer Gegenstände

18 20. Jahrhundert I: Deutscher Werkbund: Materialästhetik und Gesamtkunstwerk

19 20. Jahrhundert II: Bauhaus I: Funktionsästhetik und Gesamtwerk Leben

20 20. Jahrhundert III: Bauhaus II: Raum und Gegenstand

21 20. Jahrhundert IV: Holland, Russland, Frankreich, Deutschland: Europäische Avantgarde im Vergleich

22 20. Jahrhundert V: Alvar Aalto: Zurück zur Natur?

23 20. Jahrhundert VI: Art déco in Europa: Die Moderne als Mode

24 20. Jahrhundert VII: Art déco in den USA: Stromlinie und Wolkenkratzer

25 20. Jahrhundert VIII: Raymond Loewy: Das MAYA-Prinzip

26 20. Jahrhundert IX: Design im Faschismus

2. Figur und Grund

Sommersemester 2003

5. April 2003

Figur und Grund – eine Einführung
Otl Aicher
Richard Buckminster Fuller
Achille Castiglioni
Raymond Loewy
Issey Miyake
Verner Panton
Ettore Sottsass
Wladimir Tatlin
Henry van de Velde

Wintersemester 2003/04

10. Oktober 2003
Figuren (denkbare):

William Morris
Adolf Loos
Michael Thonet
Peter Behrens
Alexander Rodtschenko
László Moholy-Nagy
Ferdinand Kramer
Arne Jacobsen
Hans Gugelot
Alessandro Mendini
Ikkō Tanaka und Tadanori Yokoo
Droog Design
Richard Buckminster Fuller

Weiterer Plan für die gesamte Vorlesungsreihe vom 17. Juli 2003
Vorgesehen waren über die bereits genannten Namen und Institutionen hinaus:

El Lissitzky
Jan Tschichold
Wilhelm Wagenfeld
Charles und Ray Eames
Sōri und Sōetsu Yanagi
Rei Kawakubo
Shigeru Oshida
ERCO

3. Plan der (tatsächlich?) gehaltenen Vorlesungen
(bis zum Beginn der Krankheit Heinz Hirdinas im Juli 2004)

Wintersemester 2003/2004

13. Oktober
Figur und Grund – eine Einführung (1)

20. Oktober
Figur und Grund – eine Einführung (2)

27. Oktober
William Morris: Ornament und Utopie

3. November
Adolf Loos: Ornament und Verbrechen oder: Raum statt Ornament 1

10. November
Adolf Loos: Ornament und Verbrechen oder: Raum statt Ornament 2

17. November
Michael Thonet: Konstruieren oder ornamentieren oder: Die Erlösung des Ornaments in der Konstruktion

24. November
Peter Behrens: Industrie und Geometrie

1. Dezember
Alexander Rodtschenko: Medien und Konstruktionen

8. Dezember
László Moholy-Nagy: Licht und Bewegung

15. Dezember:
Ferdinand Kramer: Einfach bis anonym

5. Januar
Arne Jacobsen: Nachkriegsmoderne 1: Serie und Gesamtkunstwerk

12. Januar
Hans Gugelot: Nachkriegsmoderne 2: Systemdesign

19. Januar
Ray und Charles Eames: Nachkriegsmoderne 3: Haus, Ding, Medien

26. Januar
Alessandro Mendini: Kitsch als Programm

2. Februar
Issey Miyake: Raum und Zeit

9. Februar.
Richard Buckminster Fuller: Transformation statt Form

Sommersemester 2004

19. April
Deutscher Werkbund zwischen 1907 und 1914

26. April
Holland: zwischen De Stijl und Droog Design

3. Mai
Bauhaus: Raumkonzepte 1

10. Mai
Bauhaus: Raumkonzepte 2

17. Mai
Frankreich: Art déco und L'esprit nouveau 1

24. Mai
Frankreich: Art déco und L'esprit nouveau 2

7. Juni
USA zwischen 1930 und 1960: Styling und Erfindung

14. Juni
Deutschland und Italien: Design im Faschismus

21. Juni
Hochschule für Gestaltung Ulm: Verwissenschaftlichung auf dem Kuhberg

28. Juni
Italien: Design der Moderne

5. Juli
Italien: Design der Postmoderne

12. Juli
Japan: Vormodern, modern, postmodern – eine Melange

3.1. Redaktionelle Bearbeitung

Die hier publizierten Vorlesungen sind auch in dem Sinne fiktiv, dass redaktionelle Arbeit nötig war, die sich nicht nur auf einfache Korrektur von Flüchtigkeitsfehlern, von Umstellung auf Gewohnheiten der neuen Rechtschreibung, Arbeit an Formulierungen (Tilgung von unnötigen Wortdoppelungen, Änderungen der Satzstruktur, Kürzungen, Aufhebung oder Setzen von Absätzen) oder Vergleichbares hinausliefen, sondern auch auf eine Weise eingegriffen werden musste, die durchaus inhaltlich relevant ist.

Dies geschah auf unterschiedliche Weise: Ich selbst habe Worte, Satzteile, Sätze oder kurze Abschnitte hinzugefügt, um Übergänge zwischen Vorlesungsabschnitten und aufeinander folgenden Vorlesungen herzustellen, um Verkürzungen zu mildern, Missverständnisse zu beseitigen oder Formulierungen mitunter etwas deutlicher auf den Punkt zu bringen. Diese eigenen Hinzufügungen habe ich so gering wie möglich gehalten. Die Titel der Vorlesungen gehen in der Regel auf Hirdinas Titel zurück, doch auch hier musste – wenn es mehrere Vorlesungsvarianten gab oder gar kein Titel vorhanden war – eine Wahl getroffen beziehungsweise ein Titel formuliert werden. Vorlesungen, die den Gang der geschichtlichen Untersuchung unterbrechen, sind von mir – nicht von Hirdina selbst – als Exkurse eingefügt worden.

Varianten von Vorlesungen aus unterschiedlichen Zeiten, zum Teil aus unterschiedlichen Zusammenhängen, wurden immer dann zusammengeführt, wenn dabei ein inhaltlicher Ertrag zu verzeichnen war. Bei jeder Vorlesung wurde eine „Hauptvorlesung“ (in der Regel die jüngste) zugrunde gelegt, diese aber mit Material aus anderen Vorlesungen, mitunter zwei bis drei, angereichert und zu einem geschlossenen Text verbunden. Hirdina war beim Halten der Vorlesungen immer auf die vorgegebene Zeit beschränkt. Diese Beschränkung spielt bei einer Publikation der Texte natürlich keine Rolle, weshalb es möglich war, Material aus unterschiedlichen Texten (sehr selten auch aus den Zusammenfassungen von Vorlesungen, die Hirdina verfasst hat) immer dann miteinander zu kombinieren, wenn es einen substanziellen inhaltlichen Ertrag brachte. Auch dadurch besitzen die nun publizierten Vorlesungen eine unterschiedliche Länge, die mit der Zeit, die für eine Vorlesung zur Verfügung steht, kollidiert wäre. Die Vorlesungen entstammen also nicht genauso gehaltenen Reihen, sondern es sind Ausarbeitungen aus unterschiedlichen Zeiten, die wiederum in sich mitunter Teile enthalten, die aus einer oder mehreren früheren Vorlesungen stammen.

Die unterschiedliche zeitliche Herkunft der nun publizierten Texte war weniger ein Problem, da Vorlesungen, die Hirdina nicht oder nur geringfügig überarbeitet, dennoch aber immer wieder gehalten hat, inhaltlich gültig geblieben sind. Was kombinierte Teile von Vorlesungen betrifft, bin ich davon ausgegangen, dass Hirdina aus Zeitgründen bei der Neufassung oder Überarbeitung einer Vorlesung auf bestimmte Teile aus der älteren Vorlesung verzichten musste, obwohl sie inhaltlich nicht ungültig geworden sind. Dafür fand ich manche Bestätigung, zum Beispiel wenn solche Teile in jüngeren Vorlesungen zu mitunter ganz anderen Themen wieder Erwähnung fanden.

Dennoch bleibt dies ein riskantes Verfahren. Ich konnte mich dabei auf zwei Dinge stützen:

Ich kannte Heinz Hirdina viele Jahre und aus unzähligen Gesprächen, die wir zu Semesterzeiten nicht selten wöchentlich oder vierzehntägig geführt haben. Von daher habe ich zumindest einen guten Eindruck von seiner Denkweise; vor allem konnte ich mich an seiner Haltung gegenüber bestimmten Entwicklungen im Design orientieren.

Alle Vorlesungen gab es zweimal: einmal als elektronisches Dokument und einmal als Ausdruck mit handschriftlichen Korrekturen, Ergänzungen, Bemerkungen, Hinzufügungen, Kürzungen etc. aus der Hand des Autors. Ich habe immer zuerst die elektronischen Dokumente redaktionell bearbeitet und mir danach erst die Ausdrucke mit den Kommentaren angesehen und diese eingearbeitet. Es geschah nicht selten, dass ich Dinge bereits korrigiert und umformuliert hatte, die Hirdina auf den Ausdrucken in gleicher oder ähnlicher Weise verändert hatte. Das gab Sicherheit, auch weiter so vorzugehen.

Dennoch ist es so, dass ich bei diesen Ausdrucken immer wieder entscheiden musste, was ich übernehme und was nicht. Bei Kürzungen Hirdinas in den Ausdrucken entstand oftmals der Eindruck, dass sie nicht inhaltliche Gründe hatten, sondern der Vorlesungszeit geschuldet waren (bei einigen Vorlesungen konnte ich auch dafür Bestätigungen finden, weil manches an anderer Stelle als

Nebenbemerkung wieder auftauchte). Trotzdem musste ich jedes Mal entscheiden, wann eine Kürzung übernommen wird und wann nicht. Auch die handschriftlichen Korrekturen und Ergänzungen mussten redaktionell bearbeitet werden, und selbst Hirdina war vor „Verschlimmbesserungen“ nicht gefeit. Manche seiner handschriftlichen Bemerkungen blieben zudem unleserlich.

Heinz Hirdina ist und bleibt also der Autor der vorgelegten Texte, doch ein Teil der Verantwortung – und damit ein Teil möglicher Kritik – kommt auch mir zu. Grundlage meiner Entscheidungen war immer, an keiner Stelle gegen die Haltungen, Meinungen und Auffassungen Hirdinas zu verstoßen.

Bei den Vorlesungen aus der Reihe „Figur und Grund“ stellte sich die Situation insofern ein wenig einfacher dar als bei der Reihe zu „Geschichte und Theorie des Designs“, weil es zu diesen Vorlesungen (noch) keine Varianten gab. Trotzdem kann man, wie überall bei Hirdina, davon ausgehen, dass auch diese Vorlesungen für ihn selbst nichts als ein Zwischenstand gewesen sind, etwas, was ihn vielleicht selbst gehindert hätte, die Vorlesungen zu publizieren. Zumindest hat er dies immer abgelehnt, und erst nach dem Erscheinen des Bandes *Am Ende ist alles Design*, in dem Helmut Staubach, Dieter Nehls und ich Texte Hirdinas versammelt und veröffentlicht hatten, stimmte er dem Vorhaben der Publikation von Vorlesungen zu.

Insgesamt gesehen sind die inhaltlichen Eingriffe eher gering, weil es sich bei allen zur Veröffentlichung bearbeiteten Vorlesungen um aus- und durchgearbeitete Manuskripte handelt, auch wenn sie aus unterschiedlichen Zeiten stammen. Ich gehe davon aus, dass Heinz Hirdina selbst mit den hier publizierten Texten einverstanden gewesen wäre.

3.2. Zitate

Alle Zitate wurden überprüft und wo nötig korrigiert und korrekt nachgewiesen (wenn auch nicht immer nach den Ausgaben, die Hirdina selbst benutzt hat). Wo dies nicht möglich war, auf das Zitat jedoch nicht verzichtet werden konnte, wurde die Lücke in einer Fußnote angegeben.

3.3. Daten, Fakten, Namen

Alle Daten, Fakten und Namen habe ich, soweit mir dies möglich war und mir klar war, dass sie verifiziert werden müssen, überprüft. Zusätzlich bat ich den Designhistoriker Walter Scheiffele, sich das Manuskript des ersten Bandes noch einmal anzusehen und Fehler zu korrigieren. Dennoch ist nicht auszuschließen, dass Fehler, die Hirdina für eine Publikation ohne Zweifel korrigiert hätte, in die publizierten Texte eingeflossen sind.

3.4. Abbildungen

In nahezu allen Vorlesungen zeigt Hirdina Dias, die die Dinge, über die er spricht, veranschaulichen sollen; die von ihm ausgewählten Lichtbilder dienen als Belege des Gesagten, zum Teil stützen sie seine Thesen, und auf jeden Fall zeigte er wichtige Entwürfe oder Ähnliches zum jeweiligen Vorlesungsthema als Dia. Meist jedoch sind die Dias – beziehungsweise die dort zu sehenden Entwürfe, Produkte oder Gebäude – Anlass der Interpretationen Hirdinas, nicht nur deren Belege.

Hirdina verfügte über eine sehr umfangreiche Diasammlung, die zu seinem Nachlass gehört. Der Umgang mit den Dias ist aber ähnlich wie mit den Vorlesungen: Er gruppierte sie ständig neu, weswegen sie den jeweiligen Vorlesungstexten, die zur Grundlage der Publikation genommen wurden, nicht immer zweifelsfrei zuzuordnen sind.

Das fällt umso schwerer, da Hirdina in den schriftlich fixierten Vorlesungstexten zwar häufig angegeben hat, wann Dias zu sehen waren, aber nur selten, welche es sein sollten (er ging in jede Vorlesung mit einem extra vorbereiten Diakarussell). Hinzukommt, dass Hirdina nicht selten eine große Zahl von Dias gezeigt hat – mehr, als in eine Veröffentlichung aufgenommen werden können. Für die Publikation wurden folglich nur einige Abbildungen in Absprache mit der Stiftung Bauhaus Dessau ausgewählt, die nicht mit den von Hirdina in den Vorlesungen genutzten übereinstimmen müssen.

Dank

Vielen Menschen ist für ihre engagierte Unterstützung dieses Projektes zu danken. Ohne sie wäre es niemals zustande gekommen.

Am Anfang stehen zwei Personen, die es auf den Weg gebracht haben. Der Anstoß kam von Helmut Staubach. Er hat schon vor vielen Jahren mir gegenüber die Idee geäußert, die Vorlesungen von Heinz Hirdina zur Designgeschichte zu publizieren, weil es in Deutschland kaum Publikationen zur Designgeschichte gibt, mit denen man vor allem in der Lehre gut arbeiten kann. Damals aber, zum Zeitpunkt der Erkrankung von Heinz Hirdina, lagen die Texte dieser Vorlesungen nicht vor, deshalb haben wir – einige Freunde von Heinz: Helmut Staubach, Dieter Nehls und ich – beschlossen, Hirdinas verstreut erschienene Texte und Vorträge in einem Band zu sammeln. Das Buch *Am Ende ist alles Design. Texte zum Design 1971–2004* erschien dann im Jahr 2008 beim Verlag form+zweck in Berlin.

Die Idee blieb, aber sie ließ sich nicht verwirklichen, weil Karin Hirdina und wir die Vorlesungen auf dem Rechner von Heinz nicht gefunden hatten. Das änderte sich in einer Situation, die man nur als tragisch bezeichnen kann: Nachdem Karin Hirdina, die sich, selbst krank, seit Juli 2004 um Heinz gekümmert hat und ihm nicht nur einmal das Leben rettete, gestorben war, wurde es unumgänglich, für Heinz Hirdina einen Platz in einem Pflegeheim zu suchen. Jürgen Marten, einer der engsten Freunde Hirdinas, hat sich darum gekümmert, wie er sich bis zuletzt um das Wohlergehen von Heinz Hirdina kümmerte. In dieser Situation bot er Freunden von Heinz an, aus der bereits so gut wie aufgelösten Wohnung noch ein paar Gegenstände käuflich zu erwerben oder einfach mitzunehmen, damit sie nicht weggegeben oder weggeworfen werden mussten. Dabei fand Dieter Nehls – er ist der zweite, von dem ich rede – einen alten Rechner von Heinz, den er mir zeigte, dazu auch eine große Anzahl von Disketten. Es war ein recht altes Gerät, einer der ersten Laptops, und ich hatte keine Hoffnung, ihn wieder in Gang zu bringen, auch keine Hoffnung, darauf irgendetwas zu finden, das sich nicht auch auf dem letzten Rechner von Heinz Hirdina bereits befand. Da aber auch das Ladegerät der Akkus dabei war, war es einen Versuch wert. Und tatsächlich, es klappte: Auf diesem Rechner fanden sich Hunderte von Vorlesungen und viele andere Texte, die Heinz geschrieben hatte und die ich auf mein Gerät kopieren konnte. Nun gab es auch das Material für die Idee. Denn zum Glück gehörte Heinz nicht zu jenen, die sich bei Vorlesungen auf spontane Eingebungen verließen oder sich mit ein paar Notizen begnügten – der Gegenstand Designgeschichte verlangte Genauigkeit in der Darstellung und Überlegung bei der Interpretation, deswegen gibt es die Vorlesungen als schriftlich ausgearbeitete Texte.

Seitdem war es klar, dass wir einen Weg finden mussten, die Vorlesungen zu publizieren. Eine Arbeit für die nächsten Jahre, denn die ersten Blicke zeigten bereits, dass sich hier genug Material für mindestens fünf umfangreiche Bände fand. Seit 1990, bis zum Sommer 2004, hat Heinz Hirdina Vorlesungen zur Designgesichte an der Kunsthochschule Berlin-Weißensee gehalten. Alles musste redaktionell bearbeitet, Zitate überprüft, Abbildungen herausgesucht werden, aber das Material war nun da. Dieter Nehls hat darüber hinaus am Exposé für die geplante Publikation und an den Probevorlesungen mitgearbeitet, er hat für 24 der 46 Vorlesungen alle von Hirdina verwendeten Zitate überprüft und sie nachgewiesen, denn in dem Vorlesungsmanuskripten waren die Angaben oftmals sehr fragmentarisch. Eine Heidenarbeit, die detektivische Recherche mit allen zur Verfügung stehenden Mitteln erforderte.

Damit aus der Idee und dem nun vorhandenen Material aber tatsächlich Bücher werden konnten, bedurfte es weiterer Unterstützung.

Der nächste Dank gilt daher der Stiftung Bauhaus Dessau, deren vormaligen Leiter Philipp Oswalt und dem Mitarbeiter Wolfgang Thöner, denn sie sorgten dafür, dass die Stiftung Bauhaus Dessau den Nachlass von Karin Hirdina und den Vorlass von Heinz Hirdina erwarb. Schnell kamen wir ins Gespräch und stellten die Idee für eine Publikation vor, erarbeiteten ein Exposé sowie drei Probevorlesungen und vereinbarten anschließend die Herausgabe von drei Bänden mit Vorlesungen zur Designgeschichte, einmal basierend auf Hirdinas Vorlesungsreihe „Theorie und Geschichte des Designs“ und zum anderen auf der Vorlesungsreihe „Figur und Grund“. Den zweiten dieser Bände halten Sie nun in der Hand, und hoffentlich finden auch Sie, dass es der Mühe wert war, ihn zu publizieren.

Aus dem Bauhaus kam weitere Unterstützung, denn im Vorlass von Heinz Hirdina fanden sich dann auch die ausgedruckten Manuskripte der Vorlesungen. Hirdina hatte die Texte, die auf dem Rechner lagen, nach dem Ausdrucken in der Regel noch einmal durchgesehen und mit handschriftlichen Korrekturen, mit Kommentaren, Ergänzungen und Kürzungen versehen, die ich in die publizierte Fassung eingearbeitet habe. Die Mitarbeiter und Mitarbeiterinnen der Stiftung Bauhaus Dessau stellten für alle 46 Vorlesungen, die publiziert werden sollten, Scans mit diesen handschriftlichen Kommentaren zur Verfügung, so dass sie eingearbeitet werden konnten. Sie halfen ebenso beim Auffinden vieler Abbildungen, die Hirdina verwendet hat. Bedanken möchte ich mich auch bei Caroline Jansky, die im Auftrag der Stiftung die Drucklegung der Bände sehr engagiert vorangetrieben hat.

Zu danken ist zudem dem Kreis der Freunde des Bauhauses e.V., dem Heinz Hirdina selbst lange angehört hat, vor allem seinem damaligen Leiter Karl-Heinz Burmeister, der das Projekt finanziell unterstützte. Auch Jürgen Marten hat zur Finanzierung des Unternehmens beigetragen. Ohne diese Unterstützung hätte mit der Arbeit gar nicht begonnen werden können. Dank gebührt auch Walter Scheiffele, der das Manuskript des ersten Bandes vor der Drucklegung noch einmal durchgesehen hat.

Schließlich ist der Hochschule Wismar zu danken, die mir ermöglicht hat, mich in einem Forschungsfreisemester ganz um dieses Projekt zu kümmern. Das hat die Arbeit daran sehr beschleunigt.

Der größte Dank aber gebührt dem Autor Heinz Hirdina für diese wunderbaren Vorlesungen.

Als dieser Dank schon geschrieben, alle Vorlesungen für den 1. Band fertig waren, starb Heinz Hirdina am 19. Dezember 2013. Mögen die Bücher viele interessierte Leser finden.

Personenverzeichnis

Bildnachweis

Theorie und Geschichte des Designs 1
Einführung / Italien und Japan

Umschlag U1

Charles und Ray Eames für Herman Miller, Molded Plywood Chair, 1946 © Pamono.de / Joink.nl, Foto: Linda Maas

Max Bill, rote basis, 1959, Öl auf Leinwand, 33,5 × 33,5 cm, Rheinische Privatsammlung, © Foto: VAN HAM Kunstauktionen / Saša Fuis, © (Bill, Max) VG Bild-Kunst, Bonn 2022

Tokugawa-Familienwappen (Mon), 1603–1868, Quelle: https://commons.wikimedia.org/wiki/File:Tokugawa_Aoi_(No_background_and_Black_color_drawing).svg

Alessandro Mendini, Korkenzieher Anna G., Alessi, © Alessi, www.alessi.com

Mario Bellini, Calculator Olivetti Logos 58, 1973, Foto: Christos Vittoratos, Quelle: https://commons.wikimedia.org/wiki/File:Olivetti-logos-58-bellini.jpg

Blick von der Knightsbridge Road auf den Kristallpalast im Hyde Park während der Weltausstellung 1851, gewidmet den Royal Commissioners, London: Read & Co. Engravers & Printers, 1851, Quelle: https://commons.wikimedia.org/wiki/File:The_Crystal_Palace_in_Hyde_Park_for_Grand_International_Exhibition_of_1851.jpg

Umschlag U2

Alfred Grenander, Bahnsteig Hochbahnhof Nordring (heute: U-Bahnhof Schönhauser Allee), 1911–1913, Foto: unbekannt, um 1925, © bpk, Bild-Nr.: 40005182

Family vase orange von droog, Niederlande, 2013, Quelle: https://www.architonic.com/en/product/droog-family-vase-orange/1265006

Shigeru Uchida, Teestuben Ji-An, So-An, Gyo-An, Südkorea, 1993, Foto: Nacása & Partners, © Uchida Designing

Kurt Weidemann, Logo der co op AG, Quelle: https://commons.wikimedia.org/wiki/File:Co_op_AG_Logo.svg

Dieter Rams, parat BT SM 53, 1965, © Dieter und Ingeborg Rams Stiftung

Richard Sapper und Marco Zanuso, tragbares Radio ts502, Brionvega, 1964, © Cooper-Hewitt, Smithsonian Design Museum / Art Resource, NY / Scala, Florence

Umschlag U3

Johannes Itten, Farbenkugel in 7 Lichtstufen und 12 Tönen, aus: Utopia. Dokumente der Wirklichkeit, Weimar 1921, Museum of Modern Art (MoMA), © Digital image, The Museum of Modern Art, New York/Scala, Florence, © (Itten, Johannes) VG Bild-Kunst, Bonn 2022

Spatelförmige Handaxt aus der archäologischen Stätte von San Isidro, Madrid, Spanien, aus: Hugo Obermaier, El Hombre fósil, Madrid 1925, Quelle: https://commons.wikimedia.org/wiki/File:Biface_lageniforme.png

Corradino D'Ascanio, Vespa GS 150, 1955, Museum of Modern Art (MoMA), © Digital image, The Museum of Modern Art, New York / Scala, Florence

Tejo Remy für Droog, Rag Chair, 1991, Foto: Jordanhill School D&T Dept, Quelle: https://commons.wikimedia.org/wiki/File:Droog_Series,_2007_(3).jpg

Umschlag U4

Cover von: Birgit Mager (Hrsg.), Der Gehilfe. Vom Dienstboten zum Service-

Design, Köln 2001, Zürcher Hochschule der Künste, Archiv ZHdK; Gestaltung: pfp, disseny
Cover von: Die Neue Sammlung (Hrsg.), Olivetti Corporate Identity Design, München 1986, Die Neue Sammlung – The Design Museum, Foto: Die Neue Sammlung (A. Laurenzo)
Louis Sullivan, Wainwright Building in St. Louis, Missouri, 1890–1891, Detail, Historic American Buildings Survey (Library of Congress), Quelle: https://www.loc.gov/pictures/item/mo0297/
Mario Bellini, Cab Side Chair, 1976, Museum of Modern Art (MoMA), © Digital image, The Museum of Modern Art, New York / Scala, Florence

Innenteil

Der Begriff „Design“

Abb. 1 Print, Plate 16, from Livre de bijouterie (Book of Designs for Goldsmiths and Jewelers); Engraved by René Boyvin (French, 1525–1625); France; engraving on paper; 1956-23-6-16, Quelle: https://collection.cooperhewitt.org/objects/18409053

Design als Kunst: Der Beginn. Das 19. Jahrhundert

S. 28 Foto: unbekannt, © Rijksmuseum Amsterdam, Obj.-Nr.: RP-F-2012-96-139, Quelle: http://hdl.handle.net/10934/RM0001.COLLECT.557600
Abb. 1 Foto: Philip Henry Delamotte (1820–1889), 1851, Quelle: https://commons.wikimedia.org/wiki/File:Delamotte-Crystal.png
Abb. 2 Foto: unbekannt, © MAK Wien, 2022
Abb. 3 Aus: Hugo Obermaier, El Hombre fósil, Madrid 1925, Quelle: https://commons.wikimedia.org/wiki/File:Biface_lageniforme.png
Abb. 4 Aus: Gottfried Semper, „Ueber architektonische Symbole“, in: ders., Kleine Schriften, 1884, S. 294.
Abb. 5 © bpk | Victoria and Albert Museum, London, Inv.-Nr.: 2006AF6579
Abb. 6, 7 Historic American Buildings Survey (Library of Congress), Quelle: https://www.loc.gov/pictures/item/mo0297/
Abb. 8 Quelle: https://commons.wikimedia.org/wiki/File:Weimar,_Bauhaus_-_Kunstgewerbe schule_Van-de-Velde_Bau_with_Wartburg_353,_DDR_May_1990_ORWO_UP15_Slide_film_(4606651925).jpg
Abb. 9 Foto: unbekannt, um 1925, © bpk, Bild-Nr.: 40005182

Kunst als Design: Das 20. Jahrhundert

S. 56 Foto: unbekannt, Stiftung Bauhaus Dessau, Inv.-Nr.: 36914, Miteigentümer: Bundesrepublik Deutschland. Erworben mit Unterstützung der Bundesrepublik Deutschland, der Kulturstiftung der Länder, des Landes Sachsen-Anhalt und von Lotto Sachsen-Anhalt. Gefördert von der Beauftragten der Bundesregierung für Kultur und Medien aufgrund eines Beschlusses des Deutschen Bundestages. / © (Rittweger, Otto) Rittweger, Rudolf
Abb. 1 Museum of Modern Art (MoMA), © Digital image, The Museum of Modern Art, New York / Scala, Florence, © (Itten, Johannes) VG Bild-Kunst, Bonn 2022
Abb. 2 Stiftung Bauhaus Dessau, Inv.-Nr.: I 344 T, © (Reichardt, Margaretha (Grete)) Kaiser, Gisela / Image by Google
Abb. 3 Quelle: https://commons.wikimedia.org/wiki/File:Co_op_AG_Logo.svg
Abb. 4 Rheinische Privatsammlung, © Foto: VAN HAM Kunstauktionen / Saša Fuis, © (Bill, Max) VG Bild-Kunst, Bonn 2022
Abb. 5 © (Sottsass, Ettore) VG Bild-Kunst, Bonn 2022
Abb. 6 Foto: Gerard van Hees, © droog.com
Abb. 7 Foto: Jordanhill School D&T Dept, Quelle: https://commons.wikimedia.org/wiki/File:Droog_Series,_2007_(3).jpg
Abb.8 Quelle: https://commons.wikimedia.org/wiki/File:Nokia_3310_blue.jpg
Abb. 9 Quelle: https://commons.wikimedia.org/wiki/File:Smart_Fortwo_passion_front.JPG

Ist das Design am Ende – oder ist am Ende alles Design? Zum Designverständnis in der Gegenwart

S. 76 Quelle: https://www.ebay.de/itm/HUGO-BOSS-Designer-LOGO-Schnuller-blau-Taufe-Geburt-tolles-Geschenk-Dummy-Baby-/153806975575
Abb. 1 Foto: Christian Dammert, © ODIN
Abb. 2 Zürcher Hochschule der Künste, Archiv ZHdK; Gestaltung: pfp, disseny

Abb. 3 Quelle: http://www.servicedesignmaster.com/wordpress/wp-content/uploads/2014/03/Service_Design.png
Abb. 4 Vorlage: Gui Bonsiepe, Interface. Design neu begreifen, Mannheim 1996, S. 52.
Abb. 5 nGbK-Publikation Engagement & Grafik, nGbK 2000 – Covergestaltung: Sandy Kaltenborn / image-shift.net / Bild: (Heartfield, John), The Community of Heirs / VG Bild-Kunst, Bonn 2022
Abb. 6 Foto: Wolfang Volz / laif
Abb. 7, 8 © Hiroyuki Hirai
Abb. 9 © Joana Toro / Pacific Press / Alamy Live News
Abb. 10 © Lorraine Traynor / Alamy Stock Foto
Abb. 12 Quelle: https://en.wikipedia.org/wiki/File:Toyota_Will_Vi.jpg
Abb. 13 United States Patent, Patent-Nr.: Des. 311,625, 30.10.1990
Abb. 14 Schriftenreihe der Burg Giebichenstein, Hochschule für Kunst und Design, Halle, Nr. 6
Abb. 15 Foto: Hynek Moravec, Quelle: https://commons.wikimedia.org/wiki/File:Millennium_Dome_London_O2_8231.jpg
Abb. 16 © Dieter und Ingeborg Rams Stiftung

Designaufgabe Ökologie

S. 114 © Christof Gassner Grafikdesign
Abb. 1, 2 © Bantam Press, London
Abb. 3–5 © (Rudolph, Lutz; Dietel, Karl Clauss) VG Bild-Kunst, Bonn 2022

Italien und Japan: Zwei Pole der Designentwicklung

S. 132 © creative tools, Packshot Creator
Abb. 1 Die Neue Sammlung – The Design Museum, Foto: Die Neue Sammlung (A. Laurenzo)
Abb. 2 © Pamono.de / Joink.nl, Foto: Linda Maas
Abb. 3 Foto © TECTA Bruchhäuser & Drescher KG, © (Wewerka, Stefan) VG Bild-Kunst, Bonn 2022
Abb. 4 Victoria & Albert Museum, London, © Photo Scala, Florence / V&A Images / Victoria and Albert Museum, London
Abb. 5 Museum of Modern Art (MoMA), © Digital image, The Museum of Modern Art, New York / Scala, Florence
Abb. 6 Foto: Christos Vittoratos, Quelle: https://commons.wikimedia.org/wiki/File:Olivetti-logos-58-bellini.jpg
Abb. 7 © Archivio fotografico G.A.VE, Foto: 2004
Abb. 8 Fotos: Noriaki Yokosuka
Abb. 9 Foto: August 2004, Quelle: https://commons.wikimedia.org/wiki/File:Nakagin_Capsule_Tower_02.jpg
Abb. 10 Quelle: https://commons.wikimedia.org/wiki/File:Nakagin_Capsule_Tower_03.jpg
Abb. 11 © Brooklyn Museum, Bequest of Mrs. Carl L. Selden, 1996.142.42, Quelle: https://en.wikipedia.org/wiki/George_Nelson_(designer)#/media/File:%22Coconut%22_Chair,_1958.jpg
Abb. 12 © Vitra Design Museum (MUS-1011), Foto: Jürgen Hans / objektfotograf.ch
Abb. 13 Museum of Modern Art (MoMA), © Digital image, The Museum of Modern Art, New York / Scala, Florence
Abb. 14 Indianapolis Museum of Art, Quelle: https://commons.wikimedia.org/wiki/File:Isamu_noguchi_per_herman_miller_inc.,_tavolino_in-50,_1945.jpg, © (Noguchi, Isamu) VG Bild-Kunst, Bonn 2022

Japan: Traditionelle Ästhetik und modernes Design

S. 154 Cooper-Hewitt, Smithsonian Design Museum, New York, NY, USA, © Cooper-Hewitt / bpk
Abb. 1 Quelle: https://commons.wikimedia.org/wiki/File:Tokugawa_Aoi_(No_background_and_Black_color_drawing).svg
Abb. 2 Quelle: https://commons.wikimedia.org/w/index.php?title=Category:SVG_Japanese_family_crests&filefrom=JC mokkou%0AJapanese+Crest+shihou+Mokkou.svg#mw-category-media
Abb. 3 © Japan Institute of Design Promotion
Abb. 4 Quelle: https://commons.wikimedia.org/wiki/File:Mitsubishi_Logo_Coal_Mining.png
Abb. 5 Foto: Dorling Kindersley, © Dorling Kindersley ltd / Alamy Stock Foto
Abb. 6 Quelle: https://commons.wikimedia.org/wiki/File:Youkoukan06n 4592.jpg
Abb. 7 Quelle: https://ja.wikipedia.org/wiki/%E383%95%E3%82%A1%E3%82%A4%E3%83%AB:Bento_at_Hanabishi,_Koyasan.jpg

Abb. 8 Foto: Nacása & Partners, © Uchida Designing
Abb. 9 National Museum of American History, Smithsonian Institution, Kat.-Nr.: 334916, Quelle: https://www.flickr.com/photos/nationalmuseumofamericanhistory/10963734923
Abb. 10 SFO Museum, Courtesy of Steve Kushman, Inv.-Nr.: L2018.0302.045a, L2018.0302.051

Italienisches Design nach 1945

S. 184 Courtesy of Richard Sapper Archives
Abb. 1 © DeAgostini Picture Library / Scala, Florence
Abb. 2 Museum of Modern Art (MoMA), © Digital image, The Museum of Modern Art, New York / Scala, Florence
Abb. 3 Museum of Modern Art (MoMA), © Digital image, The Museum of Modern Art, New York / Scala, Florence
Abb. 4 Museum of Modern Art (MoMA), © Digital image, The Museum of Modern Art, New York / Scala, Florence
Abb. 5 © Cooper-Hewitt, Smithsonian Design Museum / Art Resource, NY / Scala, Florence
Abb. 6 Museum of Modern Art (MoMA), © Digital image, The Museum of Modern Art, New York / Scala, Florence
Abb. 7 © DeAgostini Picture Library / Scala, Florence
Abb. 8 © (Sottsass, Ettore) VG Bild-Kunst, Bonn 2022, Quelle: https://commons.wikimedia.org/wiki/File:Memphis-Milano_Movement.jpg
Abb. 9 Foto: Sven Storbeck, Quelle: https://commons.wikimedia.org/wiki/File:Vw_passat_b1_v_sst.jpg
Abb. 10 Quelle: https://en.wikipedia.org/wiki/File:Fiat_Panda_first_iteration_in_Umbria.jpg
Abb. 11 Quelle: https://commons.wikimedia.org/wiki/File:VW_Golf_I_Bj.1974_Heck.jpg
Abb. 12 The Museum of Modern Art Archives, NY. PA1787.1, © Digital image, The Museum of Modern Art, New York / Scala, Florence
Abb. 13 © Alessi, www.alessi.com
Abb. 14 Museum für Angewandte Kunst Köln, Quelle: https://commons.wikimedia.org/wiki/File:Divisumma_18_calculator,_designed_by_Mario_Bellini_%26_A._De_Gregori,_Olivetti_%26_Co.,_Milan,_1973,_plastic_case_-_Museum_f%C3%BCr_Angewandte_Kunst_K%C3%B6ln_-_Cologne,_Germany_-_DSC09676.jpg

Impressum

Theorie und Geschichte
des Designs 1
Einführung/Italien und Japan

Vorlesungen von
Heinz Hirdina
Band 2

Herausgegeben für die
Stiftung Bauhaus Dessau
von Achim Trebeß
Edition Bauhaus 41

Projektleitung und Redaktion
Caroline Jansky

Lektorat und Korrektorat
Ilka Backmeister-Collacott

Gestaltung
Katharina Köhler

Lithografie
ScanColor Reprostudio GmbH

Herstellung
Gutenberg Beuys
Feindruckerei GmbH

Erschließung des Nachlasses von Heinz Hirdina
Kathrin Kolleck, Karin
Jaenecke

Archiv
Sylvia Ziegner, Lutz Schöbe

Editorische Betreuung
Philipp Oswalt

Wissenschaftliche Beratung
Wolfgang Thöner, Walter
Scheiffele

Stiftung Bauhaus Dessau
Direktorin und Vorstand
Dr. Barbara Steiner
Gropiusallee 38
D-06846 Dessau-Roßlau
www.bauhaus-dessau.de

Spector Books
Harkortstr. 10
D-04107 Leipzig
www.spectorbooks.com

Distribution
Deutschland/Österreich:
GVA, Gemeinsame
Verlagsauslieferung
Göttingen GmbH&Co. KG,
www.gva-verlage.de
Schweiz: AVA Verlagsauslieferung AG, www.ava.ch

Die Deutsche Nationalbibliothek verzeichnet diese Publikation in der Deutschen Nationalbibliografie; detaillierte bibliografische Informationen sind im Internet unter http://dnb.ddb.de abrufbar.

ISBN 978-3-95905-250-4

Dank
Ein Dank gilt all denjenigen Institutionen und Personen, die diese Publikation unterstützt haben. Besonders zu danken ist hierbei: Karl-Heinz Burmeister, Chup Friemert, Karin und Heinz Hirdina (†), Jürgen Marten, Dieter Nehls (†), Philipp Oswalt, Walter Scheiffele, Helmut Staubach (†) sowie der Hochschule Wismar und der Stiftung Bauhaus Dessau.

Die Stiftung Bauhaus Dessau ist eine gemeinnützige Stiftung öffentlichen Rechts. Sie wird institutionell gefördert durch die Beauftragte der Bundesregierung für Kultur und Medien, das Land Sachsen-Anhalt und die Stadt Dessau-Roßlau.
Die Publikation *Theorie und Geschichte des Designs 1. Einführung/Italien und Japan* wurde gefördert durch den Bauhaus Dessau e.V.

Die Beauftragte der Bundesregierung
für Kultur und Medien

SACHSEN-ANHALT

Dessau
Roßlau